计算机管理信息系统设计与实施

黎连业　吕小刚　王华　黎照　编著

中国财政经济出版社

图书在版编目（CIP）数据

计算机管理信息系统设计与实施/黎连业等编著.—北京：中国财政经济出版社，2011.3
ISBN 978-7-5095-2782-5

Ⅰ.①计… Ⅱ.①黎… Ⅲ.①计算机系统：管理信息系统 Ⅳ.①C931.6

中国版本图书馆 CIP 数据核字（2011）第 033535 号

责任编辑：于 彘　　　　责任校对：王 英
封面设计：贾 林　　　　版式设计：董生平

中国财政经济出版社 出版

URL：http://www.cfeph.cn

E-mail：cfeph@cfeph.cn

社址：北京市海淀区阜成路甲 28 号 邮政编码：100142

发行处电话：88190406 财经书店电话：64033436

北京中兴印刷有限公司印刷 各地新华书店经销

787×1092 毫米 16 开 24 印张 590 000 字

2011 年 3 月第 1 版 2011 年 3 月北京第 1 次印刷

定价：48.00 元

ISBN 978-7-5095-2782-5/TP·0021

（图书出现印装问题，本社负责调换）

本社质量投诉电话：010-88190744

前　言

计算机管理信息系统（Management Information System，MIS）设计课程已是信息管理与信息系统专业、计算机相关专业的必修课，为了更好地了解和掌握管理信息系统开发的基本知识、基本理论和基本技能，作者根据多年的软件开发经验，编写了《计算机管理信息系统设计与实施》一书。本书详尽地讲述了计算机管理信息系统的设计与实施步骤，其目的是使读者明白在计算机管理信息系统开发过程中，首先应该“做什么”，然后再“怎样去做”。对于项目开发中的每一个阶段要做哪些具体工作，需要写出什么样的文档，达到什么样的目的，解决什么样的问题，本书都一一作了详细的解答。对于仅从事过程序编制而没有经历过一个完整的项目立项、调研分析、系统设计等方面工作的读者，读完本书后，也能顺利地投入工作。

全书的内容分为三个部分：

第一部分由第 1 章和第 2 章构成，作为 MIS 系统开发的基础知识；

第二部分由第 2 章到第 10 章组成，介绍开发的前期工作、中期工作、系统建设的后期工作；

第三部分由第 11 章“手机管理信息系统的建设”实例组成。

具体内容包括：

- 管理信息系统概论
- 信息系统的开发方法
- 立项（立项阶段完成立项申请报告）
- 系统分析（系统分析阶段完成系统分析说明书）
- 可行性分析（可行性分析阶段完成可行性分析报告）
- 系统设计（系统设计阶段完成系统设计说明书）
- 程序设计（程序设计阶段完成程序设计说明书）
- 系统测试（系统测试阶段完成系统测试报告书）
- 系统试运行与维护（系统试运行与维护阶段完成系统使用说明书、系统维护手册）
- 系统验收与鉴定（系统验收与鉴定阶段完成系统验收报告书）
- 实例：手机管理信息系统的建设

本书是作者根据多年工作的实践体会，在 1993 年编著的《计算机管理信息系统设计与实现》和 1998 年编著的《管理信息系统设计与实施》基础上重新编写的。它是一本非常实用的技术书籍。我们知道，计算机管理信息系统设计作为“软科学”知识，长期以来给众多刚刚从事计算机工作的同志一种神秘的感觉。这种“软科学”知识一直存在于少数从事系统设计人员头脑中，成为一种“艺术”和经验。为了使这些多年摸索出来的“艺术”和经验能够为多数人掌握与借鉴，使人的“艺术”和经验成为一种工艺技术，我们对它进行了“硬化”，使其变为“硬技术”。说白了，就是“把糊在窗户上的这层纸给捅开”。

本书作为“艺术”和经验的硬化，是新鲜的，但带有明显的个人观点和主张。因此，作者希望能通过本书的出版起到抛砖引玉的作用，把 MIS 建设的理论与实践推向一个新的阶段。

从理论结合实际的角度出发，作者在本书的第 11 章介绍了手机管理信息系统建设的立项、系统分析，供读者借鉴参考。

就读者而言，哪些人适合使用这本书呢？

① 大学生、研究生（作为专业技术课程教材）；

② 需要了解管理信息系统建设全过程的人员；

③ 学习管理信息系统设计方法的人员；

④ 已有信息系统编程经验，但没有大、中型工程项目经验，目前正在进行大、中型项目开发的人员；

⑤ 大、中型项目的管理人员和设计人员；

⑥ 科研、企事业单位的计算机业务管理人员；

⑦ 需要进行系统分析、设计的人员；

⑧ 需要进行 MIS 平台选型的人员；

⑨ 需要进行数据库管理系统选型的人员；

⑩ 程序开发人员；

⑪ 开发管理信息系统及开发手机管理信息系统的科技人员。

本书从 MIS 系统的基础开始，到系统的验收及鉴定结束，对整个过程作了深入浅出的叙述，对即将从事计算机应用工作的大学生、研究生是一本很好的入门书籍，对程序员、系统工程师、项目应用单位的领导者和业务管理人员也是一本非常好的参考书。

本书经历两次较大的改动，第一次改动主要由黎连业、吕小刚、王华、李淑春同志执笔完成，第二次改动主要由黎连业、吕小刚、王华、黎照同志执笔完成。

本书写作过程中，曾得到了单银根、陈建华同志的支持和帮助，并提供了大量的技术参考资料，作者对他们表示感谢！王安、王月冬、黎军、黎萍等同志为本书的写作做了大量的文字组织工作，借此机会对上述同志一并表示感谢！

作 者

2011 年 2 月

目 录

第1章 管理信息系统概论

管理信息系统 MIS（Management Information System）是一个以人为主导，利用计算机硬件、软件、网络通信设备以及其他办公设备，进行信息的收集、传输、加工、储存、更新和维护，支持企业的高层决策、中层控制、基层运作的集成化的人机系统。它最大限度的利用现代计算机及网络通讯技术加强企业的信息管理，不断提高企业的管理水平和经济效益。管理信息系统是信息管理与信息系统专业的核心专业课程之一，也是其他管理类本科专业的必修课。管理信息系统要掌握系统、信息、管理信息系统的概念，管理信息系统开发方法，软件开发周期简述，软件开发文档，软件质量保证等内容。

1.1 系统的概念

随着计算机在现代生活中各个领域应用的日益广泛，特别是近些年来管理信息系统的迅猛发展，使得生产力、生产结构和人们的思想、观念都发生了巨大的变化。过去由于我们受落后管理模式的制约，导致生产关系和管理手段与当今的信息社会已不相适应。在现代企业特别是大中型企业中，由于各职能部门的规模庞大并且业务分工很细，加之各部门都制定一套适合自己的发展规划，引导各部门按照自己设定的目标发展，如生产部门希望提高产量，销售部门希望扩大销售额，财务部门希望降低投资额，科研部门希望多出成果……这种管理模式虽然在某种程度上能充分发挥专业化分工的好处，在管理中也起了很大的作用，但从整体上看，各职能部门之间的相互联系较差。因此，它们之间的横向协调比较容易出现问题，甚至还会产生一些冲突，最终导致各职能部门的目标不能和整体目标相一致。基于上述原因，在计算机网络信息化时代的今天必须对传统的管理模式进行变革。这种变革应遵循以下原则：

① 管理组织要严密；

② 作业计算要准确；

③ 经济效益要显著；

④ 处理时间要迅速。

这种变革使得管理工作不能以局限于单一管理的手工作业方式来处理问题，而需要从复杂对象的总体出发来进行工作，也就是说从系统着眼，建立系统的观点，运用系统化的方法，进行系统的管理。这样就可以将单一的组织变为多维式的组织，即管理部门可分为传统的职能部门和为完成某项专门任务的由各职能部门人员参加的专题组。我们把这种由静态的纵向系统和动态的横向系统构成的组织称为系统化的组织，这种组织既能充分发挥各职能部门的作用，又能达到总体目标。

本节将会阐述怎样定义系统（Systems)，系统成立需要具备哪些条件，系统的基本结构是怎样的，系统的特性以及系统的种类是什么。

1.1.1 系统的定义

“系统”一词在不同的场合有不同的定义。几乎任何东西都可以称为“系统”，要包罗万象地加以定义是困难的。如果抛开系统的具体运动形态，统一从系统的整体和局部（元素）之间的相互关系来加以研究，就可以发现系统的一些共性，根据这些共性，这里我们列出“系统”较为常见的几种定义。

①“系统”是多元素的有机结合体，就某种目的而言，它具有高效率和某种特定功能。

②“系统”是由若干相互依赖、相互作用的事物组合而成的具有特定功能的整体。

③“系统”是由具有同一特定目标的若干相互联系和相互影响的部分结合成的有机整体。也就是说，大到一个科研部门、一项研究计划，小到一个财务汇总，都可以被看作是一个系统。例如，一个企业管理系统由销售、生产、财务、人事、总务这些相互影响相互联系的部分结合成的有机整体，它的目的是为了完成经营计划。企业管理系统是一个处于运动状态的系统。

在典型的以计算机为基础的系统中，输入和输出被表示成各种形式的信息。以计算机为基础的系统元素组合起来可完成所要求的变换功能。由于以计算机为基础的系统应用广泛，因而所表示的输入、输出以及系统的各元素的内容是各不相同的。下面给出三个例子。

- “工资管理系统”

输入内容：与工作有关的数据；

系统各元素的内容：分析、报表编制以及汇总功能；

输出内容：由输入数据变换到工资校核单、主文件更新等文件功能。

- “工业遥控系统”

输入内容：模拟量数据；

系统各元素的内容：综合了触觉的感觉功能和分析、控制及识别功能；

输出内容：由输入的模拟量数据变换成控制命令。

- “字处理系统”

输入内容：输入的正文；

输出内容：一份完善的文档。

系统可以分为两个以上的子系统，子系统实现着某个方面的具体目标，具有一定的独立性。像销售、生产、财务、人事、总务都是企业管理系统的子系统，各子系统之间又是相互联系、相互影响的。

另外，系统往往又是相对而言的，一个系统可以有许多子系统，而这个系统本身又可以看作是另一个系统的子系统。例如，财务管理系统中包括资金、出纳、账务、成本子系统，而财务管理系统本身又是企业管理系统中的一个子系统。

④ 中国企业管理百科全书给管理信息系统下的定义是："一个由人、计算机等组成的能进行信息收集、传送、储存、加工、维护和使用的系统"。

综合以上所述，对系统可描述为：

① 整体系统分解为子系统，子系统再逐级分解下去（系统是分层的），分解的层次取决于代价与效益。

② 系统分层，由诸多的子系统组成了整体系统。

③ 管理信息系统是一个以人为主导，利用计算机硬件、软件、网络通信设备以及其他办公设备，进行信息的收集、传输、加工、储存、维护和使用的集成化的人机系统。

图 1－1 为一个卖主产品系统分层的典型例子。

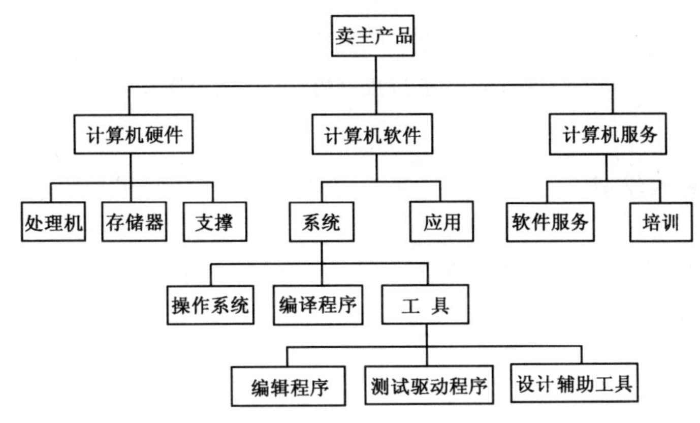

图 1－1　系统分层图

1.1.2　系统成立的必要条件

系统成立必须满足目的、功能和机构三个条件：这三个条件是互相作用、互相影响的。

（1）目的

事物的存在总有一定的目的，而系统又是"事物"的汇集。系统可粗分为两大类：一类是由"物"组成的系统，另一类是由"人"组成的系统。这两类系统都是为一定的目的服务的。例如，电子计算机（即电子数据处理系统）就是前一类系统，通常人们称它为硬件系统，目的是处理数据；程序设计可以说是属于后一类系统，通常人们把它称为软件系统，目的是为科研、生产服务。

在日常生活中，各种各样的系统都有各种各样的目的。所谓目的，并不是指个别的具体行动，而是各项行动综合的结果，即要达到的目标。如果目的范围很大，那么要求的系统规模也会很大。一般系统规模很大时应按处理对象分成几个不同的部分，分别构成若干个小规模的系统，然后再合并成整个系统。我们把系统的整体叫做“主系统”，把各个小规模系统叫做“子系统”。

(2) 功能

系统要实现某一目的，就需要有能实现这个目标的特殊“功能”。功能就是做某项工作的能力。我们把子系统实现的单个功能称为单位功能，单位功能的集合统称为系统功能。

(3) 机构

机构是单位的机构。机构具体地体现功能的作用。功能和机构虽然是相互作用的，但不一定一一对应。机构可利用与各单位功能相互作用的重叠性进行合成，这样合起来的系统称为“机构系统”，如图 1-2 所示。

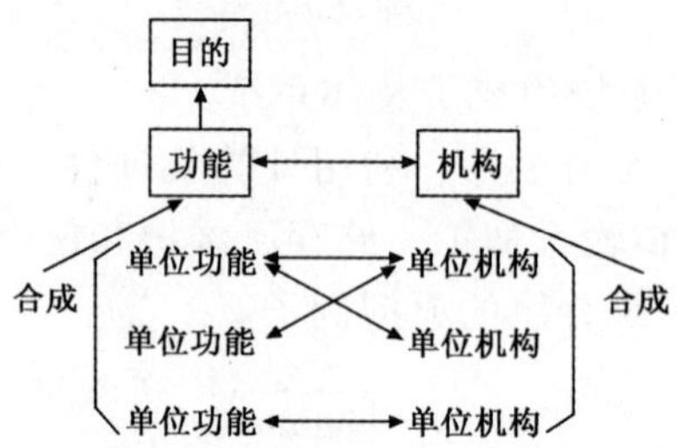

图 1-2 系统成立的三个必要条件

1.1.3 系统的基本结构

任何一个系统的结构都由五个基本部分组成：输入，输出，处理，反馈和控制。这些部分组成了系统的基本结构，如图 1-3 所示。

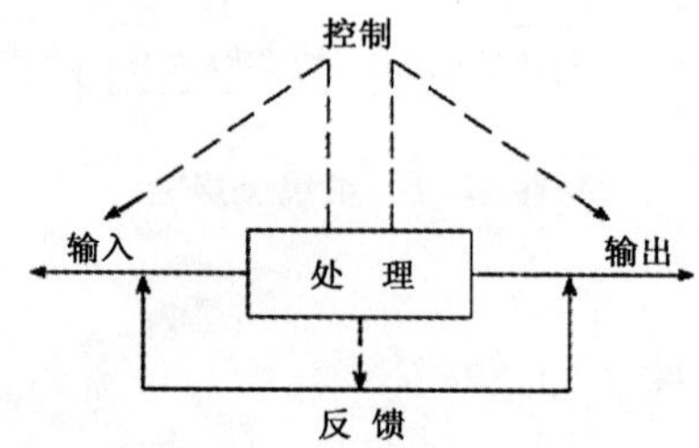

图 1-3 系统基本结构图

在这个模式中，一部分输出反馈给控制功能，并与所要求的限制比较，然后输出相应的信息对输入进行调整。对图 1-3 中系统的五个基本部分定义如下：

① 输入是送入系统所需处理的原始资料。

② 输出是送出处理所得的结果。

③ 处理是根据条件对输入的原始资料进行处理的过程。

④ 反馈是指当输出的结果不太令人满意或希望得到更好的结果时，重新再对输入进行调整。

⑤ 控制主要监视①~④各作业步骤是否正常进行。

把以上①～⑤有机地联系起来，就形成了一个系统的基本结构。例如，对一个计划系统来说，输入的是一项计划，经过执行处理，得到结果输出，而输出的结果又反馈到输入，作为下次修订计划的重要依据。

1.1.4　系统的特性

系统具有以下特点：

（1）整体性

系统要实现目标，需要各个组成部分相互协调，构成有机整体，共同完成系统目标。实际上，即使系统的每个组成部分都不是很完善，但它们进行综合和统一后，可能成为具有良好功能的整体。

（2）相关性

系统中的各组成部分是按一定规律结合在一起的，它们之间具有某种相互依赖的特定关系，系统的各要素之间是相互作用而又相互联系的。由于这种相互依赖关系，才使系统具有特定功能。

（3）目的性

每个系统都有明确的既定任务和目标，为了实现此目标，系统都具有实现目标的特定功能。

（4）环境适应性

系统都是处于一定的环境之中的，与环境存在着密切的联系，环境支撑着系统的存在与运转，当环境的影响和作用没有使系统的性质发生根本变化时，没有影响系统的总体功能时，系统处于相对稳定状态，此时它对环境是适应的。系统对环境的适应能力称为系统的“环境适应性”。

（5）层次性

系统是由若干个组成部分结合而成，每个组成部分一般也是一个系统，称为原系统的子系统。这些子系统的组成部分又构成了这些子系统的下一层子系统。而原系统又可能从属于某一个更大规模的系统，成为它的组成部分。系统的这种有序结构称为系统的“层次性”。

（6）集合性

指任何一个系统至少要由两个以上相互区别的要素组合而成。

1.1.5　系统的种类

系统按其特性可以归纳为工程系统和事务系统两大类。

（1）工程系统

工程系统分析的对象是实体系统，如地学制图系统、地震系统、气象预报系统、机械系统等。分析的内容涉及技术上的可行性、结构的组成以及可用性和精确性。分析的手段是运用工程技术的科学理论方法。

（2）事务系统

事务系统分析的对象是软件系统，如经济系统、管理系统、财务系统等。分析的内容涉及管理与控制的可行方案，这些方案提供决策依据。

1.2 信息的概念

信息是信息科学中最基本、最重要的概念。随着社会生产力的高速发展，新技术层出不穷，信息量急剧膨胀，使整个人类社会成为信息化社会，人们对信息和数据的利用和处理已进入自动化、网络化和社会化的阶段。例如，查找情报资料、处理银行账目、仓库管理、科研生产等无一不需要利用大量的信息资源。因此，有效地对数据和信息进行管理已成为人们关注的课题。

1.2.1 信息的定义

信息这一术语在不同的领域里有着不同的概念。在管理科学领域中，通常认为信息是经过加工处理之后的一种数据形式，是一种有次序的符号排列，是系统传输和处理的对象。信息能够提高人们对事物认识的深刻程度，可以帮助人们制定工作计划，等等。

信息和数据是互相密切联系而又不能分割的，但又各有不同的含义。数据是记录客观事物的性质、形态、数量特征的抽象符号，例如文字、数字、图形、曲线等，其本身不能确切地给出具体含义。信息是由数据产生的，可以简单地理解为数据加工得到的结果，是反映客观事物规律的一些数据，是进行决策的依据。因此，我们把数据经过加工后的结果称为信息，例如报表、账册、图纸等都是信息。

在信息管理中，信息是一项极为重要的资源，它是有指导性的、有价值的情报。信息的类型及表现形式有多种多样，它有各种属性，这些属性和信息的分类直接影响信息管理的开发。信息的产生过程如图 1－4 所示。

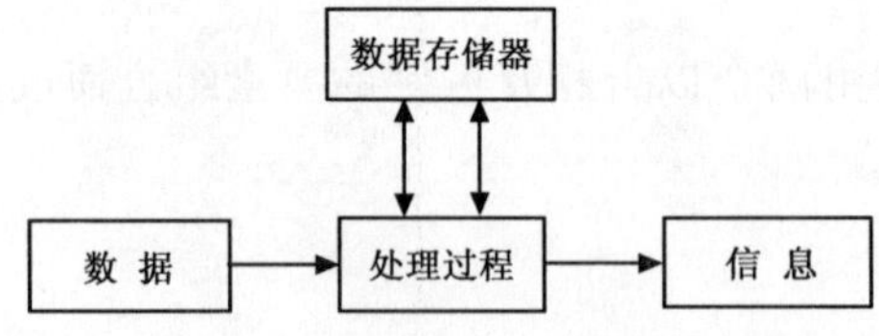

图 1－4 从数据转化为信息的过程

从图 1－4 所示可以看出，数据是客观事物的一种表现形式，信息是数据经加工处理后的结果。

1.2.2 信息的特征

信息的主要特征表现在以下几个方面。

(1) 信息的可识别性

识别信息有两种方法：直观识别法和间接识别法。直观识别法是通过感官来实现，而间接识别法是通过各种探测手段来完成。不同的信息来源有不同的识别方法。

(2) 信息的可变性

根据信息的相对变动性能，信息可以分为固定信息、相对固定信息和可变信息。固定信息是在很长时期内不变动的信息，如姓名、单位名称、产品等。相对固定信息是在一定时期内不变动的信息，如不变价格等。可变信息是经常变化的信息，如数量、金额等。

(3) 信息的可流动性

信息可以从一种形态转换成另一种形态。这种转换有单向流动的输入和输出信息，如报表等；也有双向流动的输入和输出信息，如账册等。

(4) 信息的可存储性

信息的存储分为长期存储和短期存储两种。电子计算机的存储由内存储器和外存储器来实现，内存储器用于短期存储信息，外存储器用于长期存储信息。

(5) 信息的可处理性

一般来说，人的大脑处理信息就是思维活动。用电子计算机处理信息要靠人编写程序来实现。

(6) 信息的可再生性

信息可通过语言、文字、图像等形式再生成。电子计算机收集的信息也可以用显示、打印、绘图等形式再生成。

(7) 信息的有效性和无效性

信息源是客观事物，不同的信息应用于不同的领域，信息受个体人的影响。人的社会分工不同，只有在分工范围内的信息对个体人是有效的，而不在分工范围内的信息对个体人是无效的。人类的社会分工越细，有效的信息越专业化。

(8) 信息的属性

信息的属性分为单一属性和集合属性两种。单一属性是属于独立使用的信息，包括：信息的精确度、信息的幅度、信息格式、信息量、信息使用频度、信息使用者和提供者、信息的时间范围、信息的有价性。

集合属性是信息在使用中所涉及的综合信息情况，它们包括：信息集合关联性、信息集合完整性、信息集合时效性。

信息集合关联性与应用条件密切相关，即一个信息集合在某一时间是关联的，而在另一时间是不关联的。

信息集合的完整性指用户在识别或处理某一具体事物时信息集合将提供一切必要的信息。时效性对信息来说十分重要，陈旧的信息将失去它的使用价值。

(9) 信息的可量度性

信息可采用某种度量单位进行度量，并进行信息编码。如现代计算机使用的二进制。

(10) 信息的可转换性

信息可以从一种形态转换为另一种形态。如自然信息可转换为语言、文字和图像等形态，也可转换为电磁波信号和计算机代码。

(11) 信息的可存储性

人类发明的文字、摄影、录音、录像以及计算机存储器等都可以进行信息存储。

(12) 信息的可传递性

信息的传递是与物质和能量的传递同时进行的。语言、表情、动作、报刊、书籍、广播、电视、电话等是人类常用的信息传递方式。

(13) 信息的可压缩性

信息可以进行压缩，可以用不同信息量来描述同一事物。人们常常用尽可能少的信息量描述一件事物的主要特征。

(14) 信息的可共享性

信息具有扩散性，因此可共享。

(15) 信息的价值性

信息本身具有价值，又可以增值。但信息只有被人们利用才能体现出其价值。

(16) 信息的使用性

信息的使用性能决定了信息可分为累积信息和累计信息。

累积信息是将输入信息积累起来，基本保留信息的原始面貌，一般作为存档用。累计信息是将输入信息累加起来，只保留累加以后的信息。

(17) 信息流

信息流是指信息的传播与流动，信息流是物流过程的流动影像，信息流分三个过程：采集、传递和加工处理。

采集：通常由操作层完成；

传递：管理人员按管理结构层层传达；

加工处理：统计人员按管理结构层层进行统计分析。

下面给出一个典型的某医院病员累计信息流模型，如图 1－5 所示。

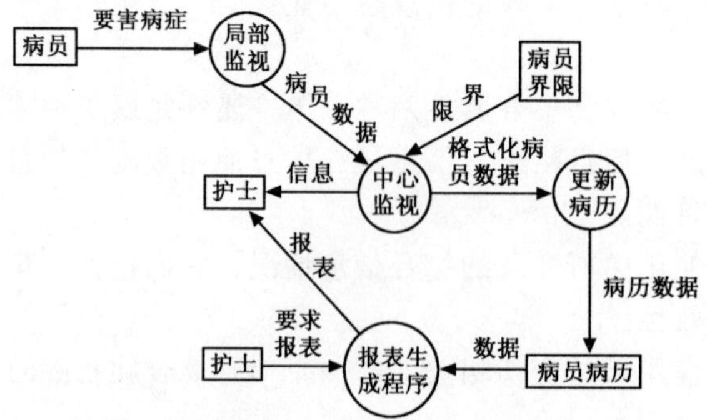

图 1－5 某医院病员信息流模型

1.2.3　数据和信息的关系

数据是对客观现象的表示，数据本身并没有意义。数据的格式往往和具体的计算机系统有关，随载荷它的物理设备的形式而改变。

信息是用数字、文字、符号、语言、图形、图像、声音等介质来向人们或机器提供关于现实世界各种知识，信息来源于数据。数据是一种未经加工的原始资料，格式依赖于计算机系统。数据是指能被计算机处理的一切对象，包括数字、文字、符号、图形、图像等。数据是客观对象的表示，是信息的表达、载体，信息是数据的内涵，是形与质的关系。

只有数据对实体的行为产生影响才成为信息；数据只有经过解释才有意义，成为信息。

例如“1”、“0”，独立的“1”、“0”均无意义，当它表示某实体在某个地域内存在与否时，它就提供了“有”“无”信息，当用它来标识某种实体的类别时，它就提供了特征码信息。

信息与数据是不可分离的，信息来源于数据，是数据的内容和解释。也就是说，数据是信息的载体，只有理解了数据的含义，才能得到数据中所包含的信息。

信息可以离开信息系统而独立存在，也可以离开信息系统的各个组成和阶段而独立存在；而数据的格式往往与计算机系统有关，并随载荷它的物理设备的形式而改变。数据是原始事实，而信息是数据处理的结果。不同知识、经验的人，对于同一数据的理解，可得到不同的信息。

1.2.4　信息的处理过程

信息的处理过程大致分为收集数据、加工处理和提供结果三步，如图 1－6 所示。

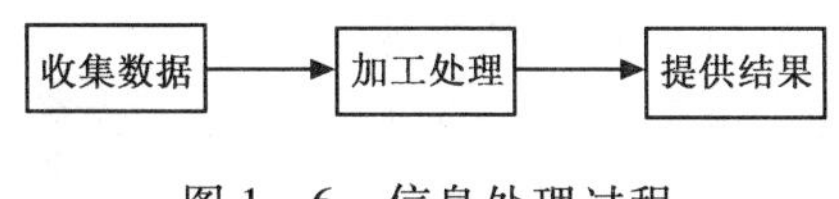

图 1－6　信息处理过程

收集数据是指收集原始数据。原始数据的收集工作很重要，它是整个信息系统的重要环节，因为信息的质量在很大程度上取决于原始数据的完整性、真实性和准确性。

数据加工处理实际上是对数据进行分类、计算、合并、选择等处理工作。分类是按不同属性对数据进行有规则的排列，计算是对数据的运算。数据经过分类、合并、检查等加工后，要提供结果。

提供结果就要保存和传送。数据可以单向传送也可以多向传送，传送过程的好坏直接影响信息的质量。数据保存是对数据进行存储。保存的形式可分临时和永久两种。临时保存的一般是中间的数据结果；永久保存的是经加工处理后的信息，这种信息是宝贵的资源，对科学决策提供依据。

对信息处理还有以下几个主要形式：

① 对大量数据的重复处理；

② 对原始数据的初加工处理；

③ 对数据进行严密地组织；

④ 结果以资料的形式加以保存。

1.2.5 信息资源的生命周期

信息从收集、传输、加工、存储、维护到利用的过程构成了信息资源的生命周期，如图1-7所示。

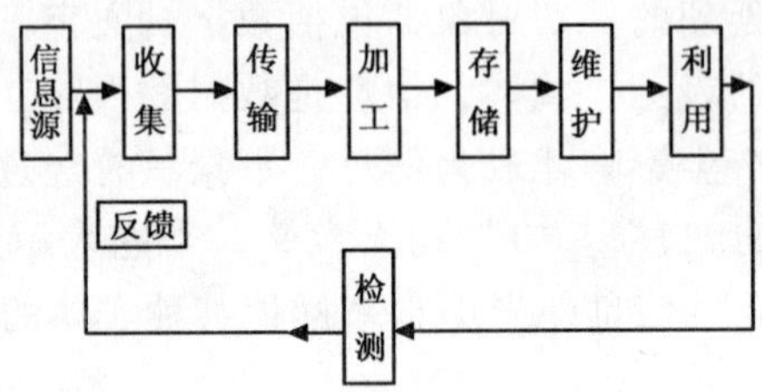

图1-7 信息资源的生命周期

收集：根据企业对管理信息的需求，将企业内部和外部的各种信息经过识别后加以汇集和整理，以便进一步加工和利用。信息的识别有三种方法：决策者识别，系统分析员识别，两种方法结合进行识别。

传输：将信息源（自然界、人类社会、数据库等）发出的信息变为可传输的信号，通过信道发送出去。

加工：将传输来的信息或数据加工成所需的信息。信息的加工过程按处理功能的高低可划分为三类：预加工、综合分析、统计推断。

存储：将信息存放在某种载体（书刊、声像存储媒体或计算机存储器）上，以备将来使用。

维护：保证信息的准确、及时、安全和保密。

利用：将信息转化为价值，可分为三个阶段：提高工作效率阶段，信息及时转化为价值阶段，获取决策信息阶段。

1.3 管理信息系统

管理信息系统是“管理”、“信息”、“系统”这三个词的结合，因此必须理解这三个词的概念。

1.3.1 管理

什么是“管理”？人们从不同的角度出发，可以有不同的理解。从字面上看，管理有

"管辖"、"管人"、"管事" 等意，即对一定范围的人员及事务进行安排和处理。

管理，我们从常规意义上可以理解为通过实施计划、组织、人员配备、指导与领导、控制等职能来协调他人的活动，使别人同自己一起实现既定目标的活动过程。但关于管理的定义，至今仍未得到公认和统一。长期以来，许多中外学者从不同的角度出发，对管理作出不同的解释，其中较有代表性的有美国著名管理学家赫伯特 A · 西蒙（Herbert A. Simon）认为"管理就是决算"。美国、日本以及欧洲各国的一些管理学著作或管理教材中，也对管理有不同的定义，如："管理就是由一个或者更多的人来协调他人的活动，以便收到个人单独活动所不能收到的效果而进行的活动。""管理就是计划、组织、控制等活动的过程。""管理是筹划、组织和控制一个组织或一组人的工作。""管理就是通过其他人来完成工作。"

综合上面的定义，我们暂且可以定义管理的基本职能是：计划、组织、领导、控制、激励、协调、通信。

1.3.2　信息系统

信息系统是由信息和系统组成的。信息系统的作用是完成特定功能的有机整体。信息系统是能对数据和信息进行采集、存储、加工和再现，并能回答用户一系列问题的系统，具有采集、管理、分析和表达数据的能力。

对于信息系统的开发要以计算机网络为基础，其主要原因在于：

① 便于上下级间的信息交流；

② 便于管理；

③ 便于横向部门间的信息交流；

④ 节省投资；

⑤ 有利于信息的安全存储。

1.3.3　管理系统与信息系统的相互关系

管理系统是为了达到企业或组织的目标，针对管理对象，由具有特定管理职能、相互联系的各种管理机构、管理制度、管理方法和技术所构成的完整的组织管理体系。管理系统必须通过信息系统作媒介去指挥、控制与管理生产活动；信息系统必须以管理职能为依据，同具体企业的管理体制、管理方法相结合。

1.3.4　管理信息系统的定义、功能、结构和计算结构

1. 管理信息系统定义

管理信息系统（Management Information System，MIS）是"一个由人、计算机等组成的能进行信息的收集、传送、储存、加工、维护和使用的系统"。纽约大学斯特恩（Stern）商学院信息系统教授肯尼斯 C · 劳登（Kenneth C. Laudon）教授在其所著的《管理信息系统》中写道："信息系统技术上可定义为支持组织中决策和控制的进行信息收集、处理、存储和

分配的相互关联部件的一个集合。”

管理信息系统是一门新兴的科学，它面向管理，利用系统的观点、数学的方法和计算机应用三大要素，形成自己独特的内涵，从而形成系统型、交叉型、边缘型的学科。其主要任务是最大限度地利用现代计算机及网络通讯技术加强企业的信息管理，通过对企业拥有的人力、物力、财力、设备、技术等资源的调查、了解，建立正确的数据，加工处理并编制成各种信息资料及时提供给管理人员，利用现有的数据预测未来的发展，从企业全局出发辅助企业进行决策，利用信息控制企业的行为，帮助企业实现其规划目标，不断提高企业的管理水平和经济效益。管理信息系统目前已成为企业进行技术改造及提高企业管理水平的重要手段。

管理信息系统是一门实践性很强的学科，一些理论、方法和技术都是在实际研制过程中产生和发展的，从而导致在各个不同的国家之间，甚至各个组织和各个企业之间，所用的名词和术语都不尽相同。

管理信息系统是一个一体化系统或集成系统，它应该从企业的信息管理总体出发，全面考虑，保证各种职能部门共享数据，减少数据的冗余度，保证数据的兼容性和一致性，有自己的数据库管理系统，管理数据的组织、输入、存取，使数据为多种用户服务。

2. 管理信息系统的功能

管理信息系统的主要功能有：

(1) 数据处理

包括数据收集和输入，数据传输、数据存储、数据加工处理和输出。它准备和提供统一格式的信息，使各种统计工作简化，使信息成本降低。

(2) 预测功能

运用现代数学方法、统计方法或模拟方法，根据现有的数据预测未来的情况。

(3) 计划功能

根据企业提供的约束条件，合理地安排各职能部门的计划，按照不同的管理层，提供相应的计划报告。

(4) 控制功能

根据各职能部门提供的数据，对计划的执行情况进行监测、检查，比较执行与计划的差异，分析产生差异的原因，辅助管理人员及时以各种方法加以控制。

(5) 决策功能

采用各种数学模型和存储在计算机中的大量数据，及时推导出有关问题的最优解或满意解，辅助各级管理人员进行决策，以期合理利用人、财、物和信息资源，取得较大的经济效益。

3. 管理信息系统的结构

管理信息系统的结构由四大部分组成，即信息源、信息处理器、信息用户和信息管理者。

(1) 信息源

信息源是管理信息系统的数据来源，它是信息的产生地。

(2) 信息处理器

信息处理器负责信息的传输、加工、存储，为各类管理人员（即信息用户）提供信息服务。

(3) 信息用户

信息用户是指信息利用者。

(4) 信息管理者

信息管理者负责系统的设计、实现、运行和管理。

4. 管理信息系统的网络计算结构

管理信息系统的网络计算结构大致可划分为以下五种：

① 中央主机集中式分时处理模式；

② 文件服务器系统的资源共享式网络模式；

③ 客户机/服务器 CS（Client/Server）主从式网络模式；

④ 浏览器/服务器 BS（Browser/Server）模式；

⑤ 基于 WEB 的网络计算模式。

1.4 管理信息系统的开发

管理信息系统的开发需要具备开发条件，确定目标、开发原则、开发的种类、开发的流程和开发方式。本节将对它们一一介绍。

1.4.1 系统开发应具备的条件

管理信息系统的开发必须具备以下一些条件。

1. 业务管理部门的大力支持

建立管理信息系统的目的是为了提高管理水平。计算机本身只是实现管理现代化的工具和手段，业务管理部门的大力支持是建好系统的关键。要建立一个好的管理信息系统，业务管理部门的领导应直接参与进来，或是提出系统应用方针，明确应用目的，确定应用范围，选定应用设备，规划开发进度，只有这样才能取得较好的成效。

2. 具有良好的管理体系

建立管理信息系统必须要有良好的管理基础，这主要表现在管理业务标准化、报表规格化和数据资料完整可靠这几个方面。

3. 建立一支开发应用队伍

开发应用队伍应由计算机技术人员和业务管理人员组成。

这两者缺一不可。如果没有业务管理人员的配合，即使设计、编码工作做得很出色，开发的系统终究还是会失败。其原因在于：

① 管理业务模型需要由业务管理人员提供，管理人员熟悉业务的手工作业流程；

② 正确的系统信息必须由管理部门提供；

③ 系统开发本身包含管理科学知识。

因此，要实现系统的开发和应用，必须建立一支既懂计算机又熟悉管理业务的队伍。只有两方面人才紧密配合，才能开发出一个良好的管理信息系统。

4. 建立专门的组织机构

计算机信息化过程实际上是企业旧管理模式向新管理模式转换的过程，在新旧转换的过程中必须要有组织保证。也就是说，信息部门应明确自己在企业中的地位，这个地位必须恰当才能保证信息系统的建立。

5. 具备一定的物质基础

管理信息系统的建立要有一定的物质基础，即购买计算机设备的财力和系统设计和制作的开支能力。

6. 加强管理人员和业务人员的培训工作

在系统研制开始前，必须对企业领导和中层管理人员进行信息管理系统基本知识的培训。其目的在于使之掌握系统开发的基本步骤和一般原则，从而把自己从事的工作与未来的新系统建设结合起来，知道新系统要干什么，本人在工作中需要做哪些改进才能适应新系统建设工作的运转。

只有具备了以上条件的管理部门才有可能着手建立管理信息系统，否则可能会达不到预期效果。

1.4.2 系统开发的目标

信息系统开发的目的实际上是通过建立一个有效的新系统使企业的业务活动能够达到预期目标。这个新系统的设计原则是：

① 实现领导决定的目标；

② 明确业务管理所处理的目标；

③ 研究怎样加工、整理和利用数据信息；

④ 理清业务执行的处理顺序。

系统开发的过程如图 1 -8 所示。

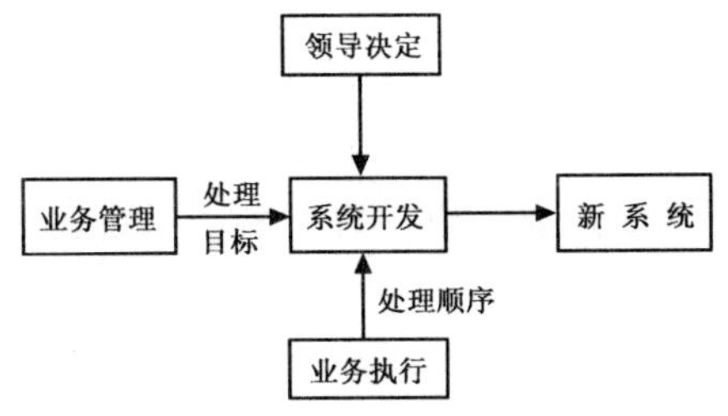

图1-8　系统开发过程

1.4.3　管理信息系统的开发原则

管理信息系统的开发是一项既具有技术内容又具有社会内容的复杂的系统工程，它受到多方面条件的制约。对于管理信息系统的开发者来说，为了保证开发的成功，首先应了解以下基本原则：

1. 实用性原则

实用性是系统开发所要遵循的最重要的原则，系统必须满足用户管理上的要求，既保证系统功能的正确性，又要方便实用，需要有友好的用户界面、灵活的功能调度、简便的操作和完善的系统维护措施。为此，系统的开发必须采用成熟的技术，认真细致地做好功能和数据的分析，并充分利用代码技术、菜单技术及人机交互技术，力求向用户提供良好的使用环境和信心保证。

2. 系统性原则

管理信息系统是组织实体内部进行综合信息管理的软件系统，有着鲜明的整体性、综合性、层次结构性和目的性。它的整体功能是由许多子功能有序组合而成的，与管理活动和组织职能相互联系、相互协调。系统要研究各个子功能的处理条件，然后在此基础上去选择合适的开发方式及正确的开发方法。

3. 简单性原则

系统应该设计得尽量简单，只要能达到目的，满足用户的要求，一切不切实际的东西应尽可能地舍去。系统设计简单可以提高效益，使用方便，同时也可以节省开支和提高系统的运行质量。

4. 灵活性（健壮性）原则

系统应对外界条件的变化有较强的适应能力。由于管理信息系统是一个很复杂的系统工程，所以要求系统的结构应具有较好的灵活性和可塑性。这样，在外界软硬件环境变化的情况下，系统能够修改、补充和扩大功能。

5. 完整性原则

系统是各子系统的集合，它作为一个有机的整体而存在。因此，要求各子系统的功能尽量规范，数据采集要统一，语言描述要一致。只有各子系统协调一致地工作，才能使主系统正常运行。

6. 可靠性原则

系统的可靠性是检验系统成败的主要指标之一，只有可靠的系统才能得到用户信任。为使可靠性得到充分保证，应在设计中注意系统结构要合理，系统软硬件设备稳定性要好，要保证数据采集的质量，还要有一套系统的安全措施。

7. 经济性原则

系统建立的主要目的是给使用者带来相应的经济效益。为此，开发阶段应尽量节省开发费用和缩短开发周期，使新系统投入运行后，能尽快回收投资，以提高系统的经济效益和社会效益。

8. 逐步完善、逐步发展的原则

管理信息系统的建立不可能一开始就十分完善和先进，总是要经历一个逐步完善、逐步发展的过程。事实上，管理人员对系统的认识在不断地加深，管理工作对信息的需求和处理手段的要求越来越高，设备需要更新换代，人才培养也需要一个过程。贪大求全，试图一步到位，不仅违反客观发展规律，而且使系统研究的周期过于漫长，影响了信心，增大了风险。

为了贯彻这个原则，开发工作应该有一个总体规划，然后分步实施。系统的功能结构及设备配备方案，都要考虑日后的扩充和兼容程度，使系统具有良好的灵活性和可扩充性。

9. 创新原则

这点主要体现在其先进性上。计算机技术的发展十分迅速，要及时了解新技术，使用新技术，使目标系统较原系统有质的飞跃。

1.4.4 管理信息系统开发的种类

管理信息系统有三种类型。

1. 数据处理系统

数据处理系统简称 DPS（Data Processing System），它是应用于管理方面的一种计算机系统。这种系统采用批处理方式进行。

DPS 的主要特点：简单、精确和标准化。

DPS 的业务范围：业务数据的登录，数据的编辑，将数据信息以文件形式存入软盘、磁带或硬盘，利用存取的这些数据信息打印出报表。图 1－9 为数据处理系统操作示意图。

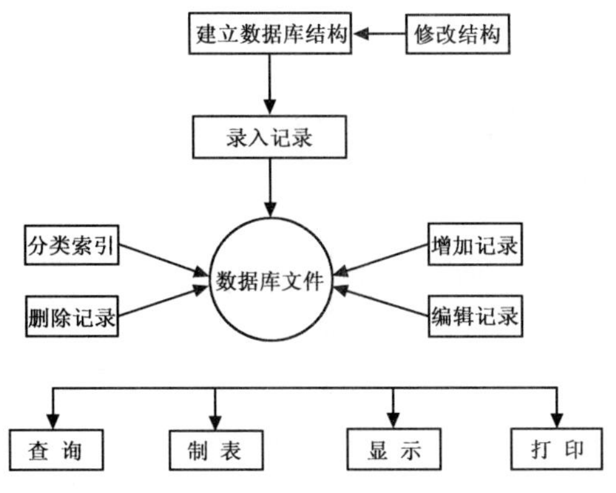

图 1－9　数据操作示意图

2. 管理信息系统

管理信息系统是以计算机为主体，以信息处理为中心的综合性系统。尽管其思想受到了广泛的欢迎，但在 1980 年以后的十几年内没有得到所期望的效果，其主要原因之一就是计算机网络技术还不够成熟和普及。

随着计算机局域网和广域网的出现，网络产品（包括软、硬件）的不断丰富和质量的不断提高，以及数据库技术的成熟和软件工程方法的发展，管理信息系统已成为计算机技术的重要应用领域，并成为计算机信息系统中应用最普遍的一类系统。人们普遍认为，MIS 是由计算机技术、网络通信技术、信息处理技术、管理科学以及人组成的一个综合系统。在这个系统中，计算机网络成为整个系统结构的主体和系统运行的基础。管理信息系统的基本框架如图 1－10 所示。

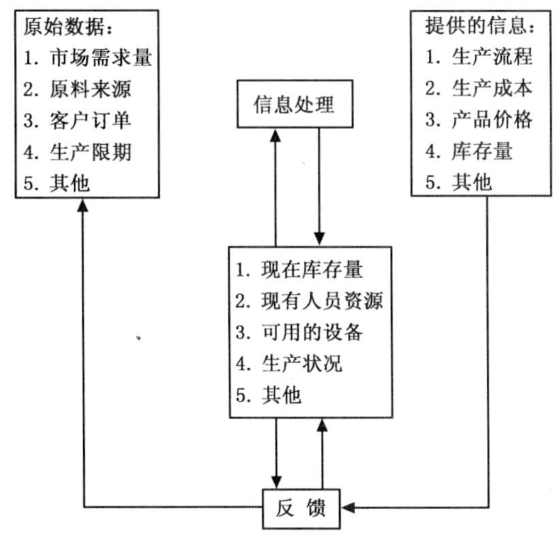

图 1－10　管理信息系统的基本框架

管理信息系统的特点是：

① 数据全部存储于计算机系统中；

② 用户使用简单、操作方便，查询快捷；

③ 有较强的人机对话功能；

④ 能直接从计算机系统中提供决策所需的参考信息（图 1－11 为管理信息系统的操作示意图）。

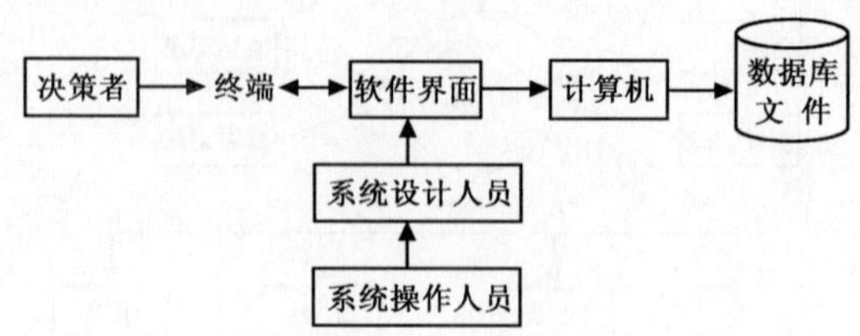

图 1－11 管理信息系统操作示意图

3. 决策支持系统

决策支持系统简称 DSS（Decision Support System），它是在管理信息系统的基础上发展起来的。其主要特点是可以使决策者在计算机终端上试验各种各样的行动方案，最终选择最优方案。

1.4.5 系统开发的流程

信息系统的开发工作分为开发前期的工作—中期工作—系统建设的后期工作，流程如图 1－12 所示。

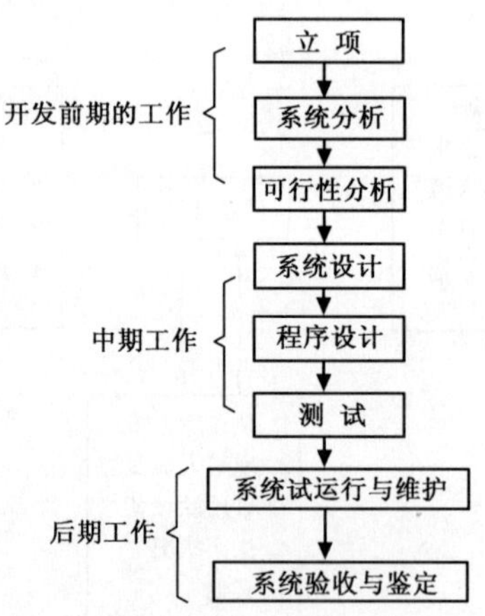

图 1－12 系统开发的基本流程

1. 开发前期的工作

系统开发前期的工作主要是立项、系统分析和可行性分析。

（1）立项

立项阶段完成立项申请报告。立项的内容在本书第 3 章讨论。

(2) 系统分析

系统分析工作分调查分析阶段和建立模型阶段。

① 调查分析阶段。

调查分析阶段是系统开发的首要工作，调查分析阶段的主要任务是：

- 分析现存问题，对现状进行客观分析；
- 制定改进方案，明确新系统的基本设想；
- 分析人机新业务系统设计，并明确人机分工；
- 根据系统功能、要求及费用、可靠性、评价等综合考虑提出新系统方案。

② 建立模型阶段。

建立模型阶段是根据调查分析阶段的方案报告进一步对实现方案的要求、系统应具备的功能和结构进行设计。建立模型阶段的主要任务是：

- 确定计算机进行作业的详细条件；
- 描述计算机处理信息的过程；
- 确定程序单位和程序规模；
- 画出建立系统的流程图。

系统分析阶段完成系统分析说明书。系统分析的内容在本书第 4 章讨论。

(3) 可行性分析

可行性分析阶段根据系统分析说明书完成可行性分析报告。可行性分析的内容在本书第 5 章讨论。

2. 系统建设的中期工作

系统建设的中期工作主要是系统设计、程序设计和测试。

(1) 系统设计

系统设计是一个复杂的过程，大体可分为详细设计阶段、系统逻辑结构设计阶段、过程处理概要设计阶段、数据文件设计阶段、系统界面设计阶段和提交系统设计的文档资料。

详细设计阶段是进一步对系统各部分做具体设计，这个阶段直接与程序设计相连接。它包括主系统和子系统设计两部分。详细设计的主要任务是：

- 系统分层，即将主系统划分为适当大小的系统模块（子系统）；
- 设计出各模块的详细处理流程；
- 明确各模块之间的接口；
- 给出综合流程图和程序说明书。

详细设计阶段也是对整个系统建设流程进行检查，其结果可以作为系统维护的依据。

系统设计阶段完成系统设计说明书。系统设计的具体内容在本书第 6 章讨论。

(2) 程序设计

程序设计阶段完成程序设计和程序设计说明书。程序设计的具体内容在本书第 7 章讨论。

(3) 测试

测试阶段完成系统的程序测试报告书和测试报告书。测试的内容在本书第 8 章讨论。

3. 系统建设的后期工作

系统建设的后期工作主要是系统试运行与维护和系统验收与鉴定。

(1) 系统试运行与维护

系统试运行与维护的主要任务是程序设计管理（登记），操作管理（运行说明书），系统的设计管理，系统的运行管理（输入数据的完成和校验、输出信息的校验、运行校验），系统的评价（正确性、精确性、可靠性），系统的维护（信息数据的添加、订正和删除）。

系统试运行与维护阶段完成系统使用说明书、系统维护手册。系统试运行与维护的具体内容在本书第 9 章讨论。

(2) 系统验收与鉴定

系统验收与鉴定阶段完成系统验收报告书。系统验收与鉴定的内容在本书第 10 章讨论。

1.4.6 管理信息系统的开发方式

管理信息系统的开发方式有自行开发、委托开发、联合开发、购买现成软件包进行二次开发等几种形式。一般来说，企业组织应根据其资源情况、技术力量、外部环境等因素选择管理信息系统的开发方式。

1. 自行开发

通过自行开发可以得到适合本单位需要的、满意的系统，在系统开发过程中还可以培养自己的技术力量。缺点是开发周期往往较长。

自行开发需要强有力的领导，有足够的技术力量，还需进行一定的调研和咨询。

2. 委托开发

委托开发从用户角度最省事，但必须配备精通业务的管理人员参加，经常检查和督促。这种开发方式一般费用较高，系统维护比较困难。

3. 联合开发

联合开发对于培养自己的技术力量最有利，系统维护也比较方便。条件是企业组织有一定的系统分析和设计力量，合作双方要精密协作和配合。

4. 购买现成软件

购买现成软件最省事，但很难买到完全适合本单位的软件。购买现成软件包需要有较强的鉴别能力。这种方式谈不上什么系统维护。

1.4.7 现代管理信息系统

现代管理信息系统是采用现代的设计思想、技术和手段，实现或辅助现代的管理。从内涵上看，现代管理信息系统依附于现代信息基础设施，其应用开发基于网络中心计算，实现现代管理思想，指导、影响或作用于现代管理行为。以 Intranet（企业内部网）作为信息基础设施构架，以信息广泛共享（同构信息和异构信息）为目标，以数据仓库为数据组织和处理的形式，强调数据挖掘和多维数据分析，提供内（Intranet）外（Internet）部的信息方法和途径，追求管理信息系统与管理的融合。一般地，现代管理信息系统所依附的网络是纵横连接的局域网（Local Area Network，LAN），其应用模式是一种高效的网络中心计算模式（Web 模式或 Web 机制），系统具有良好的可伸缩性。而传统的管理信息系统是一种基于单机或局域网的封闭系统，数据组织单一，信息共享弱，数据挖掘缺乏方法和手段，数据源严重不足，系统可伸缩性差，难以适应变化的管理需求。

1.5 管理信息系统开发方法的有关观点

目前，我国大中型企事业单位不仅都拥有计算机，同时也在考虑 MIS 系统的建设。国内许多同行从不同角度对如何开发 MIS 也提出了自己的见解。

在开发理论体系方面，早在《完善 MIS 开发理论体系》（赖剑煌《计算机世界报》1995 年第 42 期）一文中提出了以下观点："20 世纪 90 年代的计算机软硬件技术正日新月异地发展，Client/Server 开放式应用系统结构方式、网络通信技术，集声、像、图、文本于一体的多媒体信息处理技术，各种通用软件平台，新一代的数据库管理系统，特别是第四代语言及其开发工具的出现，已为 MIS 软件开发提供了可靠的技术保证。MIS 软件开发方法也在不断创新和完善，出现了如原型法、面向对象等开发方法，可以大大缩短开发周期。"然而，管理信息系统的理论体系却远远脱离实践，赖剑煌先生认为主要有三方面的原因。

① MIS 软件开发讲究时效性，而不是严密性。往往由一套人员自始至终地完成这一工作，没有必要像国标（指国家制定的 MIS 开发标准）那样将软件开发分成许多阶段，也没有必要书写那么多的严密文档。国标过于严密的文档书写要求造成文档书写多次反复。

② 国标是具有普遍意义的软件开发标准，而 MIS 软件是具有鲜明特殊性的一类软件，其核心是数据处理。对于 MIS 的软件设计，关键要抓住系统层次结构图的设计（即模块的划分）和数据库的设计，不必像国标那样面面俱到。

③ MIS 的开发方法应该是多元化的，国标建议的方法是生命周期法。然而，目前越来越多的 MIS 软件开发者采用原型法和面向对象的方法等新型的开发体系。

在软件设计风格方面，国内有关学者提出了以下四个观点。

（1）自始至终把可维护性放在首位

任何一个大型软件不可能没有错误，再加上运行环境的变更、用户需求的扩充、版本的完善等，导致软件维护的工作量很大。如果一个软件的可维护性差，那么这个软件从它诞生之日起就注定要灭亡。早期软件的可维护性差，正是引发软件危机的根本原因。

软件的可维护性包括以下三个方面。

① 可修改性。可修改性是维护的本质要求。然而修改是很危险的，它往往会带来许多

副作用。维护工作通常由他人执行，即使软件开发人员本人进行维护，因相隔时间较长，许多细节也早已被遗忘。在复杂的软件系统中每引进一个变动，都可能引入新的错误。

② 可理解性。可理解性是维护的基本要求。如果一个软件不易理解，就无法维护。有些软件开发人员喜欢玩弄技巧，似乎这样才能体现自己的水平。殊不知，这违反了软件工程的基本原则，给软件的维护蒙上了阴影。

③ 可测试性。完善的测试才是软件质量的可靠保证，也只有它才能保证修改后的软件的正确性。所以必须保证软件各模块的可测试性。

后两点已由软件工程学较完善地解决。但是如何实现可修改性却一直不能令人满意。直到面向对象技术的出现，情况才有了转机。面向对象的技术允许子类继承父类的属性（数据结构）和行为（操作、方法、函数），这使软件的修改变得很容易。我们只要增设一个子类，使它具有要修改的属性和行为（虚方法），同时继承父类的所有属性和不修改的行为即可。由于这样的修改不涉及原有代码，故不存在修改的副作用，从根本上改善了软件的可维护性。

（2）强调软件的稳健性（Robustness）

软件危机说明软件是很脆弱的。所以软件仅有正确性是远远不够的，甚至用户一个小小的操作失误也可能造成严重的后果。软件必须具有一定的防止输入错误的能力，在已发生故障时应能意识到发生意外，及时通报，并能有效地控制事故蔓延。

提高稳健性的措施主要有以下三条。

① 检查输入数据的数据类型。这能防止较多的操作失误。

② 模块（包括函数）相互调用时应检查参数的合法性。这能有效地控制事故的蔓延。

③ 信息隐蔽。把模块内的实现细节与外界隔离能极大地降低模块间的耦合度，简化了大型软件的复杂性，同时也大大改善了软件的可修改性，并且使模块内的错误不易蔓延到其他模块。

这些措施虽然明显提高了软件的稳健性，但并没有从根本上解决问题。因为彻底检查是一个 NP 完全问题，工作量极大。在实际中，我们只能如上述那样做一些常规检查。况且，在传统的软件设计方法学中，数据结构与对数据结构的操作是分离的，这使得它们之间存在着潜在的不一致性，从而削弱了软件的健壮性。面向对象的方法学有效地解决了这一问题，这是通过封装来实现的。封装改变了传统的数据访问方式，它把数据结构与对数据结构的操作封装在一个对象类中，不允许其他类直接访问一个对象类的数据，从而彻底消除了潜在的不一致性。

（3）鼓励用户改进需求

传统软件开发的瀑布式模型要求用户在软件开发的早期就把软件需求确定下来，在后续阶段不能改变，因为软件开发以此为出发点。这一看起来似乎非常合理的要求，正是瀑布式模型的致命弱点。在软件开发的早期，用户和软件开发人员相互不了解对方的业务领域，用户因为不清楚软件能为他做什么而提不出确切的需求，而软件开发人员也可能误解用户的陈述。随着软件开发的进展，双方逐渐熟悉对方的知识领域，必然导致软件需求的变化。所以在软件开发的早期，要求把需求说明书确定下来且不允许改变实际上是不合理的，这必然使开发出来的软件不受用户欢迎。这也正是早期软件开发成功率不高的关键原因。与瀑布式模型的风格截然相反，原型化方法积极鼓励用户参与，以使软件需求尽快定型。原型化方法提供研究原型、试验原型和进化原型，使用户在这些原型的使用中迅速熟悉软件的功能，不断改进用户需求，从而尽快得到确实反映用户需求的软件说明书。为降低成本，原型化方法要求快速生成各种原型，这通常用 ICASE（能自动生成代码的工具高度集中的软件开发环境）实现。

（4）使用优秀的软件设计表示方法

使用程序流程图进行软件开发是引发软件危机的又一重要原因。程序流程图不易表示层次结构、模块调用以及数据结构等重要信息。它的箭头代表控制流，使开发人员过早考虑程序的细节和控制流程，而忽略了程序的整体结构。而且由于箭头不受约束，诱使开发人员不顾程序结构，随意转移控制。事实上，由于选择结构和循环结构都使用判断框，再加上箭头的任意性，即使正确的程序流程图也会使程序结构变得模糊不清，不利于软件的理解和修改。

以上这些都给软件的开发和维护带来了诸多隐患和困扰，使软件的可维护性变得极差。

而流程图的缺陷，使得长期以来人们一直在寻找更好的软件设计表示方法。N－S（盒图）就是为消除上述缺点而创建的图形工具。但 N－S 图采用矩形方框嵌套，修改十分不便。PDL（程序描述语言，伪高级语言）是为克服流程图缺点的又一尝试，但它不如图形工具形象直观。为克服 N－S 图的缺点，人们终于在 20 世纪 80 年代中期找到了二维树型结构图的软件设计表示形式。这种表示形式既直观又便于修改，而且程序结构一目了然，大大改进了软件的可维护性，明显地提高了软件的开发效率。二维树型结构图主要用于面向功能的软件设计方法学，它的典型代表是 PAD 图，此外还有 YACⅡ、SPD、HCP 等。

在开发责任与利益方面，屈延文认为：软件开发商开发软件赔钱的局面必须改变。用户出资开发信息系统是为了使用，为了提升效益，但当他们看到被开发的系统时，才发现原来提出的需求虽然实现了，但并不等于他的问题解决了。用户付出了大量资金，却没有得到一个可以使用的系统，感到吃亏了，于是要求开发商不断进行改动；而承包商感到用户的要求已经全部实现，却还要在“变化与修改”循环之中苦斗。于是合同不能履约，资金不能支付，关系紧张，甚至造成系统失败。

用户提出的需求不可能完全反映真实情况，常常包含着很大的分歧。对于承包商来说，由于害怕用户需求的变化，希望以文字方式将这种需求固定下来作为法律依据，以防止用户更改需求或拖欠资金。

现在的问题是，应找到一种新的共识及技术途径，把用户的问题与承包商的问题都解决，其关键在于承包商必须树立明确的为用户解决问题的观念。

在开发阶段方面，可以将信息系统开发分成两个阶段：

第一个阶段称为业务系统样品的开发，整个开发期的时间是可预见的，系统样品开发面向行业的信息中心，主要由系统集成商完成。

第二个阶段称为业务开发阶段，应以信息中心为主来开发。这时系统集成商主要向业务开发单位出租各种级别的技术与业务顾问，对他们进行技术指导。此时系统集成商与信息中心签订的合同是时间可预见的。

由于业务系统样品是出售的，用户所选择的是支持进一步开发的原型机，不再是纸上方案。业主不再把重点放在讨论需求上，而是放在了解原型机基础功能与性能及其业务开发的支持能力上。

在开发标准方面，国内部分专家认为要满足三个条件：

① 可以尽早进入系统实施阶段，这有利于缩短 MIS 软件的开发周期；

② 可操作性强，这有利于建立一个功能准确的软硬件系统；

③ 书写的文档繁简适中，这有利于建立一个便于维护的文档资料。

在开发方法上，国内这部分专家的观点具有典型的代表性。他们认为在实践中单纯地采用哪一种方法来进行软件开发都是片面的、有缺陷的。最好是将上述三种方法取长补短，综合起来使用。这种思想概括说来就是采用生命周期法进行系统分析与设计，采用原型法和建立可重用代码的思想进行系统实施。在这一思想的指导下，大多数 MIS 的开发都可分为系统分析、系统概述设计、系统分步实施、系统试运行及必要文档的补充四个阶段。这一开发策略试图简化实施前的文档工作，以利于尽早建立一个见得到、用得着的 MIS 系统。

在 MIS 开发的详细设计阶段方面，这部分专家还认为：概要设计完成后，确定了概要设计说明书和数据库设计说明书，可以直接进入系统实施阶段，而没有必要经过详细设计阶段。他们之所以这样认为，其原因如下：

① 企业的发展规模和各种规章制度是逐年变化的，早期的设计模式常常不能满足后期企业的需求。要求在设计阶段就详细说明系统完成时（一般为几个月，甚至一二年后）的整个系统功能是一件困难的事。

② 与其他阶段比较，详细设计阶段书写的文档内容最多最繁琐，往往花费的时间最长。设计出来的文档若作为系统实施依据，不可能满足 MIS 开发的动态特性需求；若作为维护资料，不可能真实地反映系统实施的情况。

③ 由于采用结构化的方法设计模块层次图，并且注意了模块之间的聚合度和耦合度，故每个模块所包含的程序量不会很大。MIS 的开发往往采用数据库管理系统来编程，而现在的数据库管理系统已相当成熟，如 FOXPRO、ORACLE 和 Informix 等所包含的命令功能强大，而且带有软件的生成工具，使熟练的程序员不必画程序流程图就能有效地编制程序。

④ 采用原型法的思想进行开发本身就是一种尝试性的设计，经过一系列“迭代”性的开发，使初始原型不断逼近最终产品。而通过建立可重用代码库，又可大大降低编程的复杂度。这些因素使得 MIS 开发从概要设计阶段过渡到系统实施阶段是自然而然的。

对程序流程图的作用，国内部分专家提出了“在 MIS 开发中，程序流程图应该仅限于作为维护的依据”的观点。

根据计算机软件产品开发文件编制指南（GB8567－88）的建议，详细设计说明书和模块开发卷宗有许多重复的内容，至少两者都需要用程序流程图来表达一个模块的程序逻辑流程，即程序流程图不仅是维护的依据，而且是编程的依据。这对用汇编语言、C 语言等较低级的语言来编程的软件系统（如操作系统软件）来说或许必要。由于这时编制一个功能需要较多的语句，故需要程序流程图来理清编程者的思路。然而，对 MIS 的开发，不必先画完程序流程图后再编程。有两个原因：一方面，MIS 的开发往往采用数据库管理系统来编程，而现阶段的数据库管理系统已相当成熟；另一方面，通过结构化设计后，划分出来的模块一般只有单一的功能，较容易实现。因此，熟练的程序员不必画程序流程图，在给定输入输出和简单功能描述的情况下就能编制出预定的程序。

尽管对于 MIS 的开发不必采用程序流程图作为编程的依据，但它仍然是较好的维护的依据。程序流程图的制作是繁琐费时的，取消制作程序流程图可以将编程工作提前。

在文档方面，专家们认为整个开发过程有 7 个重要的文档，即软件需求说明书、概要设计说明书、数据库设计说明书、用户使用手册、项目开发总结、测试计划和模块开发卷宗。其中前 5 个为核心文档，通过核心文档可以了解整个系统的功能、设计思想和使用方法。在系统实施前，只需完成前三个文档；测试计划在概要设计时打草稿，在实施阶段完成；用户使用手册和模块开发卷宗在实施阶段打草稿，在试运行阶段完成；项目开发总结在试运行阶段完成。

上述诸多观点推动了对 MIS 开发方法的发展，预示着 MIS 开发方法将会有一个大的变革。

1.6　常用编程工具

常用编程语言类包括 C 语言、C ++ 语言等。

数据库语言类包括 FOXPRO 系统、ORACLE 系统、SYBASE 系统、INFORMIX 系统、DB2 系统等。

程序生成工具或称第四代程序生成语言（4th Generation Language，4GL）是一种基于常用数据处理功能和程序之间对应关系的自动编程工具。

系统开发工具类，主要有两类：专业开发工具类（如 SQL、SDK 等）和综合开发类（如 Visual FoxPro，dBASE - V，Visual Basic，Visual C ++，CASE，Team Enterprise Developer 等）。

客户机/服务器工具类，市场上现有的 C/S 类工具有：如 Delphi Client/Server，Power Builder Enterprise，Team Enterprise Developer 等。

面向对象编程工具类，目前主要有C ++ 或 Visual C ++ 和 Small Talk，Visual Foxpro 也能支持面向对象方法。

1.7　软件开发周期简述

对于一个小型的管理信息系统或子系统，应用开发工具来加快开发速度是可行的。对于一个大、中型的管理信息系统则要严肃、认真。国际标准化组织（ISO）和国际电子委员会（IEC）共同制定的一项国际标准“ISO/IEC 12207 - 95 信息技术——软件生存周期过程”已于 1995 年 8 月 1 日发布（随着时间的推移和技术的不断发展，版本演变更新，该标准的框架是依据）。该标准为世界范围内的软件产业界商讨、洽谈计算机软件产品的研制和管理提供了一个基本框架，并与 ISO 9001 标准在软件方面的应用协调一致，受到软件界的高度重视。该标准把软件生成的整个周期划分为三个过程类，即：基本过程类、支持过程类和组织过程类。

1. 软件开发周期的划分

所谓“过程”，就是把输入转换成输出的一组相关活动。整个软件周期被划分为三大过程类、17 个子过程。

（1）基本过程类

基本过程类是软件生成周期的主要部分，它包括过程启动和软件开发、操作、维护。基本过程类可具体划分为以下 5 个子过程。

① 获取过程：定义需求方（即获取一个系统、软件产品或软件服务的组织）的活动。

② 供应过程：定义供应方（即向需求方提供系统、软件产品或软件服务的组织）的活动。

③ 开发过程：定义开发者（即定义和开发软件产品的组织）的活动。

④ 操作过程：定义操作者（即在计算机系统运行环境中向用户提供操作服务的组织）的活动。

⑤ 维护过程：定义维护者（即对软件产品进行维护服务的组织）的活动。这个过程包括系统移植和退役。

（2）支持过程类

支持过程类是对另一个过程提供支持的过程。被支持的过程根据需要采用支持过程并与该过程结合，帮助软件开发获得成功，提高软件产品质量。这一过程共有 8 个子过程。

① 文档开发过程：定义对某生存周期过程所产生的信息进行记录的活动。

② 配置管理过程：定义配置管理活动。

③ 质量保证过程：定义客观地保证软件产品和过程符合规定要求、遵守已定计划的活动。

④ 验证过程：定义需方、供方或独立的第三方对软件产品进行验证的活动。这些验证活动的深度由软件项目的性质决定。

⑤ 确认过程：定义需方、供方或独立的第三方对软件产品进行确认的活动。

⑥ 联合评审过程：定义对某项活动的状态和产品进行评价的活动。这一过程可由双方共同采用，其中一方（评审方）评审另一方（被评审方）。

⑦ 审计过程：定义对是否符合要求、计划和合同进行确认的活动。

⑧ 问题解决过程：定义对开发、操作、维护或其他过程中发现的问题（包括不一致性）进行分析和排除的活动。

（3）组织过程类

组织过程类是一个组织用来建立、实施一种基础结构，并不断地改进该基础结构的过程。可具体划分为 4 个子过程。

① 管理过程：定义在生存周期过程中管理（包括项目管理）的基本活动。

② 基础过程：定义建立生存周期过程的基础结构所需的基本活动。

③ 改进过程：定义一个组织（即需方、供方、开发者、操作者、维护者或另一个过程的管理者）为了建立、测量、控制和改进其生存周期过程需完成的基本活动。

④ 培训过程：定义对经过适当培训的人员提供所需的一些活动。

2. 过程类、子过程类和活动的关系

子过程部分又可分解为若干个活动。过程类、子过程类和活动如表 1－1 所示。

表 1－1　　软件生成周期的过程类、子过程类和活动

过程类	子过程类	活　　动
基本过程	1. 获取过程	• 启动 • 招标准备 • 合同准备和更改 • 对供方的监督 • 验收和完成
	2. 供应过程	• 启动 • 准备投标 • 签订合同 • 制定计划 • 执行和控制 • 评审和评价 • 交付和完成
	3. 开发过程	• 过程的实现 • 系统需求分析 • 系统体系结构设计 • 软件需求分析 • 软件体系结构设计 • 软件详细设计 • 软件编码和测试 • 软件集成 • 软件鉴定测试 • 系统集成 • 系统鉴定测试 • 软件安装 • 软件验收支持
	4. 操作过程	• 过程的实现 • 运行测试 • 系统操作 • 用户支持
	5. 维护过程	• 过程的实现 • 问题和修改分析 • 修改的实现 • 维护评审/验收 • 移植 • 软件退役
支持过程	1. 文档开发过程	• 过程的实现 • 设计和开发 • 生产 • 维护
	2. 配置管理过程	• 过程的实现 • 配置标识 • 配置控制 • 配置状态记账 • 配置评价 • 发行管理和交付
	3. 质量保证过程	• 过程的实现 • 产品保证 • 过程保证 • 质量保证体系
	4. 验证过程	• 过程的实现 • 验证
	5. 确认过程	• 过程的实现 • 确认
	6. 联合评审过程	• 过程的实现 • 项目管理评审 • 技术评审
	7. 审计过程	• 过程的实现 • 审计
	8. 问题解决过程	• 过程的实现 • 问题的解决
组织过程	1. 管理过程	• 启动和范围定义 • 制定计划 • 执行和控制 • 结束
	2. 基础过程	• 过程的实现 • 建立基础 • 维护基础
	3. 改进过程	• 过程建立 • 过程评估 • 过程改进
	4. 培训过程	• 过程的实现 • 培训材料开发 • 培训计划的实现

从表 1－1 中可以看出过程类、子过程类和活动的对应关系。比如开发子过程就定义了如下 13 项活动：① 过程的实现；② 系统需求分析；③ 系统体系结构设计；④ 软件需求分析；⑤ 软件体系结构设计；⑥ 软件详细设计；⑦ 软件编码和测试；⑧ 软件集成；⑨ 软件鉴定测试；⑩ 系统集成；⑪ 系统鉴定测试；⑫ 软件安装；⑬ 软件验收支持。

这 13 项活动又有各自所要做的具体工作。其他子过程也类似这种状态。

3. 软件生存期过程的主要活动和任务描述

软件生存期过程的主要活动和任务描述如表 1－2 所示。

表 1－2　软件生存期过程的主要活动和任务描述

	过程名	主体	主要活动和任务描述
基本过程	获取 acquisition	需求方	定义、分析需求或委托供方进行需求分析而后认可；招标准备；合同准备以及验收
	供应 supply	供方	评审需求；准备投标；签订合同；制定并实施项目计划；开展评审及评价；交付产品
	开发 development	开发者	系统需求分析；系统结构设计；软件需求分析；软件结构设计；软件详细设计；软件编码和测试；软件集成，软件合格测试；系统集成；系统合格测试，软件安装及软件验收支持
	运行 operation	运行者	制定并实施运行计划；运行测试；系统运行；对用户提供帮助和咨询
	维护 maintenance	维护者	问题和变更分析；实施变更；维护评审及维护验收；软件移植及软件退役
支持过程	文档编制 documentation		设计文档编制标准；确认文档输入数据的来源和适宜性；文档的评审及编辑；文档发布前的批准；文档的生产与提交、储存和控制；文档的维护
	配置管理 configuration management		配置标识；配置控制；记录配置状态；评价配置；发行管理与交付
	质量保证 quality assurance		软件产品的质量保证；软件过程的质量保证以及按 ISO 9001 标准实施的质量体系保证
	验证 verification		合同、过程、需求、设计、编码、集成和文档等的验证
	确认 validation		为分析测试结果实施特定的测试；确认软件产品的用途；测试软件产品的适用性
	联合评审 joint review		实施项目管理评审（项目计划、进度、标准、指南等的评价）；技术评审（评价软件产品的完整性、符合标准等）
	审核 audit		检验项目是否符合需求、计划、合同以及规格说明和标准
	问题解决 problem resolution		检验和解决开发、运行、维护或其他过程中出现的问题，提出响应对策，使问题得到解决

续表

	过程名	主体	主要活动和任务描述
组织过程	管理 management	管理者	制定计划、监控计划的实施，评价计划实施；涉及到有关过程的产品管理、项目管理和任务管理
	基础设施 infrastructure		为其他过程所需的硬件、软件、工具、技术、标准，以及开发、运行或维护所用的各种基础设施的建立和维护服务
	改进 improvement		对整个软件生存期过程进行评估度量、控制和改进
	培训 training		制定培训计划；编写培训资料；培训计划的实施

在表 1－2 中给出了 17 个过程的主要活动和任务的描述。以下对该标准提出的软件生存期过程给予简要说明。

（1）基本生存期过程（primary process）

基本生存期包括 5 个过程，这些过程供各主要当事方（如需方、供方、开发者、运行者和维护者）在参与或完成软件产品开发、运行或维护时使用，它们是：

① 获取过程：需方获取系统、软件产品或软件服务的活动。

② 供应过程：供方向需方提供系统、软件产品或软件服务的活动。

③ 开发过程：开发者定义并开发软件产品的活动。

④ 运行过程：运行者在规定的环境中为其用户提供计算机系统服务的活动。

⑤ 维护过程：维护者提供维护软件产品服务的活动。

（2）支持生存期过程（supporting process）

支持生存期包括 8 个过程，其每个过程均有明确的目的支持其他过程，帮助软件项目获得成功及良好的产品质量。它们是：

① 文档编制过程：记录生存期过程中产生的信息所需的活动。

② 配置管理过程：实施配置管理活动。

③ 质量保证过程：为确保软件产品和软件过程符合规定的需求并能坚持既定计划所需的活动。联合评审、审核、验证与确认可作为质量保证技术使用。

④ 验证过程：为确保一个活动的产品满足前一活动对它的要求和条件的活动。

⑤ 确认过程：为确保最终产品满足预期使用要求的活动。

⑥ 联合评审过程：评审方与被评审方共同对某一活动的状态和产品进行评审的活动。

⑦ 审核过程：审核项目是否按要求、计划、合同完成的活动。

⑧ 问题解决过程：分析和解决在开发、运行、维护或其他过程中出现的不论其性质和来源如何的问题的活动。

（3）组织生存期过程（organizational process）

组织生存期包括 4 个过程，这些过程被某个机构用来建立和实现与生存期过程相关的基础结构，甚至人事制度，并使其不断得到改进。它们是：

① 管理过程：规定生存期过程中的基本管理活动，包括项目管理。

② 基础设施过程：建立生存期过程基础结构的基本活动。

③ 改进过程：某一机构（需用、供方、开发者、运行者、维护者或其他过程的管理者）为建立、测量、控制和改进其生存期过程需开展的基本活动。

④ 培训过程：对人员进行适当培训所需的活动。

1.8 软件工程标准

根据软件工程标准制定的机构和标准适用的范围有所不同，它可分为国际标准、国家标准、行业标准。

（1）国际标准

由国际联合机构制定和公布，提供各国参考的标准。如 ISO（International Standards Organization）——国际标准化组织。这一国际机构有着广泛的代表性和权威性，它所公布的标准也有较大的影响。20 世纪 60 年代初，该机构建立了“计算机与信息处理技术委员会”，简称 ISO/TC97，专门负责与计算机有关的标准化工作。这一标准通常冠有 ISO 字样，如 ISO 8631 - 86 Information processing - program constructs and conventions for their representation《信息处理——程序构造及其表示法的约定》。该标准现已收入中国国家标准。

（2）国家标准

由国家制定或批准，适用于全国范围的标准。

（3）行业标准

行业标准由行业机构、学术团体或国防机构制定，并适用于某个业务领域的标准，如：

IEEE（Institute of Electrical and Electronics Engineers）——美国电气与电子工程师学会。近年该学会专门成立了软件标准分技术委员会（SESS），积极开展了软件标准化活动，取得了显著成果，受到了软件界的关注。IEEE 通过的标准经常要报请 ANSI 审批，使之具有国家标准的性质。因此，日常看到 IEEE 公布的标准常冠有 ANSI 的字头。例如，ANSI/IEEE Str 828 - 1983《软件配置管理计划标准》。

GJB——中华人民共和国国家军用标准。这是由中国国防科学技术工业委员会批准，适合于国防部门和军队使用的标准。例如，1988 年实施的 GJB 437 - 1988《军用软件开发规范》；GJB 438 - 1988《军用软件文档编制规范》。

中国已陆续制定和发布了 20 项国家标准。这些标准可分为基础标准、开发标准、文档标准和管理标准 4 类。这些标准如表 1 - 3 所示。

表 1－3　中国的软件工程标准

分类	标准名称	标准号	
基础标准	信息处理——数据流程图、程序流程图、系统流程图、程序网络图和系统资源图的文件编辑符号及约定	GB 1526－89	ISO 5807－1985
	软件工程术语	GB/T 11457－89	
	软件工程标准分类法	GB/T 15538－95	ANSI/IEEE 1002
	信息处理——程序构造及其表示法的约定	GB 13502－92	ISO 8631
	信息处理——单命中判定表的规范	GB/T 15535－95	ISO 5806
	信息处理系统——计算机系统配置图符号及其约定	GB/T 14085－93	ISO 8790
开发标准	软件开发规范	GB 8566－88	
	计算机软件单元测试	GB/T 15532－95	
	软件支持环境		
	信息处理——按记录组处理顺序文卷的程序流程		ISO 6593－1985
	软件维护指南	GB/T 14079－93	
文档标准	软件文档管理指南		
	计算机软件产品开发文件编制指南	GB 8567－88	
	计算机软件需求说明编制指南	GB 9385－88	ANSI/IEEE 829
	计算机软件测试文件编制规范	GB 9386－88	ANSI/IEEE 830
管理标准	计算机软件配置管理计划规范	GB/T 12505－90	IEEE 828
	信息技术、软件产品评价、质量特性及其使用指南	GB/T 12260－96	ISO/IEC 9126－91
	计算机软件质量保证计划规范	GB 12504－90	ANSI/IEEE 730
	计算机软件可靠性和可维护性管理	GB/T 14394－93	
	质量管理和质量保证标准第三部分：GB/T 19001－ISO 9001 在软件开发、供应和维护中的使用指南	GB/T 19000. 3－94	ISO 9000－3－93

1.9　软件开发文档

在软件的开发过程中，一般地说，应该产生 14 种文件。这 14 种文件是：可行性研究报告，项目开发计划，软件需求说明书，数据要求说明书，概要设计说明书，详细设计说明书，数据库设计说明书，用户手册，操作手册，模块开发卷宗，测试计划，测试分析报告，开发进度月报，项目开发总结报告。

在软件开发过程中，承建单位需要根据软件关键等级和软件规模等级的不同，有选择地产生文档。

1.10 软件质量保证

软件的质量是长期以来困扰软件业发展的一个问题。生产出高质量的软件产品是软件工程等学科研究的主要目标。

在计算机发展的早期，软件质量保证由程序员承担。在今天，软件质量保证由组织中多个机构共同负担责任，包括软件工程师、项目管理者、客户、销售人员。软件质量保证是一种应用于整个软件开发过程中的活动。它的内容很多，包括：

① 质量管理方法；
② 有效的软件工程技术（方法和工具）；
③ 在整个软件过程中采用的正式技术评审；
④ 多层次的测试策略；
⑤ 对软件文档及其修改的控制；
⑥ 保证软件遵守软件开发标准的规程（在适用时）；
⑦ 度量和报告机制。

为了顺利开展软件质量保证活动，需要在软件企业建立起质量保证体系，并往往需要第三方的认证。目前的ISO 9000族的标准和美国卡耐基·梅隆大学软件工程研究所的过程能力成熟度模型等为软件企业建立质量体系和进行软件质量保证工作提供了指导。

1. 软件质量

在进行软件质量保证时，首先需要对软件质量有正确的完整的理解，并且通过定性或定量的方法对软件质量进行度量。

一个对软件质量进行系统评估的框架分为三层：

① 第一层是从用户的角度衡量软件质量；
② 第二层从开发者的角度看待软件质量；
③ 第三层是更细化的、可定量衡量的指标。

软件质量衡量指标如下：

① 正确性：一个程序满足它的需求规格和实现用户任务目标的程度。
② 可靠性：一个程序期望以所需的精确度完成它的预期功能的程度。
③ 功效：一个程序完成其功能所需的计算资源和代码的数量。
④ 完整性：对未授权人员访问软件或数据的可控制程度。
⑤ 可用性：学习、操作、准备输入和解释程序输出所需的工作量。
⑥ 可维护性：定位和修复程序中一个错误所需的工作量。
⑦ 灵活性：修改一个运作的程序所需的工作量。
⑧ 可测试性：测试一个程序以确保它完成所期望的功能所需的工作量。

⑨ 可移植性：把一个程序从一个硬件和/或软件系统环境移植到另一个环境所需的工作量。

⑩ 可复用性：一个程序（或一个程序的一部分）可以在另外一个应用程序中复用的程度。

⑪ 互操作性：连接一个系统和另一个系统所需的工作量。

2. 软件过程能力成熟度模型（CMM）

软件产品的质量取决于软件开发过程，具有良好软件过程的软件机构能够开发出高质量的软件产品。1987 年在美国国防部的支持下，卡耐基·梅隆大学推出了软件过程评估项目的研究成果——软件过程能力成熟度模型 CMM（Capacity Maturity Model）。该模型在软件界引起了广泛的关注，以至在其基础上形成了国际标准（ISO/IEC 15504）。

CMM 提供了一个框架，将软件过程改进的进化步骤组织成 5 个成熟度等级，如表 1 – 4 所示，为过程不断改进奠定了循序渐进的基础。每一个成熟度等级为持续改进过程提供一个台阶。每一等级包含一组过程目标，通过实施相应的一组关键过程域达到这一组过程目标，当目标满足时，能使软件过程的一个重要成分稳定。

表 1 – 4　　CMM 提供的 5 个成熟度等级

过程能力等级	特　点	关键过程域
1. 初始级	软件过程是无序的，有时甚至是混乱的，对过程几乎没有定义，成功取决于个人努力；管理是反应式（消防式）的	
2. 可重复级	建立了基本的项目管理过程来跟踪费用、进度和功能特性；制定了必要的过程纪律，能重复早先类似应用项目取得的成功	需求管理 软件项目策划 软件项目跟踪和监督 软件子合同管理 软件质量保证 软件配置管理
3. 已定义级	已将软件管理和工程两方面的过程文档化、标准化，并综合成该组织的标准软件过程；所有项目均使用经批准、剪裁的标准软件过程来开发和维护软件	组织过程定义 组织过程焦点 培训大纲 集成软件管理 软件产品工程 组织协调 同行专家评审
4. 已定量管理级	收集对软件过程和产品质量的详细度量，对软件过程和产品都有定量的理解与控制	定量的过程管理 软件质量管理
5. 优化级	过程的量化反馈和先进的新思想、新技术促进过程不断改进	缺陷预防 技术变更管理 过程变更管理

CMM 的级别示意图如图 1 – 13 所示。

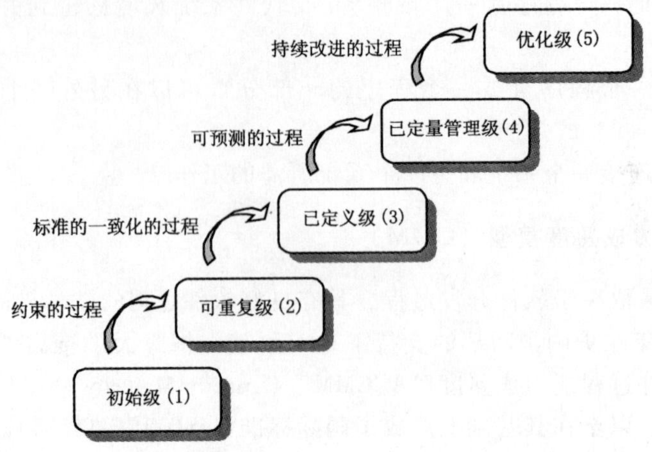

图 1-13 CMM 的级别示意图

由于 CMM 是专门针对软件企业的，因此在实施的时候不需要进行术语上的转换。另外，它逐步提高的方式使得其可操作性更强。

卡内基梅隆大学 2001 年 9 月推出比较成熟的系统工程和软件工程的集成能力成熟度模型 CMMI（Capability Maturity Model Integration）。这个模型可以指引一个组织去改进它用于开发、维护及购买产品和服务的过程。该模型包括了连续模型和阶段模型这两种表示方法，示意图分别如图 1-14、图 1-15 所示。

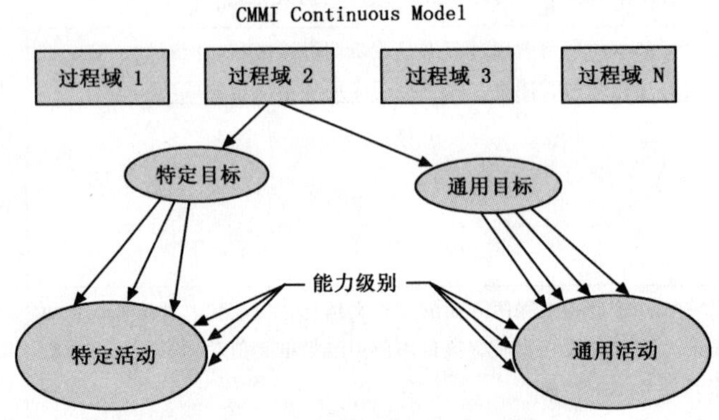

图 1-14 连续模型示意图

一个组织根据自己的过程改进要求可以自由选择合适的表示方法来使用。

3. CMMI 概要

在 CMMI 模型中，两种表现方式（连续的和阶段的）从它们所涵盖的过程区域上来说并没有不同，不同的是过程区域的组织方式以及对成熟度（能力）级别的判断方式。熟悉 CMM 模型的人会发现，在 CMMI 模型中，将目标和实践进行了改变。

名称上的改变：将关键过程区域（KPA）变成了过程区域（PA）。

将每一个 PA 的目标分成了通用目标（Generic Goals）和特定目标（Specific Goals）。

这是对 CMM 中关于制度化部分的一种强调，而且正是因为有了这个变化，在连续模型

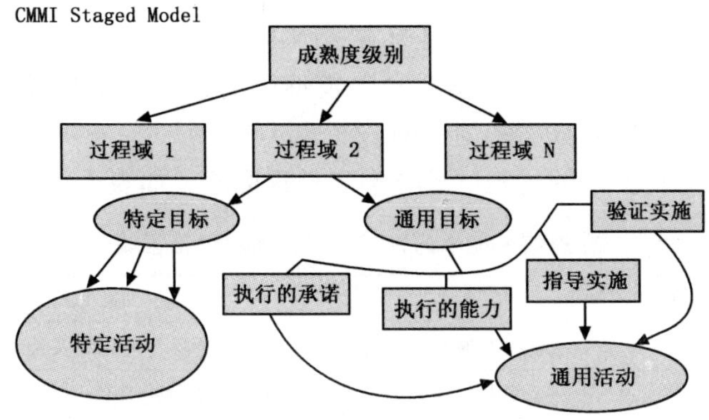

图 1－15　阶段模型示意图

中出现了 0 级和 1 级的区分。针对目标的细分，实践活动也进行了细分。活动也变成了通用活动和特定活动两种。

对于连续模型每一个过程区域都具有 6 个级别（0～5），如表 1－5 所示。

表 1－5　　连续模型每一个过程区域的 6 个级别

级别	Name	名称	特　　性
0	Incomplete	不完整	过程未执行或者执行不完整，特定目标中有不能满足的部分
1	Performed	已执行	特定目标都得到满足，基本活动都得到执行
2	Managed	已管理	已管理的过程除了得到执行外，还需要得到计划，并且按照组织方针来进行实施，相关的人员得到与执行有关的培训，为了过程的执行分配了相关的资源，生成的工作产品受到控制。利益相关的方面都参与了过程的执行，并且进行了相关的评审以及过程符合度的验证。管理层关心过程的制度化状况以及过程的其他目标，例如成本，日程和质量目标
3	Defined	已定义	已定义的过程除了是一个已管理的过程之外，还具有如下的特征：该过程是从组织的标准过程裁减而来的，裁减的依据是组织的裁减指南。该过程还向组织的过程资产库贡献关于工作产品、度量数据、以及其他的过程改进信息
4	Quantitatively Managed	量化管理	量化管理的过程除了是已定义的过程之外，还具有如下的特征：过程是使用统计的以及其他种类的量化手段来进行管理的。在过程的管理中使用了量化的质量和过程性能指标作为管理的标准。用统计手段来理解质量和过程性能，并且在整个生命周期之内进行管理
5	Optimizing	优化	优化的过程除了是一个量化管理的过程之外，还具有如下的特征：过程能够得到及时的变更和采用来满足当前的或者预期的业务目标。优化的过程聚焦于使用增量的和创新技术进步手段来达到不断改进过程性能的目的。过程性能偏差的根本原因得到识别，并且针对这些原因采取相应的改进措施。这些措施按照一种能够度量的方式被识别，评价和实施。这些改进措施的选择是基于对组织过程的量化理解，以及这些改进措施的预期收益，成本，以及影响程度。优化过程的性能能够不断的提高

连续模型中可以为每一个过程区域判定能力级别，这样就可以避免像在 CMM 模型中那样，就算其他的领域都做得很好，只是因为有一个 KPA 中有一个目标不能达到就使得评估结果只能是 1 级的尴尬局面。连续模型和阶段模型中的过程元素都是一致的，在连续模型中，过程区域是按照过程区域分类来划分的。

在连续模型中，包括下面的过程区域分类和过程区域，如表 1－6 所示。

表 1－6　在连续模型中的过程区域分类和过程区域

过程区域类型	过程区域	简要描述
过程管理	组织过程焦点	组织根据对自身过程优劣之处的了解，计划和实施组织级的过程改进活动
	组织过程定义	组织建立和维护一个可用的组织过程资产库
	组织培训	开发组织中人员的技能和知识，使相关人员获得有效履行职责的能力
	组织过程性能	建立和维护对组织标准过程性能的量化理解，理解组织标准过程对质量以及过程性能目标的支持，提供过程性能数据，基线以及项目量化管理的模型
	组织创新和部署	选择和部署对组织的过程和技术进行增量和创新性的改进的可以度量的方法。改进活动支持组织的质量和过程性能目标
项目管理	项目计划	开发和维护用于定义和指导项目活动的计划
	项目监督和控制	提供对项目进度和表现状况的理解，当项目表现和计划产生较大偏差的时候采取相应的改正措施
	供应商协议管理	按照正式的协议，对供应商所提供的产品进行管理
	集成项目管理	项目通过对标准流程进行裁减开发项目的管理过程，按照这个流程与相关个人和组对项目进行管理
	风险管理	对项目的潜在问题进行识别，以便在项目整个生命周期内对处理这些问题制定计划，以避免或者减少潜在问题的影响或者发生概率
	量化项目管理	对项目的过程进行量化的管理，以便达成项目所制定的质量和过程性能目标
工程	需求管理	管理项目中产品以及产品构件的需求，识别项目需求和计划、产品之间的差异
	需求开发	开发和分析客户需求，产品需求和产品构件的需求
	技术方案	设计、开发和实施对需求的解决方案。解决方案、设计和实施包括了产品、产品组件，以及与产品相关的生命周期过程中的一个或者它们的组合
	产品集成	将产品组件组装成产品，确保集成后的产品正常工作，并且发布该产品
	验证	确保开发出来的产品满足需求规格说明的要求
	确认	证明产品及其组件在预想的环境中能够按照预想的功能工作
支持	配置管理	创建和维护产品的完整性，包括配置识别、配置控制、配置状态统计、配置审计活动
	过程和产品质量保证	向管理层和员工提供产品和过程质量的可见度
	度量和分析	开发和维护组织的度量能力，给组织提供所需的支持管理信息
	决策分析和决议	使用正式的评价过程对识别出的可能的决策进行分析，按照制定的标准选择合适的决策
	原因分析和决议	识别缺陷和其他问题的原因，采取行动避免这些缺陷和问题的发生

在 CMMI 的阶段模型中和 CMM 模型一样，划分了五个成熟度级别，下表就是这五个成熟度级别所包含的过程区域一览表，如表 1 - 7 所示。

表 1 - 7　CMMI 阶段模型中的五个成熟度级别

级别	名　称	包含过程区域
1	初始	无
2	已管理	• 需求管理 • 项目计划 • 项目监督和控制 • 供应商协议管理 • 度量和分析 • 过程和产品质量保证 • 配置管理
3	已定义	• 需求开发 • 技术解决方案 • 产品集成 • 验证 • 确认 • 组织过程焦点 • 组织过程定义 • 组织培训 • 集成项目管理 • 风险管理 • 决策分析和决议
4	量化管理	• 组织过程性能 • 量化项目管理
5	优化	• 组织创新和部署 • 原因分析和决议

在这里我们能够发现，在 CMMI 中，对系统工程进行了特别的强调，在 3 级中的需求开发、技术解决方案、产品集成、验证和校验都是与系统工程直接密切相关的过程区域。

4. CMMI 与 CMM 的对比

CMMI 模型的前身是 SW - CMM 和 SE - CMM，前者是关于软件开发的能力成熟度模型，后者是系统工程的模型。在这里，为了加深理解，把 CMMI 与 SW - CMM 作一个初步的比较。

① 在 CMMI 模型中出现了连续模型。这就允许参与评估的组织能够用一种更加灵活的方式来对自己的过程进行评估。在 CMMI 的评估中，可以选择需要的 PA（Process Area，过程区域），针对每一个 PA 分别评判级别。这样可以帮助一个组织以及这个组织的客户更加客观和全面的了解它的过程成熟度，而不是像 CMM 那样一个数字决定一切。同时，连续模型的采用可以给一个组织在进行过程改进的时候带来更大的自主性，不用再像 CMM 那样受到级别的严格限制。

这种改进的好处是灵活性和客观性强，弱点在于由于缺乏指导，一个组织可能缺乏对PA之间依赖关系的正确理解而片面的实施过程，造成一些过程成为空中楼阁，缺少其他过程的支撑。

② CMMI模型比CMM进一步强化了对需求的重视，也就是说，强调对有质量的需求进行管理，而如何获取需求则没有提出明确的要求。在CMMI的阶段模型中，3级有一个独立的PA叫做需求开发，提出了对如何获取优秀的需求的要求。

③ CMMI模型对工程活动进行了一定的强化。在CMM中，只有3级中的软件产品工程和同行专家评审两个关键过程区域（KPA）是与工程过程密切相关的，而在CMMI中，则是将需求开发、技术解决方案、产品集成、验证、确认等作为单独的PA进行了要求，从而在实践上提出了对工程的更高要求和更具体的指导。

CMMI中还强调了风险管理。不像在SW－CMM中把风险的管理分散在项目计划和项目跟踪与监控中进行要求，CMMI 3级里包含了一个独立的PA叫做风险管理。

④ 因为CMM中对度量与分析的要求比较笼统和空泛，CMMI中将度量和分析作为一个独立的2级PA进行要求，从而强调了量化管理这个方面。

1.11 BPR、ERP、CIMS、MRP和MRPⅡ系统的关系

信息管理在各个领域的应用日益广泛，除了管理信息系统外，还有业务流程重组BPR、企业资源计划（ERP）系统、计算机集成制造系统CIMS、物料需求计划MRP系统、制造资源计划MRPⅡ等，本书和本节不讨论它们的基本知识、基本理论和开发方法，只讨论BPR、ERP、CIMS、MRP和MRPⅡ系统的关系。

1.11.1 业务流程重组BPR

业务流程重组BPR（Business Process Reengineering）是最早由美国的Michael Hammer和James Champy提出，经过了不同学者的补充、完善，在20世纪90年代达到了全盛的一种管理思想。它强调以业务流程为改造对象和中心，以关心客户的需求和满意为目标，对现有的业务流程进行根本的再思考和彻底的再设计，利用先进的制造技术、信息技术以及现代化的管理手段，最大限度地实现技术上的功能集成和管理上的职能集成，以打破传统的职能型组织结构（Function－Organization），建立全新的过程型组织结构（Process－Oriented Organization），从而实现企业经营在成本、质量、服务和速度等方面的巨大改善。

目前，BPR的基本内涵是以流程运作为中心，摆脱传统组织分工的束缚，提倡面向客户、组织变通、员工授权及正确地运用信息技术，达到快速适应市场变化的目的，包括不同程度的业务提升、业务优化、业务改造。

BPR追求的是一种彻底的重构，而不是追加式的改进。它要求人们在实施BPR时作这

样的思考："我们为什么要做现在的事？为什么要以现在的方式做事？"这种对企业运营方式的根本性改变，目的是追求绩效的飞跃，而不是改善。

BPR 的核心思想是实现对整个供应链的有效管理。

业务流程重组 BPR 是以过程的观点来看待企业的运作，对企业运作的合理性进行根本性的再思考和彻底的再设计，以组织和信息技术为使解器（enabler），以求企业的劳动生产率等关键指标得到巨大的改善和提高。这就是说，在我们进行信息系统的规划和系统分析的时候，我们首先要考虑管理思想、管理方法、管理组织以及管理系统的变革，充分考虑信息技术的潜能，以达到系统的开发效果，使之合理性最大化。现在的信息系统开发，趋向于与企业进行 BPR 相结合，其流程图如图 1－16 所示。

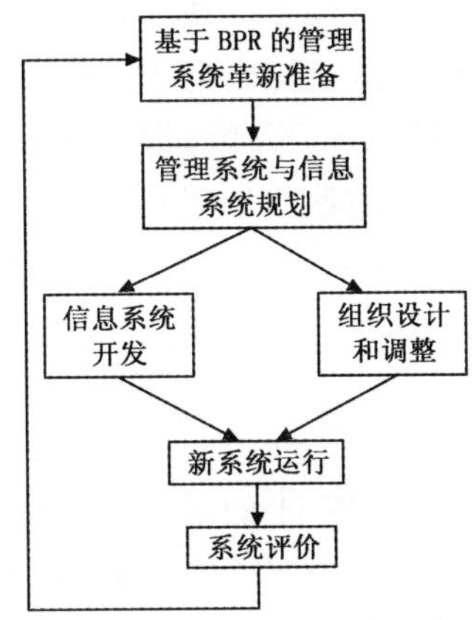

图 1－16　基于 BPR 的管理系统变革步骤

1. BPR 的特性

BPR 的特性有：① 强调顾客满意；② 使用业绩改进的量度手段；③ 关注于更大范围的、根本的、全面的业务流程；④ 强调团队合作；⑤ 对企业的价值观进行改造；⑥ 高层管理者的推动；⑦ 在组织中降低决策的层级。

2. 实施业务流程重组的战略因素

实施业务流程重组的战略因素有：

① 认识到竞争对手将在成本、速度、灵活性、质量及服务等方面产生优势；

② 增加运营能力所需的战略；

③ 重新评估战略选择的需要：进入新市场或重新定位产品与服务；

④ 核心运营流程基于过时的商业假设或技术建立；

⑤ 企业的战略目标似乎无法实现；

⑥ 市场上有了新变化。如市场份额需要扩大，出现新的竞争对手等。

3. BPR 的实施原则

BPR 的实施原则是：

① 实现从职能管理到面向业务流程管理的转变；

② 注重整体流程最优的系统思想；

③ 建立扁平化组织，即尽量消除纯粹的中层“领导”；

④ 充分发挥每个人在整个业务流程中的作用；

⑤ 面向客户和供应商整合企业业务流程；

⑥ 利用 IT 手段协调分散与集中的矛盾；

⑦ 横向集成，跨部门的工作按流程压缩，例如交易员代替定价员和核对员的工作；

⑧ 纵向集成，权力下放，压缩层次；

⑨ 减少检查、校对和控制，变事后检查为事前管理；

⑩ 单点对待顾客，用入口信息代替中间信息；

⑪ 单库提供信息，建好统一共享信息库，把相互打交道变成对信息库打交道；

⑫ 一条路径到达输出，不用许多路径均能走通，多路径会让人不知该走哪条；

⑬ 并行工程，串行已不可能再压缩，可考虑把串行变为并行；

⑭ 灵活选择过程联接，对于不同的输入，可能不需要全过程，少几个过程联络起来也能达到输出。

4. BPR 实现的手段

BPR 实现的手段是两个赋能者（enabler）：一个是 IT（信息技术），一个是组织。BPR 之所以能达到巨大的提高在于充分的发挥 IT 的潜能，即利用 IT 改变企业的过程，简化企业过程。另一个方法就是变革组织结构，达到组织精简，效率提高。

除了这两个赋能者，对 BPR 更重要的是企业领导的抱负、知识、意识和艺术，没有企业领导的决心和能力，BPR 是绝不能成功的。领导的责任在于克服中层的阻力，改变旧的传统。在当今飞速变化的世界中，经验不再是资产，而往往成了负债。在改变经验的培训上的投入越来越增加，领导只有给 BPR 造成一个好的环境，BPR 才能得以成功。BPR 的主要技术在于简化和优化过程。总的来说，BPR 过程简化的主要思想是战略上精简分散的过程，职能上纠正错位的过程，执行上删除冗余的过程。下面是利用上述一些原则简化一个采购流程的例子，见图 1－17。

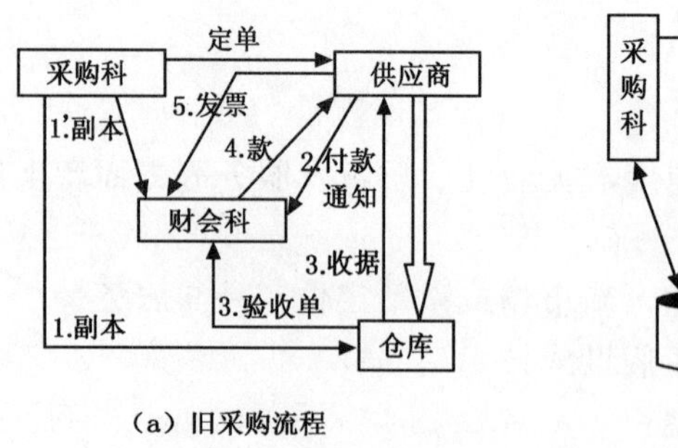

(a) 旧采购流程

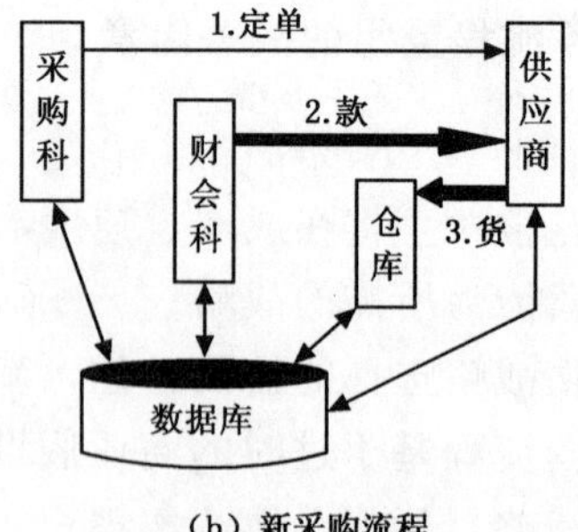

(b) 新采购流程

图 1－17 简化示例

企业想要进行 BPR（或 BPR 的动机）有以下几种情况：

① 企业濒临破产，不改只能倒闭；

② 企业竞争力下滑，企业调整战略和进行重构；

③ 企业领导认识到 BPR 能大大提高企业竞争力，而企业又需要扩张；

④ BPR 的策略在自己相关的企业获得成功，影响本企业。

一般来说，两头（绩效好和绩效差）的企业，即濒临破产的和需要大发展的企业容易推进 BPR。根据 1993 年的报导，BPR 的失败率高达 50% ~70%，这和 MIS 在 20 世纪 60 年代 50% 的成功率是可以对应的。BPR 的成功完全是在企业可控范围内的事，只取决于企业领导的决心和能力，并无外部的不定因素。

BPR 的目标在于实现管理的现代化。BPR 的成功也定会使企业朝着现代化的方向迈进一大步，其中包括：企业的组织更趋扁平化，工作方式也将改变；企业将更多地采用更大的团队工作方式；团队间的相互了解和主动协调将大大提高；领导更像是教练，而不像司令官；整个组织将更主动更积极地面向顾客。从而使企业达到管理过程化、职能综合化、组织扁平化。

从上面的介绍我们可以看出信息系统规划（ISP）和 BPR 有着非常密切的关系，它们均有共同的思想使顾客满意，它们均是采用系统的方法，它们均应由系统队伍去完成。在实际工作上它们也是相互衔接的。

1.11.2　企业资源计划（ERP）系统

1. 企业资源计划（ERP）

企业资源计划 ERP（Enterprise Resource Planning）系统是美国 GartnerGroup（加特纳）公司于 1990 年 4 月编写的《ERP：设想下一代的 MRPⅡ》的分析报告中提出的 ERP（Enterprise Resource Planning）的概念。加特纳公司又陆续发表了一系列的分析报告，例如《ERP 的功能》分析报告，认为 ERP 除了 MRPⅡ（制造资源计划）已有的生产资源计划，制造、财务、销售、采购等功能外，还有质量管理，实验室管理，业务流程管理，产品数据管理，存货、分销与运输管理，人力资源管理和定期报告系统。企业资源计划 ERP 系统确切的定义是：MRPⅡ（制造资源计划）下一代的制造业系统和资源计划软件。

2. ERP 的基本任务

ERP 的基本任务是：

① 从最终产品的生产计划（独立需求）导出相关物料（原材料、零部件等）的需求量和需求时间（相关需求）；

② 根据物料的需求时间和生产（订货）周期来确定其开始生产（订货）的时间。

MRP 是以物料计划人员或存货管理人员为核心的物料需求计划体系，它的涵盖范围仅仅为物料管理这一块。主要用于非独立性需求（相关性需求）性质的库存控制。MRP 的基本内容是编制零件的生产计划和采购计划。然而，要正确编制零件计划，首先必须落实产品的出产进度计划，用 MRPⅡ的术语就是主生产计划（Master Production Schedule，MPS），这是 MRP 展开的依据；MRP 还需要知道产品的零件结构，即物料清单（Bill Of Material，BOM），才能把主生产计划展开成零件计划；同时，必须知道库存数量才能准确计算出零件的采购数量。

因此，基本的 ERP 构成部分是主生产计划（MPS）、物料清单（BOM）和库存信息。

3. MRP 是 ERP 的核心功能

① 经营范围的概念：供需链的要素；运作环境；财务基础；制造资源计划（MRPⅡ）；准时制生产（JIT）；全面质量管理（TQM）。

② 需求计划：市场驱动；客户期望与价值的定义；客户关系；需求管理。

③ 需求与供应的转换：设计；能力管理；计划；执行与控制；业绩评价。

④ 供应：库存；采购；物资分销配送系统。

4. ERP 特点

ERP 概括起来主要有三方面特点，也是 ERP 同 MRPⅡ的主要区别：

（1）ERP 是一个面向供需链管理（Supply Chain Management）的管理信息集成

ERP 除了传统 MRPⅡ系统的制造、供销、财务功能外，在功能上还增加了支持物料流通体系的运输管理、仓库管理（供需链上供、产、需各个环节之间都有运输和仓储的管理问题）；

ERP 支持在线分析处理（Online Analytical Processing，OLAP）、售后服务及质量反馈，实时准确地掌握市场需求的脉搏；

ERP 支持生产保障体系的质量管理、实验室管理、设备维修和备品备件管理；

ERP 支持跨国经营的多国家地区、多工厂、多语种、多币制需求；

ERP 支持多种生产类型或混合型制造企业，汇合了离散型生产、流水作业生产和流程型生产的特点；支持远程通信、Web / Internet / Intranet / Extranet、电子商务（E－commerce、E－business）、电子数据交换（EDI）；

ERP 支持工作流（业务流程）动态模型变化与信息处理程序命令的集成；

ERP 支持企业资本运行和投资管理、各种法规及标准管理等。

（2）采用计算机和网络通信技术的最新成就

网络通信技术的应用是 ERP 同 MRPⅡ的又一个主要区别。ERP 系统除了已经普遍采用的诸如图形用户界面技术（GUI）、SQL 结构化查询语言、关系数据库管理系统（RDBMS）、面向对象技术（OOT）、第四代语言/计算机辅助软件工程、客户机/服务器和分布式数据处理系统等技术之外，还要实现更为开放的不同平台互操作，采用适用于网络技术的编程软件，加强了用户自定义的灵活性和可配置性功能，以适应不同行业用户的需要。网络通信技术的应用，使 ERP 系统得以实现供需链管理的信息集成。

（3）ERP 系统同企业业务流程重组（Business Process Reengineering，BPR）是密切相关的

信息技术的发展加快了信息传递速度和实时性，扩大了业务的覆盖面和信息的交换量，为企业进行信息的实时处理、作出相应的决策提供了极其有利的条件。为了使企业的业务流程能够预见并响应环境的变化，企业的内外业务流程必须保持信息的敏捷通畅。

ERP 侧重于各种管理信息的集成，而 CIMS（计算机集成制造系统）侧重于技术信息的集成，它们之间在内容上有重叠但又是互补的关系。制造业是否实现 ERP 系统，什么时候实现，取决于企业的性质、规模以及发展和经营战略的需要。

5. 应用环境的扩展

早期的 MRPⅡ往往被用于离散式的生产类型，如机器制造业、飞机制造业、汽车制造业等。而 ERP 具有流程作业管理、配方管理及批号跟踪等功能，因此可以用于流程式的生产类型，也可以用于离散式加流程式的混合型的生产类型。另外，ERP 也能适应多种经营、多种业务的应用环境。

1.11.3　计算机集成制造系统 CIMS

计算机集成制造系统 CIMS（Computer Integrated Manufacturing Systems）的概念最早是由美国学者哈林顿博士提出的，其基本出发点是：

① 整个生产制造过程实质上是信息的采集、传递和加工处理的过程；

② 企业生产经营的各个环节，如市场分析预测、产品设计、加工制造、经营管理、产品销售等一切的生产经营活动，是一个不可分割的整体，要统一考虑；

③ 企业整个生产经营过程从本质上看，是一个数据的采集、传递、加工处理的过程，而形成的最终产品也可看成是数据的物质表现形式。

CIMS 主要以信息技术为手段，集成各种先进的现代化管理方法和技术，把企业的技术、经营、人员集成起来，把机制的改革、机构的改组、技术的改造和科学管理集成起来。当前 CIMS 被赋予了新的含义，即现代集成制造系统（Contemporary Integrated Manufacturing Systems）。将信息技术、现代管理技术和制造技术相结合，并应用于企业全生命周期各个阶段，通过信息集成、过程优化及资源优化，实现物流、信息流、价值流的集成和优化运行，达到人（组织及管理）、经营和技术三要素的集成，从而提高企业的市场应变能力和竞争力。

1. CIMS 的定义

CIMS 至今尚未有统一的定义，但对其基本看法是：

① CIMS 是通过计算机硬软件，并综合运用现代管理技术、制造技术、信息技术、自动化技术、系统工程技术，将企业生产全部过程中有关的人、技术、经营管理三要素及其信息与物流有机集成并优化运行的复杂的大系统。

② CIMS 是通过网络数据库支撑工具，把计算机辅助设计、制造、管理等有机地结合起来，清除其接口间障碍，解决市场上多变的自动化生产的问题。

③ 用计算机通过信息集成实现现代化的生产制造，以求得企业的总体效益，即系统的目标、结构、组成、约束、优化和实现等方面，体现了系统的总体性和系统的一致性。

企业作为一个统一的整体，必须从系统的观点、全局的观点广泛采用计算机等高新技术，加速信息的采集、传递和加工处理过程，提高工作效率和质量，从而提高企业的总体水平。

2. CIMS 的组成

CIMS 通常由四个功能子系统和两个支撑子系统组成。

（1）四个功能子系统

CIMS 的四个功能子系统分别是工程设计自动化子系统、管理信息子系统、制造自动化子系统、质量保证子系统。CIMS 系统的组成框图如图 1－18 所示。

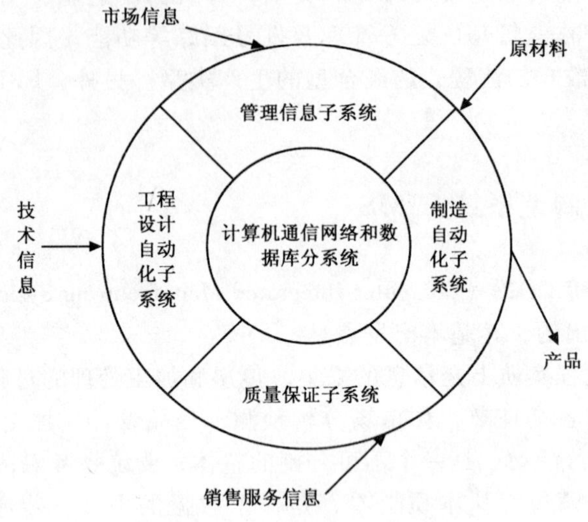

图 1－18　CIMS 构成框图

① 管理信息子系统以 MRPⅡ为核心，包括预测、经营决策、生产计划、生产技术准备、销售、供应、财务、成本、设备、工具和人力资源等管理信息功能。

② 产品设计与制造工程自动化子系统，通过计算机辅助产品设计、工艺设计、制造准备及产品性能测试等工作，即 CAD/CAPP/CAM 系统，目的是使产品开发活动更高效、更优质地进行。

③ 制造自动化子系统，是 CIMS 信息流和物料流的结合点，是 CIMS 最终产生经济效益的聚集地，由数控机床、加工中心、清洗机、测量机、运输小车、立体仓库、多级分布式控制计算机等设备及相应的支持软件组成。

④ 质量保证子系统，包括质量决策、质量检测、产品数据的采集、质量评价、生产加工过程中的质量控制与跟踪功能。质量保证子系统保证从产品设计、产品制造、产品检测到售后服务全过程的质量。

（2）两个支撑子系统

CIMS 的两个支撑子系统分别是计算机网络子系统和数据库子系统。

① 计算机网络子系统，即企业内部的局域网，支持 CIMS 各子系统的开放型网络通信系统。采用标准协议可以实现异机互联、异构局域网和多种网络的互联。系统满足不同子系统对网络服务提出的不同需求，支持资源共享、分布处理、分布数据库和适时控制。

② 数据库子系统，支持 CIMS 各子系统的数据共享和信息集成，覆盖了企业全部数据信息，是逻辑上统一、物理上分布的全局数据管理系统，通过该系统可以实现企业数据共享和信息集成。

CIMS 是自动化程度不同的多个子系统的集成，如管理信息系统（MIS）、制造资源计划系统（MRPⅡ）、计算机辅助设计系统（CAD）、计算机辅助工艺设计系统（CAPP）、计算机辅助制造系统（CAM）、柔性制造系统（FMS），以及数控机床（NC，CNC）、机器人等。

CIMS 正是在这些自动化系统的基础之上发展起来的。它根据企业的需求和经济实力，把各种自动化系统通过计算机实现信息集成和功能集成。当然，这些子系统也使用了不同类型的计算机，有的子系统本身也是集成的，如 MIS 实现了多种管理功能的集成，FMS 实现了加工设备和物料输送设备的集成等等。但这些集成是在较小的局部，而 CIMS 是针对整个工厂企业的集成。CIMS 是面向整个企业，覆盖企业的多种经营活动，包括生产经营管理、工程设计和生产制造各个环节，即从产品报价、接受订单开始，经计划安排、设计、制造直到产品出厂及售后服务等的全过程。

3. CIMS 的实施

CIMS 系统是企业经营过程、人的作用发挥和新技术的应用三方面集成的产物。因此，CIMS 的实施要考虑这几方面：

① 首先要改造原有的经营模式、体制和组织，以适应市场竞争的需要。因为 CIMS 是多技术支持条件下的一种新的经营模式。

② 其次，在企业经营模式、体制和组织的改造过程中，对于人的因素要给予充分的重视，并妥善处理，因为其中涉及到了人的知识水平、技能和观念。

③ CIMS 的实施是一个复杂的系统工程，整个的实施过程必须有正确的方法论指导和规范化的实施步骤，以减少盲目性和不必要的疏漏。

1.11.4 物料需求计划 MRP 系统

物料需求计划 MRP（Material Requirement Planning）系统是一种工业制造企业的物资计划管理模式。

按需求的来源不同，企业内部的物料可分为独立需求和相关需求两种类型。

① 独立需求是指需求量和需求时间由企业外部的需求来决定，例如，客户订购的产品、科研试制需要的样品、售后维修需要的备品备件等；

② 相关需求是指根据物料之间的结构组成关系由独立需求的物料所产生的需求，例如，半成品、零部件、原材料等的需求。

物料需求计划 MRP 根据产品结构各层次物品的从属和数量关系，以每个物品为计划对象，通过计算机计算出所需材料的需求量和需求时间，从而确定材料的加工进度和定货日程的一种实用技术。

MRP 是一种既不出现物料短缺，又不出现积压库存的计划方法，解决了制造业所关心的缺件与超储的矛盾。

1. MRP 的基本任务

MRP 的基本任务有以下两点：

① 从最终产品的生产计划（独立需求）导出相关物料（原材料、零部件等）的需求量和需求时间（相关需求）；

② 根据物料的需求时间和生产（订货）周期来确定其开始生产（订货）的时间。

2. MRP 的基本内容和依据

MRP 的基本内容是编制零件的生产计划和采购计划。要正确编制零件计划，MRP 需要知道产品的零件结构、物料清单（Bill Of Material，BOM），才能把主生产计划展开成零件计划，同时必须知道库存数量才能准确计算出零件的采购数量。

因此，基本 MRP 的依据是主生产计划（Master Production Schedule，MPS）、物料清单（Bill of Material，BOM）和库存信息。

（1）主生产计划

主生产计划是确定每一具体的最终产品在每一具体时间段内生产数量的计划。这里的最终产品是指对于企业来说最终完成、要出厂的完成品，它要具体到产品的品种、型号。这里的具体时间段，通常是以周为单位，在有些情况下，也可以是日、旬、月。主生产计划详细规定生产什么、什么时段应该产出，它是独立需求计划。主生产计划根据客户合同和市场预测，把经营计划或生产大纲中的产品系列具体化，使之成为展开物料需求计划的主要依据，起到了从综合计划向具体计划过渡的承上启下作用。

（2）物料清单

MRP 系统要正确计算出物料需求的时间和数量，特别是相关需求物料的数量和时间，首先要使系统能够知道企业所制造的产品结构和所有要使用到的物料。产品结构列出构成成品或装配件的所有部件、组件、零件等的组成、装配关系和数量要求。它是 MRP 产品拆零的基础。

为了便于计算机识别，必须把产品结构图转换成规范的数据格式，这种用规范的数据格式来描述产品结构的文件就是物料清单。它必须说明组件（部件）中各种物料需求的数量和相互之间的组成结构关系。

（3）库存信息

库存信息是保存企业所有产品、零部件、在制品、原材料等存在状态的数据库。在 MRP 系统中，将产品、零部件、在制品、原材料甚至工装工具等统称为“物料”或“项目”。为便于计算机识别，必须对物料进行编码。物料编码是 MRP 系统识别物料的唯一标识。如：

① 现有库存量：是指在企业仓库中实际存放的物料的可用库存数量。

② 计划收到量（在途量）：是指根据正在执行中的采购订单或生产订单，在未来某个时段物料将要入库或将要完成的数量。

③ 已分配量：是指尚保存在仓库中但已被分配掉的物料数量。

④ 提前期：是指执行某项任务由开始到完成所消耗的时间。

⑤ 订购（生产）批量：在某个时段内向供应商订购或要求生产部门生产某种物料的数量。

⑥ 安全库存量：为了预防需求或供应方面的不可预测的波动，在仓库中经常应保持最低库存数量作为安全库存量。

根据以上的各个数值，可以计算出某项物料的净需求量：

净需求量 = 毛需求量 + 已分配量 - 计划收到量 - 现有库存量

3. 闭环 MRP

MRP 能根据有关数据计算出相关物料需求的准确时间与数量，但它还不够完善，其主要缺陷是没有考虑到生产企业现有的生产能力和采购的有关条件的约束。因此，计算出来的物料需求的日期有可能因设备和工时的不足而没有能力生产，或者因原料的不足而无法生产。同时，它也缺乏根据计划实施情况的反馈信息对计划进行调整的功能。为了解决以上问题，MRP 系统在 20 世纪 70 年代发展为闭环 MRP 系统。闭环 MRP 系统除了物料需求计划外，还将生产能力需求计划 CRP（Capacity Requirement Planning）、车间作业计划和采购作业计划也全部纳入 MRP，形成一个封闭的、完整的生产计划与控制系统。

4. 能力需求计划的依据

能力需求计划的依据主要有：

（1）工作中心

是各种生产或加工能力单元和成本计算单元的统称。对工作中心，都统一用工时来量化其能力的大小。

（2）工作日历

是用于编制计划的特殊形式的日历。它是由普通日历除去每周双休日、假日、停工和其他不生产的日子，并将日期表示为顺序形式而形成的。

（3）工艺路线

是一种反映制造某项“物料”加工方法及加工次序的文件。它说明加工和装配的工序顺序、每道工序使用的工作中心、各项时间定额、外协工序的时间和费用等。

（4）输出作业计划

由 MRP 输出的零部件作业计划。

1.11.5　制造资源计划 MRPⅡ（Manufacturing Resources Planning）

广义 MRP 或 MRPⅡ，它是一个制造业所公认的管理标准系统，它是由闭环 MRP 加上财务等功能组成的制造资源计划。MRPⅡ系统是在 MRP 系统基础上发展起来的一种更为完善和先进的管理思想和方法，为了避免名词的混淆，物料需求计划称作 MRP，制造资源计划称作 MRPⅡ（Manufacturing Resources Planning）。

制造资源计划（Manufacturing Resources Planning），是一个集采购、库存、生产、销售、财务、工程技术等为一体的计算机信息管理系统。MRPⅡ主要面向企业以生产系统为主的企业内部资源的全面计划管理，不涉及企业的整体资源管理以及供应链的问题，更不涉及产品研发问题。现在绝大多数的 MRP 系统已经升级到 MRPⅡ或 ERP 系统。MRP 已经很少使用。

1. MRPⅡ的逻辑流程

MRPⅡ的基本思想就是把企业作为一个有机整体，从整体最优的角度出发，通过运用科学方法对企业各种制造资源和产、供、销、财各个环节进行有效地计划、组织和控制，使他们得以协调发展，并充分地发挥作用。MRPⅡ的逻辑流程图如图 1 - 19 所示。

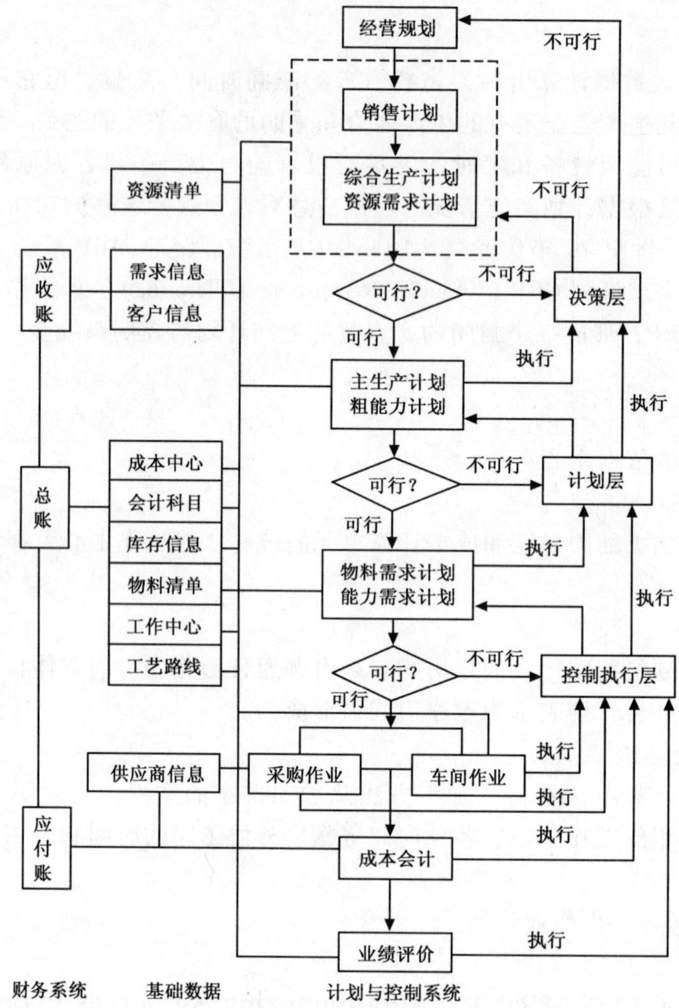

图 1－19　MRPⅡ逻辑流程图

在流程图的右侧是计划与控制的流程，它包括了决策层、计划层和控制执行层，可以理解为经营计划管理的流程。中间是基础数据，要储存在计算机系统的数据库中，并且反复调用。这些数据信息的集成，把企业各个部门的业务沟通起来，可以理解为计算机数据库系统。左侧是主要的财务系统，这里只列出应收账、总账和应付账。各个联线表明信息的流向及相互之间的集成关系。

2. MRPⅡ的特点

（1）计划的一贯性与可行性

MRPⅡ是一种计划主导型管理模式，计划层次从宏观到微观、从战略到技术、由粗到细逐层优化，但始终保证与企业经营战略目标一致。它把通常的三级计划管理统一起来，计划编制工作集中在厂级职能部门，车间班组只能执行计划、调度和反馈信息。计划下达前反复验证和平衡生产能力，并根据反馈信息及时调整，处理好供需矛盾，保证计划的一贯性、有效性和可执行性。

（2）管理的系统性

MRPⅡ是一项系统工程，它把企业所有与生产经营直接相关部门的工作联结成一个整体，各部门都从系统整体出发做好本职工作，每个员工都知道自己的工作质量同其他职能的关系。这只有在“一个计划”下才能成为系统，条块分割、各行其是的局面应被团队精神所取代。

（3）数据共享性

MRPⅡ是一种制造企业管理信息系统，企业各部门都依据同一数据信息进行管理，任何一种数据变动都能及时地反映给所有部门，做到数据共享。在统一的数据库支持下，按照规范化的处理程序进行管理和决策，改变了过去那种信息不通、情况不明、盲目决策、相互矛盾的现象。

（4）动态应变性

MRPⅡ是一个闭环系统，它要求跟踪、控制和反馈瞬息万变的实际情况，管理人员可随时根据企业内外环境条件的变化迅速作出响应，及时决策调整，保证生产正常进行。它可以及时掌握各种动态信息，保持较短的生产周期，因而有较强的应变能力。

（5）模拟预见性

MRPⅡ具有模拟功能，它可以解决“如果怎样……将会怎样”的问题，可以预见在相当长的计划期内可能发生的问题，事先采取措施消除隐患，而不是等问题已经发生了再花几倍的精力去处理。这将使管理人员从忙碌的事务堆里解脱出来，致力于实质性的分析研究，提供多个可行方案供领导决策。

（6）资金流的统一

MRPⅡ包含了成本会计和财务功能，可以由生产活动直接产生财务数据，把实物形态的物料流动直接转换为价值形态的资金流动，保证生产和财务数据一致。财务部门及时得到资金信息用于控制成本，通过资金流动状况反映物料和经营情况，随时分析企业的经济效益，参与决策，指导和控制经营和生产活动。

（7）子系统的集成

MRPⅡ系统是一个一体化集成系统，它把企业中的各个子系统有机地结合起来，特别是财务与生产两个子系统之间的关系尤其密切。

（8）数据环境统一

MRPⅡ系统的所有数据来源于企业的中央数据库。各个子系统在统一的数据环境下工作。

（9）模拟仿真

MRPⅡ系统具有模拟仿真功能，能根据不同的决策方针模拟出各种未来将会发生的结果，因此它是企业上层管理机构的决策工具。

3. MRP 与 MRPⅡ的区别

（1）资源管理范畴方面

MRP 是对物料需求的管理，MRPⅡ实现了物料信息同资金信息的集成，ERP 在 MRPⅡ的基础上扩展了管理范围，它把客户需求和企业内部的制造活动以及供应商的制造资源整合在一起，形成企业一个完整的供应链并对供应链上的所有环节进行有效管理。

（2）生产方式管理方面

MRPⅡ系统把企业归类为几种典型的生产方式来进行管理，如重复制造、批量生产、按订单生产、按订单装配、按库存生产等，对每一种类型都有一套管理标准。而到了20世纪90年代初期，企业为了紧跟市场的变化，ERP能很好地支持和管理混合型制造环境，满足了企业的多角化经营需求。

（3）在管理功能方面

ERP除了MRPⅡ系统的制造、分销、财务管理功能外，还充分利用企业业务流程重组的思想，增加了支持整个供应链上物料流通体系中供、产、需各个环节之间的运输管理和仓库管理；支持生产保障体系的质量管理、实验室管理、设备维修和备品备件管理；支持对工作流（业务处理流程）的管理。

（4）事务处理控制方面

MRPⅡ是通过计划的及时滚动来控制整个生产过程，它的实时性较差，一般只能实现事中控制。而ERP支持在线分析处理OLAP（Online Analytical Processing）、售后服务及质量反馈，强调企业的事前控制能力，为企业提供了对质量、适应变化、客户满意、绩效等关键问题的实时分析能力。

（5）在计算机信息处理技术方面

ERP采用客户机/服务器（C/S）体系结构和分布式数据处理技术，支持Internet/Intranet/Extranet、电子商务（E－commerce）、电子数据交换EDI，能充分利用互联网及相关的技术。此外，还能实现在不同平台上的相互操作。

1.11.6 企业的文化和管理思想

MRP、MRPⅡ、ERP等只是先进的管理思想的一部分，世界各国都存在适于各自国情的先进的企业管理思想，每种理论的产生都有其产生的市场需求和应用环境。而每种理论从思想到产品，再到具体实施都需要根据每个企业的具体情况，进行从理想模式到现行模式，再到改进模式的不同程度的概念转换，从而使企业文化各种各样。企业的文化和管理思想分为两大类，进取型和稳健型。进取型的企业领导喜欢冒风险，在信息系统方面他们愿意用先进的不太成熟的技术；而稳健型的则厌恶风险，在信息系统方面愿用成熟的技术，并愿意开发能立即见效的项目。进取型和稳健型文化和管理思想如表1－8所示。

表1－8 进取型和稳健型文化和管理思想

	进取型	稳健型
系统类型	专用的、易于改变 艺术状态	程序化，难以改变 成熟的
开发方法	原型法	传统的生命周期法
开发工具	第四代语言工具	传统的语言工具

续表

	进取型	稳健型
计划和控制	自上而下的系统结构 自下而上的系统定义	投资回收和风险评价 强的回收系统 资源分配的常设委员会
组织	资源分至专门用户 强的数据管理和信息系统训练功能 雇用企业分析与技术的奇才	库存资源 维修人员分至各用户 强大的数据中心运行网络控制 雇用固定的技术人员
信息系统的关键问题	精明的资源管理 和专业组织一样维护信息系统 提供足够的存取和验证数据	强制技术关系 维持高质量的开发人员 推销“软件”收益项目

思　考　题

1. 怎样定义系统?
2. 简述系统成立必须满足三个条件。
3. 系统由哪五个基本要素组成?
4. 简述系统的特性。
5. 简述信息的特征。
6. 什么是信息?
7. 什么是数据?
8. 简述数据和信息的关系。
9. 信息的处理过程大致分哪三步?
10. 简述信息资源的生命周期。
11. 什么是“管理”?
12. 简述管理的基本职能。
13. 什么是信息系统?
14. 什么是管理信息系统?
15. 简述管理信息系统功能。
16. 简述管理信息系统的结构。
17. 简述管理信息系统的开发原则。
18. 管理信息系统有哪三种类型?
19. 简述系统开发的流程。
20. 简述管理信息系统的开发方式。

第2章 信息系统的开发方法

信息系统的开发方法大体分为8种，它们分别是瀑布模型（生命周期法）、原型法模型（演化模型）、螺旋模型、喷泉模型、企业系统规划法、面向对象的开发方法、结构化方法、"世纪桥"开发方法等。本章将对这些开发方法做简要介绍。

2.1 瀑布模型

2.1.1 瀑布模型的概念

瀑布模型（Life Cycle Approach，LCA）又称生命周期法，在20世纪90年代以前，系统设计主要使用瀑布模型。瀑布模型理论认为，任何一个软件都有它的生存期。所谓软件的生存期是指从软件项目的提出，经历研制、运行和维护，直至退出的整个时期。瀑布模型将信息系统的整个生存期视为一个生命周期，同时又将整个生存期严格划分为若干阶段，并明确每一阶段的任务、原则、方法、工具和形成的文档资料，分阶段、分步骤地进行信息系统的设计。生命周期法将信息系统的生命周期划分为系统规划、系统分析、系统设计、系统实施、系统运行维护与评价五个阶段。各个阶段完成的主要任务如下：

（1）系统规划阶段

系统规划主要是由系统分析员和用户讨论，通过对现行系统的调查，确定管理信息系统的目标及总体功能结构，规划管理信息系统开发的费用及进度，从整体上研究企业管理（或业务）流程的现状及存在的问题，按照用户的资金和技术力量分析信息系统是否可行，并将分析结果以可行性报告的形式提交给有关决策人。

（2）系统分析阶段

系统分析的任务是在对现有信息系统进行详细调研的基础上，通过各种可能的方式充分描述现有系统的业务流程及所需处理的数据，并分析这些处理过程及数据结构的逻辑合理性，从而构思和确立新系统的基本目标和逻辑功能，给出新系统的逻辑方案，最后写出系统分析说明书，即系统的总体设计方案。

(3) 系统设计阶段

系统设计的任务是依据系统分析所得到的系统功能和信息需求设计系统的处理流程及相关数据类型，确定系统的应用软件结构，包括对处理系统的模块设计、代码设计、数据文件设计、输入输出设计、处理逻辑设计等，从而确定信息系统的物理模型，最后形成系统设计说明书。

(4) 系统实施阶段

系统实施的主要任务包括硬件设备的购置、安装，依据系统设计的要求完成每一应用模块的程序设计、组装调试、系统测试、系统切换、操作人员的培训等工作。

(5) 系统运行维护与评价阶段

系统运行维护与评价的主要工作包括系统运行、维护、运行管理相应新系统，并从目标、功能、性能及经济效益方面对系统进行评价。

2.1.2 瀑布模型的特点

瀑布模型具有以下特点：

① 采用结构化思想，其开发策略是“自顶向下”地完成管理信息系统的规划、分析与设计工作，然后“自底向上”地实现。

② 开发过程阶段清楚，任务明确，文档齐全，并要求有标准化的分析报告和文本等阶段性文档资料及书面审定记录，使得整个开发过程便于管理和控制。

③ 通常假定系统的应用需求是预先描述清楚的，排除了不确定性。

④ 瀑布模型适用于大型的信息系统以及应用软件的开发。

瀑布模型的优点是：在消除非结构化软件、降低软件的复杂性、促进软件开发工程化方面起了很大作用。

2.1.3 瀑布模型存在的问题

虽然瀑布模型的理论比较完善，但在实际运用时也存在一些缺陷，主要表现在以下几方面：

(1) 系统开发周期长、见效慢

在系统实施的前几个阶段能给用户提供的只是文字上的方案，用户长期看不到可运行的系统，不能在短期内得到效益，甚至可能会产生用户积极性受挫，导致其下不了组建系统的决心。即使下了开始组建系统的决心，但由于在开发过程中，用户一直没有有效途径与开发人员共同研究系统分析之后的阶段，在这几个阶段因为需要用到专门的繁琐的图表工具，使得系统开发过程处于“闭门造车”的封闭状态，用户管理者基本无法参与其中。

由于生命周期法严格依据各阶段的目标和任务进行开发，使得开发周期较长，一个规模较大的系统开发过程往往需要三至五年，这样一方面使用户在较长时间内不能得到一个可实际运行的物理系统；另一方面是在开发周期内计算机理论和技术会不断发展与更新、用户的组织结构及信息需求也会发生变化，可能会出现系统尚未开发完成就已经过时的局面。

（2）难沟通、效率低

该方法要求系统设计者在系统开发之初全面认识并明确表达系统的信息需求，充分预料各种可能发生的变化，然而这是十分不现实的。因为往往许多系统的建设，是在开发过程中逐步明确和完善的，而侧重于辅助决策的管理信息系统的开发更是如此。在系统调查阶段，由于专业及知识背景不一样，各级管理人员往往自己也不能确切地描绘未来管理信息系统的目标，分析人员在理解上也会有误解和偏差，造成系统需求定义的困难。另外，用户还要求系统能对不断变化的内、外部环境具有一定的适应性，这正是瀑布模型所不允许的。

（3）开发过程灵活性小、更改成本高

在瀑布模型中，系统开发严格按阶段进行，每一阶段的成果一经审核，批准形成文档资料之后就难以更改了。虽然稳定是相对的，但变化才是必然的，这种做法无法满足今后用户需求的变化。另一方面，系统维护起来仍然相当困难，维护成本也非常高。

瀑布模型如图 2－1 所示。

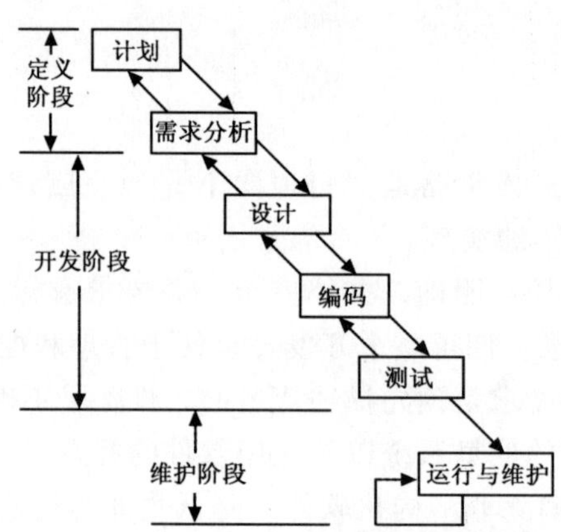

图 2－1 软件生存期的瀑布模型

图 2－1 说明如下：

① 从上一项活动接受该项活动的工作对象，作为输入；

② 利用这一输入实施该项活动应完成的内容；

③ 给出该项活动的工作成果，作为输出传给下一项活动；

④ 对该项活动实施的工作进行评审。

瀑布模型为软件开发提供了一种有效的管理模式。根据这一模式制定开发计划、进行成本预算、组织开发力量，以项目的阶段评审和文档控制为手段有效地对整个开发过程进行指导，从而保证了软件产品及时交付，并达到预期的质量要求。瀑布模型将软件生存周期的各项活动规定为依固定顺序连接的阶段工作，是一种线性模型。各阶段活动为：提出系统需求、提出软件需求、需求分析、设计、编码、测试和运行。每个开发阶段具有以下特征：从上一阶段接受本阶段工作的对象作为输入；对上述输入实施本阶段的活动；给出本阶段的工作成果作为输出传入下一阶段；对本阶段工作进行评审，若本阶段工作得到确认，则继续下阶段工作，否则返回前一阶段甚至更前阶段。

瀑布模型的优点：

① 为项目提供了按阶段划分的检查点。

② 当前一阶段完成后，您只需要去关注后续阶段。

③ 可在迭代模型中应用瀑布模型。

瀑布模型的缺点：

① 在项目各个阶段之间极少有反馈，缺乏灵活性。

② 无法解决软件需求不明确或不准确的问题，只有在项目生命周期的后期才能看到结果，最终可能导致开发出的软件并不是用户真正需要的软件。

③ 通过过多的强制完成日期和阶段来跟踪各个项目阶段。

瀑布模型是一种整体开发模型。在开发过程中，用户对软件的需求认识常常不够清晰，因而使得开发项目难于做到一次开发成功。只有开发完成后，整个软件才全部展现在用户面前，这时发现有不满意的地方为时已晚。

2.2　原型法模型（演化模型）

严格定义和预先说明的生命周期法理论基础是严密的，但它要求系统开发人员和用户在系统开发初期对整个系统的功能有全面、深刻的认识，并制定出每一阶段的计划和说明书。随着计算机技术的发展，尤其是计算机网络的普遍应用，这种传统的信息系统开发方法受到了挑战。一种新的开发方法——原型化方法出现了。

2.2.1　原型化方法的基本思想

原型化方法的基本思想表现在以下四个方面：

(1) 并非所有的需求都能预先定义

需求的预先定义虽然在某些情况下是可能的，但往往由于项目参加者的个人原因导致在很多情况下难以实现。况且，人与人之间的观点很难达到完全一致。用户与专业人员对计算机的理解也有一定的差距，用户只有看到一个具体的应用系统才能清楚了解到自己的需要和系统存在的缺点。这些都说明了系统的需求不能都预先定义。

(2) 提供快速的建造工具

在建造系统时，强调提供快速的原型建造工具，从而在工具的支持下迅速建立起原始系统，并能够方便地对原始系统进行修改、扩充、变更和完善。

(3) 需要有系统模型

开发一个新的系统时，提供一个能演示的模型比提供书面的文档和图表更直观、更生动、更具有说服力。原型法的特点就是为人们提供一个生动的动态模型，利用模型演示暴露出来的问题，对系统进行修改和完善。

(4) 反复修改是必要的和不可避免的

用户的要求多变，这在预先定义方案中是难以实现的。原型化方法则不同，它认为用户的需求反复多变是一种正常现象，是不可避免的，它希望用户对需求提出更多、更高的要求，从而使系统提供的信息真正满足管理和决策的需要。

2.2.2 原型化方法的阶段划分

原型化方法在建立新系统时可分为下述四个阶段：

(1) 确定用户的基本需求

在这一阶段中，用户向开发人员提出对新系统的基本要求，如功能、人机界面、输入/输出、应用范围和运行环境，而开发人员则据此来确定哪些要求是可以实现的，大约需要多少费用。

(2) 开发初始原型

根据用户的要求，开发人员迅速建立起一个交互系统。当然这是一个初步的、不成熟的系统。

(3) 征求用户对初始原型的改进意见

这是一个非常重要的阶段，用户亲自使用原型，通过使用提出新系统的缺点和不足之处，供开发人员修改。

(4) 修改原型

开发人员对原型进行修改、扩充、完善，直到用户满意为止。

2.2.3 原型化方法的类型

原型化方法目前有两种类型：即丢弃型和进化型。而从应用目的和场合来分又可分为三种类型：研究型、试验型和进化型（见图 2-2）。

研究型和试验型原型被认为是可以丢弃的，当系统真正实现后，这些原型就会被丢弃。进化型原型最终将成为产品。

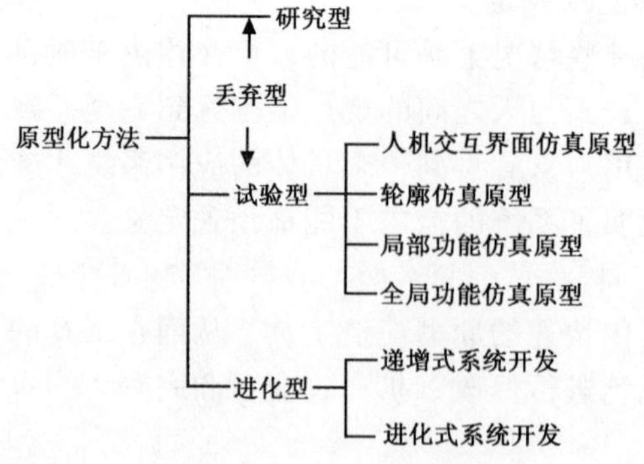

图 2-2 原型化方法的演变

1. 丢弃型原型法

丢弃型原型法包括研究型和试验型两种。其中，研究型原型属于需求原型。它是在未进行任何常规需求分析的情况下力求满意地识别和确认用户的真正需求。没有什么规范的形式，也没有如何确定原型的严格规律。正是这种不确定性使这种方法更具有创造力。新建的系统反复经过“试用—修改—再试用”的过程，直到满足用户需求为止。这时开发人员才整理资料。初始的设计仅作为参考，最后将被丢弃。

试验型原型构造法要利用计算机，解决用户的问题将通过试验来评审。试验型原型又可分为四种不同的类型：

（1）人机交互界面仿真原型

可向用户提供所建议的人机交互界面，常常能以对话、屏幕界面和菜单形式出现在最终的系统中。在这种仿真类型中，用户看到的原型和真实系统相似。在原型背后可能根本没有真正的数据，而是只对输入作一些验证。

（2）轮廓仿真原型

该类型试图建立最终系统的总体结构，它是基于一些基本的系统功能之上的，目标是设计出整个系统，但要实现的仅仅是缩小的功能范围。在这种类型的原型中，所包含的功能使得用户能全面完成他们的工作任务，并且绘制出轮廓原型不予支持的其他工作步骤。

（3）局部功能仿真原型

用于测试最终系统的特性。

（4）全局功能仿真原型

该类型建立在包含最终系统所有功能的原型系统的基础上。在这种类型中，第四代语言常用于获取所需的代码（比常用的程序设计语言快得多），用户需求往往被翻译成一种可以进行操作的系统，由这种系统来仿真应用系统的环境。这种原型就是功能上的原型。在构造这种原型时，强调实现和修改过程的方便性，而不是最终系统的效率。正因为这种系统没有效率要求，因此不大可能作为一种最终应用系统来使用。

2. 进化型原型法

进化型原型法的开发思想与丢弃型完全相反，该方法主张：

① 围绕交互式应用系统的环境不断地变化，新的需求不断出现；

② 交互式应用系统改变周围的环境，也引起了需求的变化。

换言之，用户需求和系统功能不断地发生变化，如果花大力气去了解一个不清楚的东西，倒不如先按一个基本要求去开发系统，使用户先使用起来，有问题随时修改。虽然修改和追加功能的次数增多，但还是有益处的。

进化型原型法有两种系统开发方式：

（1）递增式系统开发

递增式系统开发被称为“缓慢生长的系统”，是用于解决需要集成的复杂系统的设计问题。开始时，系统有一个总体框架，各子系统和模块的功能结构也清楚，但还没有具体实现。

这种方法必须有一个前提：系统的组织机构不发生变化，模块的外部功能不发生变化。

这种方式类似于计算机工业的插接策略，要用一个功能，就插上一个功能模块。

(2）进化式系统开发

进化式系统开发是把系统开发看成一种周期过程。从设计到实现再评价反复进行，前期成果可看作一个版本系列，逐步推出新的版本。

2.2.4 原型法模型的概念与特点

原型法也称渐进法或迭代法。原型法要求在获得基本的用户需求后，快速地建立系统的一个“原型”，用户及其他有关人员在试用原型后反馈意见，设计者修改原型后再交给用户试用。通过反复评价和反复修改原型系统，逐步确定各种需求的细节，从而最终完成系统的开发。

实践证明，在信息系统开发初期，用户的需求是经常变动的，有时甚至是十分模糊的。原型法的提出正是为了改善同用户的交流。原型法的含义是要明确用户系统原始需求，尽量缩短系统开发周期，提高软件开发效率。它克服了生命周期法的一些缺陷。

原型法具有以下特点：

① 用户自始至终参与系统开发全过程，强调了用户的主导作用，这就使系统实施后系统的切换与运行维护较为容易和自然；

② 用户和管理阶层可以更快地看到可以工作的信息系统原型，从而尽快地发现系统中存在的错误和疏漏，开发效益相应得到了提高；

③ 特别适合开发那些需求不确定性较高的信息系统；

④ 由于要快速实现新系统的一个原型，因而对开发环境、软件工具要求比较高，需要有合适的软件环境的支持。

2.2.5 原型化法的优劣

原型化方法有以下一些优点：

① 开发周期短，费用相对少。

② 提供初始原型给用户，使用户参与更为实际，更富有建设性。

③ 易于用户使用，减少对用户的培训时间。

原型化方法虽然有很多优点，但经过实践，也发现了它的不足之处：

① 对于一个大型系统或复杂性高的系统，这种方法不适用。

② 开发过程管理困难。整个开发过程要经过“修改—评价—再修改”的多次反复，每一次反复都要花费人力、物力。如果用户配合不好，盲目地进行修改，会导致系统开发期变长，看不到结束的尽头。

③ 用户过早地看到了原型，错误地认为新系统就是这个模样，使用户缺乏信心和耐心。

④ 开发人员也很容易潜意识里用原型取代系统分析。

原型法比较适用于用户需求不清、业务理论不确定、需求经常发生变化的情况，当系统规模不大也不太复杂时采用这种方法还是比较好的。

2.2.6　原型法模型存在的问题

虽然原型法克服了生命周期法的一些缺点，但也存在一些缺陷，主要表现在以下几方面：

① 容易出现系统质量缺陷

原型法鼓励采用了“编码、实现、修复”的开发方法，这样有可能提高整个系统生命周期的运行、支持和维护成本，同时又会失去开发过程中选择更好的技术方案的机会，因为技术人员和用户都希望尽快地看到可以使用的原型，由于这种方法过于强调速度，使得许多潜在的系统质量缺陷没有得到很好的解决。

② 开发过程难以控制

让用户自始至终控制着系统开发的进程将导致开发者不能确定自己的工作进度，使工期无法保证。另外，用户的参与有时可能会成为其自身的一种负担，往往力不从心。因为，这种参与不是直观地操作，而是处于系统方案与实现系统之间很不直观的论证工作，从而使得开发过程难以控制，项目管理和系统的维护比较困难。

③ 不适用于大型系统的开发

对于大型的信息系统工程，由于其复杂性而导致无法快速建立原型，因此原型法比较适合开发小型的灵活性要求较高的信息系统。对于近代管理者为了应付激烈的竞争需要即时分析优化系统的高要求来说，原型法就无能为力了。

2.2.7　原型法模型的细分

根据开发策略的不同，原型法模型还可以细分为增量模型、渐进模型和演化模型。

1. 增量模型

对于需求不能很快全部明确的系统，软件开发项目难于做到一次开发成功，可使用此模型。此时，应尽可能明确已知的软件需求，完成相应的需求分析，并按瀑布模型的方法进行第一次开发工作。在系统集成时，通过实验找出需求中的欠缺和不足之处，明确那些未知的软件需求，再迭代进行增加部分的需求分析和开发。对有些系统这种反复可能要进行几次，但尽可能不要超过两次，否则难以控制软件的结构规模、开发质量和进度。

2. 渐进模型

此模型主要是针对部分需求尽管明确但一时难以准确进行定义的系统设计，如用户的操作界面等。使用此模型时，可以先做初步的需求分析，之后立即进行设计和编码，随后与系统进行第一次集成（不做或少做测试）。根据集成后反映的问题，进一步做更全面的需求分析、设计、编码、测试和集成。

3. 演化模型

演化模型是一种非整体开发的模型。软件在该模型中是“逐渐”开发出来的，开发出一部分，向用户展示一部分，可让用户及早看到部分软件，及早发现问题。也可以先开发一个“原型”软件，完成部分主要功能，展示给用户并征求意见，然后逐步完善，最终获得满意的软件产品。

演化模型具有较大的灵活性，适合于软件需求不明确、设计方案有一定风险的软件项目。

演化模型和增量模型之间的区别在于演化模型首先开发核心系统，每次迭代为系统增加一个子集，整个系统是增量开发和增量提交；增量模型首先完整地开发系统的一个初始子集，然后不断地建造更精细的版本。

2.3 螺旋模型

螺旋模型将瀑布模型与演化模型结合起来，并且加入了两种模型均忽略的风险分析，弥补了这两种模型的不足。

螺旋模型将开发过程分为几个螺旋周期，每个螺旋周期大致和瀑布模型相符合。螺旋模型沿着螺线旋转，即在笛卡尔坐标的四个象限上分别表达了四个方面的活动，如图 2 - 3 所示。

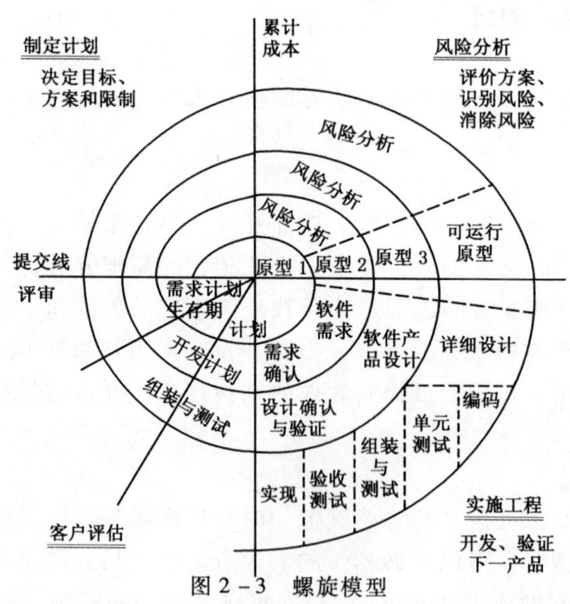

图 2 - 3 螺旋模型

在图 2 - 3 中：

① 制定计划：确定目标，选定实施方案，明确开发限制条件。

② 风险分析：分析所选方案，识别风险，通过原型消除风险。

③ 实施工程：实施软件开发。

④ 客户评估：评价开发工作，提出修改意见，建立下一个周期的计划。

螺旋模型适合于大型软件的开发，它吸收了软件工程“演化”的概念，使开发人员和用户对每个螺旋周期出现的风险有所了解，从而作出相应的反应。

螺旋模型的使用有以下两点不足：

① 螺旋模型的使用需要有相当丰富的风险评估经验和专门知识，这使该模型的应用受到一定限制。

② 螺旋模型对软件复用和生存期中多项开发活动的集成并未提供支持，因而难于支持面向对象的开发方法。

2.4 喷泉模型

喷泉模型是一种以用户需求为动力、以对象作为驱动的模型，它体现了软件创建所固有的迭代和无间隙特征。喷泉模型主要用于支持面向对象开发过程，适合于面向对象的开发方法。它克服了瀑布模型不支持软件重用和多项开发活动集成的局限性。喷泉模型使开发过程具有迭代性和无间隙性。系统某些部分常常重复工作多次，相关功能在每次迭代中随之加入演化的系统。无间隙是指在分析、设计、实现等开发活动之间不存在明显的边界，如图 2 - 4 所示。

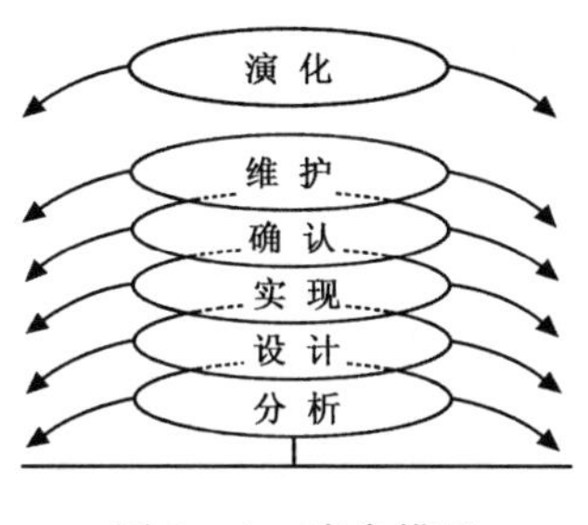

图 2 - 4　喷泉模型

从对瀑布模型、演化模型和螺旋模型三者之间的比较可以看出：这三个模型都分为多个阶段，瀑布模型一次完成软件；演化模型分为多次完成，每次迭代完成软件的一个部分；螺旋模型也分为多次完成，每次完成软件的一个新原型，并考虑风险分析。

2.5 企业系统规划法

20 世纪 60 年代中期，IBM 公司为了总结、吸收本公司及其他公司开发信息系统失败的教训，特地组织了专门的机构和人员对信息系统的开发方法进行研究和探索，推出了企业系统规划法（Business System Planning，BSP），BSP 方法能帮助企业形成信息系统的规划和控制机制，改善对信息需求和数据处理源的使用，从而成为开发企业信息系统总体规划的有效办法之一。企业系统规划法认为：

① 一个信息系统必须支持企业战略目标；

② 一个信息系统的战略应当表达企业各个管理层次的需求；

③ 一个信息系统应该向整个企业提供一致的信息；

④ 一个信息系统应该在组织机构和管理体制改变时保持适应性；

⑤ 一个信息系统的战略规划应由总体系统结构中的子系统开始实现。

企业系统规划法的主要目标是提供一个信息管理系统的总体规划，与企业计划相配合，以支持企业短期、中期和长期的信息需求。它的工作流程大致为：从企业的最高层开始，调查组织的目标、现状和存在的问题，在这个基础上提出实现这些目标所需要的过程和执行过程的机构，以及完成这些过程需要的数据类，根据过程和数据类设计出子系统的结构，采用自上而下的规划和从下到上的实现步骤来完成系统的开发工作。

企业规划法在开发系统时一般有下述 12 个阶段：

① 研制开始前的准备工作阶段。这一阶段主要是项目确定和研究工作的准备。

② 研究开始阶段。这一阶段的首要工作是听取企业情况介绍，确立企业未来的需求，消化总结材料，在开发研究组内统一认识，给出对数据处理的支持和评价。

③ 定义企业过程。

④ 定义数据类。

⑤ 分析现有系统的支持。

⑥ 确定主管部门对系统的要求。

⑦ 提出判断和结论。

⑧ 定义信息系统的总体结构。

⑨ 确定总体结构中的优先次序。

⑩ 评价信息资源管理。

⑪ 制定建议书和开发计划。

⑫ 成果报告。

企业系统规划法的研究方法的许多步骤是有益的，但也与传统方法有雷同之处，故影响不大。

2.6 面向对象的开发方法

什么是对象？我们对世界的认识取决于我们对世界上事物的认识所形成的概念，这些概念使我们可以感知和推理世界上的事物，我们的概念所应用到的事件被称为对象。面向对象方法以对象作为最基本的元素。软件系统可以看成是离散对象的集合，这些对象既包括数据结构，也包括行为。对象是面向对象方法分析问题和解决问题的核心。面向对象的开发方法促使软件开发者按应用域的观点来思考问题。因为应用域中的问题贯穿大部分软件工程开发生命周期，所以面向对象的开发是一种分析和设计阶段独立于程序设计语言的概念化过程，它主要是一种思维方式，而不是程序设计。这种方法的最大优点是帮助分析者、设计者及用户清楚地表达抽象概念，互相进行交流和通信，它也可作为描述、分析和建立文档的一种手段。面向对象开发方法包括面向对象分析、面向对象设计、面向对象实现。面向对象开发方法有 Booch 方法、Coad 方法和 OMT（Object Modeling Technology，对象建模技术）方法等。为了统一各种面向对象方法的术语、概念和模型，1997 年推出了统一建模语言，即 UML（Unified Modeling Language）语言。它是面向对象的标准建模语言，通过统一的语义和符号表示，使各种方法的建模过程和表示统一起来，成为面向对象建模的标准。

1. 面向对象方法的概念

面向对象方法（Object - Oriented Methods，OOM），是由面向对象程序设计（Object - Oriented Programming，OOP）发展起来的。面向对象方法基于类和对象的概念，把客观世界的一切事物都看成是由各种不同的对象组成，每个对象都有各自内部的状态、机制和规律，按照对象的不同特性，可以组成不同的类。不同的对象和类之间的相互联系和相互作用就构成了客观世界中的不同的事物和系统。

面向对象的开发方法与生命周期法、原型法有很大的不同。生命周期法与原型法虽然在系统开发的阶段划分和顺序上各有特点，但基本上可以被称为是面向数据或面向过程的，即在获得基本的系统需求后要从该需求提炼出数据流或把需求转换为过程，而不是直接在客观需求上展开工作，系统需求与系统分析、设计与实现是不一致的，由此引发了一些问题和隐患。而面向对象方法直接从系统需求出发，把需求分解成对象和类，数据和操作都“隐藏”于对象之中，通过对对象的定义、操纵来实现系统，从而达到了系统需求与系统分析、设计与实现的一致。

面向对象法的系统开发是在对系统调查和需求分析的基础上进行的，其工作过程可分为以下三个阶段：

① 面向对象分析阶段（Object - Oriented Analysis，OOA）：在当前要求解的复杂问题中，抽象地识别出对象及其行为、结构、属性方法等，建立未来信息系统的分析模型。

② 面向对象设计阶段（Object - Oriented Design，OOD）：对 OOA 阶段得到的分析模型进一步抽象、归类、整理，并规范化地形成基本的“类”，再模拟应用对象的特性，将对象的“事件”和“方法”封装进入这些“类”中，形成具有生命活力的智能“组件”。

③ 系统实现阶段：用面向对象的程序设计语言将 OOD 阶段过程的范式直接映射为应用程序软件。

2. 面向对象开发方法的特点

面向对象开发方法具有以下特点：

① 系统开发的基础统一于对象之上，各个阶段工作过渡平滑，避免了许多中间转换环节和多余劳动，加快了系统开发的进程，提高了系统开发的正确性和效率。

② OOA 方法的分析与结构化分析有较大的区别，前者强调的是在系统调查资料的基础上对所需素材进行归类分析和整理，而后者则是对管理业务现状和方法的分析。

③ OOD 方法是根据对象来组织信息系统的逻辑结构，与 OOA 不同，OOD 阶段必须考虑系统实现，OOD 与系统是两个相互交织在一起的过程。

④ 面向对象技术中的各种概念和特性，如继承、封装、多态性及消息传递机制等，使软件的一致性、模块的独立性以及程序的共享和可重用性大大提高。

3. 面向对象法存在的问题

虽然面向对象开发方法在可重用性、系统可维护性和可理解性方面有着突出的优势，但也存在不足和局限，主要表现在以下几方面：

① 容易造成系统结构不合理、各部分关系失调。

与原型法类似，在大型的管理信息系统开发过程中如果不经自顶向下的整体划分，而是一开始就自底向上的采用面向对象方法开发系统，同样也会造成系统结构不合理、各部分关系失调等问题。

② 用户直接参与较为困难。

因为每个使用者一般只熟悉自己的日常工作的事务流程，对于系统中的对象没有总体的把握，因此面向对象方法也要求参与用户最好是问题域专家，而不仅仅是使用者。

③ 需要一定的软件基础支持。

系统实现的工具要么是某种程序设计语言，要么是某种面向对象的数据库程序设计语言，要么是其他的一些繁杂的程序设计工具，无论使用什么工具，系统实现总是一个程序设计的过程。因此，对于当今人们的即时优化系统的要求来说，面向对象的系统设计方法仍然显得束手无策、苍白无力。

20 世纪 80 年代，由于微电子技术的迅速发展，计算机的价格不断下降，性能不断提高，微机得到广泛使用并出现了高性能的工作站；为使计算机更易于使用，用户对计算机系统提出了更复杂的功能需求，故而软件规模不断扩大，复杂程度不断提高，系统软件日趋标准、完善。相比之下，应用软件生产方式在开发速度、可用性、兼容性、可扩充性、可重用性等重要方面都不能令人满意。而应用软件开发都离不开编程，从而使得应用软件开发成本飞涨，软件质量跟不上时代发展的需要，供不应求的趋势十分强烈，这就是所谓应用软件危机。时代要求寻找更高效、产品质量更高、更易维护且能即时优化的应用软件开发方法。人们开始重视面向对象方法的研究和应用。特别是在 20 世纪 80 年代中后期，由于面向对象的语言和程序设计技术取得成功，面向对象的方法开始应用于计算机技术和应用的几乎所有领域，例如数据库、人工智能、操作系统和分布式处理等。

面向对象的分析和设计过程有三种建模方式：对象模型、动态模型和功能模型。

2.6.1 对象模型

对象模型也称为 OMT（Object - oriented Modeling Technique），它通过描述系统中的对象、对象间的关系，以及标识类中对象的属性和操作来组织对象的静态结构。对象模型提供了一种直观的系统图形表示，有利于通信交流和对系统结构文档化。

下面说明其实现方法。

1. 分析

从问题的陈述着手，分析包含了现实世界重要性质的模型。

分析需求，以理解问题要求。分析模型必须简洁明确地抽象出目标系统要做的事情，而不是诸如数据结构等计算机实现中的概念，不应包括任何与实现有关的考虑。

2. 系统设计

在系统设计中，目标系统在结构分析构造的模型基础上被细化为子系统。系统分析员必须确定所优化的性能，选择问题处理的策略并初步配置资源。

3. 对象设计

在分析的基础上，对象设计将系统设计中的一些实现细节加入到设计模型中，强调数据结构和实现类所需的算法。

4. 实现

将对象设计的对象和对象之间的关联最终用具体的程序设计语言、数据库或硬件来实现。

对象模型中重要的概念包括对象、类、继承、关联、聚集。

- 类：指事件的类型。
- 关联：指对象与类之间联系的一种手段。
- 继承：是保留对象差异同时共享对象共性的一种高度抽象方法。
- 聚集：是一种强关联形式。从语义上讲，作为整体一部分的“关系对象”组合在一起就是一个聚集。

在对象建模过程中，要遵循以下原则：

① 不能草率地记下类、关联和继承。作为对象建模的开始，首先应理解所要解决的问题，然后由相应的解决方案构造对象模型的内容。

② 尽量使模型简洁，避免不必要的复杂性。

③ 考虑名字的选择，名字应具有描述性、简洁性、无二义性，不能与对象的属性名冲突。

④ 不要把指针作为对象的一个属性，应把它模型化为关联。

⑤ 尽量避免三元和多元关联，将三元或多元关联分解为二元关联，其中含限定词和链属性。

⑥ 不要将链属性并入类中。

⑦ 在尽可能多的地方使用受限关联。

⑧ 尽量避免过度嵌套。

⑨ 分析一对一关联，很多情况下零关联或一元关联更适用。

⑩ 对象模型需反复多次修改。

⑪ 让其他人对模型进行检查。

⑫ 尽量用文字说明对象模型，文字可以帮助读者更好地理解模型，文字解释名字的含义，也阐述了模型中各类的关联的含义。

⑬ 在设计的早期阶段不要使阶数精确化。

⑭ 建模时可以选择有利于解决问题的构造方法，OMT 的表示法未必能满足任何问题的建模需要。

2.6.2 动态模型

动态模型表述与时间和变化有关的性质，它的主要概念是事件，事件表示外部触发、状态、对象值的改变。

在各对象之间相互触发就形成一系列状态变化。一个触发动作称为一个事件，事件将信息从一个对象发送到另一个对象。对事件的响应取决于接受该触发的对象的状态，响应包括状态的改变或形成一个新的触发。

状态是对对象属性值和链值的一种抽象。可按照影响对象显著行为的性质将值集抽象到一个状态类中，状态指明了对象对输入事件的响应。在同一对象接受的两个事件之间，状态与时间间隔有关。事件表示时刻，状态表示时间间隔。一个事件分开两个状态，一个状态分开两个事件。

动态模型的建模过程中要遵循下述原则：

① 只构造那些有意义的动态行为的对象类的状态图，并不是所有对象类都需要动态模型。

② 使用脚本来帮助构造各状态图。

③ 定义状态时只考虑相关属性，对象模型中表示的属性不必都用在状态图中。

④ 在决定事件和状态大小时需要考虑应用要求。

⑤ 区分应用中的活动和动作。

⑥ 当某状态存在多个入口转换，且所有转换引发同一动作发生时，应将这些动作都放在状态盒中，标以入口事件。这种方法取代了在转换集合上列出所有转换。对出口事件做同样的处理。

⑦ 当一种转换用于多个状态时，使用嵌套状态图表示。

⑧ 尽量使子状态图独立于其父状态图，子状态图应该集中考虑子类所独有的属性。

⑨ 为保证整个动态模型的正确性，对共享事件中各个状态的一致性进行检查。

2.6.3 功能模型

功能模型描述了系统中所有的计算。功能模型表明一个计算如何从输入值得到输出值，而不考虑计算值的次序。功能模型由多张数据流图组成。数据流图指明操作和约束的意义，表明了系统中输入/输出值之间的关系，表明了从源对象到目的对象的数据的流向。

功能模型采用传统的数据流图来表示，最终必须用对象的操作来实现。

2.6.4　三种模型的关系

动态模型阐明了来自对象模型中对象值的合法的变化序列。状态图描述了具体类中某一对象的部分或所有的操作。

状态等价于对象的属性值和链值。

事件在对象模型中可表示为操作。

功能模型表达了用户的功能需求，反映对象的装配。功能模型的处理对应于对象模型中的操作，处理中的一个输入常常是一个目标对象。

2.7　结构化方法

结构化方法由结构化分析、结构化设计、结构化程序设计构成，它是一种面向数据流的开发方法。该方法简单实用，应用较广，技术成熟。

① 结构化分析：它是根据分解与抽象的原则，按照系统中数据处理的流程，用数据流图来建立系统的功能模块，从而完成需求分析工作。

② 结构化设计：它是根据模块独立性准则、软件结构准则，将数据流图转换为软件的体系结构，用软件结构图来建立系统的物理模型，实现系统的概要设计。

③ 结构化程序设计：它是根据结构程序设计原理，将每个模块的功能用相应的标准控制结构表示出来，从而实现详细设计。

结构化方法总的指导思想是自顶向下、逐步求精，其基本原则是功能的分解与抽象。它是软件工程中最早出现的开发方法，特别适合于数据处理领域的问题。结构化方法对于规模大的项目，对于特别复杂的项目不太适应，该方法难于解决软件重用问题，难于适应需求变化的问题，难于彻底解决维护问题。

2.8　“世纪桥”开发方法

“世纪桥”有一套平台，平台功能强大、时效高，是实现“一揽子”管理解决方案的有效途径。以往找专业编程人员定向开发一套企业“一揽子”管理系统，不仅周期长、实用性差，而且投入大，动辄几万、十几万、几十万，大多数企业望而却步。“世纪桥”避开了编程专业，不编程、自我设计、点鼠标完成，使 MIS 管理系统设计变得直观、简易，制表平台轻松、灵活、规范，任何复杂的表，都能自如地做出。“世纪桥”开发平台提供将用户指定的原始表生成为数据库的功能；提供系统框图设计平台，直接面向对象（管理事务或功能模块）；提供报表的处理描述平台，直观地直接面向原始表与中间报表来描述它们之间的数据关系（抄表），数据多级分类，数据统计计算和数据检索查询。

“世纪桥”开发平台的功能分为三方面：

① 界面表达逻辑：表格、报告、统计图表等；

② 信息处理：统计、分类、比较等；

③ 信息数据传递共享：如工资科、人事科、仓库、实物账等对同一数据可以共享共用。

用户确定数据类型、记录项与建立数据库，鼠标轻轻地点一下即可完成。不懂编程的业务管理人员也能自己设计管理系统。

国内外一些专家对“世纪桥”评价很高。原美国纽约大学教授洪加威在对“世纪桥”的鉴定意见中写道：“‘世纪桥’首创了以报表、报告界面为核心，与适合计算的数据结构、数据库处理的记录结构为一体的对象逻辑结构模型，改变了以往界面结构与计算处理、数据库处理脱节的状况，这是‘世纪桥’突破性的创新点之一；”“‘世纪桥’进一步依据对象逻辑模型，从工作流程的管理信息数据的统计计算、分类检索、流程触发、资源关联的角度来描述管理系统，直接从管理者熟悉的管理业务出发，成功地取消了前台编程工作，避开了专业的编程知识，简化了系统设计难度，这是‘世纪桥’创新点之二；”“‘世纪桥’进一步面向对象逻辑的工作流程，实现了一种对象逻辑解释器，实现系统功能，改变了 MIS 系统难以通用化、商品化的状况，这是‘世纪桥’创新点之三；”“‘世纪桥’率先采用前台线条表格的设计操作，将自动生成电子表格结构作为后台技术，这一做法具有鲜明的‘线条制表’的民族特色，同时也大大提高了计算机适应各类复杂表格制表的能力，对流行的电子表格设计技术进行了重大变革，具有国际国内的普遍意义，这是‘世纪桥’创新点之四；”“综上所述，‘世纪桥’能面向最终用户，使不具备‘软件编程’和‘数据库’专门知识的普通管理者，凭借自己熟悉的管理业务知识和系统分析能力，即可设计具有自己风格的 MIS 管理系统；同时也为专业编程人员、MIS 系统开发商提供了快捷、交钥匙、免服务、易维护的 MIS 系统开发工具，这是当今电脑应用领域的一项重大的技术突破。这对改变当前电脑的应用、MIS 系统推广使用，具有普遍意义。因此，该产品具有广阔的市场前景，达到国际先进水平。”

“世纪桥”不需要编程，一步到位，省去了繁琐的编程步骤，可以帮助大批从事应用开发的软件工程师从繁重的日常工作中解脱出来。

2.9 计算机辅助开发方法

20 世纪 80 年代，计算机图形处理技术和程序生成技术的出现，缓和了系统开发过程中的系统分析、系统设计和开发“瓶颈”，即主要靠集图形处理技术、程序生成技术、关系数据库技术和各类开发工具为一身的CASE（Computer Aided Software Engineering，计算机辅助软件工程法）工具代替人在信息处理领域中的重复性劳动。

2.9.1 CASE方法的基本思路

CASE方法解决问题的基本思路是：在前面所介绍的任何一种系统开发方法中，如果自对象系统调查后，系统开发过程中的每一步都可以在一定程度上形成对应关系的话，那么就完全可以借助于专门研制的软件工具来实现上述一个个的系统开发过程。这些系统开发过程中的对应关系包括：结构化方法中的业务流程分析→数据流程分析→功能模块设计→程序实现；业务功能一览表→数据分析、指标体系→数据/过程分析→数据分布和数据库设计→数据库系统等；OO方法中的问题抽象→属性、结构和方法定义→对象分类→确定范式→程序实现等。

2.9.2 CASE环境的特点

在实际开发一个系统时，CASE环境的应用必须依赖于一种具体的开发方法。如结构化方法、原型法、OO方法等。

CASE只是一种辅助的开发方法。它主要用于帮助开发者产生出开发过程中的各类图表、程序和说明性文档。

CASE的出现从根本上改变了我们开发系统的物质基础，主要体现在考虑问题的角度、开发过程的做法、实现系统的措施等方面。

2.9.3 CASE环境介绍

1. CASE库及其结构

ORACLE公司推出的CASE产品中，CASE是一个以CASE库为中心外加若干工具软件所构成的一个大型综合的计算机辅助开发环境。CASE工具及其应用环境如图2-5所示。

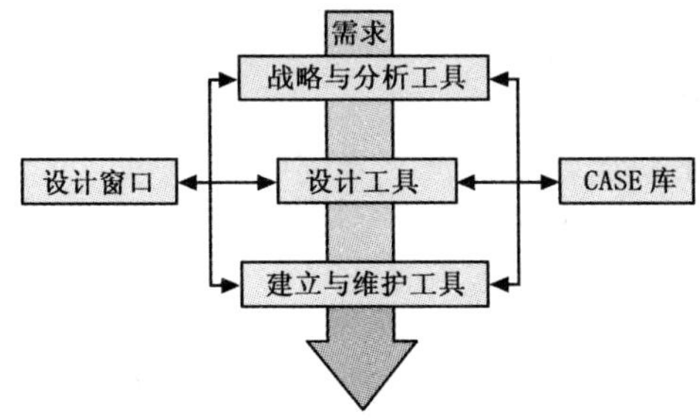

图2-5 CASE工具及其应用

CASE库是一个分布式、多用户的资料库，它可辅助开发人员收集、管理、存储系统开发中的信息，如定义数据、功能设计、决策处理和实现细节。

CASE 支持系统开发战略规划和需求分析各个阶段，如各种需求分析工具、战略规划、功能分析、数据定义与数据流程分析等。

CASE 支持以 X Windows（支持 UNIX 系统、Windows 3. x）标准建立的图形方式多窗口的开发平台——CASE 设计器，允许用户在这个平台上开发设计多种开发方法的各项工作，如功能层次图、实体关系图、矩阵图等生成工具。

CASE 支持由分析设计各部分向建立和维护应用系统的机器自动转换过程，直至实际问题的最后求解。

2. CASE 工具

CASE 工具（CASE Toolkits）是指 CASE 的最外层（用户）使用 CASE 去开发一个应用系统，所接触到的所有软件工具。

- 图形工具：绘制结构图、系统专用图。
- 屏幕显示和报告生成的各种专用系统：可支持生成一个原型。
- 专用检测工具：用以测试错误或不一致的专用工具及其生成的信息。
- 代码生成器：从原型系统的工具中自动产生可执行代码。
- 文件生成器：产生结构化方法和其他方法所需要的用户系统文件。

2.9.4 CASE 的特点

与一般开发方法相比，CASE 方法有如下特点：

① 解决了从客观世界对象到软件系统的直接映射，强有力地支持软件/信息系统开发的全过程；

② 使结构化方法更加实用；

③ 自动检测的方法大大地提高了软件的质量；

④ 使原型法方法和 OO 方法付诸于实施；

⑤ 简化了软件的管理和维护；

⑥ 加速了系统的开发过程；

⑦ 将开发者从繁杂的分析设计图表和程序编写工作中解放出来；

⑧ 使软件的各部分能重复使用；

⑨ 产生出统一的标准化的系统文档；

⑩ 使软件开发的速度加快而且功能进一步完善。

2.9.5 CASE 方法优缺点

① CASE 方法可以用于辅助结构化、原型法和 OO 方法的开发；

② CASE 方法是高度自动化的系统开发方法；

③ 只要在分析和设计阶段严格按照 CASE 方法规定的处理过程，就能够将分析、设计的结果让计算机软件程序自动完成；

④ CASE 方法的开发方法、过程的规范性、可靠性和开发效率均较好；

⑤ 目前缺乏全面完善的 CASE 工具。

思　考　题

1. 信息系统的开发方法有哪八种?
2. 简述瀑布模型的特点。
3. 简述瀑布模型存在的问题。
4. 简述原型法模型存在的问题。
5. 简述螺旋模型存在的问题。
6. 简述面向对象开发方法的特点。

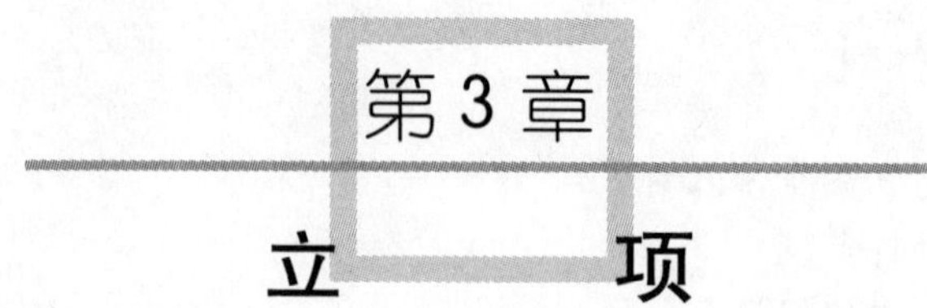

第3章 立项

立项是建设项目领域的通用词汇，是指建设项目已经获得政府投资计划主管机关的行政许可（原称立项批文）。建设项目立项后可以进入项目实施阶段。

我们日常科研工作中的“设计计划任务书”就是立项。它是由业务管理人员拟定的书面报告，用于向上级领导反映本部门的业务发展动向和需求。业务管理人员对本部门的具体情况比基层技术人员了解得更全面、更清楚，他们又是上层领导与基层群众相互沟通信息的桥梁。管理人员根据专业技术人员对本部门发展预测的情况，召集资深的专业技术专家共同讨论研究（或者对上级部门的指令性要求进行讨论研究），确定初选目标，向领导部门提出项目书面建议。这种“书面建议”往往成为立项的基础。

3.1 立项阶段的主要工作

在立项阶段，单位业务管理人员需要提出设计的系统目标、解决问题的范围、系统的功能和性能、运行环境、设计费用和完成时间等。立项是进行系统分析和可行性分析工作的前提。一般来讲，信息管理系统的立项工作应由本单位的人员来完成。如果本单位或本部门没有这方面的人员，可通过“任务委托书”形式委托有关研究单位来完成。

3.1.1 立项阶段的目标

立项阶段的工作要达到下述四个目标：

① 向上级部门阐述采用计算机建立系统的原因及优点，并得到上级领导的肯定；

② 使本单位的全体员工都能知道采用计算机建立新系统的情况，并能获得支持与理解；

③ 估算出资源需求、预期的时间与进度以及所需要的投资；

④ 为建立新系统确定项目开发组织和人员配备。

3.1.2 立项阶段的任务

立项工作是建立信息管理系统的首要工作，也是最基本的工作。立项阶段的主要任务：

① 摸清本单位现有人力、物力情况；

② 根据国际、国内发展趋势设想本单位业务发展趋势；

③ 设想新系统建立后的工作机构；

④ 向上级部门提交申请报告；

⑤ 如果需要委托外单位参与，则应写出任务委托书。

3.1.3 立项阶段的原则

要使立项工作科学化，必须遵循一定的原则，这些原则大体可归纳如下：

(1) 信息原则

要求信息准确、完整、及时，有充分的依据。

(2) 预测原则

立项是建立在预测基础上的，对过去的、现在的以及未来的发展动向必须清楚。

(3) 系统原则

立项必须强调系统性，要考虑整个系统和相关系统，说明其作用。

(4) 可行原则

立项必须可行。立项必须符合科学技术发展规律和经济发展规律。同时还要注意不能只强调需要而不考虑可能；不能只考虑成功的因素和有利的因素，而不考虑不利的因素和失败的风险。只有两者兼顾，才能使立项建立在可靠、可行的基础上。

(5) 实惠原则

所谓实惠，就是指花费的代价小，取得的效果大，取得的好处是实实在在的，而不是空头支票。实惠主要表现在经济效益、环境影响和社会效益三个方面。要求立项者对这三者以及它们之间的关系有一定的洞察能力。

3.1.4 课题分类

课题按种类分为国家级、省级、市级、校级等。各级课题一般又分为重点课题与一般课题。重点课题一般有经费资助，一般课题则没有资助或少量资助。

在重点课题中，还常常有层级之分，一般分为主课题、子课题、二级子课题、三级子课题等，这主要是因为课题比较大，研究的范围比较广，需要的研究力量比较多，从而形成课题的逐层分解。

3.1.5 写立项申请书的重要点

写立项申请书的重点大体可归纳如下：

① 有限目标（3 年 ~ 5 年时限，突出重点）。

② 新概念要多费口舌。

③ 学术用语要准确。

④ 语言表达要具体，防止空泛。

⑤ 写申请书必须采用一种说服评议人对你将要开展的工作产生兴趣的方式去组织整个申请书。

⑥ 申请书的思想要清楚、明确、严谨，逻辑性要强。

⑦ 书写要突出创新点，要有连贯性，前后照应。

⑧ 不写错别字。

⑨ 申请书能充分、真实地反映出你的学术思想、水平和研究能力，使参加评审的科学家对你有一个较全面的了解，给你的申请投上赞成的一票。

⑩ 避免重复（已立项的重点重大项目），避免与他人的研究方向重复。

⑪ 课题研究人员。一般来说，一个课题项目实验人员在 15 人以内，至少也要有 10 人左右，以“10 人 ~15 人”为宜。如果只有 4、5 人参加该课题实验研究，研究力量就太薄弱了。

⑫ 注意创新，注意学科前沿、交叉和科学意义。

3.2 立项报告的主要条目

立项报告一般由两大部分组成。第一部分内容包括：课题题目，课题负责人和他们担负的工作，办事机构，参加单位，协作单位。第二部分内容包括：课题来源，课题开发研究的目的和意义，目前现状和发展趋势，课题具体开发研究的内容，课题完成时间，总课题经费概算等。立项报告的一般格式如下：

（1）课题项目

（叙述该课题项目内容）

① ×××…×

② ×××…×

……

（2）课题组织领导和课题负责人

课题领导小组：×××，…，×××

课题技术小组：×××，…，×××

课题总负责人：×××

分课题负责人：×××

×××负责……

×××负责……

(3) 办事机构

×××科室

(4) 课题负责单位和协作单位

负责单位：××××

协作单位：××××

(5) 课题来源

(简要叙述课题的来源)

(6) 课题开发研究的目的和意义

(抓住目的和意义，叙述本课题对本部门会起到什么作用)

应说明开展此项工作的研究背景，分析以往研究工作的进展和存在问题，表明你将对哪一问题展开研究，或你在工作中遇到了什么新问题和发现了什么新现象，而需要进一步进行研究。将这些信息资料收集全并进行分析，以证明你对问题的选择和分析是正确的。必须充分重视所提出问题的创新性。选准了研究问题后，要讲清楚通过你的研究工作将会给本研究领域贡献什么，增加哪些新的认识。

(7) 目前现状和发展趋势

(8) 课题具体开发研究的内容

(9) 课题完成时间

(10) 课题经费概算

(初步估算课题费用，经费安排时间等)

这是一个立项申请报告的基本内容，但由于行业的不同，其具体细节会有所区别。

3.3 任务委托书的一般格式

任务委托书的一般格式如下：

(1) 概述

概述现行系统的体系结构、功能、处理流程和数据流程。

(2) 用户建议的系统目标

说明设计该系统的意义和目标，它应具有的系统功能和性能指标，安全与保密需求，联网要求，一期工程应达到什么样的要求，二期工程应达到什么样的要求，一期、二期工程进展的大致时间。

(3) 运行环境

描述系统运行的软件环境、硬件要求、网络数据共享要求，可利用的信息和资源，与其他系统的接口等。

（4）经费预算和资金来源

（5）项目进度和完成期限

（6）验收标准与方法

（7）移交的产品文档

（8）与系统设计要求有关的问题

（9）建立可行性阶段的组织机构

（10）委托单位名称，联系人姓名、电话、邮编、传真；承担单位名称，联系人姓名、电话、邮编、传真

（11）信誉担保单位

3.4 课题立项申报书一般格式

课题立项申报书一般格式：

项　目　编　号

项　目　类　别

成　果　形　式

项 目 申 报 人

申报人所在部门

填　表　日　期

×××科研处制

××××年××月

申报人的承诺：

我保证如实填写本表各项内容。如果获准立项，我承诺以本表为有约束力的协议，遵守×××科研管理的有关规定，认真开展研究工作，如期完成研究计划。

申报人（签章）：

××××年 月 日

填 表 说 明

1. 本表须用计算机填写，严格按照《填表说明》要求进行操作。

2. 《申报书》填完后，请用A4纸打印，左侧装订。

3. 《活页》填完后，请用A4纸打印，左侧折叠装订成册。《活页》内容不得出现申报人及课题组成员姓名，否则取消评审资格。

4. “项目编号”栏不填。

5. “项目类别”选填“重点项目、一般自选项目”。

6. “成果形式”选填“专著、译著、编著、研究报告、系列论文”。

7. “项目申报人”应为课题研究的实际负责人，只能填写1人；

8. “申报人所在部门”必须写到系（科室）、所。

9. “课题组成员”栏所填人员必须真正参加本项目研究工作。批准立项后，表中人员未经申请批准不得随意增减。

10. 填完《申报书》及《活页》后报部门核准签章，由本部门统一报送科研处。表中所列栏目必须认真如实填写，不得漏项。凡填写不全或不按要求填写的取消参评资格，申报费不退，凡递交的申报材料均不退还。

一、申报基本情况

选题名称								
选题学科			主题词					
项目类别	A. 重点项目　　B. 一般自选项目							
研究类型	A. 基础研究　B. 应用研究　C. 综合研究　D. 其他研究							
申报人		性别		出生年月日		专业职称		
最高学历		最高学位			研究专长			
所在部门			手机					
课题组成员	姓名	性别	出生年月	专业职称	研究专长	学历	学位	工作部门或所在系（科室）
最终成果	A. 专著；B. 译著；C. 编著；D. 研究报告； E. 系列化论文；F. 软件。					字数：　千字		
申请经费	元		预计完成时间			年　月　日		

二、选题设计论证

依据申报题目，请按下面三部分逐项论述，合计限3000字以内。（请用小四号宋体字）

1. 本选题的研究状况述评；
2. 本选题研究的主要内容；
3. 本选题的价值。

（注：可加页）

三、完成本选题的基础条件

提示：本栏目必须如实填写，如核查出作假虚报，将按照《项目管理办法》严肃处理，并予以通报。

1. 课题组成员近年来已取得的相关科研成果。(限填10项以内)

序号	本人角色	报刊或出版社名称	发表或出版时间	成果题目	全文字数
1					
2					
3					
4					
5					
6					
7					
8					
9					

2. 申报者本人近年来独立承担或参与完成的主要科研项目。(限填5项以内)

序号	本人角色	立项年度	主管立项部门名称	课题名称	完成时间
1					
2					
3					
4					
5					
6					
7					
8					
9					

注："本人角色"是指独著、独立承担、第几位作者、第几位参加者等。

四、预期阶段性研究成果

	序号	起止时间	阶段成果名称	成果形式	承担人
中间成果限报 5 项以内	1				
	2				
	3				
	4				
	5				
	6				
最终成果	完成时间	最终成果名称	成果形式	预计字数	参加人

五、经费预算

序号	经费开支科目	金额（元）	序号	经费开支科目	金额（元）
1	资料费		5	成果印刷费	
2	国内调研费		6	辅助管理费	
3	小型会议费		7	其他	
4	计算机使用费		以上 7 个科目预算经费合计		
年度预算经费	20××年	20××年	20××年	20××年	20××年
立项批准经费	元				

六、项目申报人所在部门审核意见

《申报书》所填写的内容是否属实；该项目申报人和课题组成员的政治业务素质是否适合承担本课题的研究工作；本单位是否同意承担立项后的管理任务和信誉保证。 部门公章　　　　　　负责人签名： 年　月　日

七、×××院科研处意见

  公　章　　　　　　负责人签字： 年　月　日

思 考 题

1. 简述立项阶段的四个目标。
2. 简述立项阶段的任务。
3. 简述立项阶段的原则。
4. 简述立项报告的一般格式。

第4章 系统分析

一个系统的开发过程可用图 4－1 所示的流程来描述。

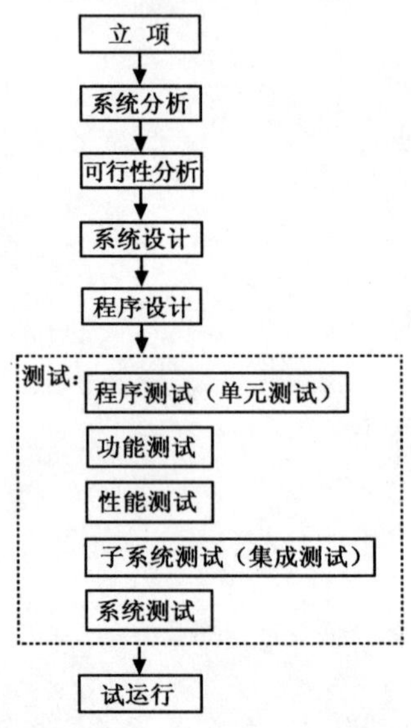

图 4－1 系统开发过程流程

系统分析是整个系统开发过程中的一个重要环节。系统分析是对系统的现状进行分析研究，根据系统的目标、用户的需求和系统功能，在一定的限制条件下制定和选择一个最佳的系统方案。系统分析的目的是为了设计一个合理的优化系统，确定系统的开发方向。

系统分析阶段的工作主要有以下几项：

① 深入基层对现行系统进行调查研究，清楚地了解现行系统，明确用户需求，运用一系列的图表工具进行详细分析。建立一个可行的、优化的新系统的逻辑模型。常用的调查方法有访谈法、问卷调查法和观察法三种方法。

② 确定开发系统的方案模型。

③ 明确系统的功能和设计新系统的目标。

④ 调查现行系统的现状。

⑤ 新系统开发的计划安排。

⑥ 提出新系统所涉及的关键技术问题。

⑦ 向上级部门提交系统分析说明书。

管理信息系统通常是一个非常复杂的系统，它既受内部环境的互相影响，又受外部环境的制约，需要考虑的问题很多。对这样一个相互关联的复杂系统，系统分析首先要提出符合实际要求的系统目标和用户需求，然后对系统现状和限制条件进行调查，在综合各种关系的基础上提出新系统的建议方案，并对建议方案进行归纳，写出系统分析说明书供可行性分析阶段使用。

系统分析阶段应遵循以下原则：

① 外部条件与内部条件相结合。

系统的外部条件是系统的环境和约束条件，如硬件环境等设计一个系统时，只有对内部外部条件进行综合分析，才能适应环境的变化。

② 短期目标与长期目标相结合。

进行系统分析时，不仅要考虑短期目标，更应该考虑长期目标，要把两者结合起来，短期目标服从长期目标。

③ 部分目标与整体目标相结合。

系统有整体目标，各子系统有各自独立的目标。部分目标应服从整体目标。

系统分析可以划分为下列阶段：

① 确定系统目标；

② 需求分析；

③ 功能分析；

④ 数据分析；

⑤ 限制分析；

⑥ 系统方案分析。

系统分析工作流程图如图 4－2 所示。

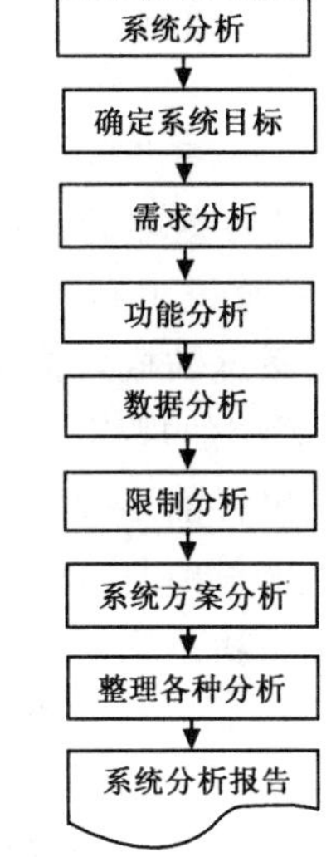

图 4－2 系统分析工作流程图

4.1 确定系统目标阶段

管理信息系统的开发工作是从企业单位内的管理者提出问题开始的，当一个企业的业务处理内容增加，管理效率下降，而企业管理者希望对信息再利用时，就会提出建立新系统的要求。

确定系统目标是信息系统生命周期的第一阶段，是系统开发过程的第一步。

确定系统目标（总体规划）阶段的主要任务就是制定信息系统的长期发展方案，决定信息系统在整个生命周期内的发展方向、规模和发展进程。这样做能为以后的系统分析和设计打好基础。这个阶段的主要工作有：

① 制定信息系统的发展战略。主要是使信息系统的战略与整个组织的战略和目标协调一致。

② 确定组织的主要信息需求，形成信息系统的总体结构方案，安排项目开发计划。

③ 制订系统建设的资源分配计划，即指定为实现开发计划而需要的硬软件资源、数据通信设备、人员、技术、服务和资金等计划，提出整个系统的建设概算。

④ 开展企业环境调查，确定系统目标和系统性质。对工作环境的调查主要从质和量两方面去考察，质是指提高个人效率，量是指业务系统的计算机管理内容。调查的另一个目标是掌握手工作业的现状和适合于计算机的业务处理。找出计算机管理要解决的问题，从而确定系统的目标和性质。

系统分析的调查是指对系统进行一般性的调查，调查对象主要是针对系统的目的和环境等。通过调查，对系统的认识有一个初步轮廓。通过调查，收集系统的基本的、比较全面的各种信息，站在“高层”对系统进行分析，为可行性分析及总体规划奠定坚实的基础。

① 确定系统名称和标识系统。系统命名既要能描述系统的特征，又应简明扼要。系统的标识是计算机识别系统的标识码。

② 对系统的概要描述。其内容包括：建立新系统的目的、功能、性能，系统的基本工作过程，系统的规模，系统的复杂性和主要活动方式。

③ 提出目前系统存在的问题。

④ 提出目前系统的优点和值得借鉴的东西。

⑤ 提出新系统能力和目标：

a. 现行系统存在问题的解决方法；

b. 新系统要达到的目标（如利润，节约劳动力等）。

⑥ 时间要求。与用户协商建成新系统的时间进度。这一点要特别注意。因为往往有些单位对新系统建设无期限保证，结果导致新系统尚未建成或刚刚建成就落后于形势的发展。

⑦ 人员组织和投资预算。建设一个新系统有两个重要的因素：一是人力，二是投资能力。由于各单位的具体情况不同，人员素质、经济能力也不同，因此需要考虑人员组织和投资预算方面的问题。投资预算要包括基建费用、设备费用、办公费用、开发费用、水电费用及其他费用。

4.1.1 确定系统目标的主要步骤

确定系统目标需要以下四个步骤：

（1）对当前的系统进行初步的调查

系统分析员从各级干部、相似的企业和本企业内部收集各种信息，站在“高层”观察组织的现状，分析系统的运行状况。初步调查主要由一般调查和信息需求初步调查两部分组成。

（2）分析和确定系统目标

不仅包括信息系统的目标，而且应有整个企业的目标。

（3）分析子系统的组成以及基本功能

从上到下对系统进行划分，并且详细说明各个子系统应该实现的功能。

（4）拟定系统的实施方案

可以对子系统的优先级进行设定，以便确定子系统的开发顺序。

4.1.2 确定系统目标的主要范围及功能

明确系统的范围和功能，可使系统开发成本尽可能低，功能尽可能全。确定系统范围和功能的原则如下：

① 根据已确定的系统目标和估算出的整个信息系统的信息量，考虑企业现有的客观条件，包括资金情况、设备条件、现场条件、技术水平、管理现状等，合理的确定系统的范围和功能。应注意，既不能超越客观条件的限制，也必须使人、财、物得到充分利用，使系统的功能尽可能完善，保证系统目标的实现。

② 新建立的系统，可能要求现行的管理机构在组织上和功能上作某些调整和变动，以适应计算机的管理。在划分系统范围时，应按客观管理需要选择必要的系统结构和功能，不要受到现行系统的限制。因为新系统在管理机制上，性能要优于现有系统，所以不能把现行体制搬到计算机上。只有这样才会使新系统更趋于合理，经济效益和社会效益更明显。

4.2 需求分析阶段

需求分析是软件开发最难的部份。“需求分析为什么难呢?”要回答这个问题，必须在实际工作中把“两帮人”搞清楚，一帮是软件开发的相关人员，而另一帮则是使用软件的需求者。通常软件开发人员开发软件都不是为了自己使用，而是为某个组织开发的，使用人员要计算机解决实际问题但又不懂如何用计算机去实现。需求分析是在开发者和使用者之间架起一座桥梁，让开发者准确地知道“用户要的是什么”，弄清楚将要解决的问题。

为了建立一个新系统，必须对现行系统的现状有所了解，并作出定量分析。承接单位应派有系统开发工作经验的系统分析员对新系统进行调查分析，其内容包括输入数据、输出数据、报表、计算机网络、共享数据、保存数据、代码信息等等，目的是了解企业的真实现状。要着重了解目前存在的主要问题，用户提出的目标要求和可能取得的效益。在这个过程中分析和确认用户的需求，清楚哪些是用户的真正需求。在问题未找到、未定义和未评价以前，系统分析人员不应考虑问题是否值得解决，以及用什么方法解决，这样才有助于用户和系统人员理解问题的真正所在，而不是问题的表面现象。

在需求分析的过程中，往往会出现这样几种情况：

① 用户把各种各样的问题都塞进需求定义中，并夸大实际需要，例如可舍弃的报告、

多余的处理等。这表明用户缺少信息系统方面的经验。

② 用户对系统特性提出了许多要求，而实际上真正需要的仅是其中的一两项，其余作为讨价的筹码。这类用户对自己的需求较有经验。在这种情况下，一定要尽可能减少用户需求，使系统易于实现。

需求分析阶段的具体工作包括确定基本方针、组织机构调查、系统现状调查、业务信息调查、事务流程分析和网络数据共享分析。需求分析阶段的工作流程图如图 4－3 所示。

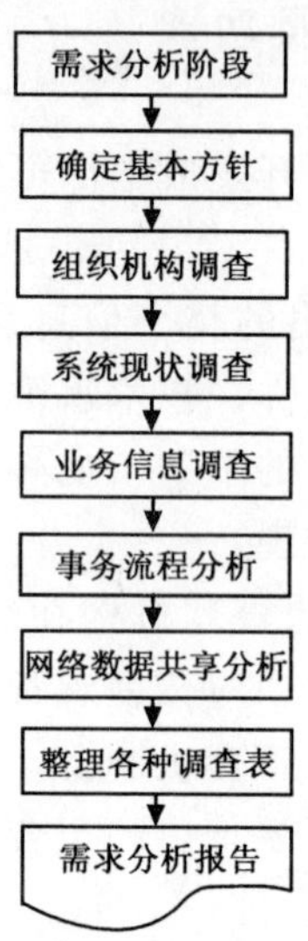

图 4－3 需求分析阶段的工作流程图

需求分析的难点：

① 问题的复杂性；

② 交流障碍；

③ 用户对问题的陈述不完备性和不一致性；

④ 需求易变性。

针对需求分析，人们提出了许多解决方法和自动化分析工具，如结构化分析方法和面向对象分析方法、CASE 技术等等。解决问题的方法有许多，但都要遵循一些基本的原则：

① 可以把一个复杂问题按照某种分解方式进行分解并可逐层细化；

② 必须能够表达和理解问题的数据域和功能域；

③ 必须具有良好的模型建立能力，能够准确地把问题用“图表”的形式表达出来。

需求分析可采用“自顶向下”和“自底向上”调查研究相结合的方式进行，即先由总体向局部分解，然后自底层向上层归纳，以便设计出整体最优的新系统。

4.2.1 确定基本方针

基本方针是今后新系统的行动标准和评价标准。在需求分析阶段一定要明确开发新系统的动机、目标和方针。

1. 动机

建立计算机管理信息系统的动机是为了提高事务处理工作的质量，使企业内信息流通体系能协调一致地运行；在明确应用目的的前提下，能够建立起适应经营管理、具有扩充性和灵活性的系统；同时，也是为了尽可能快地收集信息、分析信息，为领导提供信息参考。

2. 目标

计算机管理信息系统的目标可分为直接目标和间接目标。

（1）直接目标

- 解决事务量大与劳动力不足的问题；
- 节约管理费用；
- 合理利用人员；
- 准确迅速地提供有关信息资料；
- 提高生产效率，加强日程管理；
- 提高生产工艺水平；
- 通过因特网扩大与外界的交流。

（2）间接目标

- 提高管理人员的管理水平；
- 可进行统计计算和调查分析；
- 对产品质量和完成日期进行有效管理；
- 跟踪市场变化，寻找对策。

3. 方针

根据所确定的目标，新系统要分阶段进行实施。如果各个部门同时都用计算机管理，就会拉长新系统建设周期，造成建设资金紧张、人力不足。因此，需要指出第一阶段哪些部门（如经营部门、人事部门、财务部门）使用计算机管理，第二阶段哪些部门（如生产部门、管理部门）使用计算机管理。

4.2.2 组织机构调查

要了解一个企业的整个活动状况，首先应从组织机构调查入手，这样才能了解企业概况。调查的目的主要是了解企业组织机构的划分以及它们的相互关系，因为物质和信息流动是以组织机构为背景的。调查的结果可用组织机构图表的形式表示。调查是一种十分有效的需求获取方法，也是不可缺少的过程和手段。组织机构调查是初步调查。

初步调查分为一般调查和系统需求初步调查。

（1）一般调查

一般调查是指对系统进行一般性的调查，调查对象主要是针对系统的目的和环境等。通过一般调查，我们对系统有一个初步轮廓的认识。

（2）系统需求初步调查

系统需求初步调查是整个初步调查的主要内容。通过调查系统的工作职责及活动以了解各个职能机构所要处理的数据，估计各个机构发生的数据量及频度。系统需求初步调查还应调查环境信息，包括内部环境和外部环境的信息。

通过上述的初步调查，我们收集了系统的基本的、相对浅层的、比较全面的各种信息，站在“高层”对系统进行了观察，为可行性分析及总体规划奠定坚实的基础。

组织机构调查是整个系统分析工作中最简单的一环。组织机构调查主要有三部分内容：组织机构分析、业务过程与组织机构之间的联系分析、业务功能一览表。组织机构图反映了组织内部和上下级关系，但是对于组织内部各部分之间的联系程度、组织各部分的主要业务职能和它们在业务过程中所承担的工作等却不能反映出来，这将会给后续的业务、数据流程分析和过程/数据分析等带来困难。为了弥补这方面的不足，通常增设组织/业务关系图来反映组织各部分在承担业务时的关系。

组织机构调查内容包括企业（公司）概况调查、企业（公司）组织机构调查和企业（公司）特点调查。

下面我们以对某公司的系统分析调查为例，说明组织机构调查的方法。

（1）公司概况调查

公司概况调查涉及公司名、成立时间、行业种类（上级归口单位）、地址（单位分布位置）、职工人数、经营性质、经营项目来源、年经营额、主要经营商品、主要销售单位、主要购物单位、主要竞争对手、法律依据等项。通过这些项目调查，我们对这个公司就有了一个大概的了解。

（2）公司组织机构调查

公司组织机构调查结果用框图形式表示，如图 4－4 所示。

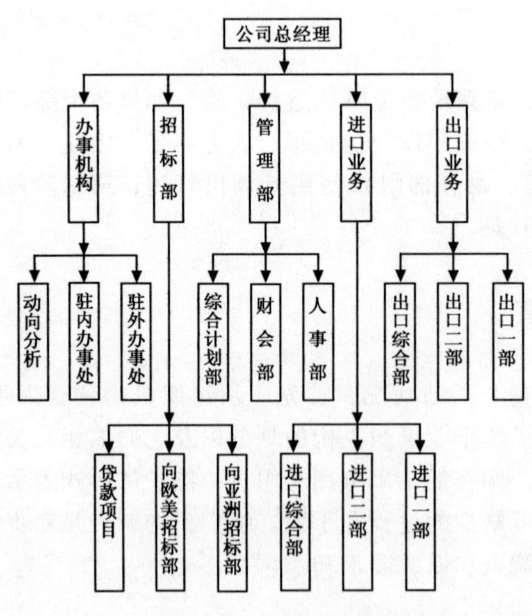

图 4－4 组织结构图

系统分析中的组织机构调查，画出组织机构图不是它的最终目的，最终的目的是通过组织机构图来确定哪些部门是最要紧的，哪些部门应先建立系统，哪些部门可后一步建立系统，设备配到哪些部门，共需要多少设备。

（3）公司特点调查

以上面提到的某公司为例，调查得到该公司的主要特点是：

① 主要经营国家大项目所需设备，以进出口为服务对象。

② 横向联系项目少，多数属国家重点项目或对外承包的项目。

③ 业务人员、采购人员流动性大。

④ 由于业务人员、采购人员外出时间多，在单位时间少，必要的信息不能及时反映出来。

⑤ 厂家拖欠款现象严重。

⑥ 经常要向有关单位发催款通知书。

⑦ 经常要结算所欠款的利息。

4.2.3 系统现状调查

在确定了基本方针，真实地了解系统化业务的现状，并掌握事务工作及管理工作上存在的问题之后，进行新系统设计前，必须对现行管理系统进行深入调查。

调查的重点是业务流程现状、代码体系、功能与信息的关系、需求分析图。

1. 业务流程现状调查

业务流程现状调查主要包括以下几点：

① 收集并整理各部门使用的传票、传条；

② 调查这些部门信息产生的过程和如何处理（处理方式、涉及人员）及归档；

③ 调查各部门的要求和意见；

④ 将调查结果制成事务流程分析图；

⑤ 将收集的信息整理成输入数据、输出数据和台账数据，为今后的数据文件产生提供条件；

⑥ 掌握业务流程现状后，从全公司的观点出发，防止双重作业和集中作业的情况；

⑦ 有没有可能对业务流程作某些变动，使业务流向更趋于合理。

2. 代码体系调查

代码体系调查主要包括以下几点：

① 调查现行系统中使用的代码（成品代码、顾客代码）与种类，并整理出现行系统代码明细表；

② 掌握代码体系及修改等管理方面的问题；

③ 将结果汇总成代码结构表，如表 4 - 1 所示。

表 4-1 代码结构表

<table>
<tr><td>名　称</td><td>商品代码</td><td>使用目的</td><td>管理每一种商品</td></tr>
<tr><td colspan="4">构成
n_1 n_2 n_3 n_4 n_5 CD
检验位
连续号（数字）
级别（数字）
种类（数字）</td></tr>
<tr><td>件数</td><td>现有××件</td><td>年增长率%</td><td></td></tr>
<tr><td colspan="4">手续：
如有代码追加、修改、废除等必须向系统分析组提交材料。</td></tr>
<tr><td colspan="4">备注：</td></tr>
</table>

3. 功能与信息的关系调查

这一调查过程要注意两点：

① 将选出的各种各样的功能用信息关联起来；

② 检查功能与信息的内在联系以及关联的正确性。

4. 需求分析图

需求分析图要反映出下列四点要求：

① 明确系统现状调查阶段提出的要求和问题；

② 着眼于重要的问题；

③ 明确系统的目标与实现此目标使用的具体手段的关系；

④ 把以上结果汇总成需求分析图。

图 4-5 为某销售部门为达到销售目标所构成的需求分析图。

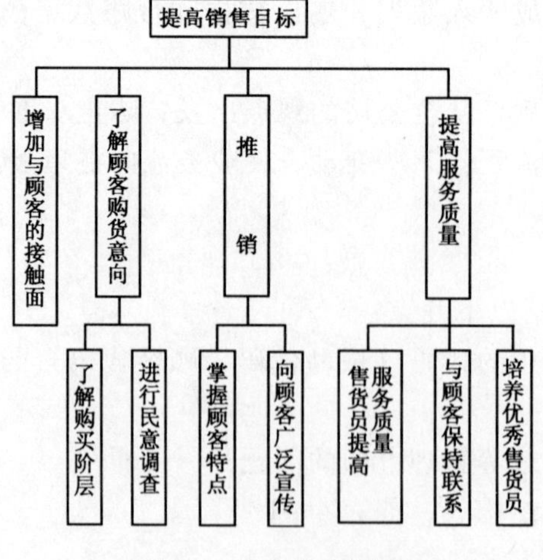

图 4-5 需求分析图

4.2.4 业务信息调查

业务信息调查可以设计成各种各样的信息调查表形式。在制作信息调查表之前，应该对公司（或企业）的人、财、物的流向进行分类。大致可归纳为如下几类：输入信息、输出信息、保存信息和代码信息。

① 输入信息是指现行系统中购进材料、原料的传单、发票等。

② 输出信息是指现行系统向外部提供的材料、货物、报表、账据等。

③ 保存信息是指财会部门的账务汇总票据需要保存多长时间的信息。

④ 代码信息是指各部门中所用到的产品号、工号、科目号等。

业务信息调查的目的是要明确整个业务过程中信息流动的过程。信息调查的结果将成为系统分析阶段不可缺省的参考资料。业务信息调查表的形式见表4－2。

表4－2 业务信息调查表

名　称	内　容
输入信息调查表	项目，位数，完成时间，平均件数，最多件数
输出信息调查表	项目，位数，完成日期，最高件数，制作份数，分送部门
保存信息调查表	项目，位数，使用频率，数据量
代码信息表	代码名，代码位数，代码含义，姓名，编号，删除，追加，修改

4.2.5 事务流程分析

事务流程分析是对业务处理时所使用的票据、文件的动向进行跟踪，然后对业务处理的过程按顺序进行分析。通常把这种方法称为业务流程分析法。一般用图表方法进行分析为佳。业务流程分析包含与业务有关的组织、对业务有用的信息、业务作业的内容、业务所需的时间这些内容。

业务作业产生的实物、现金业务流程分析的优越性主要表现在：通过业务流程的分析，找出业务流程的不合理之处，改进工作，以便减少转记，删除不合理的流程环节，在经济承包责任制下提高管理系统的可靠性和效率。图4－6给出了一个简单的业务流程图。

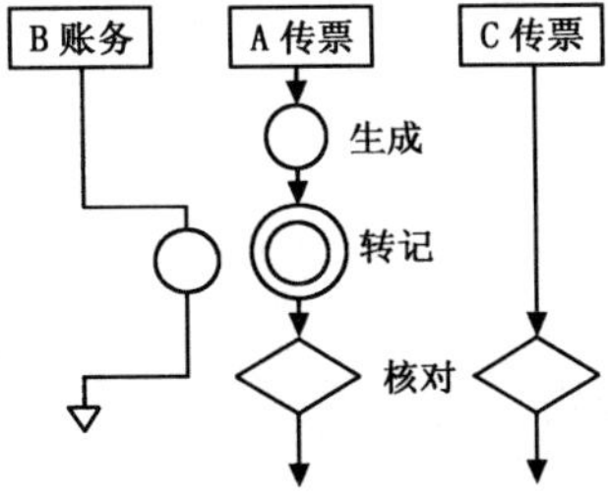

图4－6 业务流程图

业务流程图（Transaction Flow Diagram，TFD），就是用一些规定的符号及连线来表示某个具体业务处理过程。业务流程图的绘制基本上按照业务的实际处理步骤和过程绘制。换句话说，就是一本用图形方式来反映实际业务处理过程的“流水账”。绘制出这本“流水账”对于开发者理顺和优化业务过程是很有帮助的。

业务流程图是一种用尽可能少、尽可能简单的方法来描述业务处理过程的方法。由于它的符号简单明了，所以非常易于阅读和理解业务流程。但它的不足是对于一些专业性较强的业务处理细节缺乏足够的表现手段，它比较适用于反映事务处理类型的业务过程。

4.2.6 网络数据共享分析

计算机网络是现代 MIS 系统的建设基础，网络设计应体现出 MIS 系统的特点。在 MIS 的大环境中，网络系统主要体现在主干系统和周边系统这两个层面和数据共享上。

主干系统也称为网络应用系统。从硬件角度看，它是一个联结各个子网的干线；从软件角度看，它是一个重点开发的网络服务程序，用户通过网络服务程序使用网络资源。

周边系统也称为用户应用系统，它是由用户和开发人员共同完成的。用户尽可能地利用技术市场上丰富的应用软件产品，建立自己的应用环境和业务系统。开发人员为用户提供各种商品软件间及其用户应用和网络应用系统间的接口、界面、转换工具，保证用户的需求和技术上的先进性。

网络环境下的 MIS 系统的一个非常重要的功能就是数据共享。如何解决数据共享问题呢？笔者认为要考虑以下问题：

- 哪些数据是全局性数据？
- 哪些数据是局部性数据？
- 全局性数据和局部性数据有何共性？
- 有哪些全局性数据和局部性数据可以公开？有哪些数据不可以公开？

数据的共享性牵涉到功能和组织关系的问题，其分析方法也类似于功能和组织关系，这里就不再讨论了。

4.3 功能分析

功能分析就是当系统确定对象以后对系统的定性分析，分析的最终目的是为了使系统达到预定目标和应具备的功能。

功能指的是完成某项工作的能力。为了实现系统目标，系统必须具有各种功能。

1. 功能分类

功能按重要程度分为：基本功能和辅助功能。

功能根据用户要求分为：必要功能和不必要功能。

功能按其满足需要的性质分为：使用功能和美学功能。

功能按功能整理的顺序分为：上位功能和下位功能。

2. 系统的功能分析

系统是由若干个子系统构成的，而子系统又由若干功能模块组成。系统功能的实现取决于子系统每个功能的完成。为了弄清它们之间的联系，我们首先给出功能分析的总体框架和构造图，如图4－7所示。

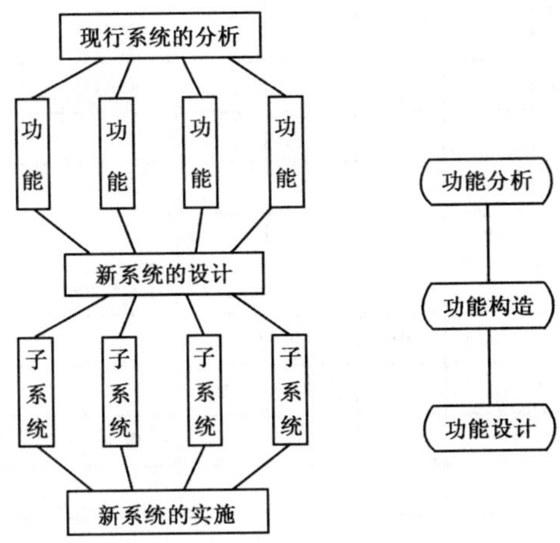

图4－7 功能分析的总体框架和构造图

功能分析的内容包括：功能与组织的关系、功能体系的关系、功能与信息的关系和功能的划分方法。

4.3.1 功能与组织的关系

功能与组织之间是紧密相连的。组织是为了实施企业的功能而成立的。当功能体系和组织体系相一致时，该企业就在功能上组织化了，这种组织体系被认为是合理的。要弄清功能与组织的关系，最好的办法是制作功能与组织的关系图，如图4－8所示。

4.3.2 功能体系的关系

在弄清功能和组织的关系以后，为进一步了解系统各功能的特性，可根据结构化模块设计的方法制作出系统的功能体系图，如图4－9所示。

4.3.3 功能与信息的关系

功能分析使我们对系统的性质有了进一步的了解，系统各功能之间的信息是怎样进行联系的呢？这就需要找出功能和信息之间的关系。

功能与信息的关系可分为两种类型：系统功能信息关系和子系统功能信息关系。

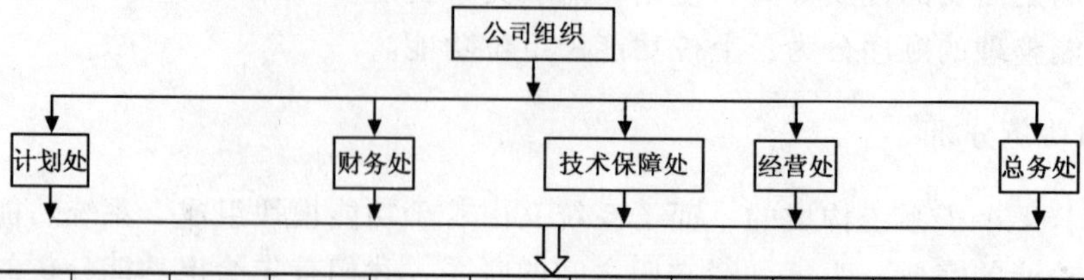

公司组织

计划处　财务处　技术保障处　经营处　总务处

功能＼组织	管理科	调查科	总务科	人事科	福利科	出纳科	会计科	财务科	经销科	商品科	开发科	技术一科	技术二科
计划	●												
管理	●												
调查		●											
总务			●										
人事				●									
劳务				●									
福利					●								
出纳						●	●						
财务								●					
销售									●	●			
批发											●		
开发												●	●
研究												●	●

图 4－8　组织功能关系图

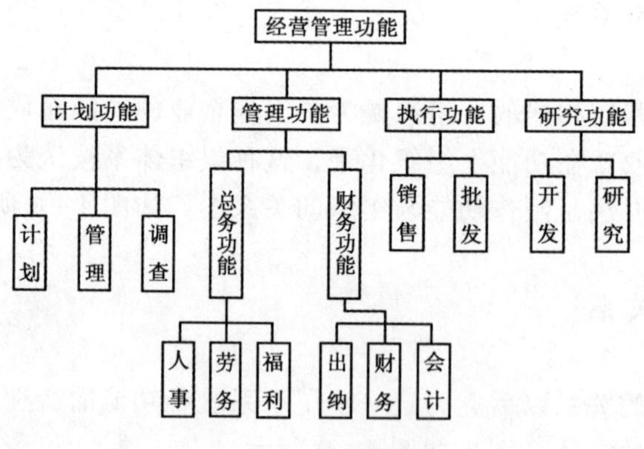

图 4－9　功能体系图

1. 系统功能信息关系

系统功能信息关系图表达了系统整体各功能之间的信息联系。如图 4－10 所示，A、B、C 三个功能通过信息 a、f、b、e、c、d 相关，A、B 功能又通过信息 g、i、h 与外部环境相关。

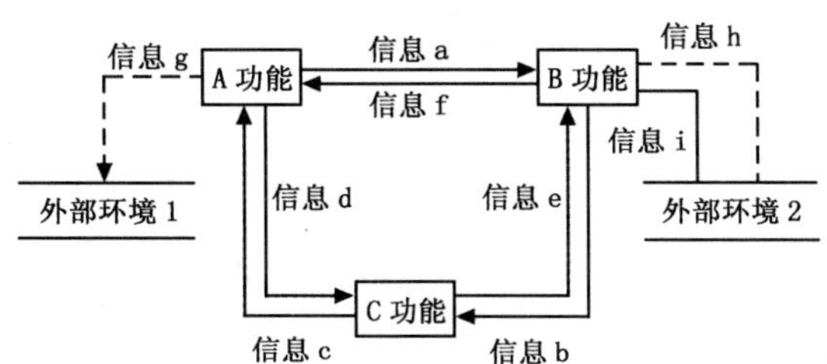

图 4－10 系统功能信息关系图

2. 子系统功能信息关系

子系统功能信息关系表达了系统中某个子系统的信息联系，同时也表达了与非子系统功能之间的信息联系。

如图 4－11 所示，子系统中 a、b、d 活动通过 a、b、c、d、e、f 相关，即 a 活动通过信息 k、m、i、j 分别与子系统 B 和 C 功能相关，d 活动通过 o、p 与外部环境相关。

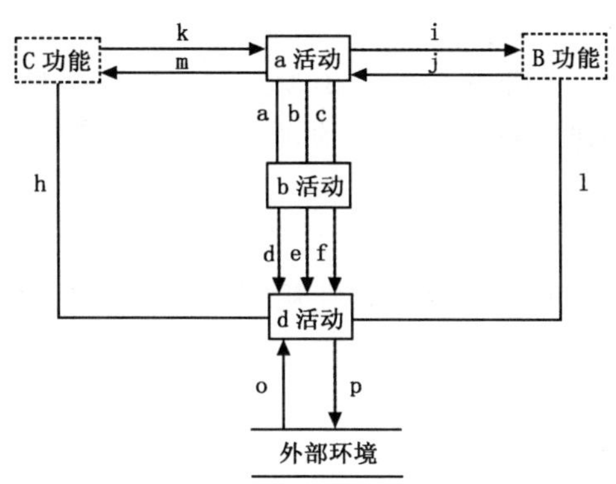

图 4－11 子系统功能信息关系图

从功能信息关系图中可以了解到各信息的传递情况以及各信息的作用，因而便于检查信息的质量。信息质量应从质和量两方面去分析。

从质的方面主要分析信息的精确度、信息的完整性和信息的逻辑性。

从量的方面主要分析重复信息和需要的新信息。

可把对信息质量分析的结果制成信息质量分析表，如表 4－3 所示。

4.3.4 功能的划分方法

功能划分有三种方法：

（1）归纳法

归纳法是功能划分的基本方法。它是以批处理为中心的一种分析方法，所建立的新系统比现行系统有所改善。这种方法的缺点是受现状的约束较多，不利于系统扩充。

表 4-3 信息质量分析表

子系统名：供销子系统　　作　者：×××　　日期：　年　月　日

序号	功能名 \ 信息种类	输入信息	重复信息	新信息	
				提高质量	将来要求
1	原料收付单	a，b	c，d	h	
2	原料查询	p			l
3					
4					
5					
6					
7					
⋮					
n					

（2）演绎法

演绎法对现状不加考虑，而是从新系统出发，层层向下推断。它是把整体分散到面，再由面到点。这种方法考虑了建立系统的一些约束条件，难度比归纳法大。当系统扩充时，比较方便。

（3）创建法

创建法是以更高的设想为基础。因不常使用，所以此处不做介绍。

4.4 数据分析

信息系统是以数据为核心的。数据分析是系统分析阶段的重要文档，它详细地定义和解释了业务流程图上未能表达的内容。业务流程图加上完整的数据，就形成一份完整的系统分析的“系统规格说明书”（System Specification）。数据包括的项目有：数据项、数据结构、数据流、数据存储、处理逻辑和外部实体。

合理地组织和设计数据库是以充分的数据分析为前提的。因此，数据分析是系统分析的重点与关键。数据分析的出发点是业务流程图，结果是数据流程图（DFD）、数据字典（DD）以及处理逻辑说明。

数据流程图是结构化系统分析的主要工具。它不但可以表达数据在系统内部的逻辑流向，而且还可以表达系统的逻辑功能和数据的逻辑转换。

数据流程图由四种基本符号组成，即外部项、数据流、处理逻辑和数据存储。

外部项是指处在系统以外，不受系统控制的事物、人或部门。外部项表达了系统数据的外部来源或去处。

数据流指出了数据流动的方向。一般采用单向箭头，有时也可用双向箭头。

数据存储是指数据保存。

处理逻辑又称为处理功能。处理逻辑表达了对数据的逻辑处理功能，也就是对数据的变换功能。

4.5 限制分析

在开发一个新系统的过程中，往往会受到内部环境和外部环境多方面因素的约束，在调查阶段应充分考虑这些约束给系统开发造成的影响。系统开发阶段的特定约束条件有以下一些。

① 硬件约束：可利用的现有设备条件。

② 价格约束：研制、开发、运行、维护的价格和费用限制。

③ 计划安排约束：完成日期和计划进度。

④ 实施过程约束：对系统开发顺序的限制。

⑤ 软件约束：使用的系统软件和应用软件的可利用情况。

⑥ 其他约束：管理体制不合理，技术力量不足，信息管理人员不足，管理方法落后。

为了达到系统的目标，应对这些限制进行必要的研究，并尽量减少它们对系统的影响。

4.6 系统方案分析

系统方案分析是系统分析的核心，它对整个系统开发过程有重要的作用。系统方案是根据用户的要求和系统分析人员的系统现状调查结果而拟定的。系统方案一旦经过可行性分析论证和有关部门批准，就成为系统各阶段开发的依据。负责系统方案分析的人员应具备丰富的系统开发经验和较强的系统工程组织能力，因为一个系统的方案直接影响系统的开发工作。

4.6.1 系统方案分析的对象

在系统方案确定之前，首先要对欲建立的系统进行分析和设想。

当手工作业的工作向计算机化的处理过程转化时，应了解这一过程中数据处理的全过程，着重了解以下三个方面：

① 手工产生的数据是如何收集的；

② 信息的输入方式；

③ 计算机处理过程。

然后画出计算机数据处理设想图（见图 4－12）。

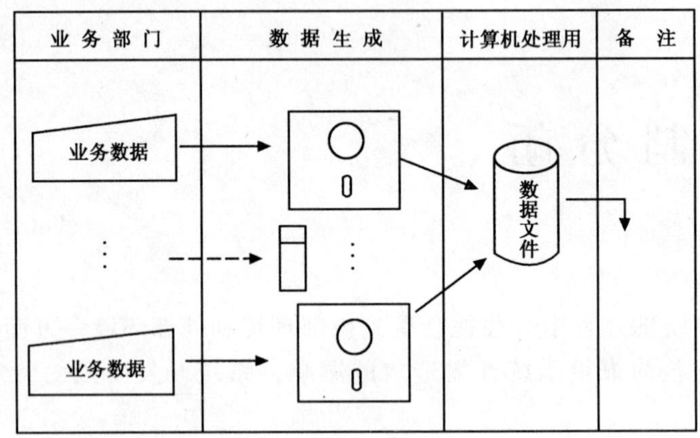

图 4－12　计算机数据处理设想图

从图中可以看出，业务部门收集原始数据，数据通过软盘、U 盘等载体供计算机处理，形成数据文件（也可称数据库）。

在计算机数据处理的基础上可进一步得到计算机化的流程图。

计算机化流程图包括三方面的内容：手工作业、数据生成和计算机作业。其处理形式如图 4－13 所示。

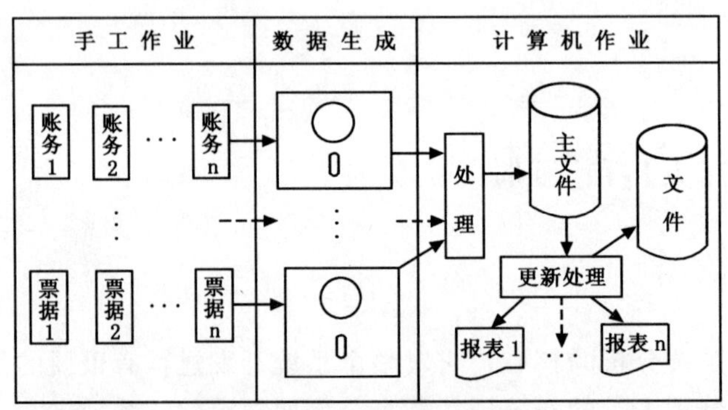

图 4－13　计算机化流程图

从手工作业开始到计算机作业流程的完成，实际上是由业务向计算机转化的过程，这个过程需要体现如图 4－14 所示步骤：

完成了以上各步的分析以后，就可以对系统的范围、系统的处理方式以及系统的一些其他条件进行研究。研究的对象如下：

- 系统范围和功能分析
- 系统处理方式分析

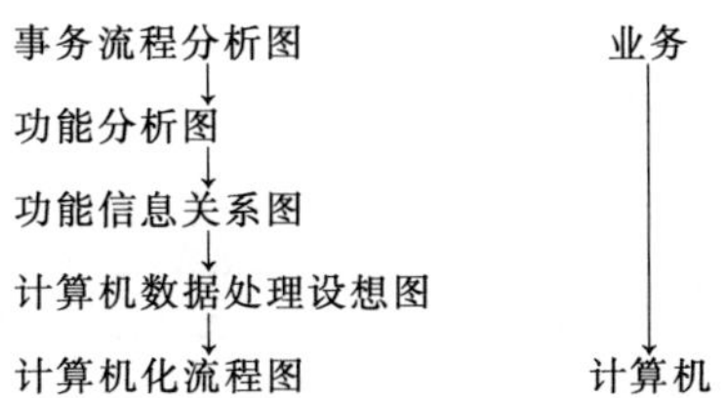

图4－14 由业务向计算机转化的过程

- 系统代码分析
- 系统一览表分析
- 系统配置分析
- 系统开发组织方案分析
- 系统开发计划分析

1. 系统范围和功能分析

系统范围实际上就是系统功能的计算机化范围。在分析系统功能范围因素时，应从实际出发，根据系统的限制条件对手工和计算机处理的功能进行仔细研究。最好以表格形式分析，使人一目了然，见表4－4。

表4－4　功能范围因素分析

要求 方式	功能性质	功能大小	功能难易度	功能需求度	信息质量	信息量	业务标准化
手工	次要	小	简单	缓	低	小	难
计算机	主要	大	复杂	急	高	大	易

只有综合表4－4中的因素，才能合理地确定系统的范围。

确定系统范围的基本出发点是：

① 抓住系统的主要功能；

② 系统具有扩充功能；

③ 系统具有接口；

④ 系统可靠。

另外，可根据功能关系图，采用计算机处理结构图的形式，划分出手工作业处理、计算机处理以及部分计算机＋部分人工处理功能，如图4－15所示。

2. 系统处理方式分析

计算机化的处理方式有批处理方式和联机处理方式两种。

(1) 批处理方式

批处理方式适用于：

① 固定周期的数据处理；

② 需要不同的数据进行综合处理；

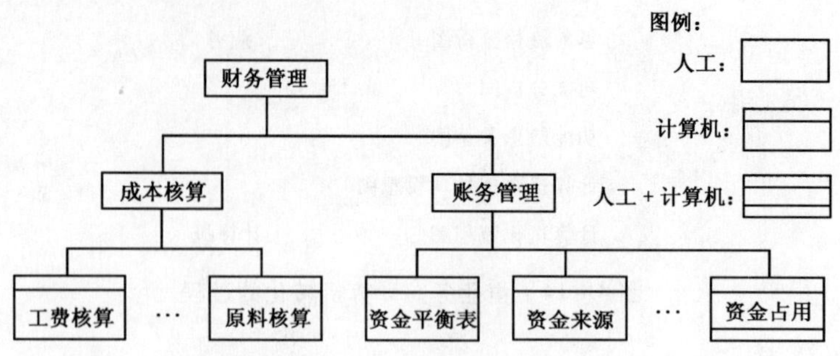

图 4－15　计算机处理结构图

③ 累积的数据处理；

④ 不能采用联机实时处理的数据处理。

批处理是用输入设备将数据直接输入计算机进行处理，其特点是费用低。批处理方式的信息构成如图 4－16 所示。

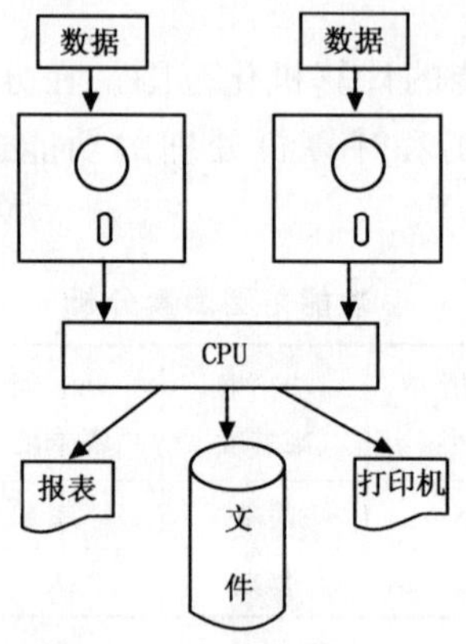

图 4－16　批处理方式的信息构成

（2）联机处理方式

联机处理方式是指输入数据可以直接输入到中央处理机进行处理，处理结果又可以直接传给用户。

联机处理分信息处理部分和通信部分。

信息处理部分涉及程序管理和系统管理，包括计算机中央处理装置、存储装置、外围装置以及数据处理。

通信部分包括终端、通信线路、通信控制以及报文管理、支持程序。

联机方式适用于以下情况：

① 需要迅速作出处理的信息处理；

② 易产生波动的信息处理；

③ 数据收集费用较高的信息处理。

联机处理的形式有三种：

① 联机实时处理；

② 远程成批作业；

③ 分时处理。

联机实时处理是指数据直接从数据源输入到中央处理机处理，直到作业完毕，处理的结果直接传给用户。联机处理的特点是费用高，能及时处理。

联机处理方式的信息构成，如图 4－17 所示。

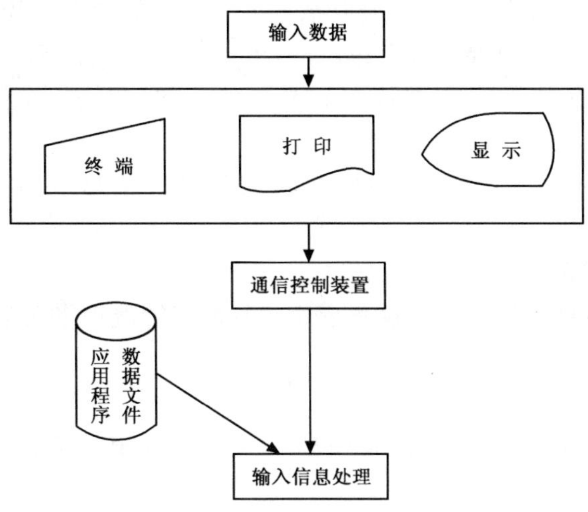

图 4－17 联机处理方式信息构成

3. 系统代码分析

代码是一些数据名的符号表示，有人员代码、产品代码、零件代码、客户代码等。在进行系统方案分析时，还应根据代码信息调查以及新系统的需求对整个系统的代码做全面考虑，从而决定计算机代码的对象。

代码化的对象包括旧系统（现行系统）的保留代码和新系统的新增代码。

4. 系统一览表分析

为了解系统各种信息的全貌，应对系统的输入、输出、代码、文件等进行归纳，归纳结果可制成表的形式，见表 4－5。

表 4－5 系统信息一览表

表 名	内 容
输入一览表	输入数据名，使用功能名，提供部门，收集方式
输出一览表	输出信息名，使用功能名，使用部门，传递方式
代码一览表	代码名，使用部门，使用数量
文件一览表	文件名，使用功能名，文件类别，记录个数
数据库一览表	数据库名，使用功能名，数据库类型，记录个数

5. 系统配置分析

系统配置可分为计算机硬件配置和计算机软件配置两种。

(1) 计算机硬件配置

① 主机类型选择。要根据应用领域来确定。具体说,要根据计算机处理功能大小、估计的数据量、容量和运行时间等各方面的定量和定性分析来选用机型。可以向生产计算机的公司进行咨询,对各个公司提供的信息进行分析,选中自己满意的机型。

② 计算机 CPU 指标选择。应以系统复杂程度、较大的内存和较高的速度为准则,但也要根据新建系统的规模和时效要求来考虑。

③ 外存选择。外存指硬盘、磁带和软盘。外存的容量选择主要取决于新系统的数据量。

④ 外部设备的选择。外部设备一般指输入设备、输出设备、终端、打印机、绘图仪等。

(2) 计算机软件配置

计算机软件配置包括系统软件、服务程序、数据库管理程序和工作语言等方面。

6. 系统开发组织方案分析

系统开发必须具有事先的约定以及组织、人事和资源等方面的保证。组织方案分析包括:

(1) 选定负责系统开发项目跟踪和监控的项目负责人,对系统开发的软件活动和结果负责

(2) 选定系统开发组织,进行系统开发管理

组织包括:

① 软件工程组;

② 软件设计组;

③ 系统工程组;

④ 硬件工程组;

⑤ 系统测试组;

⑥ 软件质量保证组;

⑦ 软件配置管理组和文档支持组等。

(3) 对确定系统开发组织的质量要求和执行能力进行分析

① 明确质量要求,分析包括以下内容:

- 正确性:所有需求必须是正确的、合理的、满足任务书要求的;
- 必要性:所有需求必须是为完成指定任务所必需的;
- 可行性:在指定的环境和条件下,所有需求必须是可行的;
- 完备性:为完成指定任务,这些需求是完备的、无遗漏的;
- 一致性:所有需求相互之间没有矛盾,是一致的;
- 非退化:任一需求的引入都不会导致软件性能的退化;
- 无歧义:任一需求的陈述都是确定的,不会导致多义性的;
- 可验证:任一需求都是可测试、可验证的;
- 可追踪性:任一需求都可追踪到项目的任务书或规格说明的要求,这些要求都源自用户需求。

② 明确执行能力要求，明确项目软件负责人的职责，分析包括以下内容：

- 在项目的整个生存周期内，自始至终地管理软件需求；
- 当用户需求更动时，及时实现对软件需求的更动；
- 为有效地管理，应该提供足够的资源和资金。这些资金包括人力的、物质的、技术的。在人力上，需要指定在应用领域和软件工程方面有经验和专业知识的人员；在技术上，应该提供支持管理活动的工具，包括电子表格工具、配置管理工具、跟踪工具、文件管理工具等。

7. 系统开发计划分析

系统开发计划分析的目的是制订合理的系统开发计划，并将计划付诸实施。系统开发计划有十分重要的地位，这是因为系统开发计划体现了对系统需求的理解，并为软件工程的管理和运用提供可行的计划，是开展软件项目活动的基础，是跟踪、监督、评审计划执行情况的依据。因此，制定周密、简洁和精确的系统开发计划是成功地开发产品的关键。

（1）系统开发计划要达到目标

系统开发计划要达到以下目标：

① 软件生存周期已选定，并经评审确认；

② 对计划中的软件规模、工作量、成本、风险等已经进行了估计；

③ 系统开发项目的开发建立在可靠的基础上，并将计划文档化，由开发人员遵循，并据此跟踪检查计划的执行；

④ 确定系统开发项目开发的活动和承诺，使软件开发工作有序而协调地开展；

⑤ 明确与系统开发项目相关的组织和个人承诺，将任务责任落实到组和人，从组织管理上保证项目开发的成功。

（2）系统开发计划具体步骤

① 估计系统开发工作产品的规模和所需的资源；

② 确定待办的工作，界定软件项目的约束条件；

③ 陈述系统开发所建立的目标、规模和工作量估计；

④ 制定系统开发进度表，鉴别并评估系统开发过程的风险，协商相应的约定。

（3）系统开发计划具体规定

① 根据系统需求规格说明和所选定的软件生存周期模型，制订系统开发计划；

② 由项目经理、项目软件经理和其他软件经理共同协商软件项目的约定，并和系统工程组、硬件工程组和系统测试组协商，这些组介入该软件活动的有关事宜，同时记入文档；

③ 系统开发的规模、工作量和成本估计、进度以及其他约定，由受其影响的组评审，受影响的组包括软件工程组、系统工程组、系统测试组；

④ 高层管理者对组织外部的个人和组所作的所有软件项目约定进行评审；

⑤ 软件系统开发的开发计划需进行管理和控制。

（4）执行能力

系统开发计划的具体组织能力要确保以下的必备条件：

① 工作的范围；

② 技术目标和对象；
③ 用户、最终用户或最终用户代表的标识；
④ 要实施的标准和规范；
⑤ 所赋予的职责；
⑥ 成本和进度的约束及目标；
⑦ 软件项目和其他组织（例如用户、转包商、合作伙伴）之间的关系；
⑧ 资源限制和目标；
⑨ 对软件开发、维护的其他约束和目标。

(5) 系统开发计划的实施过程

系统开发计划的目的就是要制订完整的、易于理解的项目计划，改进成本和日程，预计并文档化项目活动。

系统开发计划可以有多种实现过程，其中一种实现过程把系统开发软件项目计划分为六个阶段。

① 计划初始阶段。该阶段的任务是首先确定一位软件项目经理，然后由项目经理检查系统开发项目的工作说明，明确初始需求，对成本、资源和日期需求进行初步估计，指明系统开发项目的初始风险和限制，收集初始的计划数据，成立计划组并且指定项目负责人。

② 制定系统开发计划。该阶段的任务是系统开发项目计划组检查系统开发计划的实际例子，选择制定计划的样板，提出修改意见，把系统开发计划样板修改成适合本项目的系统开发计划，提交系统开发计划草稿。

③ 对系统开发计划草稿进行审查和批准。该阶段的任务是项目计划负责人与项目的风险承担者一起，对系统开发计划草稿作一体化的修改更新，为系统开发计划确定正式的承诺，提交基本系统开发计划和最终系统开发计划的文档检查报告。对系统开发计划制订过程中出现的需求改变或新的过程定义需要报告给系统开发工程组。

④ 实施系统开发计划。该阶段的任务是项目人员执行系统开发计划规定的任务，开展相应的活动。在这一过程中，要执行系统开发质量保证，检查系统开发质量报告。同时进行项目跟踪和监控，确保计划的完成。

⑤ 系统开发过程的度量和评价。该阶段的任务是在实施过程中根据开发人员提出的意见，找出计划和执行情况的差距，找出造成差距的原因，对过程提出修改意见，估计改进后的效果，为重新制定系统开发计划提供根据。

⑥ 修改系统开发计划。该阶段的任务是在分析过程改进后的影响，决定是否需要对系统开发计划进行修改，提交系统开发计划的问题报告和修改意见。

4.6.2 系统分析说明书的主要内容

本节给出系统分析所要产生的图表以及系统分析说明书中的条款。

1. 图表

一个即将开发的计算机管理信息系统，在系统分析阶段所要产生的主要图表有组织机构图、现行系统概貌图、现行系统业务流程图、现行系统组织功能关联图、现行系统数据结构定义表、现行系统的模块设计、应用系统数据库视图模型、网络拓扑结构图、网络用户分布图和网络数据配制图等。

(1) 组织机构图

通过调查分析，首先要弄清应用系统的组织机构和分布，为将来的功能划分和设备配备提供信息。组织机构图可用表 4 -6 的格式画出。

表 4 -6 现行系统组织机构图

第 页 共 页

系统名称 分系统名

(2) 现行系统概貌图

通过调查分析，弄清目前该单位现行系统的运行模式。对国家下达的项目、横向联系项目、自己创收项目等业务的内部关联用图纸画出，其格式见表 4 -6。

(3) 现行系统业务流程图

标出业务在现行系统中的流向，其图表格式见表 4 -7。

表 4 -7 现行系统业务流程图

第 页 共 页

部门名称 部门编号	业务名称 编号

(4) 现行系统组织功能关联图

标出现行组织功能关系，为机构改革提供信息，图表格式见表 4 -7。

(5) 现行系统数据结构定义表

现行系统数据结构定义表见表 4 -8。

表 4-8　　现行系统数据结构定义表

第　页共　页

报表名称			
编　号		发生频度	
报表生成		去　向	
字段名	类型	长度	
合计：			
说明：			

（6）现行系统的模块设计

对现行系统进行规划，画出一个计算机应用系统的模块组成结构，反映一个新系统的整体功能，用表 4-9 绘制。

表 4-9　　程序流程绘图纸

图　名		图号	
系统名称			
作　者			
年　月			

（7）应用系统的数据库视图模型

对现行系统数据结构进行分析后，产生应用系统的数据库视图模型，为数据库部门提供信息，也用表 4-9 绘制。

2. 系统分析说明书条款

通过调查分析，对未来的新系统就有了一个总体轮廓。将该轮廓用说明书形式写出来，供系统设计与可行性分析时使用。

系统分析说明书的条款主要内容如下：

(1) 概述

包括引言、业务需求、参考资料、参加设计人员。

(2) 现行系统分析

包括组织概况、业务概况、环境条件、现行系统的特点、现行系统的优点、现行系统的不足之处。

(3) 系统目标和总体结构

包括系统需求、系统的总体结构、系统功能、系统性能。

(4) 运行环境规定

包括设备运行环境、通信环境、软件支持环境、接口。

(5) 子系统设计说明

对所有子系统都应包括主要功能、主要流程、输入内容、输出内容、接口方式。

(6) 数据库设计说明

数据库设计说明中包含数据库主要内容和作用、数据库的逻辑划分和初步设计、数据库的安全措施、数据库更新备份与恢复方式等内容。

(7) 网络结构与设计说明

网络结构与设计说明中包含网络体系结构图和网络工程图。

(8) 经费预算

(9) 开发阶段划分与周期

(10) 投产试运行计划

(11) 培训计划

(12) 验收与鉴定计划

(13) 计算机系统选择方案

(14) 附录

包括组织机构图、现行系统概貌图、现行业务流程图、现行系统组织功能图、现行系统功能体系图、现行系统数据结构定义表、应用系统模块设计、应用系统数据库设计。

4.7 MIS平台选型

一个MIS系统应有一个高度可集成的开放系统平台。关于平台选型，我们这里首先介绍大型MIS平台选择的总体分析的一些观点。

20世纪90年代以来，MIS平台已经发展成为将操作系统与其外部接口（如用户操作接口、网络通信接口和应用编程接口）融为一体的集成平台。其软件系统可以包括操作系统（OS）、图形用户界面（GUI）、网络通信协议（NCP）、数据库管理系统（DBMS）、4GL工具和C语言等，硬件平台可以把CPU与存储管理单元（MMU）、协处理器（FPU）、网卡（NIC）甚至数字信号处理器（DSP）等集成为一体，从而形成支持MIS应用开发与运行监控的一体化开放系统环境。平台是应用的支柱。平台选型是一项专业跨度大、技术难度高的工作，关系到整个系统的成败。概括地说，正确进行平台选型的重要性表现在以下一些方面：

① 有利于把握整个系统的投资方向，为企业领导作出正确决断提供经济可行性依据，以避免投资风险及投资浪费。

② 有利于把握整个系统的技术发展方向，为专业人员提供技术可行性依据，减少技术风险和应用开发风险。

③ 在统一可行的主流平台环境下，有利于应用开发人员有效地积累技术优势，发展企业自身的系统开发队伍和信息产业。

④ 有利于引进先进的平台体系结构，并从根本上改变传统的系统体系结构及应用模式，改变传统的系统设计方法及实施手段。

⑤ 有利于采用先进实用的开发工具，大大缩短应用开发周期，提高应用软件开发质量和开发效率。

⑥ 有利于平台与应用之间的整体集成，统一界面和操作方法，统一系统风格和技术标准，提高整个系统的可用性。

⑦ 有利于进行广泛的技术交流和推广用户开发成果，提高投资效益及技术转化效益。

4.7.1 MIS 平台选型的依据

1. 平台选型要考虑的问题

① 用户单位的实际应用环境和应用需求；
② 作为平台的软硬件产品的功能与性能；
③ 国内、国际 MIS 平台发展的主流；
④ MIS 系统总体设计人员采用的技术策略和实现手段；
⑤ 性能/价格比，技术支持，后援保证；
⑥ 用户的投资能力和技术水平。

2. 系统平台选型的基本依据与方法

① 根据企业规模、组织机构布局、应用系统实施规模和外部应用环境等情况确定系统平台模式；

② 根据单位组织机构与管理职能层次设置及应用系统的总体功能结构设计情况确定平台体系结构；

③ 根据用户业务操作和数据处理的基本特征，事务处理和数据处理对系统性能的基本要求，以及原有软件资源与保护要求，确定软件平台的选型策略；

④ 根据事务与数据的处理和处理频度以及原有硬件资源情况，确定基本硬件平台的选型策略；

⑤ 根据企业组织职能与系统功能关联情况，地理环境及外部通信要求，数据传输及性能要求，用户对网络站点分配及联网范围要求，以及原有通信设施（如 CBX 和 FAX）情

况，确定网络通信平台与网络硬件平台的选型策略；

⑥ 根据平台体系结构与平台选型策略，以及平台产品技术标准情况，确定系统平台的接口规范；

⑦ 根据计算机软硬件发展水平和平台档次更新情况，国内产品市场供货情况与售后技术支持情况，以及可供借鉴的成功经验，进行具体的平台选型及性能价格比分析；

⑧ 根据企业的投资能力，建立典型开发环境及平台多场地安装的代价，验证平台选型的经济可行性；

⑨ 根据企业的长远发展目标和系统总体实现目标，系统的技术设计要求如异种机入网、异种网互联、异构数据源互操作、异构工具互用、分布处理能力及汉字处理能力等，综合权衡系统平台的可用性、可集成性和可伸缩性。

3. 系统平台选型应遵循的准则

① 标准性与主流性；

② 成熟性与先进性；

③ 实用性与经济性；

④ 易用性与可扩性。

4.7.2 MIS 平台选型分析

在 MIS 应用的发展过程中，先后出现的平台有主机模式（M/T 模式）、文件服务器模式（F/W 模式）、客户/服务器模式（C/S 模式）和浏览器/服务器模式（Browser/Web Server 模式）。

主机模式基于多用户主机，主要由主机和终端组成，这种模式从 20 世纪 60 年代到 20 世纪 80 年代期间占据应用的主导地位。

文件服务器模式基于 PC 机组成的局域网络，它是由文件服务器和网络工作站构成的一个分散的、文件共享的网络平台，在 20 世纪 80 年代较为流行。

客户/服务器模式是 20 世纪 90 年代推出的。它是由不同机型通过局域网互联构成的分布式系统平台，适用于小型、中型和大型 MIS 系统。由于技术发展和产品不断更新换代，主机模式、文件服务模式已从市场退出，客户/服务器模式取而代之。

平台选型分析是在客户/服务器、浏览器/服务器环境下对网络操作系统、基于网络的数据库管理系统和网络服务器进行的选型分析。

4.7.3 C/S 结构与 B/S 结构

1. C/S 结构

C/S（Client/Server）结构即客户/服务器结构，是网络软件运行的一种形式。通常，采用 C/S 结构的系统，有一台或多台服务器以及大量的客户。服务器配备大容量存储器并安装数据库系统，用于数据的存放和数据检索；客户端安装专用软件，负责数据的输入、运算和输出。客户/服务器模式定义了客户机如何与服务器相连，以实现数据和应用的共享，并利用客户机的处理能力将数据和应用分布到多个处理机上。这种模式被用于工作组和部门的资源共享。

客户/服务器体系结构可用于局域网、广域网和因特网。这三种网络虽然用途不同，却具有一个共同特点，即工作负载在服务器和客户机之间进行分配。在每种网络中，客户机实际上是一个“需要什么”的程序。一般是要求服务，包括打印、信息检索和数据库访问等。服务器则是“提供什么”的程序，负责处理客户机的要求。一个客户机可以向许多不同的服务器请求，而一个服务器也可以向多个不同的客户机提供服务。

客户机只负责发送请求，显示结果，所以工作负荷较轻，我们通常用“瘦客户”来描述客户机相对较少的工作负荷。但服务器的工作负荷却很重。除了接受和解释客户机的请求外，服务器还要寻找信息、重新处理信息、对资源进行初始化。所以通常要求服务器是可靠的、价值昂贵的计算机，有超强的容错能力的处理器和巨大的存储器。

采用这种结构的系统目前应用非常广泛。如宾馆、酒店的客房登记、结算系统、银行、邮电的网络系统等。C/S 结构的系统一般都是非开放的。其优点是数据具有很高的稳定性和可靠性；其缺点是发展难度大，实用性、可移植性差，客户端软件和服务器端软件只能工作在特定的硬件平台和操作系统环境下，开发、维护成本高昂。

2. B/S 结构

B/S（Browser/Server）结构即浏览器/服务器结构，该结构在 20 世纪 90 年代末期开始盛行，是目前最流行的网络软件系统结构。

随着因特网上的多媒体技术越来越成熟、交互性越来越强，浏览器功能越来越强大，在许多场合下，浏览器可以取代 C/S 结构中的客户端软件。也就是说，开发商可以遵循一定规则，开发一套运行于服务器的网络软件，在客户端可以直接使用浏览器进行数据的输入和输出，而不必为客户端开发特定的软件，于是，C/S 结构就演变成为 B/S 结构。由于因特网是一个开放的网络环境，只要软件开发商遵循因特网允许的数据格式（HTML、XML、ASP、CCI 等）开发软件，该软件就在任何一台能够运行浏览器的客户机上都能够使用。客户机可以是运行 WindowsXP 的 PC，也可以是运行 MAC 操作系统的“苹果机”，甚至可以是支持浏览器的机顶盒。

网上炒股或电子商务是典型的 B/S 系统。以网上炒股为例，用户使用浏览器，登录到指定的网站，输入用户名和密码后，就可以下单买入或卖出股票。这个过程的实现依赖于服务商的服务器软件，用户不需要在自己的计算机上安装特定的软件，只需要开设账户，获得用户名和密码即可。服务商则在服务器上配备了相应的系统，用来处理用户的各种操作。这种方式最大的好处是用户不需要安装专用程序，只需要具备上网的条件即可。

B/S 技术的优势在于：

（1）基于开放的、非专用的标准

B/S 技术所基于的标准是开放、非专有的，是经标准化组织指定而非单一厂商指定的。

（2）较低的应用开发及管理成本

客户/服务器的应用，无论是安装、配置还是升级都需要在所有的客户机上实施；B/S 技术的成本较为低廉，一般只需安装、配置在服务器上，在客户机上的工作较少。

(3) 对信息及应用系统的自由访问

现在许多计算机用户已经建立起网络，由于信息和应用系统可通过 WWW 浏览器进行访问，因此几乎所有的客户均可自由地、主动地访问信息和系统。

(4) 主动服务的信息系统

每个用户在信息系统上可以各取所需，自由地访问信息和系统。

(5) 较低的培训成本

浏览器的技术简明易用，一旦用户掌握了浏览器的用法，也就掌握了运用系统上各种信息资源的钥匙。

3. 两层客户/服务器结构与多层客户/服务器结构

(1) 两层客户机/服务器结构

在没有网络概念以前，大多数计算机是一个单机系统。要想访问其他机器的资源，必须通过联机终端来进行访问。随着网络时代的到来，参与这项工作的不一定只是一台计算机，而是一个计算机网络。网络应用可分为表示层、业务逻辑层和数据层等几个层次。早期应用中，表示层和业务逻辑层没有分开，都位于客户端，而数据层位于服务器端，逻辑上是两层的，即所谓的两层客户/服务器结构。客户方软件的主要功能是处理与用户的交互，按照某种应用逻辑进行处理和发送数据库访问的请求；服务器端软件的主要功能是根据客户方软件的请求进行数据库操作，然后，将结果传送给客户方软件。客户方软件与服务方软件之间的通信主要是通过数据库查询语言（SQL）。这种两层的客户/服务器计算模式优势在于对数据的集中处理，用户之间可以共享数据库资源。但是两层结构也存在下面的缺点：

① 两层结构应用软件的开发工作主要集中在客户端，客户端软件不但要完成用户交互和数据显示的工作，而且还要完成对应用逻辑的处理工作，即用户界面与应用逻辑位于同一个平台上。这样就带来了两个突出的问题：系统的可伸缩性较差和安装维护困难。

② 由于在一个系统中并不是所有用户的需求都相同，因此，他们要求程序的功能也不尽相同。使用两层结构应用软件时，开发人员提供给所有用户的程序都是相同的，除非开发人员不厌其烦地根据不同用户的需求将大的软件裁剪成不同的小软件分发给用户。

③ 在系统开发完成后，整个系统的安装也非常复杂。在某一台客户机上不但要安装应用程序，而且必须安装相应的数据库连接程序，还要完成大量的系统配置工作。如果系统有大量用户，并且用户是分布的和流动的，例如广域网环境下的应用系统，那么整个系统的安装将非常困难。在系统进行修改后，所有客户机上的应用软件都会受到影响。

(2) 多层客户/服务器结构

为克服两层客户/服务器结构的缺陷，将业务逻辑层与表示层分离，在数据库服务器和客户端之间增加应用服务器，即中间层，构建三层客户/服务器结构。真正实现逻辑上的三层，将有效地提高大型系统的可扩展性与可靠性。三层结构的业务逻辑层可以实现对其他两层（客户机与服务器端）的通讯管理，从而迅速合理地满足系统负载均衡（负载均衡就是如何将客户机的服务请求均匀地分配到各个服务器上，使服务器的计算能力得到均匀的利用）、分布处理，也减轻了客户机的负担。

将应用服务器作为中间层组件，我们将其称为中间件，这种技术是解决大容量复杂业务应用的有效手段，是提高系统容错能力和扩展能力的保证。对于复杂的业务应用处理，中间件技术可将其进行逻辑和物理分割，分成一个个组件，并根据系统资源的使用情况分配到不同的结点上执行，实现分布式并发处理和负载均衡。

通过逻辑分割，可将复杂的业务应用分成多个可重复使用的对象和组件，它们分别完成一个个单独的功能，使业务处理的每个功能软件的开发和设计相互独立，程序管理简单，对某个对象的修改不影响其他对象应用，运行时还可以统一调度并同时运行。可以对系统的性能动态配置、监视和管理。

表述逻辑（客户）为第一层表现层。它的主要功能是实现用户交互和数据表示，为以后的处理收集数据，向第二层的业务逻辑请求调用核心服务处理，并显示处理结果。这一层功能的实现以使用图形化的工具软件为主。

业务逻辑（服务器组件）为中间层。这些组件由中间件管理，实现核心业务逻辑服务，管理并接受客户的服务请求，向资源管理器提交数据操作，并将处理结果返回请求者（客户或其他服务器）。

数据构成模型的第三层数据层，比如关系型数据库，负责管理应用系统的数据资源，完成数据操作。服务器组件在完成服务的过程中通过资源管理器存取它管理的数据，或者说请求资源管理器的数据服务。

4. 三层客户/服务器结构

三层客户/服务器结构具有以下优点：

（1）具有灵活的硬件系统构成

对于各个层，可以选择与其负载和处理特性相适应的硬件。这是一个与系统可缩放性直接相关的问题。例如，最初用一台 UNIX 工作站作为服务器，将数据层和中间层都配置在这台服务器上。随着业务的发展，用户数和数据量逐渐增加，这时就可以将 UNIX 工作站作为中间层的专用服务器，另外追加一台专用于数据层的服务器。若业务进一步扩大，用户数进一步增加，则可以继续增加中间层的服务器数目，用以分割数据库。清晰、合理地分割三层结构并使其独立，可以使系统构成的变更非常简单。因此，被分成三层的应用基本上不需要修正。

（2）提高了程序的可维护性

三层客户/服务器结构中，各层的应用可以并行开发，各层也可以选择各自最适合的开发语言。

（3）可以进行严密的安全管理

越关键的应用，用户的识别的存取权限设定越重要。在三层应用中，对应用的使用和对数据的存取权限可以按层进行设定。例如，即使外部入侵者突破了表示层的安全防线，若在中间层中备有另外的安全机构，系统也可以防止入侵者进入其他部分。

多层 B/S 结构是由三层 C/S 结构转化而来的。它将 WWW 浏览器作为表示层，将大量的业务处理程序放在应用服务器上作为中间层，而将数据库放在数据库服务器上作为数据层。WWW 服务器在逻辑上是独立的，但在物理上它即可以是一个独立的服务器，也可以与应用服务器一起放在同一个服务器中，构成多层 B/S 结构。

4.7.4 C/S、B/S、B/S与C/S混合模式分析

由于C/S、B/S有着各自的优点和缺点，能否把它们的优点体现出来，使系统建设得更好呢？那么我们先看一看。

1. C/S 模式的优点与缺点

C/S模式可以实现分布的处理与集中的数据管理相结合，同时数据安全性强，通讯速度快，人机交互灵活方便，并可以实现数据的快速传递和安全存储，但在远程管理方面存在不足。

2. B/S 模式的优点与缺点

B/S模式有利于系统集成与扩展，它处理数据量大、数据查询灵活、可提供远程的数据服务和管理，但在数据的交互性、安全性、动态服务和图形显示方面有所不足。

3. B/S 与 C/S 混合模式

如果把这两种模式结合起来，那么可以考虑：

如果MIS系统对安全性高、交互性强、处理数据量大、数据查询灵活、地点固定的小范围内使用时，应首先考虑C/S模式；

如果在安全性和交互性要求不高、地点灵活的广域范围内，应首先考虑使用B/S模式。

将二者结合，发挥各自的长处，是目前应用的趋势。

如何评价C/S、B/S以及C/S与B/S混合的模式，请参见表4－10。

表4－10 C/S、B/S以及C/S与B/S混合的评价指标

评价指标	B/S模式	C/S模式	C/S/与B/S混合模式
交互性	较弱	强	较强
安全性	低	高	较高
网络流量	大	小	较小
通讯速度	慢	快	较快
开发难度	大	小	大
可扩展性	好	差	较好

4.7.5 网络操作系统选型分析

目前较为流行的三种网络操作系统是UNIX、Linux、Windows NT和Netware。

对这三种网络操作系统从体系结构、操作能力、优先任务能力、网络协议支持、安全性、兼容性、语言处理能力、产品成熟性、产品市场占有率等方面的比较，参见表4－11。

任何一种系统平台的优势都是相对的。平台选型正确只能保证软硬件投资方向正确，并

不意味着应用系统开发的最终成功。一个选型正确的平台，能否在电子政务系统中真正发挥优势，还取决于系统功能结构、数据结构、平台结构和网络体系结构的整体设计水平。

表 4-11　　三种网络操作系统的比较

	UNIX	Netware	Windows NT
体系结构	集中式分时多用户体系结构 不支持多线程	多线程操作系统 不支持虚拟内存	多线程操作系统 支持虚拟内存
操作能力	多任务系统	多任务系统	多任务系统
优先任务能力	优先多任务系统	不是优先多任务系统	优先多任务系统
网络协议支持	TCP/IP 作为核心协议支持	支持 TCP/IP，但有自己的 IPX/SPX 协议	支持 TCP/IP
安全性	C2 级数据维护	C2 级数据维护	C2 级数据维护
兼容性	一般	好	好
语言处理能力	良好	良好	好
产品成熟性	非常成熟	非常成熟	待成熟
产品市场占有率	10% 左右	10% 左右	80% 以上

4.7.6 数据库管理系统的选型

1. 数据库产品的比较

数据库是 MIS 信息系统中的重要支持技术。在建设电子政务系统时，如何选择数据库管理系统是一个重要的问题。目前，可供选择的数据库产品较多，但真正要选择一种适合于 21 世纪用户需求的客户/服务器体系结构的数据库管理系统却不是一件简单的事。由于各种数据库产品都具有各自的特点和适应范围，要选择出一种合适的数据库，就必须从数据库应用的特点出发，考虑许多因素。

（1）国内流行的数据库

目前，国内引进的数据库有以下一些：DB2，RDB，IMAGE，SQL/DS，Oracle，Sybase，Informix，Unify，Progress，dBASE，FoxBASE，FoxPro 等。

使用层次数据库系统的有：IBM 的 DL/I/IMS/VS 等。

使用网状数据库系统的有：CODASYL，DEC 的 DBMS，HP 的 IMAGE。

使用关系型数据库系统的有：DB2，SQL/DS，RDB，Oracle，Sybase，Informix，Ingress，Unify，Progress 等。

（2）动向

Sybase、Oracle、Informix 在我国展开激烈竞争，这也为国内用户提供了选择数据库产品的机会。

（3）效果

Informix 能在高档微机上运行，虽然国内许多单位都有各种各样的 Informix 版本，但用它开发成功的项目，特别是大型项目还很少。

Oracle能在多种主机、多种操作系统环境下运行，具有分布式查询能力，并能支持大型数据库项目的开发应用。国内有些单位已引进了Oracle，但用它开发出好的、特别是大型的项目没有几个，其主要原因是培训和用户支持服务跟不上，与应用开发人员的实际水平也有关系。

Sybase进入中国市场后，采取“扶上马，送一程”的策略，它的触角已伸入金融、电信、交易、铁路、电力、水利、军事、外贸等行业，广东省电话网管理系统、北京市电信管理局管理信息系统、全国防汛系统、交通银行综合信息管理系统等十多个系统已相继开发成功。

2. 数据库产品选型

笔者认为，中、大型数据库系统可选Sybase或Oracle或Informix这样的关系数据库管理系统，小型数据库系统可选FoxPro、FoxBASE、dBASE。笔者推荐中、大型关系数据库管理系统首选Sybase。

（1）产品选型依据

① 几种数据库的比较结果仅能作为参考。

② 根据国内最终用户的特点及目前使用RDBMS的现状，一般都需要在引进的RDBMS基础上进行二次开发，因此，开发工具的好坏是非常重要的，尤其是要注意编程能力。也就是说，要注意数据库的四项主要性能指标。

③ 根据国外的发展趋势，选择的RDBMS必须基于SQL语言，非SQL语言的RDBMS不要轻意选择。

④ 在网络环境下开发数据库项目时，一定要注意选择具有分布式处理能力且体系结构能支持客户/服务器的RDBMS。

⑤ 是否具有良好的售后服务及用户支持。

（2）产品选型应考虑的因素

① 符合关系型的标准。网络上运行的数据库必须是基于ANSI SQL标准的分布式关系数据库，各节点均有自己的RDBMS核心。

② 数据库系统的体系结构。数据库系统应该是基于客户/服务器体系结构的分布式数据库。用户的应用程序可与数据库服务器运行在不同的硬件平台上，从而充分发挥不同类型硬件的特长。同时，在分布式环境应具有与异种数据库的互操作性。

③ 良好的系统可扩展性。随着业务的发展，管理信息系统计算机网络中可能增加新的SQL服务或其他专用服务器及数据源，也可能将现有的服务器升级或增加客户机。因此，数据库系统必须能提供良好的可扩展性，充分地保护用户过去、现在和将来的投资。

④ 性能监控和调整。在有多个数据库服务器的大型广域分布式管理信息系统中，客户/服务器及网络环境的管理上升到一个非常重要的位置，这直接关系到系统的效率和可靠性。

数据库管理员（DBA）必须能够在网络环境下使用数据库服务器监控工具，对网络上的任一个数据库服务器进行性能监控，包括内存分配和竞争、磁盘I/O和高速缓存命中率、系统锁和用户锁的竞争、用户SQL语言和存储过程的执行等。DBA还必须能按这些数据使用工具对各服务器进行性能调优。

⑤ 系统性能与并发控制。系统含有多个基本数据库，系统的数据量和用户数都十分庞大，故要求数据库服务器具有极强的联机事务处理能力和优越的性能，同时，对数据库和日志提供高速的备份机制。

此外，SQL 数据库服务器应能自动控制并行机制，以保证数据的一致性，提供合理、高效的封锁机制，并能自动检测和解决用户之间的死锁。

⑥ 事务的完整性和恢复。数据库服务器必须具有事务完整性机制，如日志文件、回退及向前恢复，并要求能从各种异常情况下恢复数据。在日常工作中能够联机地备份数据库和日志，以保证系统可以 24 小时联机运行。在数据安全性方面支持磁盘镜像，在处理机的可靠性上支持双机环境。

⑦ 分布式处理。数据库必须支持分布式环境中节点自治的原则，以保证数据的分布管理和完整性；对用户提供分布式透明，以便于应用系统的使用。在分布式查询和更新上必须能执行远程过程调用（RPC）以减少网络开销。另外，数据库系统还应支持数据复制，并能对复制的数据进行自动刷新。在分布式更新操作中还应具有两阶段提交的机制。

⑧ 应用开发。数据库服务所支持的宿主语言应包括 C、COBOL、JAVA 等常用高级语言，并以预编译式函数调用的方式访问数据库。

在系统的设计开发中，工具的使用十分重要。因此，数据库系统必须能够提供足够的工具供开发者和用户自由选择。这些工具应涉及数据库分析设计、应用开发、调试和运行监控等各个不同的阶段。

4.8 网络系统

计算机网络是现代 MIS 系统的建设基础，网络的设计应体现出 MIS 系统的特点。在 MIS 的大环境中，网络系统主要体现在两个层面，即主干系统和周边系统。

主干系统也称网络应用系统，是重点开发的网络服务程序。用户通过网络服务程序使用网络资源。主干系统不应受用户需求变化的影响，它应使系统具有可扩展性和可延伸性。

周边系统是开发人员和用户共同完成的。用户尽可能地利用技术市场上丰富的应用软件产品来建立自己的应用环境和业务系统，开发人员为用户提供多种商品软件间的及用户应用和网络应用的接口、界面、转换和工具，建立起面向对象的客户/服务器结构，保证满足用户需求并达到技术上的先进性。

网络系统的建立工作要提出网络工作小组的职责、网络系统管理小组的职责，并拟定网络规划和网络应用系统总体功能。

1. 网络工作小组的职责

（1）标识

- 网络物理拓扑

- 网络管理（如故障排除、系统配置管理及性能测定）
- 网络安全和账户需求

（2）估算

- 网络容量
- 网络能力需求

（3）决定

- 通信系统软件需求
- 通信程序需求
- 产品协议的兼容性

（4）设计

- 高水平的通信结构

2. 网络系统管理小组的职责

（1）支持

- 开发工具
- 系统软件

（2）执行

- 局域网管理
- 系统管理
- 系统配置管理
- 软件安装
- 账户管理

3. 网络规划

（1）网络规划原则

① 如果是在一栋建筑物或一群建筑物内建立一个局域网，要考虑与 Internet 的连接和结构化布线；

② 如果建筑物外无中继设备，要考虑如何便于管理，提高传输可靠性；

③ 局域网段划分合理，布局严谨；

④ 分配 IP 地址，要考虑现在和未来。

（2）网络操作系统的选择

为了保证网络高效率、高可靠地运行，网络操作系统的选择就显得很重要。目前较为流行的局域网络操作系统有以太网络、Novell 网络、Windows NT 等，它们有各自的特点，可根据实际需求来选择。读者可参阅人民邮电出版社出版，黎连业编著《计算机网络基础和网络工程》一书。

（3）网络软件开发工具的选择

网络软件开发工具由两部分组成，即数据库和工作站开发工具。

① 数据库。中、小型 MIS 系统主要选 FoxPro，还有 FoxBASE、dBASE 等。大型 MIS 系统的数据库有 Sybase、Oracle、Informix、DB2 等，应根据企业规模、MIS 规模、性能/价格

比、后期服务、技术支持来选择。

② 工作站开发工具的选择。对于工作站开发工具的选择包括工作站操作系统的选择、应用程序开发工具的选择和所用语言的选择三项内容。

(4) 网络服务器的选择

网络服务器产品很多，选择时应考虑以下因素：

① 该系统需要多大容量的服务器；

② 对服务器有什么具体要求；

③ 各厂家产品的性能/价格比；

④ 厂家对产品的技术支持、后援保证。

(5) 网络拓扑结构和连接方案

选择好网络拓扑和连接方案是网络工作组的一项重要工作，应根据实际情况来确定。

(6) 了解地理布局

对于地理布局，网络设计人员必须要到现场察看，其中要注意几个要点：

① 用户数量及其位置；

② 任何两个用户之间的最大距离；

③ 在同一楼内用户之间的从属关系；

④ 楼与楼之间布线走向，楼层内布线走向；

⑤ 特殊要求和限制；

⑥ HUB 供电问题与解决方法；

⑦ 对工程施工材料的要求；

⑧ 主机房需要作何变动。

4. 网络应用系统总体功能

网络应用系统总体功能主要由下列内容组成：办公自动化系统、生产、经营、管理、信息服务、备份等。

(1) 网络服务

网络服务的内容主要有：电子邮件、电子广告、数据库检索和企业网内数据备份。由于因特网与内部网发展迅速，防火墙技术的出现，对网络服务安全性有很好的作用。

(2) 办公自动化系统

因行业不同，办公自动化系统所需的子系统也不尽相同，大致可归纳为文件管理、数据资源共享、邮件管理、工作日程和资源安排管理以及用户应用程序管理等。

(3) 生产、经营、管理

由于计算机网络的支持，各个子系统产生的数据由数据库进行统一管理。数据库记录着所有生产部门、经营部门、管理部门提供的最新数据，主管部门通过查询服务功能了解生产、经营、管理过程中的最新情况。

(4) 信息服务

信息服务由两部分组成，即内部信息服务和外部信息服务。内部信息服务，主要包括各职能单位的工作反馈、公司机构变化、最新研究成果、工作安排、重要大事记及各有关资料的查询。外部信息服务，即通过各种信息渠道和收集手段，综合出市场、金融、咨询、新闻发布、述评等各类信息，为用户提供参考。

（5）备份

计算机联网给网络用户带来极大的方便，但也存在数据信息量迅速增多的问题。为此，计算机网络中心要定期对信息数据进行备份、处理，作为档案备用。

4.9 系统分析阶段工作的评审

作为系统分析阶段的工作最后一步，对功能的正确性、完整性和清晰性，以及其他需求给予评审。评审的主要内容：

① 系统定义的目标是否与用户的要求一致；

② 系统需求分析阶段提供的文档资料是否齐全；

③ 文档中的所有描述是否完整、清晰、准确地反映用户要求；

④ 是否详细制定了检验标准，它们能否对系统定义是否成功进行确认；

⑤ 有没有遗漏、重复或不一致的地方；

⑥ 与所有其他系统的接口是否都已经描述；

⑦ 被开发项目的数据流与数据结构是否足够、确定；

⑧ 所有图表是否清楚，在不补充说明时能否理解；

⑨ 主要功能是否已包括在规定的软件范围之内，是否都已充分说明；

⑩ 软件的行为和它必须处理的信息、必须完成的功能是否一致；

⑪ 设计的约束条件或限制条件是否符合实际；

⑫ 是否考虑了开发的技术风险；

⑬ 是否考虑过软件需求的其他方案；

⑭ 是否考虑过将来可能会提出的软件需求。

为保证软件需求定义的质量，评审应以专门指定的人员负责，并按规程严格进行。评审结束应有评审负责人的结论意见及签字。除分析员之外，用户/需求者，开发部门的管理者，软件设计、实现、测试的人员都应当参加评审工作。一般，评审的结果都包括了一些修改意见，待修改完成后再经评审通过，编写系统分析说明书，才可进入可行性分析阶段。

4.10 附录 系统分析检验表

系统分析的过程实际上是问题的求解过程。怎样评价问题的求解过程呢？《软件工程

——实践者的研究途径和方法》（R. S. Pressman 著，唐世渭、方裕译，徐家福、杨芙清校）一书给出了系统分析检验表。虽然作者提出的系统分析风格与我们的有所不同，但他的方法还是很有意义的。为此，这里摘录其中的部分内容，供读者参考。

4.10.1 分析计划工作

1. 问题

- 分析项目的理由是否有清晰的书面规定？
- 项目限制（例如资源、时间和经费）是否已经规定？
- 完成该系统的进度是否已有安排？
- 谁来执行该分析工作？执行者在该应用领域内是否有任何先前经验？
- 谁是用户参与者？（“用户”这一术语是指系统的要求者以及实际使用系统的人。）
- 是否为新系统或修改了的系统规定了目标？若规定了，那么目标是什么，谁规定的？
- 该机构为此项目规定了什么优先权？
- 在该应用领域中，先前已经执行了哪些系统分析工作？
- 为该应用服务的当前系统的状态是什么？
- 在该系统中，必须遵守哪些（若有的话）专门的法律、保密或审查？

2. 可交付的结果

- 项目边界的一个叙述性定义。
- 该分析工作的一个初步的工作计划。
- 一张用户联系表。
- 一张初步的资源配备表。
- 一张现有的应用系统表。
- 关于该系统的相对重要的优先权影响陈述。

4.10.2 用户联系

1. 问题

- 所有用户参与者和组织关系是否都已认识明确？
- 用户们是否清楚地理解当前的系统及其操作？
- 合法用户对当前系统的抱怨是否载入文件资料？这些抱怨是否已全部写入文件资料？
- 用户们愿意在初始分析工作中投多少时间和精力？
- 是否认明用户中谁是系统的支持者？谁是系统的反对者？谁对系统漠不关心？
- 用户们是否指望从所得到的系统中获取任何特殊利益？
- 对该项目是否有清楚明确的上层支持？如果有，谁来组织这种支持？他们掌握多少力量？

- 在用户环境中谁是主要决策者？
- 有多少用户地点？在各个不同层次上有多少人使用该系统？他们的计算机系统经验是什么？

2. 可交付的结果

- 一张所有参加的用户范围的机构图表，包括他们的层次关系在内。
- 用户的背景和先前经验的一种叙述性描述。
- 对于现存系统的用户问题和这些问题的影响而编制的文件资料。
- 一份在分析中指望用户参与的工作计划。
- 用户指望的初步描述。
- 关于主要用户参加者的政治联系及所指望的系统支持的叙述。
- 先前用于该应用领域的数据系统和过程的简要历史。
- 与所建议的系统互相有关的任何其他机构的系统或应用的标识。

4.10.3 系统目标

1. 问题

- 系统目标是否已加以形式定义？还是它们是不严格地描述的并且需经过解释或以后再定义？
- 新系统对该机构的基本操作是否会有重要影响？
- 新系统是否将代替现有系统？若是，那么当前的系统已经使用多久？在它之前还有多少其他系统？
- 是否指望新系统重新安排或删除任何工作职责？若是，这个问题的敏感程度如何？
- 是否要求一个临时的系统来满足现时的目的或者来消除与现有系统有关的不可容忍的问题？
- 分阶段进行开发和实现的方法是否可行？还是要求一次性集中转换？
- 什么样的价格认为是合理的？对该项目可以分配什么资源？
- 所指望的新系统与技术发展水平密切到何等程度？
- 用户能够分配多少时间用于训练和开始工作？在哪一阶段里？

2. 可交付的结果

- 系统目标的一个综合叙述。
- 所要求项目工作的一般范围和等级的叙述，包括初步价格和资料估计。
- 从改变、消除或替代几方面考虑的当前系统的叙述。
- 所指望的项目阶段划分和对项目的总体协调方法的总描述。
- 由该系统引起的预料的机构改变的程度和影响的初步陈述。
- 在这个所要求的系统中每个参加的用户部门和主要用户组的作用及职责的注释。

4.10.4 当前系统

1. 问题

- 按照用户和技术组的评价，当前系统的问题是什么？这些评价是否一致？
- 其他机构是怎样执行类似功能的？在应用领域中当前技术发展水平是什么？
- 为了服务这一应用，已经试验过或采用过哪些别的方法和措施？
- 当前系统的详细生存年表是什么？
- 在当前生存期间，该机构的历史是什么？
- 当前系统的开发、维护和运行（包括用户的工作）代价是什么？
- 标识出一个或多个由当前系统引起的主要部位失效。

2. 可交付的结果

- 当前系统及其运行、历史以及用户的综合叙述。
- 当前系统的主要缺点和问题的分类表。
- 当前系统充分的价格分析。
- 关于新系统与其他机构中的系统或技术发展水平是怎样关联的一个总描述。
- 关于当前系统运行/内容的文件资料、过程以及其他可用细节的完整汇集。

4.10.5 数据元素的结构

1. 问题

- 当前的数据元素、文卷、表格、过程等是否完全地编制了文件资料？
- 当前的数据元素和结构是否是合理的、一致的和可应用的？
- 数据库清晰到什么程度？
- 用户们是否有一张他们希望在新系统中见到的新数据元素表？增加这些数据元素是否可行？
- 在现有系统的数据库和该机构中其他应用的数据库之间有多大的冗余？对于数据库的任何元素，任何其他应用是否是一个更合理的存储？
- 为了适应新系统需要，当前的数据结构是否具有足够的灵活性？
- 把当前数据库换成一个新的数据库会有多少困难？为了完成一个没有毛病的转换将需要多少出错测试？
- 在现有数据库上通常要进行多少维护？
- 来自这个数据库的大批数据文件是否能够或应该转换？
- 当前数据库中有多少是实际使用的？谁在使用？
- 在数据文卷方面曾遇到些什么重要的故障和错误？对它们是怎样处理的？
- 该数据库已修改多少次？采用了哪些方法？

2. 可交付的结果

- 所有数据元素、文卷和支撑性的数据结构的一组综合性的格式和内容定义。
- 对当前数据库内容的一个评价，重点是清洁度、差错、无用区域、冗余度、转换以及将来的使用价值。
- 对新系统所预料的数据元素和结构进行所指望的改变、增加、删除和其他修改的表。
- 关于数据文卷及其元素的主要用途的小结。
- 关于现存数据文卷的故障和错误表。

4.10.6 用户访问

1. 问题

- 所有用户是否都已标识？
- 对所涉及的每一个用户层，是否都有一个正式的访问计划？
- 为每个用户层的访问是否制定了问题和目的清单？
- 上级管理部门是否支持和宣扬这种访问，这种访问班子和全部结果是否符合上级管理部门对被访问者们的合作关系的要求？是否做了强有力的布置？
- 所有访问的日程安排是否都在可接受的时间范围内？
- 访问者在有效的访问技术方面是否受过训练？
- 所有预定的访问是否都已完成？被取消、被中断的或者被忘记的访问是否已重新安排并进行？
- 访问者对每次访问是否作了充分的笔记并且写了评价？
- 访问者是否参考了笔记、印象以及其他观察？这些细节是否编写了文卷资料？
- 对被访问者是否给出足够的反馈信息？例如小结报告、笔记等。
- 在初始访问期间，当暴露出特殊的问题或条件时，继续追究性的访问是否已进行？
- 是否随时向管理部门报告有关访问进程、任何暴露的问题以及不配合的用户的情况？

2. 可交付的结果

- 一份正式的访问计划。
- 访问结果的文件资料。
- 一份访问小结报告，包括一致的答案和重要分歧两个方面。
- 用户对于该系统的态度和地位的内部分析。
- 关于访问所得结论和参加者的协作关系的管理报告。
- 随着问题、重点和其他访问方针的改变检验访问的结果。
- 关于任何未完成访问的说明。

4.10.7 关于其他系统的研究

1. 问题

- 关于该应用的方法，可以调查哪些机构？
- 适合该应用领域的什么专利包可以采用？
- 哪些贸易和工业团体可以同领域中其他人的系统工作？
- 关于该应用领域，哪些正文文献可以利用？
- 评价其他系统需花多少时间和精力？
- 其他系统的评价是否富有成果？在这个活动中是否应该花更多时间？
- 其他用户和机构的现场访问者是否需要？

2. 可交付的结果

- 对该应用的其他方法的基本知识进行评价的机构和来源的表。
- 一份初步报告，详细叙述其他机构正在解决该问题的方法。
- 关于当前技术发展水平应用领域的技术评价。
- 关于与其他用户和机构联系的摘要报告。
- 关于回顾或追溯该工作的主要发展的继续研究的计划。

4.10.8 选用方案的建议

1. 问题

- 有多少选用方案应该考虑？
- 在各种选用方案的评价上需花多少时间和精力？
- 每个选用方案的考虑应该详细和完善到什么程度？
- 这些选用方案将怎样开发和编写文件资料？
- 对这些选用方案是否建立了正式的要求和评价准则？
- 谁来评价这些选用方案？用户们是否将复审这些方案？
- 所有合理的选用方案已否考虑？
- 是否正在征求外边专家对这些选用方案的看法？
- 这些所考虑的选用方案与其他机构所评价的选用方案是否一致？

2. 可交付的结果

- 选用方案的设计定义。
- 每个选用方案的积极因素和消极因素。
- 来自研究这些选用方案的每一组的评价报告。
- 这些选用方案正式的用户介绍。
- 对选用方案的初步价格预测。

- 对选用方案的技术影响的估计。
- 对选用方案的用户影响的估计。

4.10.9 选定一种设计选用方案

1. 问题

- 所有选用方案是否已全部复审和评价?
- 是否把这些选用方案都已按照它们对该系统要求的准则和适应能力进行排列?
- 是否存在一个有权选定最合适的选用方案的技术管理组?
- 是否有一个选用方案级别明显高于别的方案?
- 用户们支持哪一个选用方案?
- 根据时间、价格、资源和技术风险，哪一个选用方案是最好的?
- 哪一个选用方案使用了最先进的概念?
- 哪一个选用方案有希望寿命最长?

2. 可交付的结果

- 各种选用方案的详细比较。
- 各种选用方案的排列。
- 关于最好实行的选用方案的专门推荐。
- 关于所选的选用方案对用户的报告。
- 关于抛弃其他选用方案的理由的小结。

4.10.10 结构上的分析

1. 问题

- 对于所选用方案是否定义了所有数据元素、数据流以及所要求的处理步骤?
- 是否定义和评价了新系统将造成的过程和机构的变化?
- 输入文件和输出文件的内容及用途是否已按一般方法定义?
- 关于新系统的设备要求是否已估计?
- 是否存在一张所期望的系统模块表?
- 是否有一个初步的数据转换计划?
- 是否有一张正在生成的整个系统流程图?
- 有关的事务性过程是否已提出要点?
- 估算的数据量和处理基元量是多少?
- 是否正在考虑数据的安全性和精确度要求?
- 关于新方法的测试过程是否已完全确定?
- 是否已有一份初步的系统实现计划?

2. 可交付的结果

- 一份关于所建议的系统方法的报告。
- 一份系统流程图。
- 一份用户操作和职责的流程图。
- 关于分析结论的详细报告。
- 价格利益的分析报告。
- 初步的测试计划。
- 初步的实现计划。

4.10.11 关于下一阶段的计划

1. 问题

- 对于一般设计工作的任务和资料是否已有估算?
- 是否存在体现工作任务要求的资料调入计划?
- 用户支持任务是否已标识和计划?用户们是否都知道它们?
- 是否已决定继续进行下一阶段工作的授权目标日期?
- 所建议的工作期望完成的日期是什么?

2. 可交付的结果

- 工作计划和资源估算。
- 用户支持计划。
- 下一阶段管理方法的叙述。

4.10.12 管理陈述和复审

1. 问题

- 在分析结果和建议中是否简要介绍了技术和用户领域中的各级管理部门?
- 各种介绍是否清楚而合理地陈述?
- 管理部门的业务和问题是否编写了文件资料并作了回答?
- 所建议的选用方案是否能经受住管理部门的仔细检查?
- 分析组对于项目处理方法是否有任何怀疑?
- 少数派观点和反面评论是否已经恰当表达?

2. 可交付的结果

- 陈述评论和内部复审。
- 陈述报告和直观的辅助手段。
- 核准继续进行。

系统分析检验表包括一组内容广泛的问题，这组问题侧重于与事务数据处理系统分析有关的各种活动。然而应该指出，在工程和科学系统、实时系统和以微处理为基础的系统的分析和定义阶段，将会提出许多同样的问题。

可以包括在检验表中的许多附加问题有：

- 在以微处理器为基础的系统的定义中所遇到的硬件和软件的折衷考虑；
- 硬件和软件的设计问题；
- 算法设计和分析的考虑；
- 性能、精度和可靠性；
- 所有系统元素的相互关系和各个开发组之间的通信；
- 在项目开发完成之前可能改变的硬件技术的影响。

上述这些问题和许多其他问题组成了技术系统的分析检验表的一部分。系统分析任务的复审是重要的，而检验表格为指导复审过程和保证分析任务的成功提供了一种手段。

思 考 题

1. 描述系统的开发流程。
2. 简述系统分析阶段的主要工作。
3. 简述系统分析阶段应遵循的原则。
4. 简述系统分析可以划分的阶段。
5. 简述需求分析阶段的具体工作。
6. 简述需求分析的难点。
7. 简述系统现状调查的重点。
8. 简述业务流程现状调查的重点。
9. 简述需求分析图要反映的四点要求。
10. 简述业务流程分析包含的内容。
11. 简述功能分析包括的内容。
12. 功能划分有哪三种方法?
13. 系统开发阶段的特定约束条件有哪些?
14. 简述确定系统范围的基本出发点。
15. 在系统分析阶段所要产生的主要图表有哪些?
16. 简述系统平台选型的基本依据。
17. 简述系统平台选型应遵循的准则。

第5章 可行性分析

可行性分析的目的是用最小的代价在尽可能短的时间内确定该软件项目是否能够开发，是否值得开发。可行性分析实质上是要进行一次简化、压缩了的需求分析和设计过程，是在较高层次上以较抽象的方式进行需求分析和设计过程，也就是在当前组织内外的具体条件下，对系统开发工作必须具备的资源和条件的分析，看其是否能够满足系统目标的要求。

一般来说，以计算机为基础的系统开发往往受资源缺乏和令人忧虑的开发周期的干扰，因此，对系统分析说明书的可行性分析就显得十分必要了。可行性分析在计划阶段的初期就能识别出一个病态系统，从而避免不必要的损失和解决诸多专业难题。在建立一个管理信息系统时，可行性分析主要是对在技术、经济、运行组织的可能性上存在的问题，以及新系统实施后可能产生的效果进行分析。

可行性分析主要关注四个领域。

(1) 经济可行性

对系统开发的价值、价格和开发的系统实施后得到的收入或利益等方面进行评价，作为系统开发的可行性指标之一。

(2) 技术可行性

研究系统的功能、性能和可能影响系统的能力的各种约束。在现有的技术条件下，用户提出的需求系统能否达到。技术方面的可行性包括如下几个方面：

① 人员和技术力量的可行性。即可用科技人员数量，其技术力量和开发能力是否能支撑系统开发工作。

② 基础管理的可行性。即现有的管理基础、管理技术、统计手段等能否满足新系统开发的要求。

③ 组织系统开发方案的可行性。即合理地组织人、财、物和技术力量并进行实施的技术可行性。

④ 计算机硬件的可行性。包括各种外围设备、通讯设备、计算机设备的性能是否能满足系统开发的要求，以及这些设备的使用、维护及其充分发挥效益的可行性。

⑤ 计算机软件的可行性。包括各种软件的功能能否满足系统开发的要求，软件系统是否安全可靠，本单位对使用、掌握这些软件技术的可行性。

(3) 系统生存环境可行性

确定系统开发的运行环境和它的生命周期。

(4) 各种可供选用方案

对可供选用方案进行评价。可行性分析研究的问题包括：

① 建立计算机管理信息系统的必要性；

② 建立计算机管理信息系统的实施计划；

③ 建立计算机管理信息系统后可能提供的信息；

④ 建立计算机管理信息系统的经济效果。

可行性分析要根据需求信息与限制条件，针对系统方案中确定的长期目标和短期目标，分别对计算机资源利用、技术能力等在时间和空间的安排上是否可按照计划达到目标、获得预期的效果进行分析。可行性分析的最终结果可以编写成可行性分析报告，作为上级管理部门决定是否开发系统的重要依据。

从可行性分析工作的开始到结束，这一阶段的工作重点包括以下七个方面：

① 可行性分析的目的和依据；

② 可行性分析的工作组织；

③ 技术能力上的可行性；

④ 系统开发与运行环境的可行性；

⑤ 经济投资能力的可行性；

⑥ 可行性分析报告的质量要求；

⑦ 可行性分析报告的主要内容。

5.1 可行性分析的目的和依据

可行性分析可以定义为：在系统开发的前期，对工程项目的一种考察和鉴定，用来对计划开发的项目进行全面与综合的技术、经济能力等多方位的调查与评估，判断计划项目是否可行。

可行性分析的目的在本章开端已经讨论过，以一个信息管理系统开发为例，其可行性分析的目的就是把所有与信息管理系统的投资效果有关的因素综合起来加以分析，对系统分析说明书中所提出的各项问题逐一“审查”。正如前面所提到可行性分析主要关注的几个领域，可行性分析要回答的问题与之一一对应，如：技术能力上是否可行；系统开发运行环境是否可行；经济投资能力如何；系统需要多长时间才能建立起来；需要多少人力、物力；系统分析说明书是否符合现行系统实际情况；系统分析说明书对新系统的效益分析是否有依据。

在得到肯定回答后，写出的可行性报告通常便成为申请拨款或贷款的先决条件。在一项系统开发工作中，上级管理部门对系统开发的具体问题不可能了解得十分清楚，批准项目时主要是依据可行性分析报告。因此，在编写可行性分析报告时，绝对不能把可行性分析变为对付上级、欺骗上级的“可批性”分析。可行性分析的基本目的，就是全面分析新建系统的投资效益（包括经济的、社会的效益）。要力求评价客观，有理可依，叙述简洁、条理清晰，提供数据准确，确保上级管理部门能根据可行性分析报告对系统开发工作作出有利于经济效益和社会效益的正确决策。另外，可行性分析还要明确指出：提交的系统分析报告可行还是不可行，有没有必要修改。并对系统分析报告应作出明确的结论。

可行性分析是以系统分析说明书为目标的分析，这里需要强调指出：

计算机信息管理系统的建设不同于一般工程项目的建设。工程项目可行性分析是对工程立项决策的分析，分析的对象是以初选目标为前提。而计算机管理信息系统是建立在对本单位、本部门内的，只能在申请立项，对本单位内部进行广泛调查，按照立项的准则写出系统分析说明书后，才能进行可行性分析。也就是说，信息管理系统的可行性分析是着眼于已有的条件，提出需要怎样变革，达到什么样的效果。

可行性分析工作在信息管理系统开发中是非常重要的，可行性分析工作的效果直接影响到信息管理系统建设的成败。

5.2 可行性分析的工作组织

可行性分析的工作组织是指该项工作由哪个部门来承担，需要哪些专业工种参加。笔者认为，承担可行性分析工作一般有如下几种形式：

（1）由建立信息管理系统的单位来承担

这种方式存在一个较明显的问题：由于是本单位的人、本单位的事，所以不容易听到不同的意见，也许在一片赞扬声中走了过场。

（2）委托科研机构承担

科研机构拥有各种专家和工程师，有情报资料系统，能够进行客观的、公正的独立分析。但由委托科研机构承担也有不足的一面：他们的分析结果从专业技术角度出发，往往不易被接受，尤其企业的中层领导部门会产生不同的意见。

（3）“三结合”方式

主持编写系统分析说明书的工作人员、科研单位的技术专家、本单位的中层管理干部共同参与可行性分析，由科研单位的专家提出分析报告草案供讨论。从目前看来，这种方式效果最为理想。

5.3　技术能力上的可行性分析

开发一个管理信息系统时，首先应分析以下问题：现有技术能否实现系统分析说明书中提出的目标，新系统将要采用的技术是否成熟，目前有关的技术能否支持所开发的新系统。

归纳起来与技术可行性有关的问题主要有以下几点：

① 开发的冒险性；

② 现有资源的可用性；

③ 系统确定的开发技术；

④ 软、硬件用户的服务功能；

⑤ 网络与网络工程的建设。

1. 开发的冒险性

开发的冒险性是指系统的功能和性能没有在系统设计、分析期间所揭露的约束范围内的功能和性能。

2. 现有资源的可用性

（1）人力资源

在开发新系统中，人是主要的软件开发资源。一般来讲，一个项目的计划者要从选择完成开发所要求的技术开始，设定编制的设置人员（管理人员，高级工程师……）及专业（远程通信、数据库、微处理技术……）人员。对于大项目来说，不同人员在各阶段的参与程度不同。如管理部门在系统的初期参与较多，在开发阶段中的各期间逐渐减少；而高级技术人员在整个系统的实现全过程都积极参与，初级技术人员在详细设计、编码和早期测试各阶段参与最多。这种关系可用图 5－1 表示。

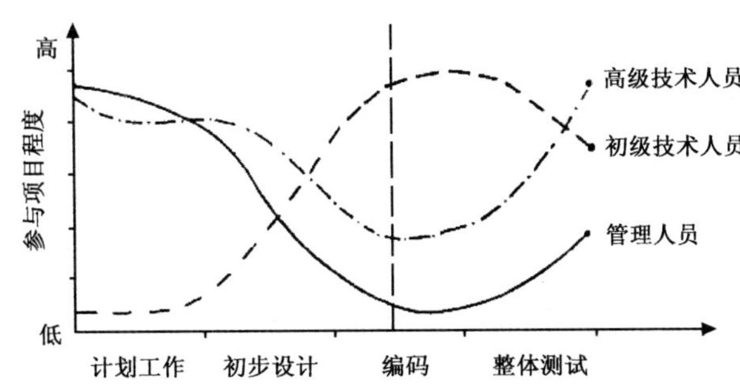

图 5－1　人力资源参与系统开发示意图

（2）硬件资源

在资源的范畴内，硬件也是一种软件开发工具。在可行性分析阶段应考虑三类硬件：开发系统、目标机器和新系统的其他硬件元素。

这里的开发系统是指开发中所使用的计算机和有关外围设备。例如，对于一台 8 位微机的处理器来说，一台 32 位的计算机便可作为开发系统。目标机器是一台把软件作为计算机系统的一部分加以执行的处理器。以计算机为基础的系统的其他硬件元素可以指定为用于软件开发的资源。例如，一个自动排字的软件项目在开发期间的某一时刻可能需要一台照相排版机。

分析硬件资源时，主要考虑以下四个方面的指标是否符合系统方案设计要求，即主机类型、外存储器、外设以及辅助设备，同时要慎重考虑计算机产品的性能/价格比，以及可靠性是否符合要求。

（3）软件资源

软件资源可分为两大类型：支撑软件和实用软件。

支撑软件在开发阶段起辅助作用，包括范围广泛的各类工具。最普通的支撑软件工具是程序设计语言的编译程序，它是开发者的必备工具之一。

当软件作为一种资源时，应遵循以下两条原则：

① 尽可能利用已开发好并且有实用价值的现有软件；

② 对有风险的现成软件一般最好不用，因修改现有软件的费用可能会大于开发同等新软件所需的费用。对一个程序员来说，修改一个有问题的软件还不如自己去重新编制。

在分析软件资源时，还要考虑以下几点是否满足用户要求：

① 操作系统是否选择恰当（如 Windows，Unix……）；

② 实用程序是否选择恰当；

③ 数据库管理系统是否选择恰当；

④ 高级编程语言是否选择恰当（如 Java，C，FORTRAN……）；

⑤ 汉字处理软件、应用软件包是否选择恰当。

注意：在计划工作阶段往往忽略软件资源的分析，只在开发阶段才关注这项工作。及早指定软件资源要求，可以进行各种选用方案的技术评价，能及时地获得所需的系统开发方案。

3. 系统确定的开发技术

系统确定的开发技术主要考证有关的技术是否已进行到足以支持该系统的建立。对系统方案中所涉及的关键技术问题都应逐个进行可行性分析。例如，管理中使用的模型在国内外还处于理论研究阶段，所以在计算机系统中使用十分困难（指生产作业排序、生产能力平衡、综合计划平衡等），对这类问题在系统设计方案中要考虑周全。

在开发工作的许多阶段，需要分析并生成业务作业说明。在分析现行系统时，应能向用户提供说明现行系统运行方式的过程手册。

如果系统的逻辑结构复杂，则应检查确认系统是否已包括了所含条件的各种组合，它所对应的各种组合的作业是否切实可行。

可以采用决策树技术（见图 5－2）验证系统逻辑，决策树技术有着标明逻辑结构、指出正常的操作和强调不正常的操作的作用。

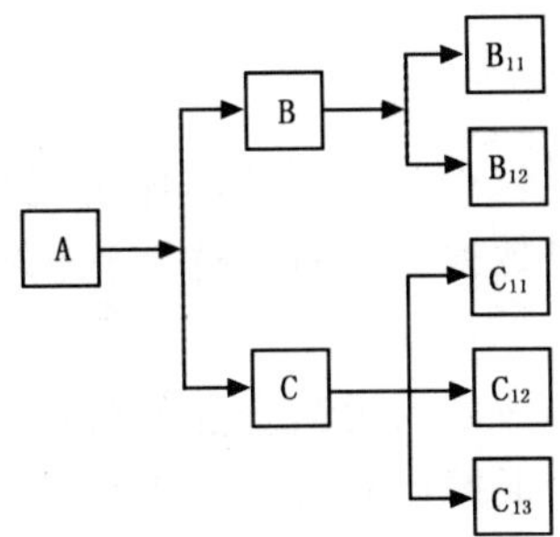

图 5－2 决策树基本模型

4. 软、硬件用户的服务功能

可行性分析阶段还应考虑硬件的安装调试、备品备件的供货服务功能是否完善，软件的性能是否符合系统设计要求，计算机厂家是否提供故障维护等多方面的因素。

网络与网络工程的建设要讨论的问题很多，本书限于篇幅，就不再一一介绍。

5.4 系统开发与运行环境的可行性分析

计算机管理信息系统的开发是一项复杂的工程，它要求投入大量的人力、物力和时间。开发一个新系统，在现有条件下是否能顺利运行，是否能达到预定的目标，是衡量系统开发方案是否成功的重要标志。

系统开发与运行环境的分析主要侧重于以下问题：

① 形势的急迫性；

② 现行管理体制和管理水平；

③ 系统方案是否能在现实环境中顺利运行；

④ 人员配备及培训。

1. 形势的急迫性问题

计算机管理信息系统的应用有助于提高企业的管理水平，解决企业中存在的问题，增加企业的经济效益。特别是在经营机制转换频繁的今天，用计算机进行企业管理，只有把提高效益作为企业奋斗的目标，才能克服开发过程中的种种困难，才能实现建成计算机管理系统的目标。开发一个新系统时，要特别注意“冒进”问题，要彻底分析企业的现状，了解各方面对建立新系统的看法，把上层领导的意见、中下层领导的意见、群众的意见以及专家们的意见都听进去，进行分析，再作出客观的评价。

2. 现行管理体制和管理水平问题

由于当前国内管理体制正处于改革时期，新旧体制交替、变动十分激烈，企业管理水平的不平衡、规章制度不健全、报表数据不完备，这些状况都会给建立计算机管理系统造成一定的困难。

建立计算机管理系统的先决条件是为提高企业的管理水平，建立健全管理规章制度。这就需要各级领导部门有效地配合，根据计算机管理系统的需要，该合并的机构要合并，应该建立的规章制度要建立。否则，就会给系统开发带来很大的困难，甚至在系统开发过程中由于体制发生变化而造成不可挽回的经济损失。

3. 系统方案是否与现实环境相吻合

系统分析时要考虑现在和将来的问题，但必须指出现在的条件是什么，现在能做到什么，目前国内外发展趋势是什么；根据这种趋势，本部门将有何变革，将来需要些什么。在系统开发过程中，技术可行性通常是最难评价的。这是因为，目标、功能和性能所组成的系统方案，不管怎么说总觉得有点模糊。如果允许作出“适当的”假定，那么任何事情总是可能办到的，事实上，计算机管理信息系统不允许有“适当的”假定。要“适合”管理人员和技术人员的“胃口”，管理信息系统方案必须与现实环境相吻合，做到立足于现有条件，放眼将来，逐步实现计算机化管理。如果有人称某个方案是一步到位的，一般来说这将是一个失败的方案。一些发达国家的经验表明，一个企业实现计算机化管理，大约需要十年左右的时间。当然，各企业有自己的特殊性，借鉴成功的范例，时间也可以大为缩短。

因此，系统分析时建立的方案，首先要满足现有条件，拟定最初的实现目标，看能否实现；当网络多媒体应用时，准备了哪些条件；然后再考虑最终的实现目标是什么。

4. 人员配备及培训

开发一个管理信息系统和将来运行、维护，需要很多具有一定专业知识的技术人员，因此，对人员的配备和培训要做出有序的安排。

假设要开发一个网络多媒体应用，应准备哪些条件呢？

（1）成立计算机系统开发组

计算机系统开发组由下列小组构成：

① 系统开发管理小组。该小组实际上是一个决策组，它决定基本方针和批准各种计划实施方案。这个小组的工作人员要有全面的业务知识，能够独立工作，这样才能领导管理整个业务进展。

② 程序编制小组。这个小组的人员应具有计算机专业知识，能够理解并分析设计方案，承担分配的编程任务。

③ 后援保障小组。这个小组的人员主要是操作员、录入员、后勤协调人员。他们将承担系统开发管理小组、程序编制小组交来的各项任务。

（2）制定系统开发进程工作计划

计算机系统开发项目进程表的编制，所使用工具和方法与普通项目进程表编制类似。

目前较为流行的“计划—评价—复审”技术（PERT）和“关键路径方法”（CPM），

在计算机界广为应用，这里就不一一叙述了。人员配备将根据制定的系统开发进程给予调节。

（3）人员培训

培训所需的时间要按系统设计师、程序员、操作员、协调员和录入员等不同职务来定。人员培训应考虑以下问题：

① 要为以计算机化为业务对象的人员提供充分的知识；

② 不同职务受训人员都应完全了解所用机器基础知识；

③ 除了后勤协调人员、录入员外，所有受训人员均需掌握系统开发阶段所需的基础技术。

5.5 经济投资能力的可行性分析

开发一个计算机管理信息系统带来的经济效益是否会超过其研制和维护所需的费用。判断一个项目是否合适，应从费用和效益两方面去分析。

经济投资能力的可行性分析包括费用估计和经济效益估计两点。

1. 费用估计

费用估计是对系统开发、运行整个过程的总费用进行估计，包括系统分析和设计阶段、系统实施阶段和系统运行阶段。对这三个阶段的费用估算，应是整个项目费用的中心点。系统分析和设计阶段、系统实施阶段的投资属一次性投资，而系统运行阶段的投资属于日常性费用。

从费用用途方面来看，一个计算机管理信息系统，投资费用一般分为以下几种。

① 计算机机房费用：包括电源、空调、地板等。

② 计算机及其外围设备的购置费用：包括全部的硬件设备和附加的备品备件，还包括随机购置的系统软件、支撑软件、应用软件费用。

③ 系统和程序的开发费用：包括软件移植费用、程序开发费用、技术咨询费用等。

④ 系统调试和安装费用：包括安装调试系统的一切硬件和软件费用。

⑤ 培训费：包括与系统有关的一切人员的技术培训和业务培训应付的费用。

⑥ 资料费：包括培训教材、学习材料、书籍、复制等费用。

⑦ 人员工资：包括工资、奖金和福利费用。

⑧ 消耗品费用：包括计算机系统应用的一切消耗品，如打印纸、磁盘、卡片等的费用。

⑨ 技术服务性费用：包括调研、研讨、差旅等费用。

2. 经济效益估计

若计算机管理信息系统设计合理，有经营的因素（机器对外服务、资料对外服务），则在系统投入运行以后就会取得一定的经济效益，否则就只能考虑其社会效益。

在可行性分析阶段，系统尚未建成，只能凭借系统分析人员的经验，根据已建成的系统模型，预测系统实施后取得的经济效益和社会效益，或间接经济效益（如国家气象数值预报系统，直接效益不明显，但提高了预报质量，减少了自然灾害损失）。

经济效益估计可分为直接效益和间接效益两种。

直接效益可用数字直接表达出来，如节省的人力、财力、时间，增加生产所提高的生产效率。

间接效益也称社会效益，难以用数字直接表达出来，如减轻繁重的体力劳动和脑力劳动，使企业情报畅通从而增加判断决策的正确性，改善用户服务，提高公司信誉等。这些效益不容易明显地感觉到，经常为人们所忽略。

要对经济效益进行较准确的估计，系统分析人员应有丰富的经验，并掌握大量的数据。许多国家都对大量工厂企业调查数据做统计分析，也对同类企业中现行计算机管理能取得的经济效益进行趋势分析。如日本对百家中小型企业应用计算机辅助管理进行了调查分析，结果如表 5－1 所示。

表 5－1　经济效益统计分析表

直接效益%	压缩库存	缩短交货期	节省工时	节省其他经费	业务处理通信	业务处理正确	文件管理方便	其他	
	6.0	3.9	20.0	6.7	27.5	25.7	9.9	0.9	
间接效益%	公司凝聚力提高	判断决策迅速	判断决策正确	作业效率测定	经营状况评价	提高道德品质	防止不良行为	内部情况畅通	其他
	14.0	18.6	15.9	6.71	0.3	7.8	3.2	22.3	1.1

可行性分析对系统方案从技术、经济各方面进行了分析，若分析结果令人满意，则可将系统分析说明书和可行性分析报告书一起递交用户讨论，以征得用户上级部门的批准，从而结束可行性分析阶段的工作。

5.6 可行性分析报告的质量要求

可行性分析工作和提交的可行性分析报告应当符合质量保证要求。到目前为止，对计算机信息管理系统可行性质量保证方面还没有条例可循，根据之前的计算机信息管理系统开发经验，这里提出几点注意事项：

① 系统分析说明书中所涉及的内容、范围、技术方法不可有夸大现象，所采用的估算模式、程序、参数应与当代技术水平相适应。对新技术的采用要充分考虑其可靠性。

② 可行性分析所采用的准则必须符合国家政策、法规和相应的技术规范。建立的信息

管理系统是工程项目，决不可用单纯的学术观点作为分析的准则。

③ 对系统分析说明书中的各项内容必须逐一进行分析，反复比较，确保各个环节都能全面周到地考虑到。

④ 所提供分析资料中的数据应当准确无误，对准确度差的资料要给予详细说明，展示图表要清晰。

⑤ 对每一分析内容应有明确的结论，不够明确的地方必须提出修改意见，不做“文字游戏”。

⑥ 提供的资料应当完整，有关工作人员和编写报告的人应当在资料上签字。

⑦ 在可行性分析报告提交前，应在本单位中层管理干部内部进行传阅，使每一位中层管理干部都有机会发表自己的意见。新观点、新方案应及时分析并予以补充。要做到统一思想，统一认识，统一行动。

5.7　可行性分析报告的主要内容

一般来讲，编写一个项目的可行性分析报告应包括封面、目录、摘要、正文、相应的附件和附图六个部分，每部分里的具体内容如下。

1. 封面

封面上应该有可行性报告的名称、专业研究编写机构名称和编写报告的时间。

2. 目录

为了便于阅读，编写人员必须为可行性分析报告的正文内容编写目录。

3. 摘要

摘要是用简洁明了的语言概要介绍项目的概况、市场情况可行性研究的结论及有关说明。摘要要突出重点，使阅读人员在短时间内能了解全报告的精要。

4. 正文

正文部分是可行性分析报告的核心部分，涉及内容较多，主要应包括以下内容：

(1) 概况

① 说明开发系统的名称；

② 可行性研究的背景；

③ 所研究项目的名称、性质、地址、周边的市政配套和基础设施现状、交通及周围环境等；

④ 委托方的名称、地址、法人代表、营业执照登记号及联系人；

⑤ 受托方的名称、地址、法人代表、营业执照登记号及联系人；
⑥ 可行性研究的目的；
⑦ 可行性研究的编写人员名单；
⑧ 可行性研究的编写依据；
⑨ 对现行系统的分析结论。

(2) 市场调查分析

要求对项目进行宏观、区域和微观三个视角的市场分析和调查，及对未来的供给、需求和价格的预测，不仅要有定性的分析，还要有定量的推导。

(3) 规划设计方案

要求写出项目所具备的规划设计方案及建设过程中市政条件是否具备（市政条件包括水、电、煤、卫、通讯、供暖及道路等配套情况）。在报告中必须有这些市政条件是否具备的书面文件。

(4) 建设方式和建设进度

专业技术人员可对项目的建设方式的委托提出建议，也可由委托方提供建设方式和进度安排，更能保证项目建设的顺利进行。

(5) 投资预算和资金筹措

要求写出项目建设过程中必须发生的各项费用并逐一计算资金筹措部分，还要就整个项目投资额和相应的支付时间作出融资安排，例如自有资金、贷款和预售收入这三种主要资金来源的安排等。

(6) 项目的财务评价

要求写出主要财务评价指标的计算结果，如净现值、现值指数、内含报酬率和动态回收期等。

(7) 风险分析

一般要求计算出保本销售额、盈亏平衡点及对主要敏感因素在有利和不利情况下的敏感分析，并计算出相应的财务评价指标。

(8) 可行性分析的结论

要求写出该项目可行性分析的结论，明确说明该项目是否可行，是否具有较强的抗风险能力。可行性分析的结论还应包括如下内容：
① 是否同意系统分析说明书对现行系统的分析；
② 系统分析是否要作改进；
③ 是否同意对系统目标和总体结构的分析结论；
④ 是否同意对运行环境的分析结论；
⑤ 是否同意对子系统设计说明的分析结论；
⑥ 是否同意对数据库设计说明的分析结论；
⑦ 是否同意对网络方案的分析结论；
⑧ 是否同意对经费预算的结论；
⑨ 是否同意对开发周期、投产运行的分析结论。

(9) 研究人员对项目的有关建议

这部分内容是专业机构的专业技术人员在进行可行性分析中发现的一些有利于项目获得

更佳的经济效益、社会效益、环境效益等方面的建议，供委托方参考。

5. 相应的附件

相应的附件包含可行性分析的主要依据，是可行性分析报告必不可少的部分。一般来讲，一个项目在做正式的可行性分析时，必须有政府相关部门批准的文件。专业人员必须依照委托书和上述文件以及相应的法律、法规来编写项目可行性分析报告。

6. 附图

一份完整的可行性分析报告应包括以下附图：

① 目的位置图；

② 处理流程图；

③ 设计方案的平面图等。

思 考 题

1. 简述可行性分析主要关注的四个领域。
2. 可行性分析研究的问题包括哪些?
3. 可行性分析工作的重点包括哪七个方面?
4. 可行性分析要回答哪些问题?
5. 在分析软件资源时主要考虑哪几点?
6. 计算机信息管理系统可行性质量保证方面有哪些注意事项?
7. 简述可行性分析报告的主要内容。

第6章

系 统 设 计

系统分析说明书经过可行性分析后，产生可行性报告，经上级主管部门确认后，就可以进入系统设计阶段了。

系统设计是系统研制过程中的一个重要阶段，它的任务是进一步实现系统分析阶段提出的系统模型。具体说就是详细地确定新系统的结构，设计出系统流程图和子系统流程图，提交系统设计报告和详细的数据库结构等一些必要的技术文档资料。

系统设计工作是一项繁琐的工作，没有实践经验的人会遇到很多困难。但是，系统设计又是有规可循的，一般情况下会遵循以下设计原则：

（1）经济性

这是任何系统开发都必须考虑的原则之一，每个系统应根据企业自身的经济和资源状况来设置该目标。新系统的设计应在满足用户需求的前提下，尽可能经济。

（2）系统性

系统设计应在整体观点的指导下，使用系统工程的方法设计和建立系统。如采用统一构架、统一设计规范、统一编码、统一界面和统一数据处理方式，尽量使数据的一次输入可供多次使用。

（3）可控制性

系统设计过程中文档资料的管理与控制，应尽量减少人工控制，而采用系统进行控制。

（4）参与性

系统设计过程中，设计人员应增加与用户之间的交流，及时掌握用户要求的变化，尽快使用户了解和熟悉新系统，从而缩短系统开发周期，提高系统开发效率和软件产品质量。

（5）层次性

设计应表现出层次性，并且能够一目了然地看出各层次在系统中的作用。

（6）模块化

设计应该是模块化的，即系统在逻辑上是由若干模块化结构所组成的，通过这些模块来实现专门的系统功能和子系统功能。对系统进行模块划分，应在保证系统自顶向下扩展的基础上，尽可能增大模块间的独立性，从而使模块易于调试、维护和改进，增强系统的灵活性。

模块化设计应考虑如下四点内容：

① 设计应该规划出功能独立的一些模块为系统所共用（如公共子程序、函数、过程等）。

② 系统设计必须考虑到一个计算机应用软件系统不是固定的、静止的，在其生命周期中，它总是处于动态变化过程之中。所以要求系统具有可修改性，即易读、易于进行查错和改错，可以根据环境的变化和用户的要求进行各种改变和改进。

③ 设计应充分利用系统分析阶段和可行性分析阶段的信息，考虑到计算机发展的未来，实行高设计、低实现的指导思想。

所谓高设计、低实现，就是设计过程中要考虑计算机应用的不断发展，而不能按目前阶段的应用水平来设计，要超出常规设计，如考虑到网络应用等；但由于条件限制，系统具体实现时只体现目前的水平。

在系统设计中我们还应考虑如下的主要特性：

（1）效率

建立一个新系统的目的就是为了提高处理业务的效率。

（2）质量

质量是新系统生存的基础，其主要内容涉及到所提供数据的精度；提供的表格数据是否具有可读性、可信性；使用是否方便，操作是否简便；系统的加工处理功能是否达到要求。

（3）可靠性

任何技术系统的可靠性都是用随机项来测量的。可靠性是指“给定时间内，在规定的环境条件下系统完成所指定功能的概率”。以计算机为基础的系统，其可靠性包括硬件可靠性和软件可靠性。

硬件可靠性是用平均故障间隔时间（MTBF）来测量，即：

MTBF = MTTF + MTTR

MTTF 为平均无故障时间，MTTR 为平均修复时间。

硬件故障通常是由于部件使用时间较长被磨损而造成的，一般可利用经验数据或随机模型来确定硬件的可靠性。

软件可靠性是指：① 在规定的条件下，在规定的时间内，软件不引起系统失效的概率；② 在规定的时间周期内，在所述条件下程序执行所要求的功能的能力。软件可靠性也可用“程序故障的频率和纠正错误的速率”来表达。

（4）可变更性

系统的环境是在不断变化的，系统本身也需要不断地修改和完善。

因为系统需要不断维护，所以系统可变更性的难易也成为衡量系统优劣的一个指标。如果系统的结构清晰，分工明确，那么系统修改起来就比较容易，我们称之为系统的可变更性好。反之，如果系统组织得不好，系统的修改比较困难，系统不协调，那么它的可变更性就差。

经过前面一系列的工作，建议按以下八个阶段来设计新系统：

① 详细设计调查阶段；

② 系统逻辑结构设计阶段；

③ 过程处理概要设计阶段；

④ 输入输出文件代码设计阶段；
⑤ 数据文件设计阶段；
⑥ 系统界面设计阶段；
⑦ 接口设计阶段；
⑧ 提交系统设计的文档资料。

6.1 详细设计调查阶段

系统设计工作的第一阶段是细致了解系统分析说明书和可行性分析报告。当系统分析阶段完成后，依据系统分析报告进行设计时必须对新系统的目标规模、范围、功能做进一步的描述设计，如果有不清楚或含糊不清的地方，系统设计者必须对系统方案所涉及的范围和手工作业现状进行深入调查。

详细设计调查是系统设计者设计一个好系统的手段，也是系统设计必不可少的基础性工作。详细调查要比初步调查深入细致，难度大。调查者要始终保持耐心和友善的态度，掌握一定的调查技巧，保障与业务管理人员畅通的交流。要收到预期调查效果，在对各业务部门进行调查的同时，还应收集有关部门所有的原始单据、凭证、各种表格、输出报表、分析报告、上下级行文、规章制度、产品目录、技术文档等有关管理资料，并加以分类、汇总，作为详细调查的参考文档。

详细设计调查包括对功能部门、业务部门和信息流程的调查。

6.1.1 详细调查

详细调查是指对系统所涉及领域的各个方面，从系统的整体性、目的性、环境适应性、层次性和相关性出发，从静态和动态的各个角度，根据科学合理的原则，进行周密完备的调查。

详细调查分静态信息调查、动态信息调查和风险调查。

1. 静态信息调查

对系统的静态信息调查主要有组织结构的调查和功能体系的调查。在理想的情况下，功能体系和组织结构是一致的。但是由于客观情况的复杂性，在一般的系统中，功能体系和组织结构并不能一一对应。这就要求我们进行认真周密、全方位、多层次的调查。

组织内部的每一个部门和每一项管理工作都是根据组织的具体情况和管理需要而设置的。一般来说，某个岗位的存在和业务范围、要求必然有其存在的道理。因此，应该首先搞清这些管理工作的内容、环境条件和工作的详细过程，然后再通过系统分析讨论其在新的信息系统支持下，有无优化、改进的可能性。

2. 动态信息调查

对系统的动态信息调查主要有业务流程调查和数据流程调查。

业务流程调查是指在了解系统的组织结构和功能体系的基础上，对系统的业务信息流动过程进行的调查。通过业务流程的详细调查，对系统有一个动态的了解，弄清系统中每个环节的处理过程、处理顺序、对时间的要求、每个环节的信息来源和去向等情况。

数据流程调查是指在业务流程的基础上，对组织与功能的匹配关系、功能与功能关联关系的调查。收集资料是数据流程调查的重点工作。数据流程的调查，可以使我们对系统中的组织与功能的匹配、功能与功能关联更合理化、更明晰化，为以后的详细设计提供依据。

3. 风险调查

对系统的风险进行调查，有利于我们对风险的有效管理，为以后的风险分析、风险规避、风险对策等提供基础。风险的调查要以风险的随机性、相对性、可变性为依据，并且以与系统的目标相关为前提。

4. 详细调查的原则

详细调查涉及到系统所涉及的方方面面，需遵循以下原则：

① 调查从系统的总目标出发，自顶向下全面展开；

② 系统存在的不一定是合理的，根据系统的具体情况和需求而设计；

③ 查清每项工作存在的理由、环境条件和业务流程等，以便于优化系统；

④ 坚持全面调查和重点调查相结合的方法，尤其是某时期内需要开发企业的某一个局部的信息系统，更应该在调查全面业务的同时，侧重该局部业务相关的分支；

⑤ 调查报告应坚持用事实说话，切忌主观臆断，不能带有个人的主观倾向和偏见，条理要清楚，文字要简明通俗，调查报告应在规定时间内写出，否则调查报告将失去时效性。

5. 调查的一般程序

调查是一项复杂的认识活动，要顺利进行调查，确保调查质量达到预期目的，必须安排好调查过程中的各项工作。调查一般程序如下：

（1） 明确调查的任务

明确调查任务是整个调查工作的起点。明确调查任务主要是明确为什么要进行此项调查，向谁调查，由谁来具体提供资料。通过调查要获取哪些信息、资料，调查结果有何用途。

一般情况下企业的问题主要牵涉以下方面：

① 企业未来的发展方向；

② 生产、经营中出现的困难。

（2） 制定调查的方案

围绕调查的任务制定调查的具体方案是调查过程中最复杂的工作。调查的方案制定是对调查工作各个方面和全部过程的通盘考虑，包括了整个调查工作过程的全部内容。调查方案主要包括下列内容：

① 确定调查目的。确定调查目的是制定调查方案的首要问题，明确在调查中要解决哪些问题，通过调查要取得什么资料。

② 确定调查对象。这主要是为了解决向谁调查和由谁来具体提供资料的问题。调查对象就是根据调查目的、任务确定调查的范围以及所要调查的总体，它是由某些性质上相同的许多调查单位所组成的。

③ 确定调查的时间和地点。确定调查时间是规定调查工作的开始时间和结束时间。包括从调查方案设计到提交调查报告的整个工作时间，也包括各个阶段的起始时间，其目的是使调查工作及时开展、按时完成。在调查方案中还要明确规定调查地点，即调查在什么地方进行，在多大范围内进行。

④ 确定调查方式和方法。在调查方案中，还要规定采用什么调查方式和方法取得调查资料。具体调查方法有文案法、访问法、观察法和实验法等。在调查时，采用何种方式、方法不是固定和统一的，而是取决于调查对象和调查任务。

⑤ 确定调查人员。确定调查人员，主要是确定参加调查人员的条件和人数，包括对调查人员的必要培训。调查人员必须具备一定的思想水平、工作能力和业务技术水平。力求以最少的人力、最短的时间、最好的质量完成收集信息资料的任务。

（3）整理资料和审核

整理资料是对调查资料进行审核分类和分析，使之系统化、条理化，并以简明的方式准确反映调查问题的真实情况。

审核是对收集到的资料进行检验、检查，验证各种资料是否真实可靠、合乎要求，剔除调查中取得的不符合实际的资料。

（4）撰写调查报告

调查报告是调查成果的集中体现。调查报告要根据调查任务、目的和所收集到的市场信息资料，经过分析研究，作出判断性结论，提出建设性的措施、意见，使调查报告起到指导性的作用。

6.1.2 功能部门调查

计算机系统是按功能划分的，调查时首先要了解系统方案中所涉及的有关功能部门，如科技处、业务处、人事处、财务处等，然后对独立核算单位进行详细的功能调查。

功能是指企业完成某项工作的能力。任何一个企业为了实现它的目标，必须完成很多功能，而这些功能又是由各职能部门来实现的。在进行功能部门调查时，首先应调查系统设计中所涉及的内部组织机构，并用组织关系图描述说明该部门的职责范围和功能。组织关系图的描述方法可按“自顶向下”的原则设计，如图6－1所示。

自顶向下的结构是一个递增地组装结构方法。以图6－1为例，从主控模块M1开始沿控制层次向下移动，以深度或宽度的方式，将属于或最终属于主控模块的模块纳入系统结构中来，组合成组织关系图。图6－1若选择左边主路径，就先模块M1、M2和M5，接下来是M8，然后再构成中间和右边的控制路径。

一般来说，功能部门调查中对组织机构的调查可分为下面两种体系。

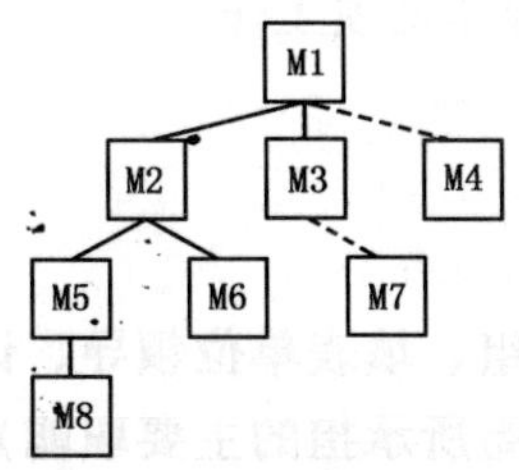

图6－1 自顶向下结构图

1. 线型组织调查

线型组织是按工作性质把组织机构分为若干单元。我们以某软件公司开发部门为例，它下设系统设计组、程序设计组等，这些组直接在部门的领导下进行工作，如图6－2所示。

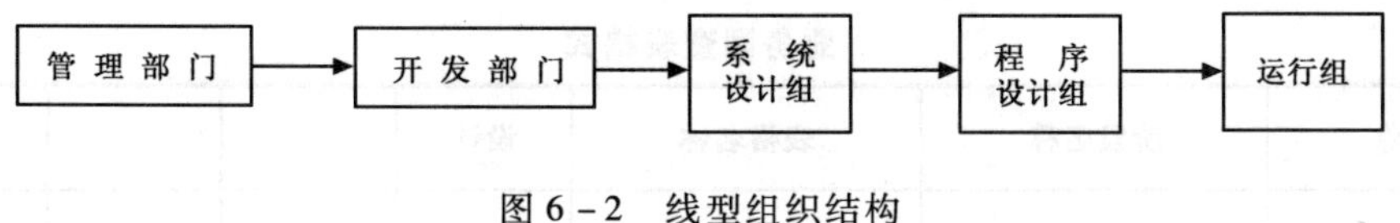

图6－2 线型组织结构

2. 职能组织调查

职能组织是按照工作职能来划分组织机构。我们以管理部门为例，可分为开发、运行、控制三大部分。

开发部分包括系统设计、程序设计、计划调度；运行部分包括机器操作、数据录入、终端操作、机器维护；控制部分包括信息收集、信息发出、档案管理。职能组织直接在管理部门的统一领导下进行工作，如图6－3所示。

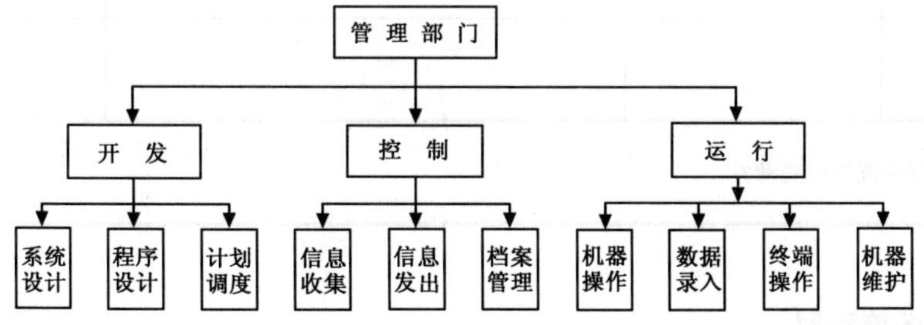

图6－3 职能组织结构

在功能调查阶段对线型组织调查和职能组织调查后，对企业的概况便有了深刻的了解，为业务调查的开发打下了良好的基础。

6.1.3 业务部门调查

对一个职能部门进行功能调查后，还应对其日常的业务活动进行调查。在业务调查中要进行填写业务调查表和给出业务流程图两项工作。

1. 填写业务调查表

业务调查表的内容包括：

① 填表单位名称（例如业务小组、填表单位领导、讨论问题时的联系人）；
② 本单位职能简述（本专业小组所承担的主要职能）；
③ 业务范围描述；
④ 业务顺序编号；
⑤ 业务名称（例如材料供应计划、编制供应平衡计划等）；
⑥ 业务内容简要描述；
⑦ 相关单位（与其他单位的联系，输入/输出信息的交流关系）；
⑧ 本单位对现行系统要求有何变动。

如表 6-1 所示。

表 6-1　　　　　　　　　业务调查表格式

<table>
<tr><td>单位名称</td><td>阶段名称</td><td>表格名称</td><td>设计</td><td></td><td></td><td>第　页</td></tr>
<tr><td></td><td></td><td></td><td></td><td></td><td></td><td>共　页</td></tr>
<tr><td colspan="4">填表单位名称</td><td colspan="2">填表单位领导</td><td></td></tr>
<tr><td colspan="2">本单位职能简述</td><td colspan="5"></td></tr>
<tr><td colspan="7">所包含业务范围描述</td></tr>
<tr><td>序　号</td><td>业务名称</td><td colspan="3">业务内容简要描述</td><td colspan="2">相关单位</td></tr>
<tr><td></td><td></td><td colspan="3"></td><td colspan="2"></td></tr>
<tr><td colspan="7">本单位要求现行系统有何变动？</td></tr>
</table>

2. 给出业务流程图

业务流程图一般以业务小组的功能为中心展开。实际上是在功能分析的基础上，对各功能进行具体化，即作出基本业务模型图，以便了解各业务的输入、输出情况，所需的文件内容以及与其他业务功能的关系。

对于功能较复杂的企业，则可按“自顶向下”的方法分层分级地向下展开，直到描述的业务流程图清晰为止。在绘制业务流程图时，需用标准流程图符号描述业务活动的逻辑关系。标准流程图的符号规定如表 6-2 所示。

表 6－2 流程图的符号规定

序号	符 号	处理状态	用 途
1	处理功能	Batch O/I	计算机处理功能
2	输入数据名	同上	输入账单、记录单
3	输出数据名	同上	输出报表等
4	⇄	同上	信息的流向
5	文件名	I/O	各种文件
6	终端名	I/O	终 端

业务流程图中应该表达输入、输出、处理名称以及有关文件。一个简单的业务流程例子如图 6－4 所示。从图 6－4 中可知，在作销售单的功能中，输入是订货单，输出是交货单和交货文件，进行处理的名称是订货处理；在作库存表的功能中，输入是进仓单和交货文件，输出是库存表，有关文件是库存主文件，进行处理的名称是库存处理。

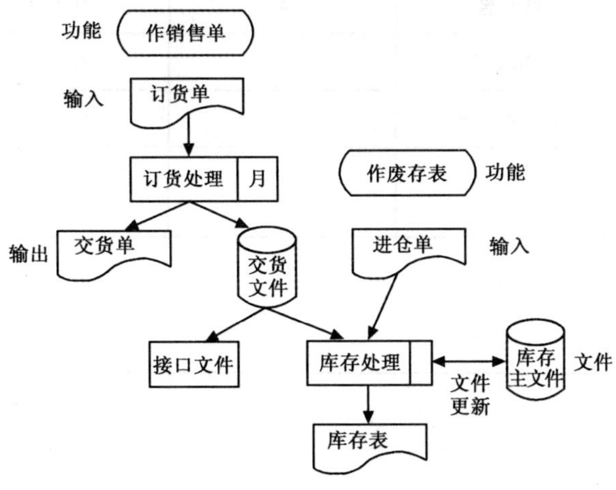

图 6－4 基本业务流程图

绘制业务流程图时应注意以下几点：

① 不能只画业务的从属关系，要把相应的信息流关系也画出来；

② 要进行分析，找出业务活动的主线，即与系统目标有关的信息流，这样就可明确系统的边界和范围；

③ 使用标准流程图符号绘制业务流程图。

归纳以上处理过程，业务流程图应紧紧围绕业务活动处理的逻辑过程、业务活动中信息的流向以及信息存储和使用情况这三方面内容进行。

业务流程图是以现场业务实况为背景，并在此基础上抽象出的对系统功能的描述。

6.1.4 信息流程调查

信息流程调查实际上是把业务活动中所涉及到的输入/输出数据和信息进行整理与登记，并对业务活动中的中间存储形式也进行整理和登记的过程。这个过程的最终结果统一填写成输入信息设计表、输出信息设计表和文件设计表。这三种表格的格式分别见表 6－3、表 6－4 和表 6－5。

表 6－3　　**输入信息设计表**

制表日期　1995/7　作者：黎连业

<table>
<tr><td colspan="3" rowspan="2">文件名</td><td rowspan="2">功能名</td><td rowspan="2">文件类别</td><td colspan="2">文件编法</td><td rowspan="2">输入媒体</td></tr>
<tr><td>周期</td><td>限期</td></tr>
<tr><td colspan="3">领料单</td><td>库存处理</td><td>A－1</td><td>随机</td><td></td><td>FD（软盘）</td></tr>
<tr><td colspan="3">发生量</td><td rowspan="2">处理方式</td><td rowspan="2">收集方式</td><td colspan="2" rowspan="2">原始数据</td><td rowspan="2"></td></tr>
<tr><td>最大</td><td>最小</td><td>平均</td></tr>
<tr><td colspan="3">30/月</td><td>Batch（成批）</td><td>手工</td><td colspan="2">领料单</td><td></td></tr>
<tr><td colspan="3">项目序号</td><td>项目名称</td><td>位数</td><td colspan="2">表现文字</td><td>备　注</td></tr>
<tr><td colspan="3">1</td><td>材料名</td><td>4</td><td colspan="2">9（4）</td><td></td></tr>
<tr><td colspan="3">2</td><td>领用部门</td><td>4</td><td colspan="2">C（4）</td><td></td></tr>
<tr><td colspan="3">3</td><td>年　月　日</td><td>10</td><td colspan="2">X（10）</td><td></td></tr>
<tr><td colspan="3">⋮</td><td>⋮</td><td>⋮</td><td colspan="2">⋮</td><td></td></tr>
<tr><td colspan="8">校核处理法：程序校核</td></tr>
<tr><td colspan="8">使用后处理：</td></tr>
</table>

表 6－4　　**输出信息设计表**

制表日期　1995/7　作者：黎连业

<table>
<tr><td rowspan="2">输出信息名</td><td rowspan="2">功能名</td><td colspan="2">输出时间</td><td rowspan="2">输出媒体</td><td rowspan="2">处理方式</td></tr>
<tr><td>周期</td><td>限期</td></tr>
<tr><td>库存材料月报</td><td>库存处理</td><td>月</td><td>30</td><td>LP（打印机）</td><td>批处理</td></tr>
<tr><td>输出用纸</td><td>输出份数</td><td colspan="2"></td><td></td><td></td></tr>
<tr><td>通用纸</td><td>2</td><td colspan="2"></td><td></td><td></td></tr>
<tr><td>项目序号</td><td>项目名称</td><td colspan="2">位数</td><td>表现文字</td><td>备　注</td></tr>
<tr><td>1</td><td>年　月　日</td><td colspan="2">8</td><td>9(4) C9(2) C</td><td></td></tr>
<tr><td>2</td><td>材料类别</td><td colspan="2">2</td><td>9(2)</td><td></td></tr>
<tr><td>3</td><td>期初余额</td><td colspan="2">5</td><td>9(5)</td><td></td></tr>
<tr><td>4</td><td>本期收入</td><td colspan="2">6</td><td>9(6)</td><td></td></tr>
<tr><td>5</td><td>本期发出</td><td colspan="2">6</td><td>9(6)</td><td></td></tr>
<tr><td>6</td><td>期末余额</td><td colspan="2">5</td><td>9(5)</td><td></td></tr>
<tr><td></td><td></td><td colspan="2"></td><td></td><td></td></tr>
<tr><td colspan="6">传递方式：手工</td></tr>
<tr><td colspan="6">使用后处理：
保存期限 3 年
分送部门——财务</td></tr>
</table>

表 6－5　　**文 件 设 计 表**

制表日期　1995/7　作者：黎连业

<table>
<tr><td colspan="2">文件名</td><td>功能名</td><td colspan="2">文件类别</td><td colspan="2">文件编法</td><td>文件媒体</td></tr>
<tr><td colspan="2">材料明细文件</td><td>库存处理</td><td colspan="2">累积文件</td><td colspan="2">SEQ（顺编）</td><td>DK（磁盘）</td></tr>
<tr><td colspan="2">记　录</td><td rowspan="2">记录/块</td><td colspan="2" rowspan="2">字符/每记录</td><td colspan="2">更　新</td><td rowspan="2">处理方法</td></tr>
<tr><td>数</td><td>类型</td><td>周期</td><td>方法</td></tr>
<tr><td>2000</td><td>定长</td><td>40</td><td colspan="2">80BYTE</td><td>月</td><td></td><td>批处理</td></tr>
<tr><td colspan="2">项目序号</td><td>项目名称</td><td>位数</td><td colspan="2">表现文字</td><td>选配键</td><td>备　注</td></tr>
<tr><td colspan="2">1</td><td>材料类别</td><td>7</td><td colspan="2">C(7)</td><td></td><td></td></tr>
<tr><td colspan="2">2</td><td>材料编号</td><td>2</td><td colspan="2">9(2)</td><td></td><td></td></tr>
<tr><td colspan="2">3</td><td>材料名称及规格</td><td>7</td><td colspan="2">X(7)</td><td></td><td></td></tr>
<tr><td colspan="2">⋮</td><td></td><td></td><td colspan="2"></td><td></td><td></td></tr>
<tr><td colspan="8">选用标号内容</td></tr>
<tr><td colspan="8">维护处理方法：
定期维护
保存期限　5 年</td></tr>
</table>

6.2 系统逻辑结构设计阶段

系统逻辑结构设计是在详细调查的基础上，运用管理信息系统结构化的设计方法，建立新系统的逻辑模型。

"结构化"思想是系统开发的重要思想。"结构化"就是把一个复杂的系统看成由许多相对独立的部分组成，把它按空间的层次逐级分解为子级。系统结构化的组织方法主要有层次结构和模块化结构两种类型。

6.2.1 层次结构

一个好的系统结构应该各部分关系清晰明了，便于说明问题，这样可以减少设计时产生错误；同时，系统应具有较好的活力，以便于调试和修改。对于一个较大的信息管理系统，使用层次结构分析的方法往往会取得较好的效果。层次结构分析的方法一般有三种形式，即线型结构、树型结构、网型结构。

1. 线型结构

线型结构比较简单，线型结构所描述的事物之间的关系是一对一的，它的逆关系也是一对一的关系，如图 6－5 所示。

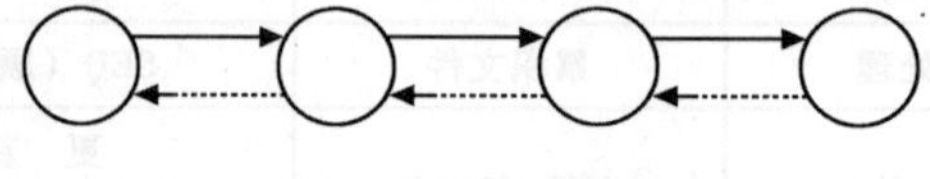

图 6－5 线型结构

2. 树型结构

树型结构所描述的事物之间的关系是：正关系为 1 对 n，逆关系为 1 对 1。

每一个事务称为节点，最上层的节点为根，下层的节点称为叶子，上下层之间的关系称为父子，同层之间的关系称为兄弟。系统的划分往往采用树型结构，这种结构在系统开发中被广泛应用，如图 6－6 所示。

3. 网型结构

网型结构所描述的正关系为 1 对 n，这是一种非常复杂的逻辑结构，如图 6－7 所示。

网型结构往往用来描述多对多的物体间的关系。

利用层次结构设计系统时应注意：当系统过大，层次过多时，信息传递较困难，从而系统的效率较低。

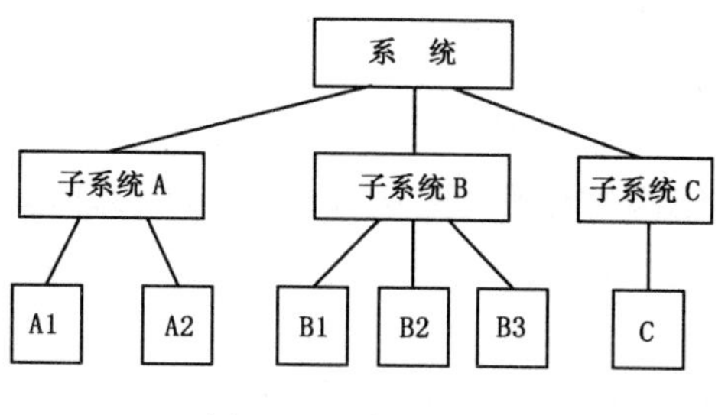

图6－6 树型结构

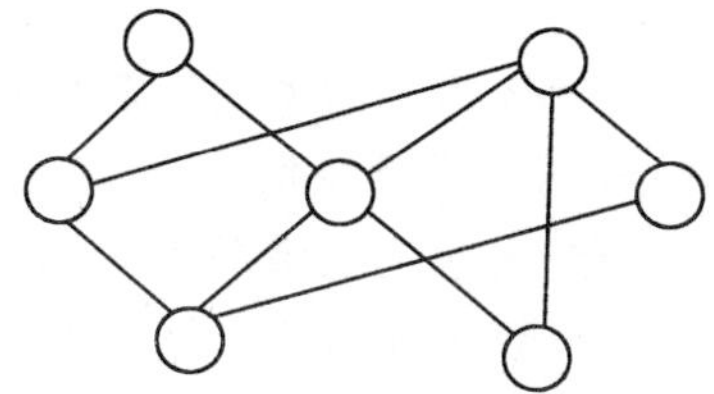

图6－7 网型结构

6.2.2 模块化结构

模块化结构方法是将系统分成若干模块。这种结构不一定是树型的。每个模块应尽可能地独立于其他模块，这样便于从系统中分割出来，使系统结构灵活，在系统发生变更时便于检查、修改。

模块化结构的缺点也是明显的，如各模块之间的关联无秩序。在强调关联的系统中使用这种结构是不合适的。

当系统规模很大时，模块结构的实现就比较困难。模块化结构如图6－8所示。

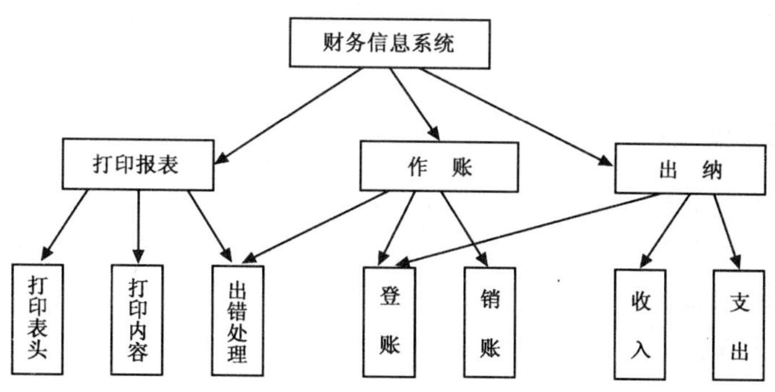

图6－8 模块化结构

在系统开发过程中，往往采用层次结构和模块化结构相结合的方式，即先把系统分成若干层次，并定义每个层次的功能和层次间的信息关系；然后再使用“自顶向下”的设计方法划分成相对独立的模块。

6.2.3 系统逻辑结构设计

讨论层次结构和模块化结构的目的是为系统逻辑结构设计建立基础。系统逻辑结构设计一般按以下两步进行：

① 系统的总体结构设计；

② 系统的功能逻辑设计。

1. 系统的总体结构设计

根据系统方案，运用结构化设计方法画出新系统的总体结构图，如果系统比较复杂，可采用“自顶向下”的次序将总体结构图向下逐层展开。

系统的总体结构设计首先应按功能要求把逻辑关系表达出来，这就要求把系统分成若干层次结构，在这些层次结构中再把系统划分为若干个子系统，然后对这些子系统采用模块化结构设计。总体结构设计的三种典型结构如图 6－9 所示。

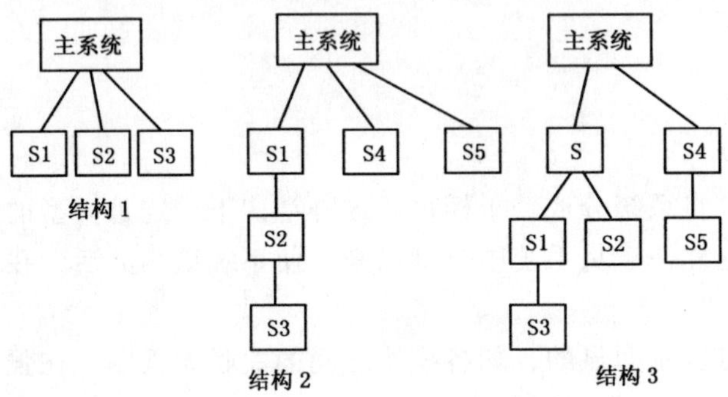

图 6－9　系统总体结构图

因为每个模块的内部联系是通过数据文件来实现的，所以绘制系统结构图时必须对系统的信息流做简单描述。

2. 系统的功能逻辑设计

系统的结构设计只描述了系统层次结构和模块的划分，而系统的功能逻辑设计是对系统的功能逻辑、各子系统之间的关系、各模块的内部逻辑关系做进一步的描述。信息流的描述可通过功能信息关联图来实现的，如图 6－10 所示。

功能信息关联图采用“自顶向下”的方法绘制。首先应该描述系统总的功能关联图，这个描述分解至第一级子系统为止，其目的是描述各子系统之间的关系和信息交流。

功能信息关联图表示一个逻辑思维的过程。应从系统方案角度出发，对现行的系统业务流程进行分析，根据信息的处理、输入、输出以及文件的要求进行归纳，用数据流把它们组织起来，形成整体。

系统功能逻辑设计的最终目标是把系统、子系统、功能以及处理的一系列功能信息用关联图表示出来。

绘制系统功能信息关联图时通常要考虑到以下几个方面：

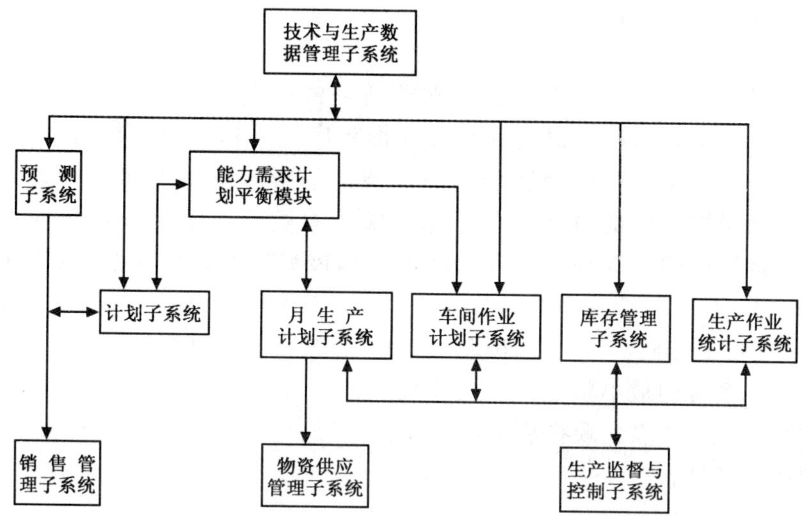

图 6-10 系统功能信息关联图

① 从手工的业务流程进化到计算机管理信息系统的流水过程；
② 明确人工管理和计算机管理的分工；
③ 约定人机之间的界面；
④ 定义子系统、功能模块、数据接口方式。

6.3 过程处理概要设计阶段

过程处理概要设计是把需求分析得到的数据转换为软件结构和数据结构。具体任务是：将一个复杂系统按功能进行模块划分，建立模块的层次结构及调用关系，确定模块间的接口及人机界面等。数据结构设计包括数据特征的描述，确定数据的结构特性，以及数据库的设计。它是系统设计更具体、更深入的设计阶段，即我们通常所指的子程序设计阶段。

从数据信息产生到数据信息被使用，在所经过的流程中，计算机的处理是最重要的一环，而计算机处理的核心工作是对数据信息的保存和数据信息的变换。尽管计算机处理问题的性质和实际状况有所不同，处理作业的项目及步骤不同，设计者选择的处理方法也不同，但计算机对经济信息处理的流程都是相同的。

6.3.1 过程处理模块的划分原则

过程（Process）是一种手段，是一个广义的概念，通过手段可以把规程、方法进行集成一个过程。过程有输入和输出，输入是实施过程的基础、前提和条件，输出是完成过程的结果。

处理模块在程序设计中，为完成某一功能所需的一段程序或子程序。是能够单独命名并独立地完成一定功能的程序语句的集合（即程序代码和数据结构的集合体）。它具有两个基本的特征：外部特征和内部特征。外部特征是指模块与外部环境联系的接口（即其他模块或程序调用该模块的方式，包括输入输出参数、引用的全局变量）和模块的功能；内部特征是指模块的内部环境具有的特点（即该模块的局部数据和程序代码）。

在系统设计过程中，一个主系统可分为若干个子系统，一个子系统又可分为若干个功能模块，最后把功能模块分成若干个处理模块。过程处理模块的划分原则：

① 模块是组成系统的最小单位；

② 规范信息接口，可以实现模块间的交互；

③ 要求通用程度高；

④ 目标单一；

⑤ 相对独立性；

⑥ 有利于标准化。

6.3.2 处理流程方法

计算机化处理流程中有变换（Conversion）、分类（Sort）、核对（Matching）、合并（Merge/Collate）、更新（Update）、抽出（Extract）、分配（Distribution）、生成（Generate）八种处理方法，并且使用不同形状的符号表达其意义，如图 6－11 所示。

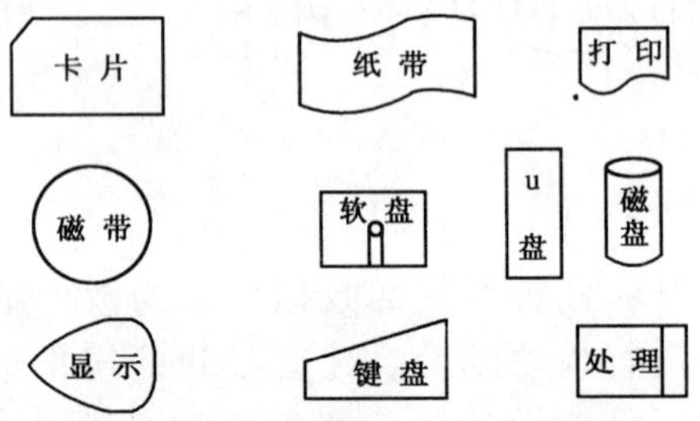

图 6－11 处理图使用的符号

1. 变换

变换是通过计算机的输入/输出处理，将某些载体上的数据或信息进行移动、旋转、镜像、比例缩放和倾斜，变换为另外的存储形式。

变换处理的形式有输入变换和输出变换。例如，将卡片、软盘上的记录信息变换到磁带、磁盘上就称为输入变换，如图 6－12 所示；而将磁带、磁盘上的记录信息变换到打印机和显示器上则称为输出变换，如图 6－13 所示。

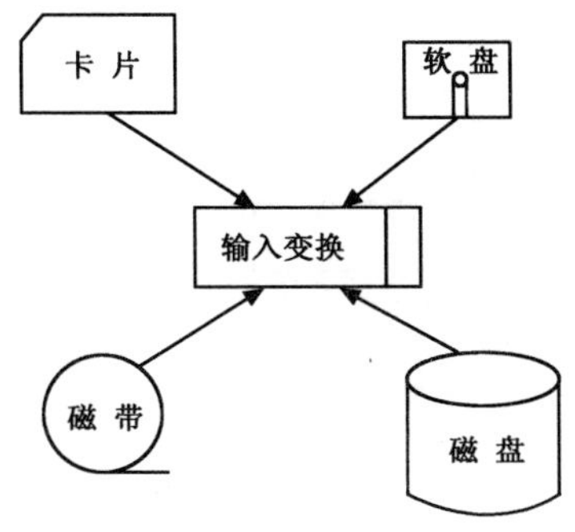

图 6－12 输入变换处理

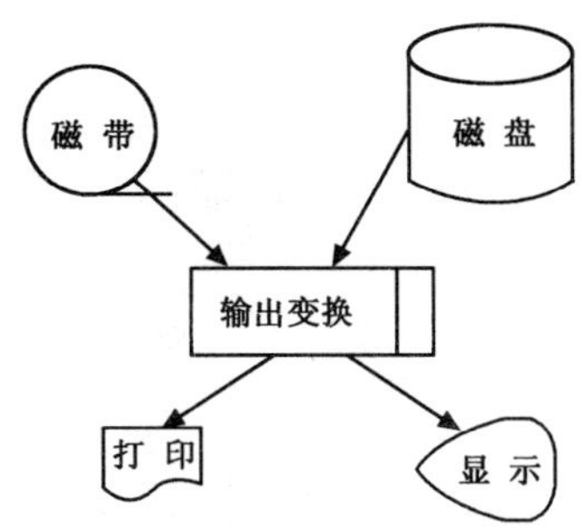

图 6－13 输出变换处理

2. 分类

分类是把信息按照有规律、有特点、有一些自然关系的信息进行划分，使信息更有规律和特点。有了分类就要有排序，其目的是将分类的“无序”记录调整为“有序”的记录。分类后将磁带、磁盘上的信息记录按顺序重新排序，可以是从小到大排序，也可以是从大到小排序。分类处理的示意图如图 6－14 所示。

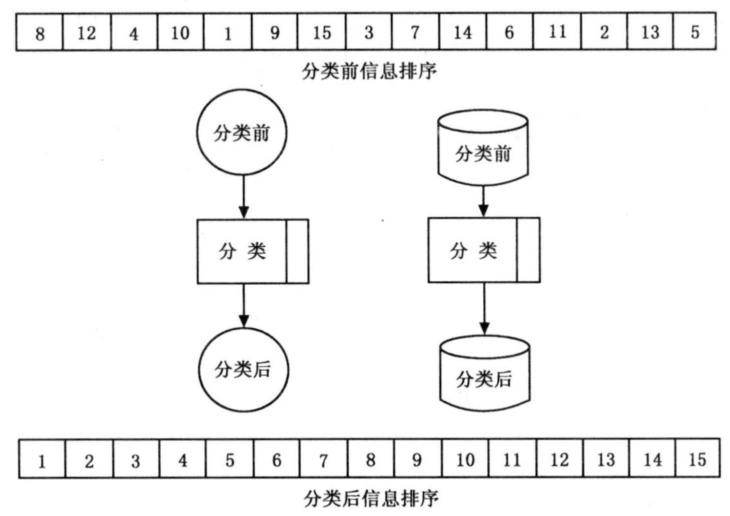

图 6－14 分类处理

分类处理中应注意存储容量的大小、文件整理的次数、数据比较次数、数据移动次数等指标值，并根据这些指标的实际情况选择不同的分类方式。

3. 核对

核对是对比的行动，是对不同文件的记录顺序和记录内容进行检查。核对是在计算机数据处理前进行的，当所核对的内容出现差错时，计算机就把它输出到核对表上，如图 6－15 所示。

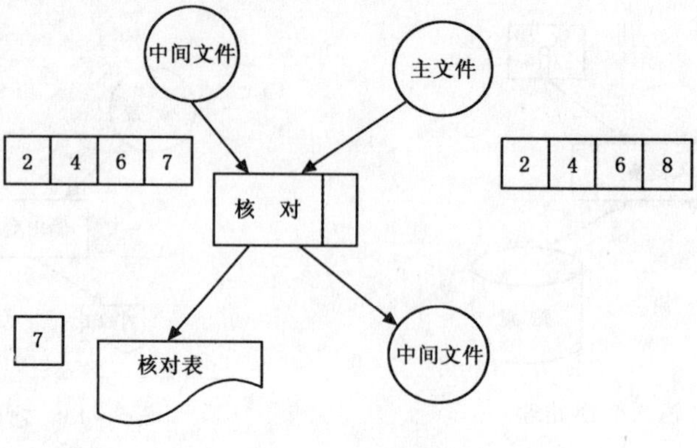

中间文件
主文件
2 4 6 7
2 4 6 8
核 对
7
核对表
中间文件

图 6－15 核对处理

4. 合并

合并是指将两个或两个以上文件的信息合并成一个文件形式的处理，其目的在于能提高计算机处理的效率和有利于文件保存。合并处理之前一般先会对文件进行分类处理，然后按某种合并原则将多个文件合并成一个文件使用，如图 6－16 所示。

中间
文件 1
中间
文件 2
2 4 7 9
1 3 5 6 8 10 11
合 并
合并后
的文件
1 2 3 4 5 6 7 8 9 10 11

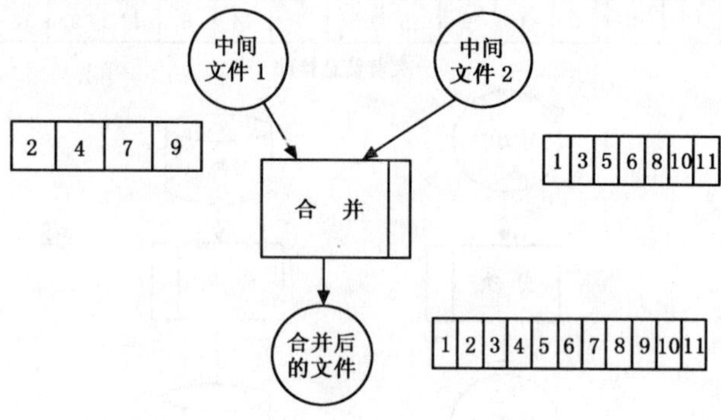

图 6－16 合并处理

5. 更新

更新是对主文件的信息进行追加、删除、修改的一种处理过程。

根据文件信息产生的先后次序，使用更新处理使文件保持最新的内容。更新处理的方式有顺序处理和随机处理两种。

顺序处理更新过程如图 6－17 所示。

随机处理是从主文件中把需要更新的信息找出来，更新它的内容，然后把更新的结果写进同一位置上。处理时主要注意以下几点：

① 按随机处理的次序将要处理的信息读入内存；

② 进入变换，找到主文件的记录，更新其内容；

③ 更新的内容在文件中存储。

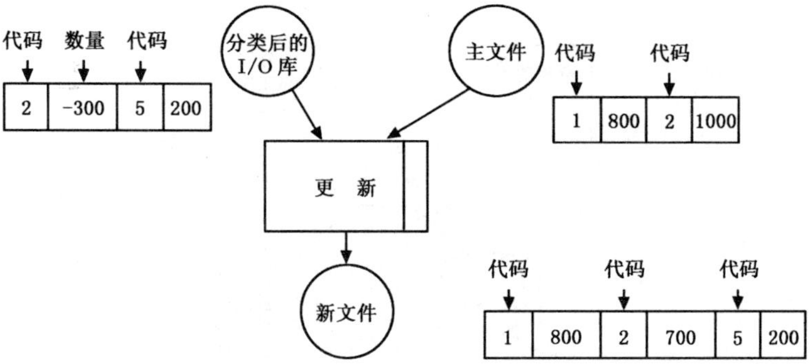

代码
数量
代码
2
-300
5
200
分类后的
I/O库
主文件
代码
代码
1
800
2
1000
更 新
新文件
代码
代码
代码
1
800
2
700
5
200

图 6 - 17 顺序处理的更新

6. 抽出

抽出是指给出某一特定条件，从文件中找出满足条件的记录进行处理，原记录内容不变更，如图 6 - 18 所示。

某一条件
被抽出
文件
抽 出
抽出结果
抽出
结果

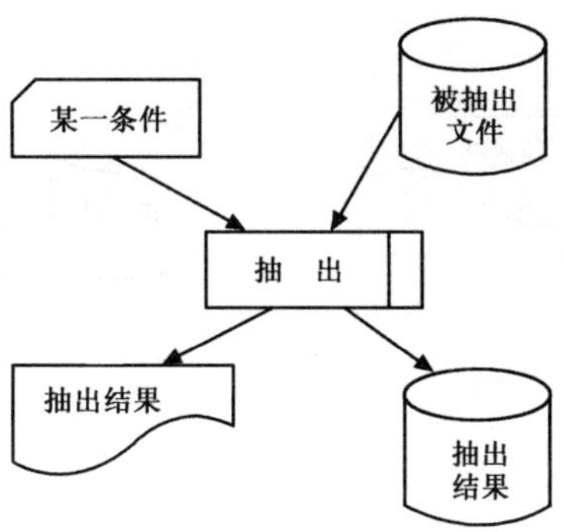

图 6 - 18 抽出处理

抽出的方法有两种：一种是从操作台输入抽出条件，而另一种是条件数量多时用文件形式输入。

7. 分配

分配是指给出某一特定条件，把文件中满足条件的记录分开处理的过程。如图 6 - 19 所示。

8. 生成

生成处理是指读取一个以上的文件，对原数据进行变形、计算后，以其他形式存储为新文件的过程。如图 6 - 20 所示。

以上八种方法也是信息处理的基本方法，只有了解和掌握它们，才能选择正确的处理方法，很好地完成处理流程的设计工作。

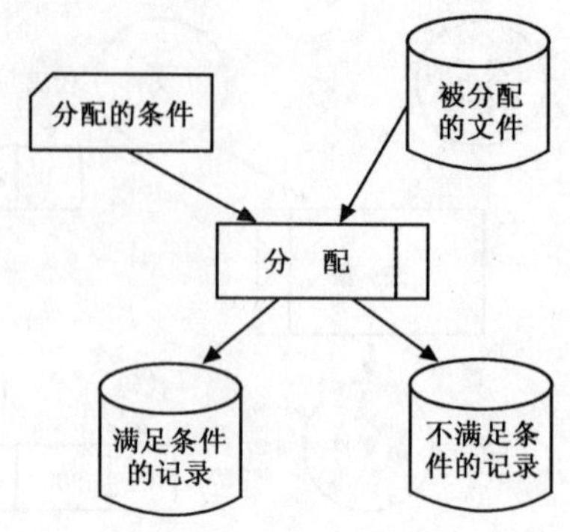

图 6－19 分配处理

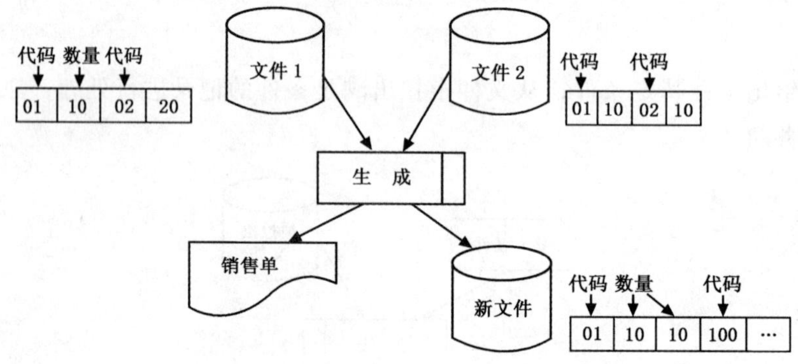

图 6－20 生成处理

6.3.3 处理模块的划分

处理模块的划分是指根据处理模块的划分原则，对各子系统、功能进行划分处理。

本节将以某公司固定资产管理子系统为例来说明处理模块的划分。该子系统可划分为固定资产登记功能、固定资产折旧功能、固定资产管理功能和年终报表四种功能。

在确定功能后，可将每一个功能划分为若干处理模块。

1. 固定资产登记功能

- 万元以上资产登记→生成处理；
- 千元以上资产登记→生成处理；
- 百元以上资产登记→生成处理。

2. 固定资产折旧功能

- 万元以上资产折旧处理→计算，更新数据；
- 千元以上资产折旧处理→计算，更新数据；
- 百元以上资产折旧处理→计算，更新数据。

3. 固定资产管理功能

- 折旧到期的资产处理→更新，输出处理；
- 被折旧资产中途变卖处理→更新，输出处理；
- 固定资产收回处理→变更，合并处理；
- 固定资产再分配处理→变更，分类处理；
- 固定资产损耗处理→输出处理。

4. 年终报表

- 折旧后万元以上固定资产一览表→生成，输出处理；
- 折旧后千元以上固定资产一览表→生成，输出处理；
- 折旧后百元以上固定资产一览表→生成，输出处理；
- 折旧后百元以下固定资产一览表→生成，输出处理。

以上仅说明了处理模块和方法。在模块划分后，可将上述内容以表格的形式列出来，见表6－6所示。

表6－6　　处理模块划分表

<table>
<tr><td>单位名称</td><td colspan="2">阶段名称</td><td>表格名称</td><td>设计者</td><td></td><td colspan="2">日期</td><td></td><td>第　页</td></tr>
<tr><td></td><td colspan="2">系统设计</td><td>处理模块划分表</td><td>审查表</td><td></td><td colspan="2">日期</td><td></td><td>共　页</td></tr>
<tr><td>子系统名称</td><td colspan="2"></td><td></td><td></td><td></td><td colspan="2"></td><td></td><td></td></tr>
<tr><td colspan="2">序号</td><td colspan="2">功能模块名称</td><td colspan="3">处理模块名称</td><td colspan="3">处理简要说明</td></tr>
<tr><td colspan="2">⋮</td><td colspan="2"></td><td colspan="3"></td><td colspan="3"></td></tr>
</table>

6.3.4 处理描述

处理模块划分好后，要进一步对它加以描述，以供程序设计者使用。常见的处理描述方式有 IPO 图描述和逻辑表描述两种。

1. IPO 图描述

IPO（Input Process Output）图用“输入—处理—输出”来描述软件过程之间的关系，它用文字和表把一个处理过程描述出来。IPO 图是由 IBM 开发的软件设计文档技术资料演变而来的，其过程是输入数据描述→处理描述→输出描述，然后用 IPO 图对每个模块进行详细设计，对每个模块的输入、输出数据和数据加工进行说明。

IPO 图表的内容包括：

- 子系统名、功能模块名；
- 处理模块名；
- 处理过程简述；

- 输入数据描述（处理所涉及的输入数据）；
- 处理过程描述（文字或公式描述）；
- 输出信息描述（输出的结果）。

开发人员不仅可以利用IPO图进行模块设计，还可以利用它评价总体设计。用户和管理人员可利用IPO图编写、修改和维护程序。因而，IPO图是系统设计阶段的一种重要文档资料。

这里还是以固定资产管理子系统为例说明IPO图描述表的用法，如表6－7所示。

表6－7 **IPO图描述表**

系统名称	阶段名称	表格名称	设计者		第 页
××系统	系统设计	IPO图	审查者		共 页
子系统名称	固定资产管理子系统		功能模块名称		固定资产折旧
处理模块名称	万元以上资产折旧				
处理过程简述	对万元以上固定资产作折旧处理				
输　入	处　理		输　出		
某资产名称 年折旧百分比	查出某资产名 查出的资产值×百分比		某资产名 折旧后的资产值		

2. 逻辑表描述

逻辑表是用表格方法描述系统中处理模块的相互关系。其作用是当系统设计者在变更功能时，能够及时指出所变更的功能对系统的影响，并且告诉程序编制者。

模块逻辑描述表的内容包括：系统名称、制作者、功能名称、制作日期、模块名1、……、模块名n等。

在填写“模块逻辑描述表”时，如果模块与模块间有关联，则在它们的定义一栏填上T（真），没有关联则空着。表6－8所示为一个系统有n个模块名的例子。

表6－8 **模块逻辑描述表**

系统名称		功能名称		制作者	制作日期
模块名＼模块名	模块名1	模块名2	模块名3	……	模块名n
模块名1	T		T		
模块名2			T		
模块名3					
⋮					
模块名n		T			

6.4 输入输出文件代码设计

输出设计、输入设计、文件设计以及代码设计是管理信息系统系统设计的主要工作之一。输出设计主要是利用已有的输出设备，给出用户所需要的结果。管理信息系统只有通过输出才能为用户服务。信息系统能否为用户提供准确、及时、适用的信息是评价信息系统优劣的标准之一。

输入/输出可分为两种类型：一种是面向人（操作员）的输入/输出；一种是面向设备的输入/输出。如果操作员能够十分方便、简单地录入输入数据，或者能够十分直观、一目了然地了解输出信息，则可以说面向人的输入/输出是高效的。因此，输入/输出是否高效，文件代码设计环节是关键。

6.4.1 输出设计

输出设计直接与使用者相关联，设计最根本的出发点是保证输出格式便于使用者使用和查看，能正确地反映用户的要求。输出设计应当紧紧围绕如何有效地使用输出信息这个目标来进行。

1. 输出设计的内容

输出设计主要包括以下几点内容。

(1) 输出信息的使用

输出设计的目的是为了设计出符合使用者要求的信息，这是整个输出设计的核心所在。

为了达到这一目的，设计时首先要充分了解输出信息的使用情况，即使用对象、使用目的、使用周期、输出信息名、允许输出期限、输出副本份数、输出保密程度、输出作业的信息循环、输出信息的传送方法等。

(2) 输出信息的内容

在研究输出信息用途的基础上，可以对输出信息作进一步的内容设计。

输出信息内容有输出项目名称、输出项目最大位数、项目文字表现（数值、字符或数值字符）和输出项目格式（报表格式）等。用户是输出信息的主要使用者。因此，进行输出内容的设计，首先要确定用户在使用信息方面的要求，包括使用目的、输出速度、频率、数量、安全性要求等。根据用户要求，设计输出信息的内容，包括信息形式（表格、图形、文字）、输出项目、数据结构、数据类型、位数及取值范围、数据的生成途径、完整性及一致性的考虑等。

(3) 输出信息的媒体

信息可以使用各种媒体输出，这要视实际需要和可能而定。常用的输出设备有显示终端、打印机、磁带机、磁盘机、绘图仪等。输出介质有纸张、磁带、磁盘、缩微胶卷、光盘、多媒体介质等。这些设备和介质各有特点，应根据用户对输出信息的要求，结合现有设备和资金条件选择。

一般的输出媒体如表 6－9 所示。

表 6－9 输出媒体

性能 类型	用途	特点	速度	规格
行式打印机	打印报表	打印功能强	100～250（行/分）	打印纸：132×66 行 160×66 行
卡片输出机	中间结果 卡片保存结果	工作可靠 便于保存	100～200（张/分）	80 字符
显示器	显示信息	灵活、功能强 人—机对话	1000（行/分）	12～196 英寸字符 240～2191 个
绘图仪	绘制图形	精度高 操作简单	3～60 （英寸/秒）	30×30 英寸^2
微缩胶卷	输出图形数据	体积小 易保存	1000～50000 （行/分）	大型 小型
纸带	电报	连续存储		联机使用

（4）输出信息的处理

计算机的输出信息一般都是用英文字母表示，这样的形式不大适用于我国的大多数用户。因此，使用汉字输出就成为输出设计中的重要问题了。

① 汉字输出。汉字输出设备包括输出显示和输出打印。输出显示使用汉字终端，既有屏幕编辑功能，又有显示功能，也可以将显示内容打印出来，所显示的字符数据视屏幕大小而异。

汉字输出打印包括绘图和打印（实际上汉字打印也是一种图形处理）。较先进的汉字打印设备采用激光和电子照排技术。打印字体可以根据文档需要选用宋体、仿宋体、楷体和黑体等。

② 汉字库。汉字库一般存放在磁盘（硬盘）中，分为一级和二级汉字库。一级汉字为常用汉字，约有 3000～4000 个，二级汉字库拥有 7000～10000 个汉字。

汉字库一般占用的存储容量较多，为了节省空间，可以采用信息压缩技术。具体方法是把汉字字形数值化，建立数学模型，用软件手段对汉字信息实现压缩存储。这样，一级汉字库可以压缩为仅占 16K 字节。汉字信息处理流程如图 6－21 所示。

输出表一般由汉字和非汉字组成的，报表数据来源于汉字库和非汉字库，报表格式来源于格式库。用 C 语言编写应用程序、生成报表，通过计算机运行后便可得到一张汉字报表。

2. 输出设计的方法

在系统设计阶段，设计人员应给出系统输出的说明，这个说明既是将来编程人员在软件

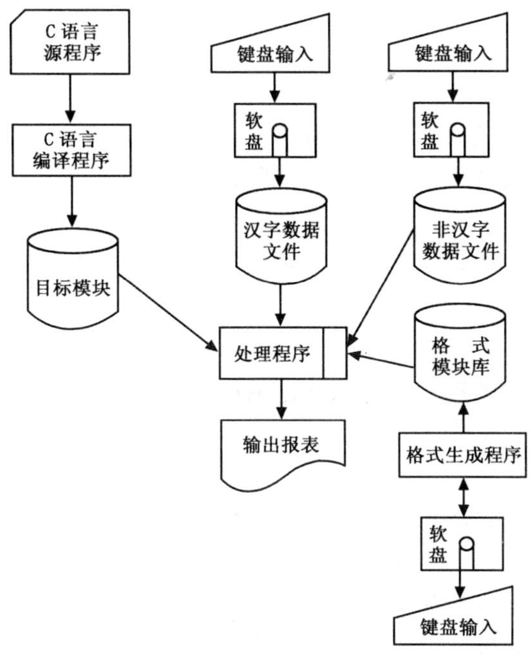

图6－21 汉字信息处理流程

开发中进行实际输出设计的依据，也是用户评价系统实用性的依据。因此，设计人员要能选择合适的输出方法，并以清楚的方式表达出来。

输出的格式和大小要根据硬件能力认真设计，并试制输出样品，经用户同意后才能正式使用。

3. 设计报表输出

用计算机输出报表非常普遍，但计算机本身并不能给出报表格式，其格式是使用者的要求。输出格式要满足使用者的要求和习惯，达到格式清晰、美观、易于阅读和理解的要求。设计报表输出时要考虑以下问题：

① 使用方便；

② 与计算机硬件功能相适应（如打印机的最大输出列数等）；

③ 原系统输出格式如有变化，应征求有关单位意见，并得到认可；

④ 当报表超长时，应修改报表格式，缩到额定长度范围内，或编制打印控制程序缩小输出字体宽度。

4. 设计报表输出的注意事项

① 报表应注明名称、标题、年、月、日、页等内容；

② 适当安排打印间隔；

③ 决定数据位数时，要考虑编辑结果的最大位数；

④ 合计之类的项目应当醒目，也可以用符号表示合计；

⑤ 对设计的报表进行试用与核对，以防统计项计算有误。

6.4.2 输入设计

管理信息系统的输入所完成的功能是将机外或外地机的信息转换成机内信息。它是对信息进行处理的出发点，是信息处理的“源”，因此保证这个“源”的正确性是输入设计中的一项重要内容。如果输入数据有误，即使计算和处理十分正确，也无法获得可靠的信息。同时，输入设计是信息系统与用户之间的交互纽带，决定着人机交互的效率。

1. 输入设计的内容

输入设计包括输入信息的产生、输入信息的内容、输入信息的媒体、输入信息的处理等方面。

（1）输入信息的产生

输入信息即业务现场输送的原始数据。输入信息的设计与输入信息产生有很大关系，因此首先要了解输入信息的来源及其情况。

输入信息的来源包括输入原始数据名和产生的部门。

输入信息的情况包括：输入周期，输入期限，输入信息的最大量或平均发生量，输入信息的收集方法（人工、电传、邮递），收集的时间和收集的成本等。

（2）输入信息的内容

输入信息内容包括输入项名称、项目位数、字符类型等。

项目位数可以是固定的或可变的。固定位数输入时，不足的有效位前面补零。可变位数输入时位数不受最大位数的限制，输入有效位前面不需要补零。项目的位数设计应考虑到将来可能扩展的位数变化。固定位数和可变位数的特点如表 6 - 10 所示。

表 6 - 10　　位数特点比较表

特点 类别	程序	校核	媒体生成时错误	输入输出时间	媒体生成时间
固定位数	易	易	少	长	长
可变位数	难	难	多	短	短

项目字符类型有数字型、字母型和数字 + 字母型。为数字型时应注意项目的符号和小数点的位置。

输入格式设计需要视具体的媒体而定。

对于系统来说，一般以键盘、软盘输入为宜。对于软盘，输入格式则视软盘物理存储结构而定。对于键盘输入，为了减少出错机率，使操作快捷，可以把现场业务的原始票据进行汇总，剔除不必要计算机处理的项目，设计一种专用输入记录供操作人员输入。

输入记录单的设计原则如下：

① 易分类，例如采用不同色彩以区别不同记录的传票；

② 易整理归档和装订；

③ 易使用，减少用户填写量，便于阅读；

④ 有效地利用输入设备。

要做到以上各点，首先必须要使记录单规格化、标准化。也就是说，系统中所有输入记录单的规格统一，记录代码和格式统一。

(3) 输入信息的媒体

信息可以使用各种媒体输入。媒体选择应根据计算机外围设备实际情况而定。表 6－11 列出了一般的输入媒体。

表 6－11　　输入媒体对比表

媒体 性能	卡片输入	软盘输入	纸带输入
介质	卡片	软盘	纸带
特点	记录直观，易分类，保存难	方便，容量大	电传、电报文

(4) 输入信息的处理

输入设计中最重要的问题是保证输入信息的正确性。只有输入信息正确才能得到正确的输出信息。如何保证输入信息正确呢？这就要进行输入信息的校核处理。

输入信息校核处理可以分为两个阶段：手工作业阶段校核和机器处理阶段校核。

① 手工作业阶段校核主要包括原始数据生成时的校核、输入信息传送时的校核和媒体生成时校核。

② 机器处理阶段校核一般采用程序校验。程序校验内容包括输入代码顺序校验、输入代码正确性校验、输入单个项目和与输入合计数平衡校验、输入相反项目的平衡校验、输入信息不符合逻辑要求的逻辑校验和输入信息超越上下界要求的界限校验。

程序校验内容有：

机器处理完后，可以将输入信息打印成一览表形式。可利用人工将打印的信息与原始资料进行校验，找出不符合要求的数据，打印出错误信息表，交给现场修正后重新输入。输入校核流程如图 6－22 所示。

2. 屏幕输入格式设计

系统屏幕输入界面是人机交互的重要界面，其设计应该掌握以下几个原则：

(1) 可靠性

屏幕输入格式设计要保证屏幕输入界面可靠性高、容错性好。在具体设计时，若要减少用户输入错误，可以采用以下几个方面的措施：

① 输入操作符应尽可能简单、易记忆，提示要简短、明了；

② 对一些参数可以设置缺省值；

③ 设置容忍用户操作上失误，并允许用户改正的机制，允许重操作；

④ 给出运行状态提示，防止错误积累；

⑤ 检测用户错误，屏蔽输入错误。

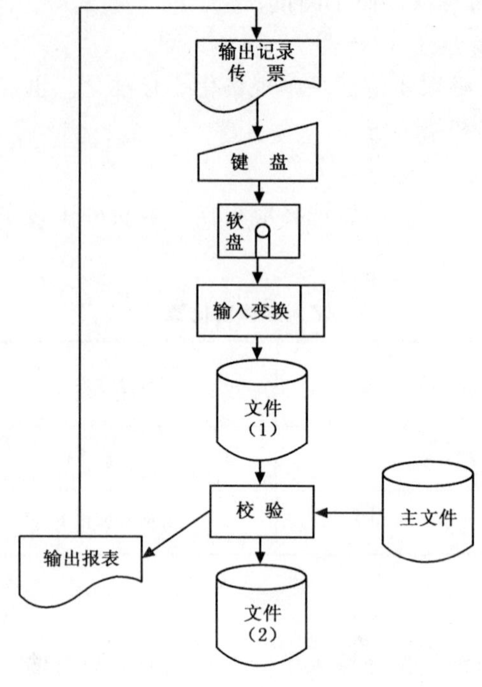

图 6-22 输入校核

(2) 简单性

简单性即输入操作要尽可能地简单。在数据的输入过程中应尽可能减少操作人员的击键次数，采用启发式、交互式的操作过程，以提高输入速度。

(3) 易学习、易使用性

由于用户的个人背景不同，对学习和使用管理信息系统的要求也各不相同。对于初学者来说，可以采用计算机为主导的人机对话方式，减少用户回答的难度，多采用菜单等方式进行人机交互。对计算机专业人员来说，则以选用以人为主导的命令操作方式。

为了方便用户，在系统的相关环节可以设置帮助功能，帮助用户了解系统功能、操作方法、运行状态、错误处理等各项内容。用户界面设计尽量做到与人的理解、记忆、通信、解决问题的方式等内容相结合。可以使用功能键简化输入与捕获帮助。

(4) 立即反馈性

一个界面友好、高效的输入界面应能对用户所有输入立即做出反馈。

(5) 输入错误反馈的种类

① 数据本身的错误。指由于原始数据填写错误或穿孔出错等原因引起的输入数据错误。

② 数据多余或不足。这里指在数据收集过程中所产生的差错，如数据的散失、遗漏或重复等原因引起的数据错误。

③ 数据的延误。数据延误也是数据收集过程中所产生的差错，不过它的内容和数据量都是正确的，只是由于时间上的延误而引起，严重时会导致输出信息毫无利用价值。因此，数据的收集与运行必须具有一定的时间性，并要事先确定产生数据延迟时的处理对策。

标准的屏幕设计如表 6-12 所示。

表6－12 屏幕设计格式

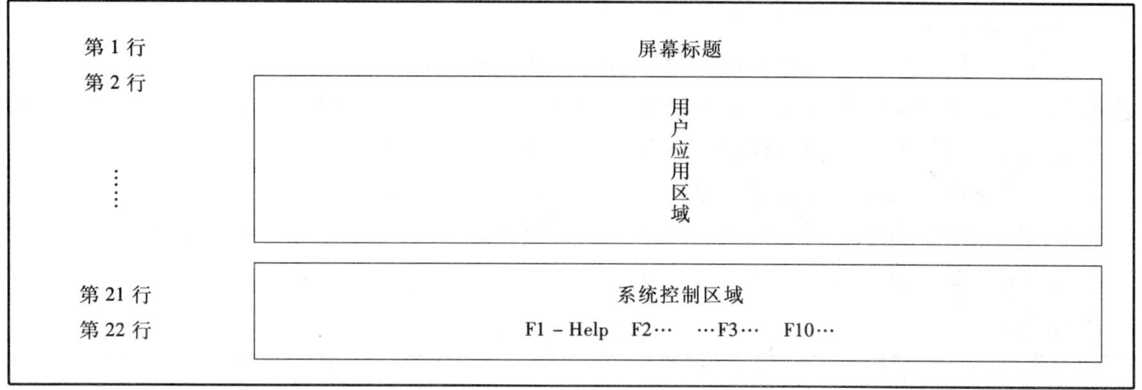

第1行：一般为屏幕标题行，该行书写一个用户用来识别的标题。

第2～21行：用户应用区域，该区域用来显示各种图形信息。

第22行：系统控制区域，主要显示一些功能信息，帮助用户与计算机之间对话。

6.4.3 文件设计

文件是同一类数据记录的集合。在一个系统中，不同类数据记录可以组成不同的文件。文件设计的好坏对系统的经济性、功能和效率有很大的影响，设计时应认真考虑文件的功能、可靠性、安全性、经济性和便于操作等。在设计文件之前，首先要弄清楚系统数据处理方式，文件的媒介，计算机操作系统提供的文件组织形式、存取方法、文件处理程序以及对存取时间、处理时间的要求等。设计文件时，通常是从设计共享文件开始，因为共享文件与其他文件关系密切、节省空间。设计好共享文件以后，数据项与共享文件相同的其他文件就可以以共享文件为基准，从而使设计工作简便、统一，提高设计效率。

文件设计主要涉及到文件分类、对文件的基本要求、文件设计过程、文件组织方式选择、文件属性描述、文件记录内容描述等方面的问题。

1. 文件分类

文件可以从不同的使用角度来分类，通常会按文件保存性质和文件信息的性质两种方法分类。

（1）按文件保存性质分类

永久文件，是指在媒介上确保一个文件空间，在一定期限内不删除而一直保存着的文件，例如信息处理系统中产生的文件、库存文件、客户文件等。

临时文件，是指在某项作业开始之前在媒介上确保一个文件空间，当作业处理结束时，文件也就同时消失，例如处理过程中的中间文件等。这些文件是一个作业的专用文件。

（2）按文件信息的性质分类

信息变动性。从文件的相对变动情况来看，有固定信息文件和可变信息文件。固定信息文件是一次生成的，如主文件、参照文件等。可变信息文件经常变化信息，一般做成事务文件。

信息流动性。从文件信息的流动情况来看，有信息单向流动的输入文件、输出文件，有信息双向流动的输入输出文件。

信息工作性。从文件工作性能来看，有累积文件和累计文件之分。累积文件是将输入信息积累起来，这种文件去除了一些不必要的内容，因此占用空间较少。累计文件是对输入的文件从不同使用角度进行分类保存，这种文件占用的空间较多。

信息共享性。从文件信息的共享性来分，可以分为专用文件和通用文件。专用文件适用于某子系统或某个功能、某个程序，而通用文件可由各子系统共用。显然，专用文件的共享性比通用文件低。两者的性能比较见表 6－13。

表 6－13　　文件共享性比较

性能 类型	处理效率	作业程序	数据量/文件	文件数/系统
专用	高	易	少	多
通用	低	难	多	少

系统越大数据量越多，利用率越高，作为积蓄数据、提供必要信息、维护最新信息的文件，其重要性也越强。文件对系统的经济性和综合能力有相当的影响。

2. 对文件的基本要求

在计算机信息管理系统中对文件的设计要满足功能性强、使用可靠、扩充容易、维护方便、操作简单、费用经济等基本要求。

3. 文件设计过程

文件设计是指根据业务上的各种要求和条件来决定文件的媒介、大小、编法，从而选择一个较优的文件方案。

文件设计的一般过程如图 6－23 所示。

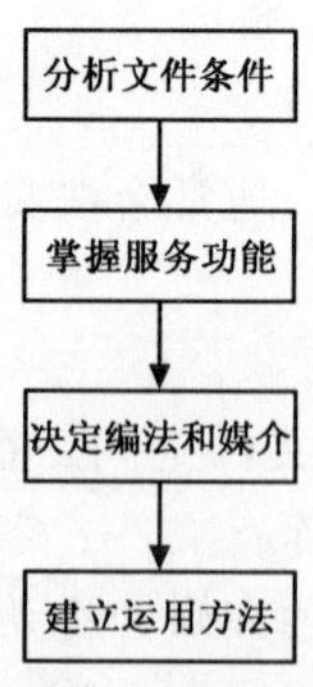

图 6－23　文件设计过程

（1）分析文件条件

设计文件时，设计者首先要全面分析业务部门对文件的要求。这些要求包括：

① 文件数据量。文件数据量是指文件记录数。设计时应考虑数据量的增长而留有余地。

② 文件项目内容。文件项目内容是指文件每个记录的项目内容。

③ 文件处理方式。成批处理和联机处理方式对文件要求有所不同。联机处理时间性强，随机处理要求较多，而成批处理可以采用顺序处理。

④ 文件更新形态。文件的更新是指文件内记录的置换、追加和删除。设计文件时要掌握文件的处理形态，以便于选用合适的编法和存取方式。

⑤ 数据活动率。文件记录有三种存取方式：

a. 顺序存取，即按文件物理顺序存取记录；

b. 直接存取，即按给定记录键值存取记录；

c. 动态存取，即既可按物理顺序又可按记录键值方法存取记录。

三种存取方式可以表示如图 6－24 所示。

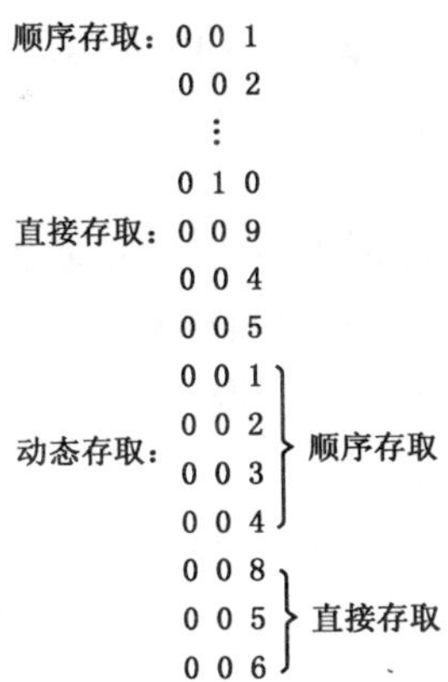

图 6－24 文件记录的三种存储方式

存取方式的选择取决于数据活动率大小。

$$数据活动率=\frac{处理记录数}{文件记录数}\times 100\%$$

数据活动率在 5% 以下适宜直接存取。

数据活动率在 10% 以上适宜顺序存取。

⑥ 数据移动性。数据移动性是指记录的追加、插入、删除的比例。这个比例影响文件记录区的排列、存储空间的疏密和存取时间的快慢。

⑦ 处理时间和存取时间。处理时间是指文件处理的整个时间，而存取时间是处理时间的一部分，即存取数据一次所需的时间。处理时间视不同媒介而有所不同。

⑧ 键的选择。键又称关键字，它能唯一确定一个个体的属性，它是一个识别码。例如，工资文件中的编号是人员识别码，产品文件中的产品号是产品识别码，它们都称为键。

键既可以按升序排列，也可以按降序排列。一个文件中有一个主键，此外还允许有多个辅键。例如，库存文件可以库存品为主键，而以库存位置号为辅键。

设计文件时，关键字的选择很重要。不论索引文件或者直接文件，记录的存取都是通过读取键进行的。有的文件存取记录时要经过键的变换，所以键设计的好坏直接影响存取速度和存储空间。

⑨ 文件保密性。为了防止任意修改数据，防止数据被盗用，对于一些重要的文件和专用的用户文件应采取加密措施，使得未经文件所有者明确授权的任何人不能存取，而文件使用者也只能在规定的权限内使用。

（2）掌握文件类型

在设计文件之前，必须掌握所使用的计算机系统的文件类型，这样才能设计出符合要求的文件。

① 文件保存媒介。文件保存的媒介是保存文件的外存设备，如磁带、磁盘、软盘等。计算机系统能提供哪些文件媒介，系统开发人员必须清楚，因为不同媒介所提供的功能不同，允许存储的文件的组织要求也不同。如磁带上只允许存储顺序文件，而磁盘上则允许存储顺序文件、直接文件和索引文件。

② 文件的扩展名。文件有多种类型，运行的方式也各有不同。一般来说，我们可以通过文件扩展名来识别这个文件是哪种类型，文件的扩展名可以是文本文档、图片、程序等等。文件通常具有三个字母的文件扩展名，用于指示文件类型（例如，图片文件常常以 JPEG 格式保存并且文件扩展名为 .jpg）。

（3）决定文件记录编排方式

① 文件记录形式。文件记录形式可以分为单记录文件和多记录文件。单记录文件是具有同一种记录形式的文件。多记录文件是具有多种记录形式的文件。

② 文件记录长度。记录长度分为三种情况：

a. 记录长度固定的定长记录；

b. 记录长度变动的变长记录；

c. 记录长度未定义的记录。

（4）建立运用方法

设计运用文件方法时，设计者要全面分析业务部门对文件应用的要求，这些要求包括：

① 对文件的存储要求；

② 对文件的检索要求；

③ 对文件的播放要求；

④ 对文件的控制要求。

在此基础上建立运用方法。运用方法主要有：

① 按文件发行时间和时间段查询、检索和播放；

② 按文件名称查询、检索和播放；

③ 按文件类别查询、检索和播放；

④ 按文件发行单位查询、检索和播放；

⑤ 按文件内容查询、检索和播放。

4. 文件组织方式选择

文件组织方式是指建立文件时对文件内部记录的排列方式。最常见的文件组织方式有顺序文件、索引文件和直接文件三种。

(1) 顺序文件

顺序文件组织方式适用于文件内部记录按顺序进行处理且处理量较大时，它的处理速度快。但这种组织方式处理记录时，插入和删除不太方便，如图 6-25 所示。

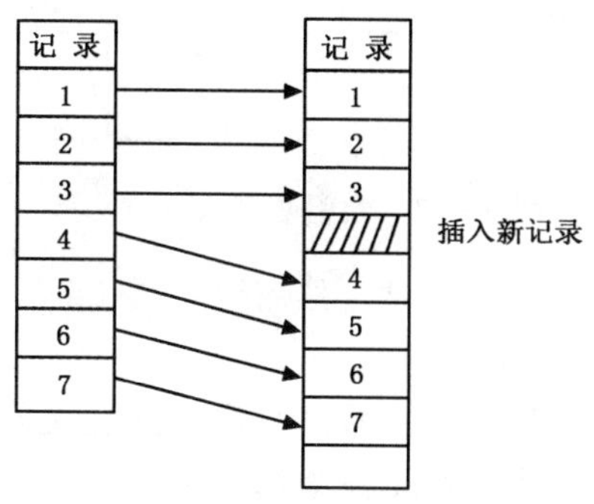

图 6-25 顺序文件

从图 6-25 可以看出，插入一个新记录时，必须将插入位置以下的各记录依次后推。记录的删除与此类似，不同的是删除记录后的各记录是依次前移。为了插入或删除记录，整个文件往往必须重写，遇到文件记录过多，或是插入、删除操作较频繁时，这种组织方式更是效率低下。另外，顺序文件可以顺序处理，也可通过使用某种查找方法（如二分法查找等）随机地处理。

(2) 索引文件

由索引表和主文件两部分构成。

索引表是一张指示逻辑记录和物理记录之间对应关系的表。索引表中的每项称作索引项。索引项是按键（或逻辑记录号）顺序排列。若文件本身也是按关键字顺序排列，则称为索引顺序文件。否则，称为索引非顺序文件。

索引顺序文件是指记录按照某一关键字的顺序而编制的文件。这种文件的记录存储地址与关键字之间建立了索引表，如图 6-26 所示。

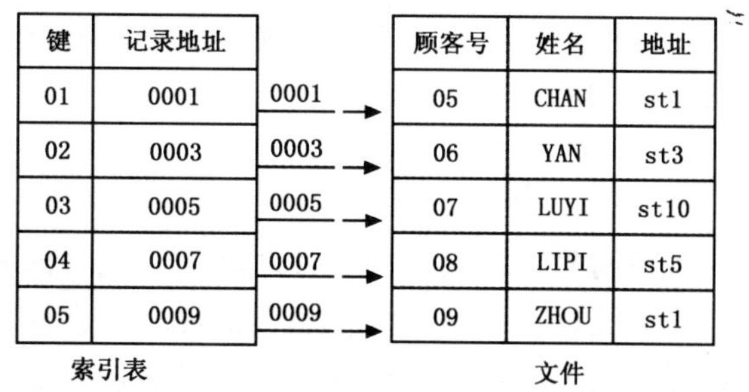

图 6-26 索引顺序文件

索引顺序文件适用于直接或顺序存取处理，插入或删除记录比较方便。但由于有索引区，整个文件所占据空间会增大（见图 6－27）。

	键	记录地址
01	A	01
	B	02
	D	03
02	E	04
	F	05
	G	06

	键	记录地址
01	A	01
	B	02
	C	03
02	E	04
	F	05
	G	06
03	D	07

图 6－27　索引顺序文件索引区

从图 6－27 可以看出，插入记录 C 时，只需要将 01 组中 D 移至后备区 03，而原来 D 处插入 C 即可。

由于索引顺序文件既能顺序存取又能随机存取，并且文件记录排列又是有序的，省去了分类过程，因此许多情况下文件都采用此种结构。

（3）直接文件

直接文件是利用记录关键字与记录地址之间存在的直接关系来实现记录存取的文件组织方式。它是一种既可以顺序存取又可随机存取的文件，并且存取时间较快。

直接文件有三种情况。

第一种是直接地址文件。它直接使用记录地址进行存取，记录关键字与物理地址一一对应。例如：

关键字　　对应物理地址
0001　　　001
0002　　　002

第二种是索引表文件。指定记录的相对号，由记录的相对号与记录关键字组成一张索引表。存取记录时给出相对记录号即可。例如：

1 号　上海
2 号　北京
3 号　天津

第三种是计算地址文件，它是通过关键字的变换将关键字直接变换为记录地址。

各种文件性能比较见表 6－14。

5. 文件属性描述

在计算机系统中，会用不同的属性来区别文件之间的不同，同时也为文件的检索提供了便利，通常涉及的属性有：系统标识、子系统标识、文件名、文件标识、存取名、文件组织方式、存储介质、文件类型、处理周期、保存期限、记录名、固定长/可变长、最大/最小长度、控制键、主键在记录中的位置、由何程序建立、由何程序修改和在哪些程序中使用等。

表 6-14 文件性能比较

文件编法 \ 性能	存取方式	使用效率	程序编制	追加与删除
顺序	顺序	高	容易	难
索引顺序	顺序、直接	一般	稍难	稍难
索引	顺序、直接	低	稍难	容易
直接	顺序、直接	低	难	容易

6. 文件记录内容描述

文件是由记录构成的，对记录要求应该具备系统标识、子系统标识、文件名、记录名称和记录描述等内容。记录描述中又包含有序名、项目名称、级、数据名、文字识别、长度和说明等详细内容。

6.4.4 代码设计

所谓代码，就是用来表征客观事物的实体类别以及属性的一个或一组易于计算机识别的特定符号或记号，它可以是字符、数字、某些特殊符号或它们的组合。代码是表示人名、产品名、零件名、地区名等的相应符号。这种符号可以是专门记号或省略号。在企业业务管理过程中，代码是很重要的，利用代码可以识别不同数据。

对于计算机管理信息系统来说，代码是进行信息分类、校核、合计及检索的关键字，利用代码键能节省内存和外存空间，并且能提高处理速度。另外，代码还可以代表一定的逻辑意义，如商品名称代码，第一位作为大类代号，第二位作为中类代号，第三、四位作为小类代号。只有将人名、产品名称、零件名等实物代码化，计算机信息管理系统才能将业务管理做到系统化、标准化和有效地进行处理，因此必须建立一个代码体系。

1. 代码的必要性

可以通过例子来说明这个问题。

用代码区分对象的同姓同名问题。例如 1 号为“101”的“徐国平”和 1 号为“213”的“徐国平”，用姓名就不能辨别这两个人，而利用 1 号则可简单地予以辨别。另外，各人的姓名长短不同，采用代码后可使长度标准化。

我们还可通过代码来区别某人所属的科室。假设总务人事科的“徐国平”为“①101”，营业人事科的“徐国平”为“①213”，则可用这 4 位数的千位来区分所属的科室。

在计算机处理中，代码除用作进行分类、校核、总计以及检索的关键字外，也会用来指定数据的处理方法。

例如，接受订货传票的代码为 1，交货传票的代码为 2，则代码 1 的数据可用来表示接受的订货内容，并作为订货数据收集到订货文件中。当把订货商品交给顾客时，则用代码 2 的交货传票数据消去订货数据。因此，代码设计可以说是计算机处理的前提条件。

2. 代码的作用

代码设计在信息管理系统中主要有以下作用：

① 区别系统中每一个数据。如同姓同名的人，用代码就能很轻易的加以区别。

② 力求信息表达方法的标准化。如统一信息的内容和长度，使计算机处理单纯化。

③ 易于分类和校对。如使数据便于分组和排列。

④ 用代码区别计算机处理。如按代码的交界点进行总计，用事务码区别处理方法。

3. 代码设计的原则

① 唯一性。每个代码代表且仅代表唯一的实体或属性。

② 标准化与通用性。凡国家和主管部门对某些信息分类和代码有统一规定和要求的，则应采用标准形式的代码，以使其通用化。

③ 合理性。代码结构要合理，尽量反映编码对象的特征，并与事务分类体系相适应，以便代码具有分类的标识作用。

④ 稳定性。代码应能适应环境的变化，避免经常修改，使其具有持久性。

⑤ 可扩充性与灵活性。代码系统应考虑系统的发展变化。即当增加新的实体或属性时，可直接利用原代码加以扩充，而不需要变动代码系统。

⑥ 规律性。代码应具有逻辑性和直观性，便于编码和用户识别、记忆。

⑦ 简洁性。代码的长度应以短小为好，代码过长不仅会影响所占据的存储单元和信息处理速度，也会影响代码输入时出错的概率及输入、输出速度。

4. 代码设计注意事项

代码是计算机处理文件的重要手段之一，一旦设计好就要贯穿整个系统并加以使用，故对系统处理文件效率有很大的影响。在设计时，如果未对代码的利用范围和使用期限进行调查和探讨，那么将会导致失败。代码设计要着重考虑以下几点：

① 决定使用范围。从整个系统的角度来看，代码的利用范围最好是包罗一切。但由于时间限制及调查量不足等原因，有时可缩小范围，设计时应考虑具有扩展性的代码系统。

② 估算使用期限。代码使用期限越短，代码设计就越容易。与此相反，使用期限越长，代码对象的增减估算就越困难。当然，一次设计好的代码最好能适用于系统长期使用。设计时应尽量考虑使用期限长些，并估计在此期间有代码增减的可能性。

③ 修改代码产生的影响。修改代码会有很大影响，将涉及诸如修改传票、账单和总账，修改输入输出数据形式，变更处理程序，并且其所需费用也将升高。因此，代码设计时要考虑上述的范围和期限，应留有一定的余地。

5. 代码设计的步骤和编码原则

(1) 代码设计的步骤

代码设计要经过选定代码化对象，决定代码的使用范围和使用期限，代码设计和校验，翻译代码和编制代码表，编制代码的参考文件，维持代码的参考文件和代码表 6 个步骤。

（2）编码原则

① 要适合于计算机处理。代码作为输入数据的一部分输入计算机，当然必须适合于计算机处理。基于这一点，数据必须实现标准化。

② 便于使用。在权衡代码计算、计算机处理和使用计算机的人之间的关系时，首先要考虑人的因素。因此，代码必须便于人们使用。这方面的内容有三点：代码分配，记入和转记，检查。

代码位数应尽可能短，固定位数，且应含义单纯。要注意把单纯易记的代码分配给频繁出现的那些代码。

代码的位数最好是不满四位。四位或四位以上时，用一短划线分开。例如：

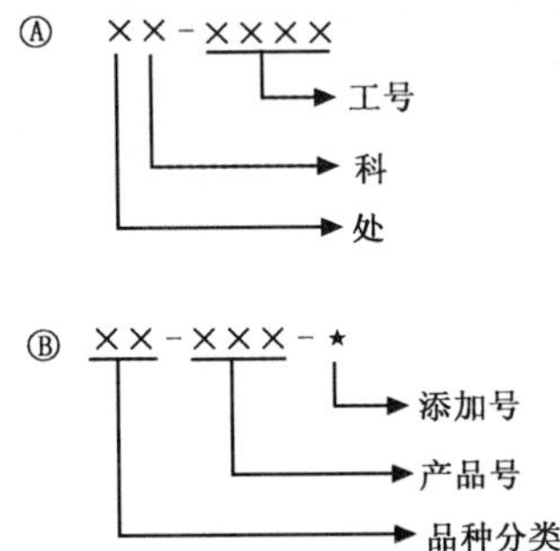

③ 通用性。在日常生活中，同一个人可以有各种代码（工号、考勤卡编号、借书证号等），最好使这些代码使用同一号码。对同一对象，即使业务部门不同，也应采用同一代码。代码设计的通用性非常重要。

④ 要有系统性。所谓代码的系统性，就是指代码可以分组。且有一定的规则。首先要使代码的种类具有系统性，贯通整个系统，代码具有通用性和一贯性。

⑤ 要有扩展性。设计代码时，要认识到代码对象今后必定有增减，故应预先考虑扩展性。当添加新代码时，可采用以下两种方法：

a. 将新代码置于现行代码的末尾；

b. 根据新代码的性质，将它适当地插入代码系统中间。

⑥ 代码中不要使用易错字符。通常以数字为基础，再加上单独的或组合的英文字母构成代码。代码设计中不使用易于写错和读错的字母，就可以避免发生一些错误。

6. 代码的种类

代码的种类很多，目前计算机信息管理系统开发工作总主要用到的有：

序码（Sequence code）；

块码（Block code）；

分组码（Group classification code）；

特定数字码（Significant digit code）；

十进码（Decimal code）；

助记码（Mnemonic code）；

缩写码（Letter type code）；

尾数码（Final digit code）；

数字字母码（Numerical alphabetic code）；

字母码（Alphabetic Code）；

函数查表码（Function table lookup Code）；

区间码。

（1）序码

序码也叫连续码，它是一种最简单的代码，用于从头开始按顺序排列编码对象。例如：

北京 01

上海 02

天津 03

这种码的特点是位数少，一个项目一个连续号。如果数据是按顺序产生的，则追加码就很方便，只需在连续号的最后添上一个号码即可。连续码简单明了，利用价值比较高，但它不适宜于分类，当项目比较多时，码的组织性和体系性较差。连续码一般用于项目比较少、项目内容长时间不变动的代码。

（2）块码

块码也是从头开始依次对编码的对象编号，但每一块都留有一些缺号，供添加号码时用。这种块通常由代码设计人员分配。例如：

- 总务科
- 人事科
- 劳动科
- 出纳科
- 合计科

（3）分组码

代码的每一位具有一定含义，从最高位开始，每一位分别对应于大分类、中分类及小分类。例如：

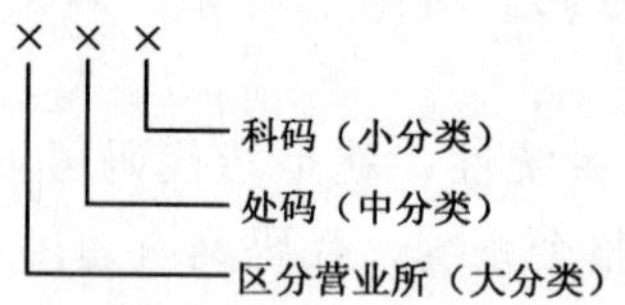

100	本公司		
110	本公司	总务处	
111	本公司	总务处	总务科
120	本公司	出纳处	
121	本公司	出纳处	出纳科

分组码的优点是：由于代码分为组，所以添加新代码不会打乱代码系统。当某一分类超过 10 种时，可预留 2 位代码宽度。

（4）特定数字码

特定数字码常用于对对象的尺寸和重量进行编号。例如：

1×××—×××	用纸
1100—480	纸宽（1100×480mm）
1101—457	纸宽（1101×457mm）
1102—483	纸宽（1102×483mm）

这种代码本身具有一定含义，只要理解了内中含义，就易于解释和编制代码。此外，它还能自动更替新旧代码以及添加新代码等，使用方便。

（5）十进码

这种代码相当于图书馆图书分类中沿用已久的十进法分类码。例如：

000 总论

100 哲学

200 历史

300 社会科学

400 自然科学

500 工程学

（6）助记码

助记码是把编码的对象名称和代号编为代码的一部分，以便于联想到对象品目。例如：

TV—M—12 12 英寸 黑白电视机

TV—M—14 14 英寸 黑白电视机

TV—C—13 13 英寸 彩色电视机

TV—C—21 21 英寸 彩色电视机

这种代码的优点是添加代码和辨识代码容易。缺点是当编码位数加长或对象增多时，可能出错，从而失去实用性。

（7）缩写码

缩写码是把用惯的缩写字直接用作代码。例如：

kg 公斤

cm 厘米

m 米

缩写码的优点是具有通用性，但现在此法适用的范围有限。

（8）尾数码

尾数码是指项目末尾位用具有一定意义的数字来表示，从而构成项目的代码。例如：

××××

└── 表示单位名称

假设："1" 表示 mm 则有：02301→230mm

"2" 表示 cm 02302→230cm

"3" 表示 m 02303→230m

（9）数字字母码

数字字母码是使用对应于英文字母的数字，按英文字母的顺序对名字进行分类。例如：

01 A 01 表示 A

02 B 02 表示 B

03 C 03 表示 C

04 D 04 表示 D

（10）字母码

所谓字母码是指不使用数字，而用字母作代码。使用的字母要便于联想代码的内容。例如：

区分性别的代码

1—男

2—女

可以用英文字母来代替其数字

A—男

B—女

如果用:

M—男

W—女

这样的表示，就便于联想内容。

(11) 函数查表码

把与代码相对应的索引项目作成表放在存储器里，代码用作索引项目的键。例如，某公司卖100种商品，由于各商品的销货单价与批发单价不同，所以将其编为代码，存入存储器，见表6-15。

表6-15 商品表

品种码	存储器地址	销售单价	批发单价
00	1000~1009	00106	00085
01	1010~1019	01000	00870
02	1020~1029	10000	09240
⋮			
99	1990~1999	00025	00015

函数查表码便于按表检索所需的信息，但因存储容量关系，当品种过多时就会受到限制。

代码设计是很重要的阶段，设计时应根据需求分析中对原有代码的调查、计算机化的使用要求和决定系统方案时所确定的代码化对象，分别对各个代码做专门设计。具体的过程可用图6-28表示。

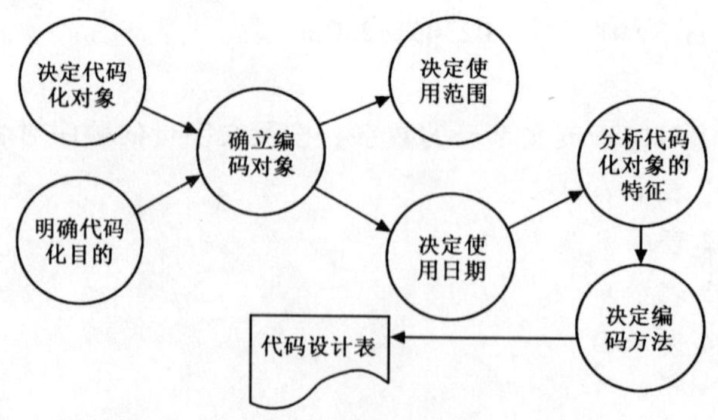

图6-28 代码设计的具体过程

(12) 区间码

区间码把数据项分成若干组，每一区间代表一个组，码中数字的值和位置都代表一定意义。典型的例子是我国的行政区代码。

例如，国家标准局编写的中华人民共和国行政区代码（GB2260—84）。代码用6位数字，按层次分别表示我国各省（自治区、直辖市）、地区（市、州、盟）、县（市、旗、镇、区）的名称，从左至右的含义是：第1，2位表示省（自治区、直辖市），第3、4位表示地区（市、州、盟），第5，6位表示县（市、旗、镇、区）。

区间码的特点是：信息处理比较可靠，检索、分类和排序都很方便；但这种代码的长度与它的分类属性有关，有时可能会造成很长的代码，同时这种代码的维护也较困难。

7. 代码校验

设计出代码后，需要对代码进行仔细校验，保证所设计的代码正确无误，适于计算机化的后续工作。通过工作总结，编码出错和校验方法各有多种不同情况。一种代码校验的方法是校验数位，即在代码末尾附加校验用的数字。此法对于发现填写代码错误颇为有效，但不能修改错误。

（1）编码出错的种类

① 抄写出错。例如，把12345写成02345、12845、12344等。

② 易位出错。例如，左右字母易位，把12345写成13245、12435、12354等；左右字母跳一位易位，把12345写成32145、14325、12543等。

③ 其他错误。当①和②的错误重叠时，或夹杂别的出错时，都算作其他错误。当检验代码时，要兼顾考虑上述三种情况，使之能最大限度地发现编码出错。

（2）校验方法

这里主要对程序校验和校验位校验两种校验方法作介绍。

① 程序校验。程序校验是利用程序将输入文件记录的代码与系统中主文件的键进行核对。因为主文件的键相对来说比较固定，并且是经过反复校验的，以它为参照进行校验如不一致，说明输入代码有错。

② 校验位校验。校验位校验的方法很多，下面通过例子来介绍其中一种校验方法。具体步骤如下：

步骤1　确定校验位

代码1238，校验模数为10。

1　2　3　8……代码号

×　×　×　×……乘法

1　2　1　2……加权值

———————

1　4　3　16

1 + 4 + 3 + 16 = 24　　求和

24 ÷ 10 = 2……4　　除模数

10 − 4 = 6　　计算校验位

1238的校验位…6　　校验位6

步骤2　核对校验位

输入代码时，将原代码1238加上校验位6，如错误地输入代码1239，则由校验设备或程序验算得到：

1 2 3 9
× × × ×
1 2 1 2

---

1 4 3 18

1 +4 +3 +18 =26

26 ÷10 =2……6

10 −6 =4

1239 的校验位…4

校验位为4，而实际校验位应为6，说明输入代码出错了。

一般模数有10和11两种。

加权值可以取：

1 2 1 2 1 2

1 3 1 3 1 3

1 3 7 1 3 7

7 6 5 4 3 2

9 8 7 4 3 2

在计算机上，除用程序进行校验外，还可以在输入设备上安装校验设备进行校验。

为此，可有两种实施方法：编码方法和校验方法。

决定了编码方法或校验方法之后，需要作一张代码信息设计表，说明有关代码名称、使用日期、适用范围、编码方式、位数、每位意义及有无校验位等。其表格形式可参见表6－16。

表6－16　　代码信息设计表

代码名称	产品名	使用日期	适用范围	生产管理
编码方式	99	追加方法	删除方法	
项目件数	40	位数	校验位	有

代码构成意义：

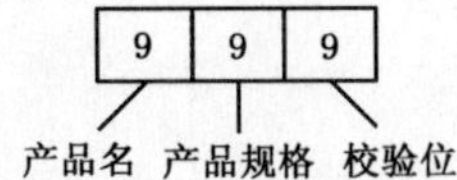

具体代码内容：

序　号	内　容
01	1＊螺钉
02	2＊螺钉
03	3＊螺钉
04	4＊螺钉

6.5 数据文件（库）设计阶段

数据文件（或数据库）设计是计算机管理信息系统设计很重要的部分。数据库设计质量的好坏，数据结构的优劣，将直接影响到管理系统的成败。在了解数据文件（数据库）设计阶段之前，需先对在数据文件设计过程中经常要用到的术语进行了解。

① 逻辑结构，是指如何将数据按一定的分类、分组系统和逻辑层次组织起来，以供处理。这种结构是从用户的角度来看待数据，是面向用户的。

② 物理结构，是指如何把具有一定逻辑结构的数据存储在存储设备上（内存、外存）。物理结构是面向机器的。

一般来说，系统设计主要考虑逻辑结构，而物理存储要靠系统软件来实现。

③ 数据项（或字段），块码是数据逻辑结构的基本单元，它代表一个实体的个别属性，例如职称、年龄、工资级别、姓名等。

④ 记录，由一组有逻辑联系的数据项组成，它代表一个实体的全部属性，例如职工的工资记录包括姓名、年龄、工资级别等数据。

⑤ 文件，由一组有逻辑联系的记录构成文件，它代表一个实体集合的全部信息，例如单位的全部职工工资记录构成一个工资文件。

⑥ 数据库，这里把数据库定义为一种信息集合，它便于存取、分析和编制报表。

数据文件（数据库）设计时，通常遵循以下步骤：

① 数据收集；

② 数据分析整理；

③ 数据优化组合；

④ 数据实体描述；

⑤ 数据文件结构图编制。

1. 数据收集

在有关系统分析和详细设计的叙述中，我们都强调了调查分析和数据流向问题。因为数据（如发票、单据、账本、业务往来的各种数据等原始数据）存在于各部门业务交往过程中，故要通过调查把它们收集起来。在收集数据时应注意以下几点：

① 系统中不同业务数据的交往；

② 数据在系统中的流向；

③ 数据流的大小、分布、增长速度；

④ 数据项的含义。

现行系统数据应使用现行系统数据结构表进行定义，请参见表4-8。

2. 数据分析整理

所收集的数据通常不能直接作为数据文件的内容，需要进行分析、加工、整理。数据分析整理主要工作包括：定义数据字段，描述数据特性，分析数据用途，去掉冗余部分，约定公用关键字，数据优化组合等步骤。

3. 数据优化组合

这里通过一个实例来说明数据的优化组合。某公司在北京中关村有三个销售门市部，每一个门市部都建立了自己的销售情况记录，如图 6－29 所示。

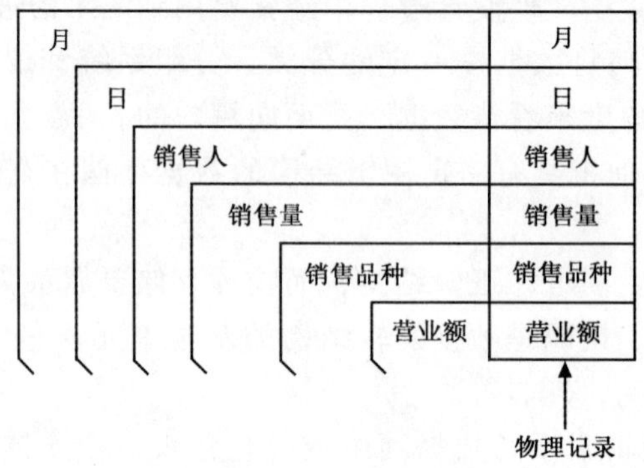

图 6－29 一个门市部建立的销售情况记录

如果用计算机来管理这三个门市部，按月、按年产生门市部销售报表，那么上述物理记录不能直接使用，需要重新设计组合，使它们变为一个公共的记录结构，如图 6－30 所示。

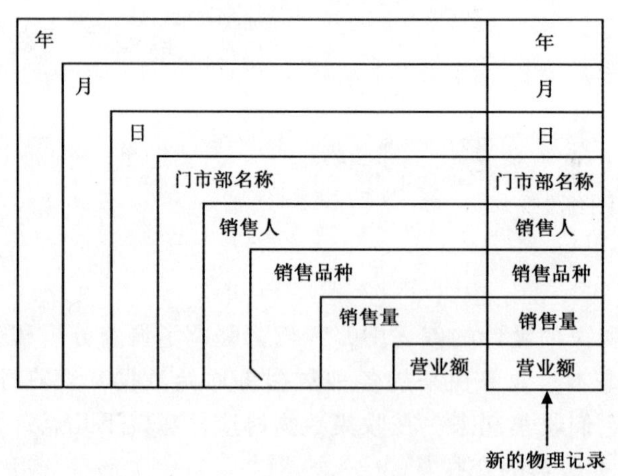

图 6－30 重新组合的门市部建立的销售情况记录数据组织

重新组合后的物理记录具有通用性，能准确地提供按年、月、日、门市部、销售人、销售品种等信息。

4. 数据的实体描述

确定了数据新的物理记录后，数据文件的基本格式就随之确定了。图6－30所示新的物理记录可以用表6－17进一步描述。

表6－17 新系统文件记录结构定义表

文件名称	AAA. DAT		
系统名称		子系统名称	
服务对象	中关村门市部销售记录文件		
字段名	意 义	类 型	长 度
a1	年	数 值	2
a2	月	数 值	1
a3	日	数 值	1
b1	门市部名称	字 符 型	4
b2	销售人	字 符 型	8
b3	销售品种	字 符 型	8
b4	销售量	数 值	2
b5	营业额	数 值	4
合计			30
说 明			

5. 数据文件（数据库）的结构图

对系统中所用到的数据文件都作了数据实体描述后，要画出数据文件的结构图，标明哪一部分是输入数据，哪一部分是处理过程中产生的数据，哪一部分是输出数据。这样处理其作用有三点：

① 从数据文件结构图中能清楚地知道整个系统数据的产生、活动、交接口格式、输出等；

② 便于程序设计者编写源程序；

③ 便于修改和变更数据文件。

另外，文件设计时，还有下述几点要求。

① 数据文件应安全，要有保密措施；

② 文件名称、字段名称要避免同名，名字的含义要确切；

③ 文件设计完后要写出一个完整文件的代码设计本，交给程序设计者使用。

数据文件（数据库）设计过程中，要充分运用数据库技术，规范数据库的设计方法，利用数据库提供的数据完整性、安全性控制方法等，以保证能尽量提高数据存取效率，保证存储质量，增加数据安全。

(1) 在提高存取效率方面，设计中的注意点

① 数据集中存储，整个系统都在统一的数据库里，可提高数据的存取速度，方便各子

系统之间的数据交换；

② 优化数据存储结构，合理设计数据存储结构、数据之间的关系，使系统访问数据时简便、快捷；

③ 采用适用于不同结构的存储方式进行数据存储，以提高存取速度，如对结构化数据与非结构化数据分别采用不同的存储方式进行存储。

（2）在保证数据存储质量的完整性方面，设计中的注意点

① 制订标准统一的、模块化的、易识别的对象（表名、字段名、约束、索引等）命名规范；

② 在物理设计之前进行逻辑设计，大型系统的用例较多，进行逻辑设计有利于从整体把握整个系统设计的方方面面；

③ 避免数据长度不足的情况发生，字段的数据类型及长度不仅要满足当前的需求，而且要考虑到需求的变更；

④ 如果某个字段的值来自数据字典，则为这个字段建立对字典的外键关联；

⑤ 对每个表建立唯一主键，避免同一张表产生重复的数据；

⑥ 为有关系的表之间建立一对一、一对多、多对多等关系。

（3）在保证数据存储的安全性方面，设计中的注意点

① 防止用户直接操作数据库，用户只能用账号登陆到应用系统，通过应用系统访问数据库，而没有其他途径操作数据库；

② 用户账号密码的加密，对用户账号的密码进行加密处理，确保在任何地方都不会出现密码的明文。

6.6 系统界面设计阶段

系统界面设计实质上是对系统做一个外形轮廓的设计。此阶段不宜过于粗略，否则系统设计者对某些环节就可能不大清楚，一旦功能变更就不能得心应手。系统界面设计也不能过细，过于细致将束缚程序设计者的思想，不能发挥他们的应有作用。笔者建议系统设计者设计到子系统的功能模块级较为适宜。如图 6－31 所示，系统设计者设计到三级菜单：一级菜单为子系统级，二级菜单为子系统功能级，三级菜单为子系统功能模块级。

界面设计的菜单驱动、提示问答要直观明了，最好提供帮助功能（Help），以便于用户尽快熟悉工作。

6.6.1 系统界面项目的排列位置

系统界面上各个项目的排列位置，对界面的美观和实用都起着很大的作用，所以在安排界面项目位置时，应该遵循以下原则：

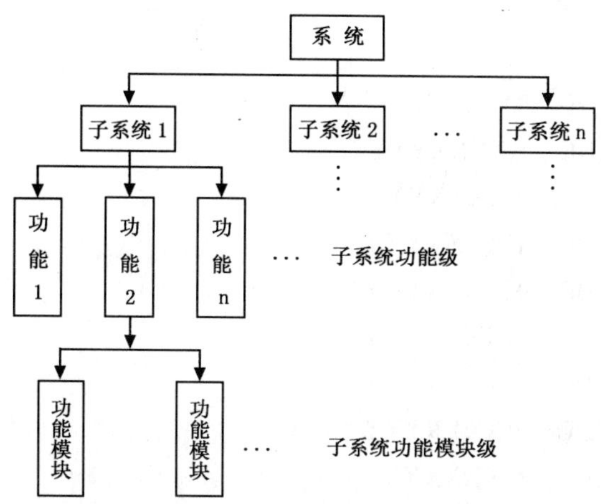

图 6-31 系统界面设计图

① 项目按行、列位置，上下、左右对齐；

② 每行之间的间隙，和一行之中项目之间的间隙应该相同；

③ 静态文本、编辑框、组合框、按钮、检查框、圆形按钮等各个类型的项目的高度原则上应该相同，当无法保证全部相同时，至少应该保证同一类型的项目的高度完全相同；

④ 系统界面总体效果清晰、明朗，界面重心合适。

6.6.2 系统界面项目的控制机能

系统界面上各项目都会具有一定的控制功能，在设计各项目的控制功能时也有需要注意的地方。

① TAB 键设置不应停留在静态项目上，而是需要按从上到下、由左至右的次序在用户可操作的控制项目上移动。

② 组合框的拉下宽度应与被选择的项目的个数相适应。被选择的项目的个数为 10 个以内时，拉下组合框时不应出现竖滚动条，并保证被选择的项目数量最大时也不要超过系统界面的高度。

③ 任何时候系统界面的控制焦点不应丢失，应该能通过键盘改变焦点。

④ 系统界面控制焦点的转移应该尽量做到“自动”和“智能”，比如编辑框输满时就自动将焦点移到下一个控制项目等。这是决定系统界面的易操作性、友好性的很重要的一点。

6.6.3 系统界面项目的 ID 命名

系统界面项目的 ID 命名，在设计时应该遵循以下原则：系统界面本身的 ID 应该以 IDD _ DialXXXX 的方式命名，8 个字符的前缀、D _ Dial 固定不变，随后跟的字符串应该为该系统界面在开发项目中预定的编号，整个项目中的各个系统界面 ID 的长度原则上应该相同。

系统界面其他各个项目的 ID 命名由“前缀 + 系统界面编号 + 顺序号”组成。

具体规定如下：

系统界面 ID ： IDD _ DialXXXX
静态项目 ： IDC _ SXXXXYYY
列表框 ： IDC _ LXXXXYYY
编辑框 ： IDC _ EXXXXYYY
检查框 ： IDC _ KXXXXYYY
圆形按钮 ： IDC _ RXXXXYYY
组合框 ： IDC _ CXXXXYYY
按钮 ： IDC _ BXXXXYYY
滚动条 ： IDC _ VXXXXYYY

这里，XXXX 是系统界面编号（3 列或 4 列），YYY 是同类型的项目顺序号（001—999）。

对于其他界面编程环境中的界面内的项目，有些没有列出，对它们 * * ID 命名规则，必须在整个开发项目中统一规定。例如 VBX 的各个界面项目可以以前缀 IDC _ VBX，再加上功能分类字母（L、E、K、R、C、B、V 等）来命名。

6.7 接口设计

系统的接口主要包括用户接口和系统内部接口两类，其中用户接口是人机交互的桥梁，主要有三种形式即菜单形式、工具栏形式和对话框形式。系统内部接口是完成系统内部各组成部分间信息的传输的通道，主要有两种形式，即移动存储形式和网络形式。

在系统中采用什么形式的接口，还要根据具体情况来确定。

到目前为止，作为系统设计者对一个待建的信息管理系统就心中有“谱”了。

6.8 系统设计提交的文档资料

当系统设计工作进行即将结束时，还有一项非常重要的工作要做，就是向下一阶段的工作提交系统设计阶段的文档资料。这份文档包括有三方面的内容：系统设计说明书，有关图表，下一阶段工作的约定。

1. 系统设计说明书

系统设计阶段可以说是“理顺”整个系统部件，构造“大厦”模型框架的工作，体现这部分工作完成的标志是提交的系统设计说明书。

系统设计说明书将成为系统开发工作的技术上的保证，所以应认真的编写。从内容方面来讲，系统设计说明书应能够全面、准确和清楚地阐明系统在实施过程中具体采取的手段、方法和技术标准，以及对环境的要求。“全面”指的是对于系统的总体结构、所有功能模块以及相应的运行环境进行详细的说明；“准确”指的是对各功能模块的内部规定和外部说明、接口设计以及相互之间的逻辑关系等从技术上进行正确的无二义性描述。编写系统设计说明书时，还应注意文字的表达要清晰、简洁且可读性强，便于系统开发人员的阅读和理解。

一般情况下，系统说明书大体包含以下内容：

（1）概述

包括引言、新系统概况和参加的设计人员。

（2）新系统目标和总体结构

包括系统需求（包括总体描述、功能、性能、运行环境等）、系统总体结构和工程阶段划分。

（3）新系统处理要点

包括处理的数据文件、统计处理的要求、各种接口要求、通信环境要求和项目技术要求。

（4）系统功能设计说明

例如XX子系统，包括功能（详细说明）、流程图（画到功能模块级）、输入内容、输出内容和接口方式。

（5）数据文件（数据库）设计说明

包括数据文件的内容、数据库的逻辑划分和设计、数据库的安全措施和数据库的备份与恢复方式。

（6）附录（图、表）

2. 提供的图表

在本阶段工作结束时，需要提供的图表有系统功能图、业务流程图、组织机构图、信息流向图、输入信息设计表、输出信息设计表、文件设计表、系统总体结构图、处理模块划分表、IPO图描述表、模块逻辑图描述表、新系统文件记录结构定义表、数据文件结构图和业务调查表。

3. 对下一阶段工作的约定

对下一阶段工作的约定内容详见6.9节。

6.9 系统设计者的职能转变

到此为止，对于系统设计人员来说系统的设计任务就算结束了，下一阶段的工作要转向开发管理。开发管理的主要涉及约定下阶段的工作要求、程序设计、测试和数据制作以及解答开发人员的问题等工作。

本节对开发管理工作只是简要介绍约定下一阶段的工作要求，程序设计将在第7章中叙述，有关测试和数据制作、解答开发人员的问题等内容在本节就不做介绍了。

在进行程序设计开发工作前，系统设计人员要对下一阶段工作提出一些要求。如需明确各种文件名称、交接口方式；各种文件的字段名，代码设计本；程序编制；工作语言；源程序书写；注释书写；流程图画法；跨子系统的接口等。

思 考 题

1. 简述系统设计工作一般遵循的设计原则。
2. 简述详细调查的原则。
3. 系统功能信息关联图通常要考虑到哪几个方面？
4. 计算机化处理流程中有哪八种处理方法？
5. IPO 图表的内容包括哪些？
6. 简述输出设计的内容。
7. 简述设计报表输出的注意事项。
8. 简述输入设计的内容。
9. 简述系统屏幕设计应该掌握的原则。
10. 简述按文件保存性质的分类。
11. 简述文件信息性质的分类。
12. 简述对文件的基本要求。
13. 简述业务部门对文件的要求。
14. 简述数据文件（数据库）设计通常遵循的步骤。

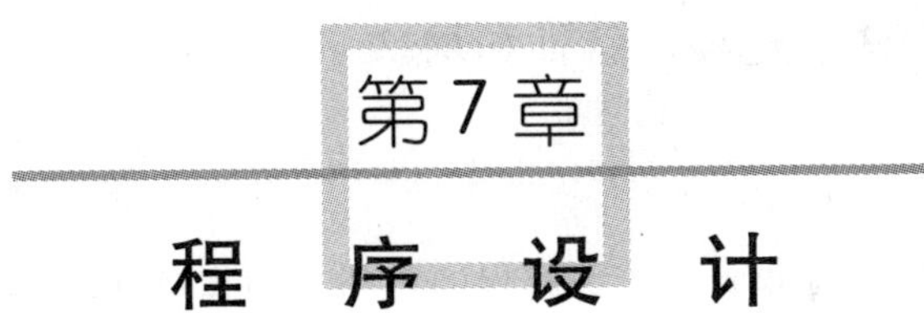

第7章 程 序 设 计

程序设计（Programming）是指设计、编制、调试程序的方法和过程。程序设计的基本概念有程序、数据、子程序、子例程、协同例程、模块以及顺序性、并发性、并行性和分布性等。程序是程序设计中最为基本的概念，子程序和例程都是为了便于进行程序设计而建立的程序设计基本单位，顺序性、并发性、并行性和分布性反映了程序的内在特性。

对任何一个计算机管理系统，程序设计是程序编码阶段的第一步。程序设计是对一个系统应用各种技术和原则的设计过程，这个过程规定了详细的物理实现方法。编码是程序设计的必然结果。

程序设计者的任务是对一个将要“构造”的实体提供一个模型或一种表示方法。

程序设计过程和其他的工程设计方法一样，有一个不断的演变过程，也处于不断完善和改进的阶段。

7.1 程序设计的工作目标和任务

程序设计阶段的主要工作是对每个程序模块进行设计、编码和测试，并且产生相应的设计文档资料。

7.1.1 程序设计阶段的目标

程序设计阶段的目标主要包括五项：

① 设计、编码与测试每个功能程序；

② 测试系统，以确认它的功能是否达到系统设计的目标；

③ 确定系统执行所需要的各种过程和使用手册；

④ 为下一阶段提供软件服务程序；

⑤ 确定程序编码工作进程。

7.1.2 程序设计的方法、过程、特征和层次

1. 程序设计的方法

程序设计的方法有很多。如表示法、流程图法、结构化设计方法和面向对象的设计方法等，使用哪种方法通常是由公司的惯例决定的。

（1）表示法

表示法用图形表达设计。统一建模语言（UML）是目前最流行且定义良好的表示法。它提供了一种标准的方式，来对软件开发过程中产生的几乎每一个结果进行建模和文档化。事实上，这种表示法已经非常全面，以至于你都可以使用它来表达软件之外的很多东西，它已经被用在软件、业务流程甚至组织结构的建模中。

图形表示法提供了一种媒介，可以帮助你表达、思考和讨论你的软件设计。它所具有的两个特点是：① 可以在一张稿纸上快速地做出设计的草稿，并在一块白板上与同事们分享你的想法；② 可以在形式上使设计文档化。

（2）流程图法

流程图法是一种特别的图形表示法，用于可视化地表达算法。它可以给出所表示对象整体的概览，但它不如代码精确，并且在改变代码时也要同步地进行更改。因此，在使用流程图时最好保守一些。

（3）结构化设计

结构化设计主要与功能分解有关，即将系统的功能分解为一系列更小的操作。结构化设计以“分治”（divide - and - conquer）法为主要特征，即把问题不断地分解成若干个更小的问题，直到每个小问题无法再被分解为止。分解问题的方式有两种：自顶向下和自底向上。自顶向下的方法从整个问题着手，并将它分解为若干个小问题。接下来，这些小问题会被分解为更小的单元，直到没有必要再分解下去为止。自底向上的方法是从最小的功能单元（也就是你了解的系统必须做的最小的事情）着手，将这些功能组合起来，直到形成一个完整的解决方案。在实践中，会同时采用这两种设计方法，设计的过程将在它们相遇的地方（通常在中间某个位置）结束。

（4）面向对象的设计

结构化设计的焦点在于系统必须执行的操作，而面向对象设计的焦点则在于系统中的数据。这种方法将软件设计为一些相互作用的独立单元，这种单元被称为“对象”。

面向对象的设计将确定问题域中的主要对象，并规定这些对象的特征。这些对象的行为，包括这些对象所提供的操作，以及每个对象与其他哪些对象相关等，都将被确立下来。所有对象都将被组织在设计中，从而合并了对象所需的任何实现域。当所有的对象行为和相互作用都被确定之后，设计就完成了。

2. 程序设计的过程

软件设计是一个过程，一个将系统分解为若干部分的过程，同时也是一个平衡各种相互

制衡的因素的过程。要得到最终的设计，还需要考虑设计的扩展性和性能。

（1）扩展性

以扩展性为目标的设计会提供丰富的接口，方便以后可以插入代码，同时会确保程序设计框架足够通用，以支持未来可能出现的任何需求。与之相反，以简洁为目标的设计则会避免过多间接的复杂性和不必要的通用性。

（2）性能

性能的提高常常会以牺牲设计的安全性为代价——为某种重要操作而放置特殊的后门，或者为避免过多间接访问而增加大量的耦合。高度优化的系统一般都不太清晰，并且在面对变化时会比较脆弱。

不过，并不是所有的高效设计都很糟糕，许多优秀的设计正是因为其简洁、自然且运行良好而受推崇。在项目的初始阶段，总是会有无数希望能够实现的功能，并且常常会对交付这些功能的时间抱有不理智的想法（最好明天就能交付）。但现实情况是功能越多，实现所需的时间就越长。

3. 程序设计的特征

在程序设计中，设计应具有本阶段工作所特有的性质，如：

（1）控制权

控制权在系统内部交换。

（2）变动所涉及的范围很小

一个地方所进行的个别的简单变动，不会导致对许多其他地方的代码也进行修改。

（3）模块化

模块化的重要衡量标准是内聚性和耦合性。我们期望模块具有以下特点：

① 内聚性是一个标准，用于衡量相关的功能相互结合得是否紧密，以及一个模块内的各个部分是否可以像一个整体一样运行。

② 低耦合性。耦合性是衡量模块之间的相互依赖性的一个标准。在最简单的设计中，模块之间几乎没有什么耦合性，并且很少相互依赖。显然，模块不可能完全不相互耦合，否则它们会无法协同工作。

③ 良好的接口。模块有助于我们分散关注的焦点和划分问题。每个模块都会定义一个接口，它会将内部的实现隐藏在这扇公共的大门之后。这样一组可用的操作常常被称为“应用程序接口（API）”，它是获取模块内部功能的唯一路径，它的质量决定了模块的质量，至少从外部看是这样。

④ 简练。简练是指接口使用一种简单的方式来代表大型操作的能力。简练往往是良好抽象的结果，但是糟糕的抽象会导致更加冗长的代码。

（4）可扩展性

可扩展性可以通过软件框架来实现，如动态加载的插件、层次结构、函数。

（5）避免重复

设计良好的代码不包含任何重复的部分，它从不需要重复自己。

（6）可移植性

一个良好的设计应该具有适当的可移植性，并且只有在必要的情况下才会处理可移植性问题。

(7) 符合语言习惯

一个良好的设计会自然地运用最佳的做法，不仅符合设计方法同时也符合实现语言的习惯。这使其他程序员能够很快的理解你设计代码的方式，并可以使用它。

(8) 文档

设计应该文档化。不要让读者自己推断代码的结构。这在设计的较高层面上尤为重要。

4. 程序设计的层次

程序设计是分层次进行的，具体的层次如下：

(1) 确定主要的子系统

将系统看作一个整体，确定主要的子系统，并设计这些子系统的相互连接方式。体系结构设计对系统整体的性能和特性的影响最大，而对具体的代码行影响最小。

(2) 确定模块/组件

子系统一般都很大，无法直接在代码中实现，所以下一步就是要将每个子系统分解为更好理解的模块。

(3) 确定模块

模块设计严格约定接口，约定接口后很难对它们加以修改。

(4) 确定类和数据类型

(5) 确定函数

需要哪些函数？函数的内部运行方式、控制流的流动方式以及要使用哪些算法等，这是设计不可或缺。

7.1.3 程序设计阶段的开发任务

由项目管理部门根据系统设计的要求组织程序设计，从而进入开发实体的工作。该阶段的任务是将系统说明书和有关程序设计中定义的设计内容转换为完整的工作系统，其中包括必须的文档资料。

本阶段要完成的任务：① 设计、绘制功能模块图；② 针对功能模块图进行编码；③ 对功能模块进行测试；④ 写出有关技术资料和说明；⑤ 检查和修改程序编码工作进程；⑥ 测试系统功能和性能；⑦ 确定系统执行过程中所需的技术资料。

本阶段还应向程序管理组提供形成的软件包和程序设计说明资料、操作说明草案。

程序编码阶段的任务按其工作流程可以具体分解为：① 确定开发子系统阶段的目标；② 确定程序编制的方法；③、提交开发子系统阶段所生成的各种文档资料；④ 编写设计说明书；⑤ 修改、扩充数据结构图；⑥ 模块编码；⑦ 功能模块测试与数据制作。

1. 开发子系统阶段的目标

开发子系统阶段的目标主要有设计、编码与测试每个程序，为以后的程序维护与操作运行编写必要的文件。

2. 确定程序编制的方法

确定程序编制的方法，以统一的“格调”生成程序，方便以后程序的维护，同时也便于开发期间及时的“交换思想”，纠正错误。

程序编制的方法一般有两种：

① 以功能为基础的程序编制方法；

② 以数据结构为基础的程序编制方法。

一般来说，对于以大量数据为基础的项目，采用以数据结构为基础的方法较好，因为用这种方法所编制的程序易于更改和维护，如管理信息系统一般也采用此方法。如果只涉及少量数据的处理，则采用以功能为基础的方法较好，例如科学计算中以算法原理为基础的程序多采用此法。

不管采用以上哪种程序编制方法，都应该考虑编程的目标。当采用以数据结构为基础的编程方法时，目标码设计应满足以下三点要求：

① 与问题无关部分必须放在不同的模块中；

② 与问题相关部分必须放在同一模块中；

③ 每个模块应该执行不同的功能。

3. 开发子系统阶段所生成的各种文档资料

一个新建系统通常都分为几个子系统，开发时一般按子系统划分程序编制小组，各个小组要对自己所开发的子系统写出各种文档资料，这些文档资料如表7－1所示。

表7－1　子系统建立的文档资料

序号	任务	生成文件	备注
1	模块程序设计	模块程序设计说明流程图	
2	数据结构	数据结构图，程序结构图	
3	逻辑设计	使用的程序设计语言，模块关联图	
4	模块编码	源程序清单	
5	制定程序测试计划与数据	模块测试项目表 程序测试计划，测试数据	
6	测试结果		
7	备份	最终的源程序备份（一份交程序管理组，一份交系统运行组） 源程序清单	
8	阶段性程序验收	程序验收单	

（1）模块程序设计文档

模块程序设计是根据模块测试项目表，如表7－5所示“×××系统模块测试项目表”的要求进行详细设计的。作为提交的程序编码工作文本，需要做到以下三点：

① 对每个模块进行详细设计，画出流程图，说明每个模块用到的节段/单元规格表（见表7－3）和表格规格表（见表7－4）。详细设计的过程就像写文章一样，同一个题目由不

同的人写，能写出不同的风格，因此，对这项工作应严格要求，统一风格，以便于日后维护。流程图所用图纸格式如表 7－2 所示。

② 估算出编程时间。

③ 提出要求测试的项目。

表 7－2　　　　流程图所用图纸格式

<table>
<tr><td>英文注释</td><td colspan="7">流　程　图</td><td>中文注释</td></tr>
<tr><td rowspan="6"></td><td colspan="7" style="height:300px"></td><td rowspan="6"></td></tr>
<tr><td colspan="2">图　名</td><td colspan="3"></td><td>图　号</td><td></td></tr>
<tr><td colspan="2">程序名</td><td colspan="2"></td><td>程序号</td><td></td><td>页号 /</td></tr>
<tr><td rowspan="3"></td><td>制图</td><td></td><td rowspan="3"></td><td rowspan="3"></td><td rowspan="3">×××系统
流程图用纸</td><td rowspan="3"></td></tr>
<tr><td>审查</td><td></td></tr>
<tr><td>批准</td><td></td></tr>
</table>

表 7－3 **节段/单元规格表**

模块符号名称		模块类别	节段单元	开闭	常驻非常驻	可重入不可重入	动态步数及计算条件	
			所需内存					

功能	

	输　　入	输　　出	
	输入信息	部位	输出信息

控制表	生成	消去	参照	更新	控制表	生成	消去	参照	更新	调用模块	调用模块（闭式例程）	备注

	制图			系统用纸	模块总称		表号	/
	审查							
	批准						页号	

表 7－4　　表格规格表

公用 专用	表格 名称		常驻 非常驻	大小		用途		所属 节段	

子区名称	字节 位置	长度 （字节）	比特 位置	初期值	子区内容 （子区的总称与意义）	接近条件		备注
						类别	条件	

类别　S：设定　R：参照　U：更新

	制图			系统 用纸	表格总称	表号	/
	审查						
	批准					页号	

（2）数据结构文档

数据结构在系统设计说明书中已给出，这里只是要求模块程序给出所要涉及的数据文件结构，如果有新的要求或需要变更，须立即向程序管理组提出。最后要画出数据结构图和程序结构图。

（3）逻辑设计文档

一般把逻辑设计简化为规定编制源程序时使用的程序设计语言和画出模块关联图两项工作。

（4）模块编码文档

确定工作语言后，依据模块程序设计的流程图编制程序，编制的源程序应达到以下要求：

① 可读性强，注释清楚；

② 正确与错误的返回显示代码要统一；

③ 程序层次清楚；

④ 使用的参数名能表达原含义。

（5）制定程序测试计划与数据文档

模块编码完成后，就可开始对每个模块进行测试。这个阶段主要工作内容有建立模块测试项目表（见表7－5），制作测试数据，列出测试工作进程表，提交给程序管理组，以便安排工作机时。

表7－5　　×××系统模块测试项目表

检测识别符号	层次号码	检测项目	测试规格书号码	判定	确认日期	备注

制作号码	
程序名称	
检测条件	

<table>
<tr><td colspan="2">程序名称</td><td></td><td>程序号码</td><td></td><td>页号</td><td></td></tr>
<tr><td rowspan="3"></td><td>制图</td><td></td><td rowspan="3"></td><td rowspan="3">×××系统
软件</td><td rowspan="3" colspan="2"></td></tr>
<tr><td>审查</td><td></td></tr>
<tr><td>核准</td><td></td></tr>
</table>

（6）测试结果文档

本书8.2节对程序测试作了专门叙述，这里只叙述测试阶段所需注意的事项。

① 检验分析所有测试的输出结果是否符合设计要求；

② 如果功能有问题，应提出修改源程序的意见，提供给程序管理组分析讨论，由管理组提出修改方案，并填写管理组上机操作说明，其内容见表7－6所示。

表 7－6　　管理组上机操作说明书

编号	

上机目的		有关票号	

项号	工 作 名 称	详 细 内 容	操作	确认

预定日期	

操作日期	

项号	工 作 名 称	详 细 内 容	操作	确认
备注				

（7）备份文档

每一个程序编码员对自己所完成的程序都要做备份，以防“丢失”或被破坏。将备份的源程序一份交程序管理组（用光盘和源程序清单），一份供子系统运行。做好备份后，要注明备份时间（年、月、日）和备份操作人员的姓名，以备查对。

（8）阶段性程序验收文档

完成了程序编制任务后，要及时将本阶段编制的程序提交程序管理组验收，以便顺利地进入下一阶段工作，管理组验收后要填写程序验收单，程序验收单样式如表 7－7 所示。

表 7－7　程 序 验 收 单　　　　年　月　日

程序名称：	程序模块名称：	
综合功能规格书制作者：	审查者：	承认者：
程序功能规格书制作者：	审查者：	承认者：
功能变更书制作者：	审查者：	承认者：
程序制作者：		
生成验收：	修改验收：	功能变更验收：
程序科系统组验收人：	验收日期：	
用户验收人：	验收日期：	
程序预定完成日期：	程序实际完成日期：	源程序存放媒体：
程序科负责人签字：	用户单位负责人签字：	上级负责人签字：
程序主要功能：		
程序移交用户的有关资料：		
备注：		

7.1.4 程序设计阶段的考核指标

程序设计阶段有针对模块程序设计、模块编码、程序测试计划与数据和程序四个方面的考核指标。具体考核指标如下。

1. 模块程序设计的考核指标

模块程序设计主要考核的有 15 项指标，分别是：① 每个文件是否都有数据结构图；② 非数据结构项是否有过程表；③ 是否提供了详细的文件设计；④ 所有的输出能否从输入或特定过程得到；⑤ 是否详细地说明了编码员（程序员）的工作；⑥ 是否已确定了公共模块；⑦ 有无程序运行图和程序的简要说明；⑧ 是否提供了有关限制条款的清单；⑨ 程序设计是否满足了程序说明书的要求；⑩ 设计结果是否容易理解；⑪ 设计是否符合标准；⑫ 程序结构图是否包含了所有有关的内容；⑬ 辅助文件上是否确定了通信内容；⑭ 是否提供了所有可能的错误条件；⑮ 有无自我教学功能。

2. 模块编码的考核指标

模块编码主要考核的有8项指标，分别是：① 源程序是否容易阅读；② 是否有足够恰当的注释；③ 是否有过大或过小的程序段；④ 逻辑结构的处理是否合理；⑤ 是否遵循阅读规则；⑥ 供测试用的代码是否被注明；⑦ 是否遵守了标准与惯例；⑧ 可否进行程序测试。

3. 程序测试计划与数据的考核指标

程序测试计划与数据主要考核的有4项指标，分别是：① 是否选择了最合适的测试策略；② 模块测试检查清单是否齐全；③ 测试数据能否测试所有已确定的项目；④ 测试数据是否产生了预期结果。

4. 程序的考核指标

程序设计的考核指标有5项，分别是：① 程序开发文件是否齐全；② 程序测试计划是否已正确执行；③ 输出结果是否满意；④ 是否按照指定标准开发；⑤ 程序是否可交付连接测试。

7.1.5 程序设计语言的选择

在程序设计之前，从系统开发的角度考虑选用哪种语言来编程是很重要的。一种合适的程序设计语言可以减少编程量和程序调试量，并且可以得出更容易阅读和维护的程序。

程序设计语言（Programming Language）是用于编写计算机程序的语言。语言的基础是一组符号和一组规则，根据规则由符号构成的符号串的总体就是语言。在程序设计语言中，这些符号串就是程序。

程序设计语言的基本成分有：

- 数据成分——用于描述程序所涉及的数据；
- 运算成分——用以描述程序中所包含的运算；
- 控制成分——用以描述程序中所包含的控制；
- 传输成分——用以描述程序中数据的传输。

选择适合于管理信息系统的程序设计语言需要从不同的方面给予考虑。

（1）语言的结构化机制与数据管理能力

选用高级语言应该有理想的模块化机制、可读性好的控制结构和数据结构，同时具备较强的数据管理能力，例如数据库语言。

（2）语言可提供的交互功能

选用的语言必须能够提供开发、美观的人机交互程序的功能，例如色彩、音响、窗口等。这对用户来说是非常重要的。

（3）有较丰富的软件工具

如果某种语言支持程序开发的软件工具可以利用，则使系统的实现和调试都变得比较容易。

(4) 开发人员的熟练程度

虽然对于有经验的程序员来说，学习一种新语言并不困难，但要完全掌握一种新语言并用它编出高质量的程序来，是需要经过一段时间实践的。因此，如果可能的话，应该尽量选择一种已经为程序员所熟悉的语言。

(5) 软件可移植性要求

如果开发出的系统软件将在不同的计算机上运行，或打算在某个部门推广使用，那么应该选择一种通用性强的语言。

(6) 系统用户的要求

如果所开发的系统由用户负责维护，用户通常要求用他们熟悉的语言书写程序。

7.1.6 程序设计的风格

程序的可读性对于软件，尤其是对软件的质量有重要影响，因此在程序设计过程中应当充分重视。为了提高程序的可读性，在程序设计风格方面应注意以下几点：

1. 适当的程序注释

程序中应适当地加上注释，读程序时就不必翻阅其他说明材料了。

注释原则上可以出现在程序中的任何位置，但是如果能使注释和程序的结构配合起来则效果更好。注释一般分为两类，即序言性注释和描述性注释。

序言性注释出现在模块的首部，内容包括：模块功能说明；界面描述（如调用语句格式、所有参数的解释和该模块需调用的模块名等）；某些重要变量的使用、限制；开发信息，如作者、复查日期、修改日期等。

描述性注释嵌在程序之中，用来说明程序段的功能或数据的状态。

如果详细设计是用过程设计语言（PDL）描述的，则编程时可将PDL描述嵌在程序中。

在程序设计中，书写注释时还应注意：

① 注释应和程序一致，修改程序时应同时修改注释，否则会起反作用，使人更难明白。

② 注释应提供一些程序本身难以表达的信息。

③ 为了方便用户今后维护，注释应尽量多用汉字。

2. 有规律的程序书写格式

有规律的书写格式将有助于其他人员对程序的阅读，在结构化程序设计中一般采用所谓“缩排法”来写程序，即把同一层次的语句行左端对齐，而下一层的语句则向右边缩进若干字符书写，使能体现程序逻辑结构的深度。此外，在程序段与段之间安排空白行，便于阅读。

3. 恰当选择变量名

理解程序中每个变量的含义是理解程序的关键，所以变量的名字应该适当选取，使其直观，易于理解和记忆。采用有实际意义的变量名、不用过于相似的变量名、同一变量名不要具有多种意义。此外，在编程前最好能对变量名的选取约定统一标准，便于以后阅读理解。

7.2 程序总体设计

程序总体设计是程序管理组的工作，由系统设计人员和程序设计人员共同完成。它的任务是确定程序结构，进行程序划分，分配程序编制业务，提出程序设计约定书，力求程序设计标准化，最后要编写程序设计说明书和程序设计说明书所附的文档资料。

程序总体设计包括三方面的内容：

① 程序的模块化设计；

② 程序设计的标准化；

③ 程序设计约定书。

7.2.1 程序的模块化设计

根据系统设计说明书的功能，按模块化程序设计思想设计出程序的总体结构。模块的划分要符合系统功能要求。处理系统程序的模块化结构如图 7－1 所示。

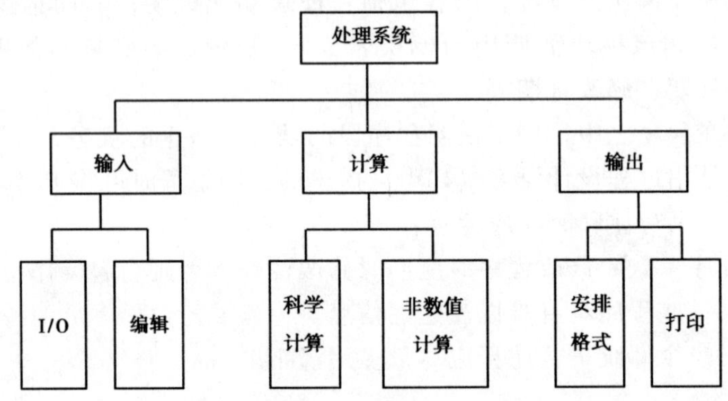

图 7－1 程序的模块化结构

所谓模块化，就是整个系统被划分为若干个模块，系统成为模块的集合。因此，系统设计最终要设计每一个模块。

模块是可以调用的一组程序语句，每个模块设计的好坏对整个系统有一定的影响。

模块的设计包括两个方面：模块与外部联系的设计和模块内部的设计。

模块外部联系的设计主要内容有：与该模块有联系的输入、输出，模块被调用的参数，调用方法等。

模块的内部设计主要内容有：执行功能，使用的数据等。

对模块本身来说，要尽量采用功能组合的模块，各模块之间尽量以数据联系，减少控制联系，避免内部联系。模块的实现尽量简单，可以使用不同的语言来编写程序。

7.2.2 程序设计的标准化

为了使程序设计标准化和格式统一，应确定程序设计标准化原则。大体可以将程序设计标准化原则归纳为四点：统一程序说明、统一详细流程图、统一编码和统一调试策略。

实行程序设计标准化具有以下优点：

① 可防止因人员调换造成程序编制及维护脱节；

② 当变更业务处理内容和机型时，程序变更、移植方便；

③ 有利于程序员的培训；

④ 有利于减少程序设计时间，节省人力和经费；

⑤ 有利于系统的运行管理。

7.2.3 程序设计约定书

程序设计约定书是程序总体设计阶段的最后环节，也将提供后面工作所需要的文档，其具体内容包括：① 使用的程序设计语言；② 程序设计的具体技术；③ 程序编制进程表；④ 提供的编程服务程序；⑤ 数据文件的统一定义；⑥ 错误代码表现形式；⑦ 统一的信息代码和标识；⑧ 输出报表格式；⑨ 屏幕界面格式；⑩ 程序编制格式；⑪ 注释书写格式；⑫ 各种中间文件的交接口方式；⑬ 流程图画法。

7.3 程序设计处理流程

在做好程序总体设计后，就可把设计好的程序模块委托给程序员编码。但在委托前要做好两项工作，即填写“程序设计书”和“编制程序框图”。此后系统分析员的责任是进行解释、答疑、检查、监督和验收。

处理流程中的每个处理环节都是一个程序。若系统共有 N 个处理流程，每个处理流程有 M 个程序，那么全系统就有 N×M 个程序。要对每个程序编写一份程序说明，以作为程序员编写程序的依据和运行人员进行程序维护的档案资料。对于系统设计来说，这是一项非常具体的工作。程序设计书的编写是在系统处理流程、输入、输出、文件、代码设计以及运行的基础上进行的。

程序管理组虽然指导着整个系统程序设计的工作，但必须把握住程序设计工作中的“关键”，对程序设计处理流程应一清二楚。程序设计一般的处理流程如图 7－2 所示。

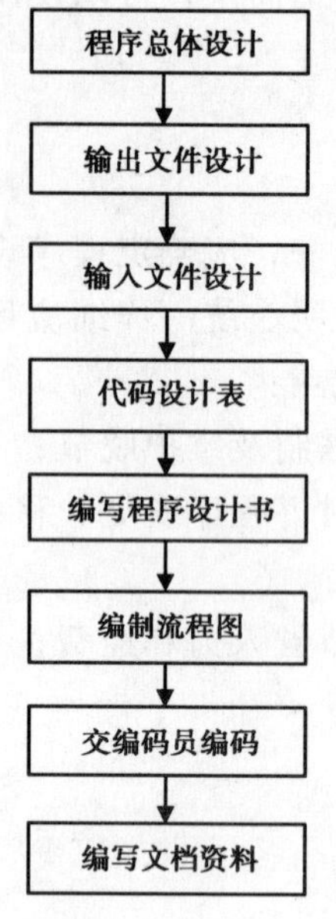

图 7－2 程序设计处理流程

7.4 程序设计可简化过程

7.1 节至 7.3 节所讲述的内容是较为传统的，一些软件开发人员认为，这样的方法不利于提高工作效率。现在市场流行着多种 MIS 系统开发工具，加快了软件开发的步伐，缩短了生产周期。事实上，已出现了先编程序后画流程图、先划分子系统然后再补充子系统功能、边设计边开发的状况。尤其是 MIS 系统开发工具的出现，使这种状况成为一种趋势。对于这种趋势的评价，目前尚无定论。

笔者认为，不管哪种方式，只要能提高工作效率都可以采用，但最终交出的技术资料必须符合要求。

7.5 程序设计的管理过程

程序设计的管理过程包括需求变更管理过程和配置管理过程。

7.5.1 需求变更管理过程

需求变更的一个重要原因是系统周围的环境在变化，从而要求系统适应这个变化。在程序设计的任何时候或者项目结束之后都可以有需求变更。但需求变更会影响项目进度，甚至会影响已经生产出来的产品。越是在后期的需求变更，对项目的影响越严重。需求变更产生的结果是对成本、进度以及项目质量的负面影响。

需求变更管理过程用来控制需求变更并减少它们对项目的影响。要达成这个目标，需要理解需求变更请求的隐含意义以及变更带来的总影响。同样，也需要立项申请人、用户意识到变更对项目影响的后果，使得可以友好地将变更反映到协商好的条款中。需求变更管理过程，从某种程度上说，是试图保证在需求变更影响下项目依然可以成功。

需求变更管理有两个方面工作，一方面是与立项申请人、用户就怎样处理变更达成一致，另一方面是实际进行变更的过程。一般来说，它制定怎样进行变更请求，当需要正式的批准时，为处理变更估计留出冗余空间等等。在整个方法的背景下，当需求变更到来时，需要执行需求变更管理过程。

1. 需求变更过程

当产生需求变更的想法，未执行需求变更工作之前，大致要经过以下3个流程：

① 项目经理收到立项申请人提交的《需求变更请求单》；

② 变更列入新的《软件需求说明书》，并体现在新的《软件项目计划中》；

③ 根据《需求变更请求单》，在充分协商与的基础上，提交新的《软件需求说明书》，并提交《软件项目计划变更表》。

2. 需求变更的工作活动

当需求变更工作活动开始后，需要进行下列工作，从而保证需求变更工作的顺利执行。

① 记录需求变更请求，记录项中应包括变更请求数、变更的简要描述、变更的影响、变更请求的状态和关键数据；

② 分析变更请求对工作的影响；

③ 估计变更请求需要的工作量；

④ 修改项目计划，重新估计交付时间；

⑤ 对总的成本花费的影响进行估计；

⑥ 将修改过的项目计划提交立项申请人，并获得确认；

⑦ 提交《项目计划变更表》。

7.5.2 配置管理过程

配置管理（Configuration Management，CM）又称为软件配置管理，是项目管理中专门用于关注系统控制项目进行中发生的变更的那些部分，由用来识别软件产品并控制其修改的一系统活动构成。

配置管理需要满足项目基本目标之一：为客户提交高质量的软件产品；提交的软件产品，包括各种资源以及构成资源或目标代码的目标文件，还包括以这些文件来构建工作系统的脚本以及相关文档。在项目中，资源和文档通常以很多独立文件的方式来维护。

当项目进展时，文件发生了改变，产生了不同的版本。在这种情况下，怎样保证合并的是源程序的正确版本以及没有遗漏任何源程序？怎样保证传送的文档的版本是正确的，该版本和最终交付的软件是一致的？对于这类型的情况，必须正确跟踪软件开发过程中的各种中间产品、其版本以及软件产品的版本。没有这些信息，交付最终系统就成为繁重的任务。这个活动不是由开发过程完成的，而需要一个独立的过程，那就是配置管理过程。

1. 配置管理的目标

配置管理过程，需要达到以下目标：

① 能够随时给出程序的最新版本；

② 能够处理并发的文档、程序的更新/修改请求；

③ 能够根据需要撤消程序的修改；

④ 能够有效防止未授权的程序员对文档、程序进行变更或删除；

⑤ 能够有效地显示变更的情况。

2. 配置管理过程

配置管理过程包括两个主要阶段：配置管理计划和实施配置管理。

（1）在配置管理计划阶段

首先需要确认《程序设计说明书》，根据变更情况完成项目配置管理计划，并以此为基础修改完成《程序设计说明书》，最后提交《配置管理计划》。

（2）配置管理的工作活动

① 识别配置项，配置项的典型例子包括需求规格、设计文档、源代码、测试计划、测试脚本、测试规程、测试数据、项目使用的编码、用户接口规范、验收报告等；

② 定义为配置项命名和编号的计划：如果使用 CM 工具，那么有时由工具处理版本编号，否则，在项目中必须明确地进行版本编号；

③ 定义 CM 所需的目录结构；

④ 定义访问控制；

⑤ 定义变更控制规程；

⑥ 确定 CM 工作人员的责任和权利；

⑦ 定义跟踪配置项状态的方法；

⑧ 定义备份制度；

⑨ 定义发布制度；

⑩ 确定将配置项转移到基线的原则。

（3）实施配置管理

①《软件配置管理计划》已批准，项目开始；

② 输入《软件配置管理计划》；

③ 接受变更请求；

④ Check out 需要变更、修改的配置项，并进行修改；

⑤ Check in 变更、修改过的配置项。

7.6 开发进度管理

开发进度管理要重点注意进度计划风险、ISO 的标准开发进度月报、项目进度周报、项目开发进度月报、项目开发总结报告（GB 标准）、开发任务卡、软件开发项目立项表、个人开发进度月报等十项内容。

1. 最常见的进度计划风险

最常见的进度计划风险有：① 功能无限蔓延；② 需求镀金或开发人员镀金；③ 质量不定；④ 计划过于乐观；⑤ 设计欠佳；⑥ 研发导向开发；⑦ 人员薄弱；⑧ 签约商失败；⑨ 研发人员与客户的摩擦。

2. 进度计划风险

进度计划风险主要涉及计划编制风险、组织和管理、开发环境、最终用户、客户、承包商、需求、产品、外部资源、人员、设计与实现和过程等十二项因素所可能导致的风险。每个因素可能产生的风险如下：

（1）计划编制风险

计划编制可能导致的风险有：① 计划、资源和产品定义全凭客户或上层领导口头指令，并且不完全一致；② 计划是优化的，是“最佳状态”；③ 计划忽略了必要的任务；④ 计划基于使用特定的小组成员，而那个小组成员其实指望不上；⑤ 在限定的时间内无法建成已定规模大小的产品；⑥ 产品规模比估计的要大一些；⑦ 工作量大于估算数；⑧ 进度已经拖延的项目在重新评估时过于优化或忽视项目历史；⑨ 过度的进度压力造成生产率下降；⑩ 目标日期提前，但没有相应地调整产品范围或可用资源；⑪ 一个任务的延迟导致相关任务的连锁反应；⑫ 涉足不熟悉的产品领域，花费在设计和实现上的时间比预期的要多。

（2）组织和管理

组织和管理可能导致风险来自于：① 项目缺乏一个有凝聚力的最高领导人；② 由于前期乏力，项目长时间被搁置；③ 解雇和削减开支导致项目小组能力下降；④ 仅由管理层或市场人员进行技术决策，导致计划进度延长；⑤ 低效的项目组结构降低生产率；⑥ 管理层审查/决策的周期比预期时间长；⑦ 预算削减打乱项目计划；⑧ 管理层做出了打击项目组积极性的决定；⑨ 非技术的第三方的工作比预期延长（如审批，采购等）；⑩ 计划性太差，无法适应期望的开发速度；⑪ 项目计划由于压力而放弃，导致开发混乱、低效；⑫ 管理层强调英雄主义，而忽视客观确切的状态报告，这会降低发现和改正问题的能力。

（3）开发环境

开发环境可直接导致风险，如：① 设施没有及时到位；② 设施到位，但不配套；③ 设施拥挤、杂乱或者破损；④ 开发工具未能及时到位；⑤ 开发工具不如期望那样有效，开发人员需要时间创建工作环境或切换新的工具；⑥ 开发工具的选择不是基于技术需求，不能提供计划要求的性能；⑦ 新开发工具的学习期比预期的长，内容繁多。

（4）最终用户

最终用户也是进度计划风险的重要因素，主要包括：① 最终用户坚持新的需求；② 最终用户对于最后交付的产品不满意，要求重新设计和重做；③ 最终用户不买进项目产品，无法提供后续支持；④ 最终用户的意见未被采纳，造成产品最终无法满足用户期望，而必须重做。

（5）客户

客户可能不是最终的用户，但也能对进度计划产生很大的影响，导致进度计划风险，其主要情况有：① 客户坚持新的需求；② 客户对规划、原型和规格的审核/决策周期比预期长；③ 客户没有或不能参与规划、原型和规格阶段的审核，导致需求不稳定和耗时的重复；④ 客户答复的时间比预期长（如回答需求中需澄清的问题）；⑤ 客户坚持技术决策而导致进度计划延长；⑥ 客户对开发进度管理过细，导致实际进展变慢；⑦ 客户提供的组件无法与开发的产品匹配，导致额外的设计和集成工作；⑧ 客户提供的组件质量欠佳，导致额外的测试、设计和集成工作，以及额外的客户关系管理工作；⑨ 客户要求的支持工具和环境不兼容、性能差或者功能不完善，导致生产率降低；⑩ 客户不接受交付的软件，尽管它满足了所有的规格；⑪ 客户期望的开发速度是开发人员无法达到的。

（6）承包商

承包商有可能并非产品最终使用者，但产品整个开发过程会直接受他们的影响，他们导致进度计划风险的情况主要有：① 承包商没有按承诺交付组件；② 承包商递交的组件质量低下无法接收，必须花时间改进质量；③ 承包商没有买进项目开发需要的工具，进而无法提供需要的性能水平。

（7）需求

需求可能对进度产生的计划风险有：① 需求已经成为项目基准，但变化还在继续；② 需求定义欠佳，而进一步的定义会扩展项目范畴；③ 添加额外的需求；④ 产品定义含混的部分比预期需要更多的时间。

（8）产品

产品可能导致进度计划风险的原因有：① 错误发生率高的模块需要比预期更多的测试、设计和实现工作；② 校正质量低下不可接受的产品，需要比预期更多的测试、设计和实现工作；③ 在一个或多个新兴领域推广计算机技术使得计划进度的延长不可预期；④ 由于软件功能的错误，需要重新设计和实现；⑤ 开发额外不需要的功能（镀金）延长了计划进度；⑥ 要满足产品规格与速度要求，需要比预期更多时间，包括重新设计和实现的时间；⑦ 严格要求与现有系统兼容，需要进行比预期更多的测试、设计和实现工作；⑧ 要求与其他系统、复杂系统或不受本项目控制的系统相连，导致无法预料的设计、实现和测试工作；⑨ 要求在不同操作系统下运行将花费比预期更长的时间；⑩ 在不熟悉或未经检验的软

（硬）件环境中运行产生未预料的问题；⑪ 开发一种对组织全新的模块将比预期花费更长的时间；⑫ 依赖正在开发中的技术将延长计划进度。

（9）外部环境

外部环境不同于开发环境，主要指：① 产品依赖政府规章，而规章的改变将是不可预期的；② 产品依赖草拟中的技术标准，而最后的标准将是不可预期的。

（10）人员

人在软件开发过程中起到了主导作用，所以人员影响到进度计划的风险也较多，具体情况为：① 招聘人员所花时间比预期的长；② 作为先决条件的任务不能按时完成（如培训、其他项目）；③ 开发人员和管理层之间关系不佳导致决策缓慢，影响全局；④ 项目组成员没有全身心投入项目，进而无法达到需要的产品性能水平；⑤ 缺乏激励措施，士气低下，降低了生产能力；⑥ 缺乏必要的规范，增加了工作失误与重复工作；⑦ 某些人需要更多时间适应不熟悉的软件工具和环境、硬件环境、编程语言；⑧ 项目结束前，合同制人员离开团队，或雇员辞职；⑨ 项目后期加入新的开发人员，额外的培训和沟通降低现有成员的效率；⑩ 项目组成员不能有效地一起工作；⑪ 由于项目组成员间的冲突，导致沟通不畅、设计欠佳、接口错误和额外的重复工作；⑫ 有问题的成员没有调离项目组，损害了项目组其他成员的积极性；⑬ 项目的最佳人选未加入项目组；⑭ 项目的最佳人选已加入项目组，但因其他原因未能合理使用；⑮ 没有找到项目急需的具有特定技能的人；⑯ 关键人物只能兼职参与；⑰ 项目人员不足；⑱ 任务的分配与人员技能不匹配；⑲ 人员工作的进展比预期的慢；⑳ 项目管理人员怠工导致计划和进度失效；㉑（技术人员怠工导致工作遗漏或质量低下，工作需要重做。

（11）设计与实现

设计与实现对于进度计划风险有如下影响：① 设计过于简单，无法确定主要事件，并导致重新设计和实现；② 设计过于复杂，导致一些不必要的工作，影响实现效率；③ 设计质量低下，导致重复设计和实现；④ 使用不熟悉的方法，导致额外的培训时间，并重犯前期使用这种方法时导致的错误；⑤ 产品采用低级语言来实施，导致生产率比预期的低；⑥ 一些必要的功能无法使用现有的代码和库实现，开发人员必须使用新库或自选开发所要的功能；⑦ 代码和库质量低下，导致需要额外的测试、错误修正或重做；⑧ 过高估计了增强型工具对计划进度的节省量；⑨ 分别开发的模块无法有效集成，需要重新设计或重做。

（12）过程

过程中会产生一些不可预计的因素导致进度计划风险，如：① 大量的纸面工作导致进程比预期的慢；② 进程跟踪不准确，导致无法预知项目是否已落后于计划进度；③ 前期的质量保证行为不真实，导致后期的重复工作；④ 质量跟踪不准确，导致无法得知影响进度的质量问题；⑤ 太不正规，导致沟通不足，质量问题和工作重做；⑥ 过于正规，导致过多耗时无用的工作；⑦ 向管理层撰写进度报告占用的开发人员的时间比预期的多；⑧ 风险管理粗心，导致没有发现重大的项目风险；⑨ 软件项目风险管理花费的时间比预期的多。

3. 项目进度周报

项目进度周报如图 7－3 所示。

周期：2005 年__月__日 ~ 2005 年__月__日

项目名称：________________ 项目编号：________________

项目经理：________ 项目发起人：________________

项目成员：________________________

项目计划开始时间：____________ 项目实际开始时间：____________

项目预计完成时间：____________ 现在预计完成时间：____________

项目处于：☐ 初步计划阶段 ☐ 需求分析阶段 ☐ 开发阶段

项目状态：☐ 按计划进度 ☐ 超计划进度 ☐ 进度延迟

项目预计投入人力：____________人/日 现在已投入人力：____________人/日

预计共需投入人力：____________人/日

项目遇到的困难和要解决的问题：

图 7－3 项目进度周报

4. ISO 的标准开发进度月报

ISO 标准开发进度月报中应该包含标题、工程进度与状态、资额耗用与状态、经费支出与状态、下个月的工作计划和建议等六项内容。

（1）标题

标题中具体包含的信息有：① 开发中的软件系统的名称和标识符；② 分项目名称和标识符；③ 分项目负责人；④ 本期月报编写人；⑤ 本期月报的编号及所报告的日期。具体形式如表 7－8 所示。

表 7－8 标 题

项目名称及标识：
子项目名称及标识：
本期月报编写人：〈签名〉
子项目负责人：〈签名〉
本期月报编号：
月报日期： 年 月 日

（2）工程进度与状态

① 进度。列出本月内进行的各项主要活动，并且说明本月内遇到的重要事件，这里所说的重要事件是指一个开发阶段（即软件生存周期内各个阶段中的某一个，例如需求分析阶段）的开始或结束，要说明阶段名称及开始（或结束）的日期。

② 状态。说明本月的实际工作进度与计划相比，是提前、按期完成或是推迟？如果与计划不一致，说明原因及准备采取的措施。

工程进度与状态具体涉及表格如表7－9、表7－10所示。

表7－9　　任　务

任务：〈任务名〉			
任务描述：			
状态：	□ 完成	□未完成	
与计划比较：	□提前	□按期	□推迟
推迟原因：			

表7－10　　事　件

事件：〈事件名〉			
事件标志：			
与计划比较：	□提前	□按期	□推迟
推迟原因：			

（3）资额耗用与状态

① 资额耗用，主要说明本月份内耗用的工时与机时。工时分为三类：

a. 管理用工时，包括在项目管理（制订计划、布置工作、收集数据、检查汇报工作等）方面耗用的工时；

b. 服务用工时，包括为支持项目开发所必须的服务工作及非直接的开发工作所耗用的工时；

c. 开发用工时，要分各个开发阶段填写。

机时，说明本月内耗用的机时，以小时为单位，说明计算机系统的型号。耗用的工时与机时具体文档格式如表7－11、表7－12所示。

表7－11　　工　时

管理用工时：
服务用工时：
开发用工时：
总　　计：

表 7－12 机　　时

计算机类型：	用时：
计算机类型：	用时：
计算机类型：	用时：
总　　计：	用时：

② 状态，说明本月内实际耗用的资源与计划相比，是超出、一致、还是不到计划数？如果与计划不一致，说明原因及准备采取的措施。

（4）经费支出与状态

① 经费支出包括支持性费用和设备购置费两种。支持性费用一般可按如下七类列出：

a. 房租或房屋折旧费；

b. 员工工资、奖金、补贴；

c. 培训费包括给教师的酬金及教室租金；

d. 资料费包括复印及购买参考资料的费用；

e. 会议费召集有关业务会议的费用；

f. 差旅费；

g. 其他费用。

最后给出本月支持性费用的总和。

本月内支出的设备购置费一般可分如下三类：

a. 购买软件的名称与金额；

b. 购买硬设备的名称、型号、数量及金额；

c. 已有硬设备的折旧费。

经费支持填写文档的格式如表 7－13、表 7－14 所示。

表 7－13 支持性经费支出

工资、奖金、补贴：
培训费：
资料费：
会议费：
差旅费：
总计：

表 7-14 设置购置费

设备名称	型号	数量	单价	金额
总计金额：				

② 状态，说明本月内实际支出的经费与计划相比较，是超出、相符、还是不到计划数？如果与计划不一致，说明原因及准备采取的措施。

（5）下个月的工作计划

下个月的工作计划格式如表 7-15、表 7-16 所示。

表 7-15 任 务

任务：〈任务名〉
任务描述：
开发阶段：
性质： □新 □续上月

表 7-16 事 件

事件：〈事件名〉
事件标志：
性质： □新 □旧

（6）建议

本月遇到的重要问题和应引起重视的问题以及因此产生的建议。

5. 项目开发总结报告（GB 标准）

项目开发总结报告包含内容有引言、实际开发结果、开发工作评价和经验与教训等四项内容。

（1）引言

① 编写目的，说明编写这份项目开发总结报告的目的，指出预期的阅读范围。

② 背景，说明本项目的名称和所开发出来的软件系统的名称；此软件的任务提出者、开发者、用户及安装此软件的计算中心。

③ 定义，列出本文件中用到的专门术语的定义和外文首字母组词的原词组。

④ 参考资料，列出要用到的参考资料，如：

a. 本项目已核准的计划任务书或合同、上级机关的批文；

b. 属于本项目的其他已发表的文件；

c. 本文件中各处所引用的文件、资料，包括所要用到的软件开发标准。

列出这些文件的标题、文件编号、发表日期和出版单位，说明这些文件资料的来源。

（2）实际开发结果

① 产品，说明最终制成的产品，包括：

a. 程序系统中各个程序的名字，它们之间的层次关系，以千字节为单位的各个程序的程序量、存储媒体的形式和数量；

b. 程序系统共有哪几个版本，各自的版本号及它们之间的区别；

c. 每个文件的名称；

d. 所建立的每个数据库。如果开发中制订过配置管理计划，要同这个计划相比较。

② 主要功能和性能，逐项列出本软件产品所实际具有的主要功能和性能，对照可行性研究报告、项目开发计划、功能需求说明书的有关内容，说明原定的开发目标是达到、未完全达到，或是超过。

③ 基本流程，用图画出本程序系统实际的基本处理流程。

④ 进度，列出原定计划进度与实际进度的对比，明确说明实际进度是提前、还是延迟，并分析主要原因。

⑤ 费用，列出原定计划费用与实际支出费用的对比，包括：

a. 工时，以人月为单位，并按不同级别统计；

b. 计算机的使用时间，区别 CPU 时间及其他设备时间；

c. 物料消耗、差旅费等其他支出。

明确说明，经费是超出还是节余，分析其主要原因。

（3）开发工作评价

① 这是对生产效率的评价，给出实际生产效率，包括：

a. 程序的平均生产效率，即每人月生产的行数；

b. 文件的平均生产效率，即每人月生产的千字数。

并列出原订计划数作为对比。

② 对产品质量的评价，是指在测试中检查出来的程序编制中的错误发生率，即每千条指令（或语句）中的错误指令数（或语句数）。如果开发中制订过质量保证计划或配置管理计划，要同这些计划相比较。

③ 对技术方法的评价，给出对在开发中所使用的技术、方法、工具、手段的评价。

④ 出错原因的分析，给出对于开发中出现错误的原因。

（4）经验与教训

列出从这项开发工作中所得到的最主要的经验与教训及对今后的项目开发工作的建议。

6. 开发任务卡

开发任务卡如表 7－17 所示。

表7－17 开发任务卡

项目名：____________ 模块/类名：____________
安排时间：____________ 任务承担人：____________
相关模块/类情况：

模块/类名	负责人	开始时间	完成时间	状态

任务描述：

估计完成时间：____________ 批准人：____________

7. 软件开发项目立项表

软件开发项目立项表如表7－18所示。

表7－18 软件开发项目立项表

项目名称（暂定）：	
项目编号（开发部填写）	
项目申请人：	申请日期：
项目优先级：	最迟完成时间：
问题/机会：	
项目目标及成功标准：	
目标描述：	
假设、风险及障碍：	
客户名单： 项目提出人： 项目决策人： 项目相关人员：	
审批人意见： 签名：	日期：

8. 个人开发进度月报

个人开发进度月报大体内容与ISO标准开发进度月报相同，具体格式如表7－19、表7－20、表7－21、表7－22所示。

表 7－19 标 题

项目名称及标识：
子项目名称及标识：
开发阶段：
报告时间：　　年　月　日至　　年　月　日
报告人：〈签名〉

表 7－20 任 务 进 度

任务：〈任务名〉
任务描述：
状态：　□完成　　□未完成
与计划比较：　□提前　□按期　□推迟
推迟原因：

表 7－21 资 源 耗 费

总用工时：
加班时间：
机时：
上网时间：
硬件平台：
软件环境和工具：

表7-22　　下个月工作计划

任务：〈任务名〉
任务描述：
任务所属项目或子项目：
性质：　□新　　□续上月

（5）建议

7.7 程序设计的文档资料

程序设计说明书和有关文档资料是程序设计阶段应提供的重要项目。一个好的程序，首先必须配有好的说明书。即使程序容易读、容易修改、执行速度快，如果没有一个便于用户使用的说明书，那也不能算一个好的程序。

7.7.1 有关图表资料

程序设计阶段涉及到的图、表较多，如程序流程图（见表7-2）、数据结构图、模块关联图、程序总体结构图、测试项目表（见表7-5）、代码信息设计表、程序验收单（见表7-7）、管理组上机操作说明书（见表7-6）、表格规格表（见表7-4）、节段/单元规格表（见表7-3）。

制作这些图表时，需要进行几点约定：

（1）使用的程序设计语言

（2）程序设计的具体技术规定

（3）编程服务程序

（4）数据文件统一定义表

（5）输入/输出报表格式规定

（6）程序编制要求

（7）各种中间文件的交接口方法

7.7.2 程序设计说明书

程序设计说明书主要内容有引言、设计描述、模块设计（对每一模块）、文件数据（数据库）、程序设计有关约定和附录等六项。

(1) 引言

① 作用范围，其内容包括系统目标和软件作用、主要的软件功能、外部定义的数据文件、主要约束和限制条件；

② 提供的文档资料；

③ 作者。

(2) 设计描述

① 数据描述；

② 程序描述；

③ 交接口描述。

(3) 模块设计（对每一模块）

① 处理描述；

② 接口描述或调用方式描述；

③ 关联模块。

(4) 文件数据（数据库）

① 文件结构；

② 存取方法；

③ 局部文件（中间文件）；

④ 文件代码表。

(5) 程序设计有关约定

① 使用的语言；

② 编程服务程序；

③ 交接口要求；

④ 编程具体技术规定。

(6) 附录

提供有关文档资料。

思考题

1. 简述程序设计阶段的目标。
2. 简述程序设计的特征。
3. 简述程序设计的层次。
4. 简述程序设计阶段的开发任务。
5. 简述模块程序设计的考核指标。
6. 简述模块编码的考核指标。
7. 简述程序设计一般的处理流程。
8. 简述需求变更过程。
9. 简述需求变更的工作活动。
10. 简述配置管理的目标。

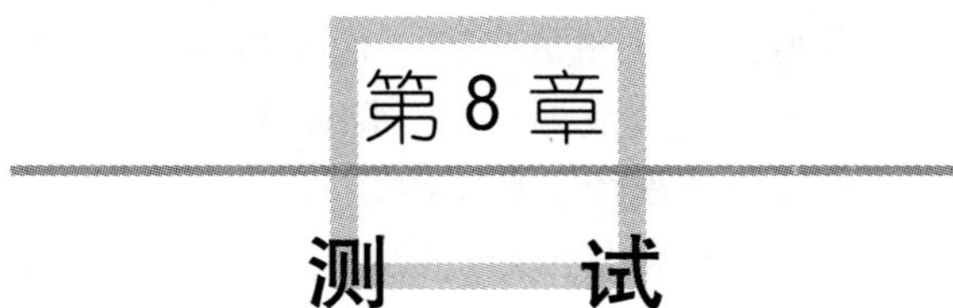

第 8 章 测 试

计算机管理信息系统开发在完成程序设计阶段的工作后，经程序员编码、调试，就为新系统的运行初步奠定了基础。要了解即将投入运行的新系统是否能正确无误地工作，必须实行测试。未经周密测试的系统如果贸然投入运行，将会对使用者造成难以想象的后果。

尽管各模块的程序在设计完毕后都一一作过调试，但组合起来能否实现整个系统的预期功能尚不清楚。如，某一程序运行与后续的程序运行是否矛盾，能否顺利连接？等等。整个系统的测试要等全部程序设计结束并且能连续测试才可进行。

测试可分为程序测试（单元测试）、功能测试、性能测试、子系统测试（集成测试）、系统测试。

8.1 测试概述

8.1.1 测试目标

系统测试是从整个系统出发，考查设计是否合理。任何一个系统在设计时都不可能把所有问题考虑周到，总是或多或少地发生些差错。对系统而言，必须保证在正常运行时不能有差错，所以测试是非常重要的。可以说，测试就是“寻找错误”，特别是寻找不经常出现的错误，尽量把系统中隐藏着的错误消灭在调试期间。此外，还要对系统的容错能力、操作错误等进行测试。总之，通过测试要达到这样一个目的：寻找问题，纠正错误，提高系统技术能力，使系统早日投入运行。

8.1.2 测试任务

测试工作的任务大体可分为：制定测试大纲、制作测试数据、程序测试（单元测试）、功能测试、性能测试、子系统测试（集成测试）、系统测试、系统接口测试、写出测试报告书、向下一阶段工作提交系统运行和维护手册草案。

本小节我们只介绍制定测试大纲和制作测试数据，其他一些测试任务将在8.2节至8.7节介绍。

1. 制定测试大纲

测试大纲是测试工作的依据，主要内容包括：检查每个模块在程序设计中是否已测试过，测试的数据和输出的结果是否正确；检查每个子系统和功能在程序设计中是否已测试过，测试的数据和输出结果是否正确；检查上一阶段交来的工作文档是否齐全。通过前面的检查，接下来是确定本阶段测试目标，制定本阶段测试内容，编写向下阶段工作提交的文档资料。

2. 制作测试数据

测试数据是专门用于系统测试的，所以数据制作的好坏直接影响系统测试的结果，制作测试数据时应注意：① 数据只由用户和程序管理组的人员制作，程序编码人员不应介入。② 要提供尽可能多的数据供检测，尤其是交接口数据。

因此，可将提供的测试数据归纳为三类。① 无错误的数据，以检查功能实现。② 各种各样的错误数据，以检查程序对错误数据的处理能力。③ 程序与程序交接口数据（正确的、不正确的），以检查交接口情况。

8.1.3 测试方法

系统的测试方法有两种，即用试题检查和用新旧两个系统作平行处理检查。

1. 用试题检查

先建立输入数据的模型，并事先用手工求得其预期输出，然后送入模型，将预期输出与新系统所得结果进行比较。

模型数据通常利用实际发生的数据，但有时也可以另外编制测试专用数据。试题测试方法在小规模系统中较易实现，但在大规模系统中用这种方法检查所有程序很困难，有时几乎是不可能的。在大规模系统测试中，不能一股脑儿完成所有的运行测试，而要将系统划分为各个子系统，用划分得较细的输入模型进行测试，即按各个子系统测试。尤其是，要设法分成三种处理，即基本处理、特殊处理和出错处理，并作出相应于各个流程的数据模型。基本处理最好始终连贯地进行测试。试题要作各种改变，直至取得满意的结果。

2. 用新旧两个系统作平行处理检查

这种测试方法用作系统最后的测试，此阶段一结束，就进入系统的全面运行。不论旧系统是手工作业还是计算机处理，本方法都是通过旧系统的处理结果与新系统的结果相比较来进行检查的。这种测试方法的其平均处理时间视业务内容而定，短则 2 ~ 3 个月，长则半年至一年。这样不仅可防止向新系统转换时产生混乱，这段测试时间也可作为测试新系统可靠性的烤机时间。在测试期间，需要关注的不只限于计算机范围的检查，还应检查手工作业和人的因素方面的问题，改正不合理的部分。

在讨论新旧两系统所得到的结果时，要明确新旧系统的不同点。当结果不一致时，不能武断地认为是新系统出错，还必须考虑是否旧系统有错。

对试题平行处理所得结果的检查应重视以下各项（见图 8 – 1）。

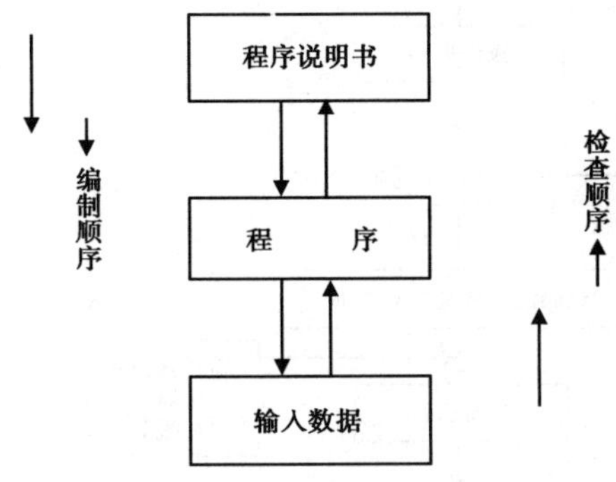

图 8 – 1　结果检查顺序

（1）输入数据

要注意新旧两系统中所用数据是否通用，做过部分修订的数据是否正确。特别是刚开始用计算机处理的系统，数据项目与旧的手工作业相比通常变化较大，所以要对代码的内容进行添加、修订及删除的项目做充分检查。新系统中所用的数据应是事先校验过的正确数据。

（2）程序

尽管输入数据是正确的，但如果处理数据的程序有错，仍会徒劳无益。因此，要查看程序是否能正确地实现程序说明书中所描述的任务。应分别对常数、输入处理、基本处理、输出处理及特殊处理进行检查。

（3）程序说明书

程序说明书的内容是程序设计的依据，必须正确完整。尤其当机种更替而变更系统时，应作出添加、修订和删除一览表，写明旧系统程序说明书和新系统程序说明书的处理条件、处理内容、代码及项目等等，突出两者的不同之处。

此外，也可考虑用两个程序进行测试的方法。由两组程序员对同一处理分别编制程序，然后核对两者结果。此法主要用于测试找不到可比较结果的新程序。两个程序的结果一致，固然可知正确，但结果不一致就不能判断何者正确，因为缺乏基准。这种方法的费用较高，但对于找不到其他测试方法的系统来说，这也算是一种好方法。

8.1.4 测试步骤

一般测试步骤可用图 8-2 所示的测试流程描述。

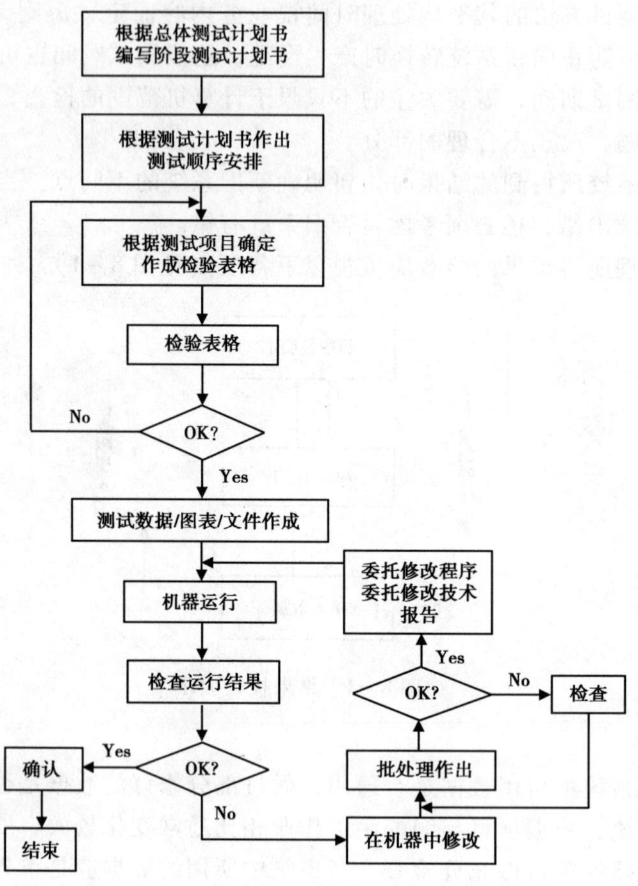

图 8-2 测试流程

测试实际上是顺序实现四个步骤的序列，即：

① 测试每个单独的模块，保证它作为一个单元测试；

② 将模块加以集中或装配，形成一个完整的功能，整体测试包含检验和组装这两重含义；

③ 测试有效性要求，保证软件符合所有功能上和性能上的要求；

④ 检验所有元素配合是否合理以及整个系统的性能和功能是否达到如图 8-3 所示。

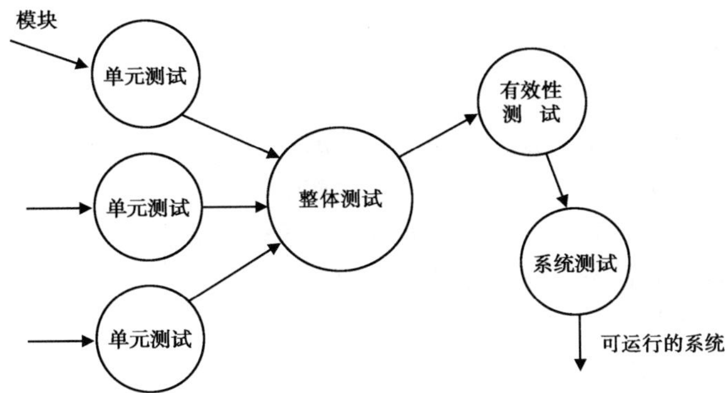

图 8－3 测试与有效性测试

8.2 程序测试

程序测试又称单元测试（模块测试），是用来检验软件设计的最小单位——模块的。模块的内聚程度高，每一个模块只完成一种功能，程序规模较小、易于查错，发现错误后容易确定错误的位置。程序测试需要从程序的内部结构出发，设计测试用例，其目的在于发现各模块内部可能存在的各种差错。多个模块可以平行地独立进行测试。

程序测试以程序设计说明书为指导，测试模块范围内的重要控制路径，以发现错误。测试的相对复杂性和所发现的错误会受到模块测试范围的限制。当程序模块编好后，要将它录制在媒体介质上，或者直接由终端键盘输入到计算机，以便进行测试。

程序测试主要包括程序语法检查和程序逻辑检查。

在对程序进行逻辑检查之前，首先要制作测试数据，即假设一些输入数据和文件数据。测试数据直接影响程序的调试工作，故制作的数据应满足以下条件：

① 能保证上下限及循环次数；

② 程序中各种检验要求的错误数据；

③ 适宜于人工对程序的检查。

根据上面条件制作出来的测试数据应包含四个方面数据，即正常的数据、不同的数据、错误的数据和大量的数据。

如果用以上数据检验证明程序逻辑是对的，那么程序的调试也就结束了。

在程序测试期间，可从模块接口、局部数据结构、重要的执行路径、错误处理路径和界限条件这几个方面评价模块特性。

注意：在其他任何测试开始之前，需要测试穿越模块接口的数据流。如果数据不是正确地进入和退出，就谈不上其他的测试了。

接口测试所涉及到的工作如下：

- 输入参数的数目是否等于变元的数目；
- 参数与变元的属性是否匹配；
- 参数与变元的单位是否匹配；
- 传送给被调用模块的变元数是否等于参数的项目；
- 传送给被调用模块的变元属性是否同参数属性一致；
- 传送给被调用模块的变元单位是否同参数的单位一致；
- 内部的函数属性数目及变元次序是否正确；
- 对参数的任何访问是否与当前入口点无关；
- 输入是否改动变元；
- 跨模块的全程量定义是否相容；
- 限制是否作为变元来传送；
- 参数是否被重复定义。

程序测试步骤通常根据编码步骤来考虑。在开发、复审了源代码并检查了语法正确性之后，就可以开始设计单元测试的情况。设计信息的复审为建立测试情况提供了指导，使得测试情况有可能发现上面讨论的各类错误，每个测试情况应给出一组预期的结果。

由于模块不是一个独立的程序，故必须为每个模块测试开发驱动软件和承接软件。在大多数应用中，驱动软件和"主程序"并无区别，它接受测试情况的数据，将这些数据输送给模块，并打印有关的结果。承接软件代替被测模块的下属模块。承接软件使用下层模块的接口，可以做少量数据处理，打印入口检查信息，并将控制返回给它的上级模块。

驱动软件和承接软件测试中是需要附加的开销，它们都需要书写测试用例，但不是与最后的软件产品一起交付的。当模块设计成高度内聚时，单元测试就简化了。当一个模块只描述一个功能时，测试情况的数量就会减少，就可能更容易预计和发现错误。

程序测试实际上是为了发现错误而执行程序，但测试不能发现所有的错误，因为要检查每一种可能的情况，若碰到系统较大时，检测的数目会相当大，实际操作会不太现实。所以，即使是最彻底的、最切实可行的检测方法，也只能查出程序所存在的错误的一部分，其余的错误在实际使用过程中才能逐一发现。另一方面，一个软件的许多问题无法通过输入来检查，需要使用一些特殊的检测方法。

程序测试完之后，需要书写一份《程序测试说明书》，以备系统今后修改、维护时参考。

对于程序测试说明书一般要求包含对测试数据的制作方法、测试方法和对测试过程中所产生问题的说明。

程序测试说明书格式见表 8－1 所示。

表 8－1 测试说明书

程序名	功能名	测试日期	测试结果
数据制作方法：			
测试方法：			

续表

程序名	功能名	测试日期	测试结果
测试中所产生的问题： • 单体程序测试问题 • 功能程序测试问题 • 子系统程序测试问题 • 系统测试问题			

8.3 功能测试

在单个程序测试成功后便可对系统进行各种功能的测试了。功能测试是综合性测试，因为功能的实现通常需要若干个程序的组合运行，所以说功能测试是将功能范围内所有程序按处理流程图的次序串联起来进行的综合测试，如图 8－4 所示。

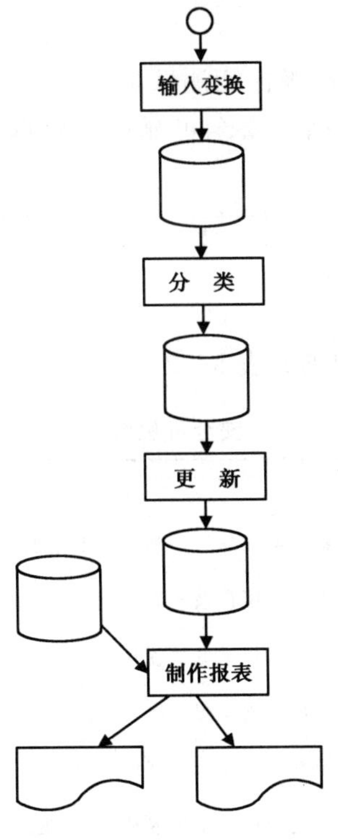

图 8－4 功能处理流程图

功能测试处理流程图有 4 个处理符号，每个处理符号代表一个程序。若计算机系统本身提供了输入变换和分类处理服务程序，那么就可以直接调用服务程序。功能测试是从处理流程的输入开始，直至最后执行打印程序为止。如果在测试过程中逻辑上不存在问题，则认为功能测试成功。

功能测试工作由程序员担当，测试的结果交系统设计人员审核。

8.4 性能测试

对于软件应用系统，仅仅从功能上满足用户的需求是不够的，还需要从性能方面更好地满足客户的需要。

尤其对于实时系统、嵌入式系统和在线服务系统，对性能的要求更高些。这就要求我们要做好系统的性能测试，以保证系统能提供高性能、高可用性。性能测试，通常是通过测试工具来模拟人为的操作而进行。性能测试的重点在于测试环境的建立、前期数据的设计与后期数据的分析。

8.4.1 性能测试概述

性能测试分基本性能测试和高级性能测试。

基本性能测试的主要内容包括对安全可靠性、资源占用率、兼容性、易用性、用户文档、效率、可扩充性的测试。

高级性能测试的主要内容包括对并发性、系统资源监控、大数据量、速度、疲劳强度等内容的测试，重点是并发性测试。

(1) 基本性能测试

① 安全可靠性测试。具体细则如表 8－2 所示。

表 8－2 安全可靠性测试

序号	测试项目	描　述	测试结果
1	用户权限限制	考察对不同的用户权限限制情况	符合/基本符合/不符合
2	用户和密码封闭性	对于相应用户及密码进行次数限制	符合/基本符合/不符合
3	屏蔽用户操作错误	考察对用户常见的误操作的提示和屏蔽情况	符合/基本符合/不符合
4	错误提示的准确性	对用户的错误提示准确程度	符合/基本符合/不符合
5	错误是否导致系统异常退出	有无操作错误引起系统异常退出的情况	符合/基本符合/不符合
6	数据备份与恢复手段	系统是否提供备份及恢复功能，备份手段如何，如是否对备份数据加密、压缩	符合/基本符合/不符合
7	输入数据有效性检查	系统对数据录入的有效性检查	符合/基本符合/不符合

续表

序号	测试项目	描　　述	测试结果
8	留痕功能	系统是否有操作日志，操作日志记录操作情况的全面性和准确性，是否包括主要要素如操作员、操作日期、使用模块等等	符合/基本符合/不符合
9	异常情况的影响	在程序运行过程中进行掉电试验，考察数据和系统的受影响程度，若受损，是否提供补救工具，补救的情况如何	符合/基本符合/不符合
10	数据传输安全性	对于有特殊安全要求的数据传输，应对传输的数据进行必要的加密处理，使用的算法应符合国家规定	符合/基本符合/不符合

② 资源占用率测试。具体细则如表 8－3 所示。

表 8－3　　资源占用率测试表

序号	测试项目	描　　述	测试结果
1	软件安装所占用硬盘空间	考察软件安装所占用硬盘空间	符合/基本符合/不符合
2	模块装载后内存占用量（包括虚存）	考察模块装载后内存占用量（包括虚存）	符合/基本符合/不符合
3	模块卸载后内存释放率（包括虚存）	考察模块卸载后内存释放率（包括虚存）	符合/基本符合/不符合

③ 兼容性测试。具体细则如表 8－4 所示。

表 8－4　　兼容性测试表

序号	测试项目	描　　述	测试结果
1	软件兼容性	软件的适用平台	符合/基本符合/不符合
2	硬件兼容性	硬件平台的配置要求	符合/基本符合/不符合

④ 易用性测试。具体细则如表 8－5 所示。

表 8－5　　易用性测试表

序号	测试项目	描　　述	测试结果
1	易安装性	安装的难易程度，符合流行安装模式	符合/基本符合/不符合
2	用户界面的友好性	界面的简捷性如何，与财会流程的相符程度，与乡村财务实际情况的相符程度	符合/基本符合/不符合
3	易学习性	相对一般操作人员来说，学习使用的难度如何，对操作人员有何要求	符合/基本符合/不符合
4	易操作性	操作的难易程度	符合/基本符合/不符合
5	联机帮助丰富性	考察联机帮助的准确性、全面性，在关键操作时使用联机帮助的方便性	符合/基本符合/不符合

⑤ 用户文档测试。具体细则如表 8－6 所示。

表 8－6. 用户文档测试表

序号	测试项目	描　述	测试结果
1	用户手册的完整程度	用户手册内容的全面性、完整性	符合/基本符合/不符合
2	用户手册的描述与软件实际功能一致性	手册与软件实际功能的一致程度	符合/基本符合/不符合
3	用户手册的易理解程度	用户手册对关键重要的操作有无图文说明，例图的易理解性如何	符合/基本符合/不符合
4	用户手册的印刷与包装质量	用户手册包装的商品化程度印刷质量	符合/基本符合/不符合
5	用户手册提供学习操作的实例	对主要功能和关键操作提供的应用实例有多少，实例的详细程度如何	符合/基本符合/不符合

⑥ 效率测试。具体细则如表 8－7 所示。

表 8－7 效率测试表

序号	测试项目	描　述	测试结果
1	通信效率	网络负载、吞吐率、利用率、响应时间、延迟等	符合/基本符合/不符合
2	设备效率	CPU 占用率、内存占用率、磁盘占用率、输入输出效率等，包括软件在不工作状态下对于硬件资源的占用情况和进行业务处理过程中对于硬件资源的占用情况	符合/基本符合/不符合
3	执行效率	典型业务操作的执行效率，例如关键的查询、统计等的响应时间等	符合/基本符合/不符合

⑦ 可扩充性测试。具体细则如表 8－8 所示。

表 8－8 可扩充性测试表

序号	测试项目	描　述	测试结果
1	与异种数据接口	有无与其他数据的接口	符合/基本符合/不符合
2	是否能扩充功能模块	能否根据用户要求扩充功能模块	符合/基本符合/不符合

（2）高级性能测试

高级性能测试具体测试内容如下：

① 并发性测试。并发性测试的过程，是一个负载测试和压力测试的过程。即逐渐增加负载，直到系统的瓶颈或者不能接受的性能点，通过综合分析交易执行指标和资源监控指标来确定系统并发性的过程。并发性测试及系统资源监控通常使用自动化负载测试工具及监控工具进行。

并发性能测试如测试案例 1。

【测试案例 1】 中间件测试

中间件应能满足一定数量的前台客户端和办公的同时需要。测试内容与监控指标如下：

- 负载压力测试；
- 模拟不同数量并发用户测试。

模拟不同数量并发用户执行关键业务，测试至系统能够承受的最大并发用户数。主要监控指标如下：

- 每分钟事务处理数（Transaction Rate）：不同负载下每分钟成功完成的事务处理数；
- 响应时间（Response Time）：服务器对每个应用请求的处理时间，单位为秒。该项指标反映了系统事务处理的性能，具体包括以下几项参数：

- Min：最小的服务器响应时间；
- Mean：平均的服务器响应时间；
- Max：最大的服务器响应时间；
- StdDev：事务处理服务器响应的偏差，值越大，偏差越大；
- Median：中值响应时间；
- 90%：90%事务处理的服务器响应时间；
- 虚拟并发用户数（Total Virtual Users）：测试工具模拟的用户并发数量。

② 系统资源监控。在进行负载压力测试的同时，用测试工具对数据库服务器、Web 服务器、应用服务器、认证及授权服务器上的操作系统、数据库以及中间件等资源进行监控。

监控系统资源指标，在测试中，根据测试需求以及测试环境的变化，选取有意义的数据进行分析。

③ 大数据量。

大数据量测试如测试案例 2。

【测试案例 2】 存储空间和大数据量测试

考虑系统未来发展需要的存储空间，添加大数据量进行测试。

测试内容：

- 单独的数据量测试；
- 与并发性测试相结合的综合测试，测试数据的准备借助于测试数据管理与生成工具，例如 FileAid；
- 速度。

速度测试如测试案例 3。

【测试案例 3】 磁盘访问速度、备份速度以及网络办公系统运行速度等。

测试内容：

主要是人工操作测试。

④ 疲劳测试。

疲劳测试通常是在系统稳定运行情况下能够支持的最大并发用户数，持续执行一段时间业务，通过综合分析交易执行指标和资源监控指标来确定系统处理最大工作量强度性能的过程。

8.4.2 性能测试的目的

产品性能决定产品是否达到产品规格书所要求的性能指标，性能测试的目的是：

- 系统是否满足预期的性能要求；
- 作为对系统进行调优的参考；
- 系统的可扩展性；
- 用性能测试手段发现系统存在的问题；
- 提供部署方案的参考。

8.4.3 性能测试指标

性能测试指标一般通过两种形式的指标来描述：产品需求指标和系统的性能指标。

（1）产品需求指标

产品需求指标有以下三点：

① 给出产品性能的主要指标，如在100000记录中查询一个特定数据的时间为0.5秒；

② 以某个已发布的版本为基线，如比上一个版本的性能提高30%～50%；

③ 和竞争对手的同类产品比较。

（2）系统的性能指标

系统的性能指标主要是指CPU利用率、内存占用率、磁盘I/O和响应时间这几项指标。

（3）影响性能的因素

影响性能的因素有以下五点：

① 网络状况（隔离的网络环境）；

② 硬件设备（CPU数、内存大小、总线速度）；

③ 系统/应用服务器/数据库配置；

④ 数据库设计和数据库访问实现（SQL语句）；

⑤ 系统架构（同步/异步）。

（4）性能测试方案包含的内容

性能测试方案应包含以下七点内容：

① 对软件系统架构的分析（了解输入、输出数据的类型、数据量）；

② 性能测试组网图（网络环境说明）；

③ 硬件环境说明；

④ 测试范围、目的与方法；

⑤ 性能测试工具的选型；

⑥ 测试的启动/退出条件；

⑦ 测试执行及测试结果分析。

8.4.4 性能测试的方法

1. 性能测试的策略

性能测试策略一般从需求设计阶段开始讨论制定，策略的内容决定着性能测试工作投入多少资源、什么时间开始实施及后继工作如何安排等。制定性能测试策略的因素有以下几点：

（1）预期的指标性能

系统在需求分析、设计阶段和产品说明书等文档中明确的提出了性能指标，这些指标是性能测试要完成的工作。

（2）独立业务性能测试

独立业务主要是指软件产品的模块具有独立业务功能，在需求阶段就可以确定，要单独测试其性能。

（3）业务性能组合测试

应用类软件系统通常不会使所有的用户只使用一个或者几个核心业务模块，而是可能对多个业务进行组合使用，对多个业务进行组合性能测试。由于组合业务测试是最能反映用户使用系统情况的，因而业务性能组合测试是测试的核心内容。

（4）疲劳强度性能测试

疲劳强度测试是在系统稳定运行下，模拟较大的用户数量、并长时间运行系统的测试，通过综合分析执行指标和资源监控来确定系统处理最大业务量时的性能，主要目的是为了测试系统的稳定性。

（5）大数据量性能测试

大数据量测试是为了测试系统的业务处理能力。

大数据量测试分为两种。第一种是针对某些系统存储、传输、统计查询等业务进行的测试，主要是测试数据增多时的性能情况；第二种是极限状态下的数据测试，主要是指系统数据量达到一定程度时，通过性能测试来评估系统的响应情况，测试的对象也是某些核心业务或者日常常用的组合业务。

（6）网络性能测试

网络性能测试主要是为了准确展示带宽、延迟、吞吐量、负载、瓶颈和端口的变化是如何影响用户的响应时间的。重点测试吞吐量指标，因为80%的系统性能瓶颈是由吞吐量造成的。

2. 性能测试的方法

性能测试方法主要有：能力验证、规划性能、性能调优、压力加载、性能下降曲线分析。

（1）能力验证

能力验证强调对系统具备的硬件设备、软件环境、网络条件、基础数据的测试。能力验证使用的测试方法有可靠性测试、压力测试、失效恢复测试等。

（2）规划性能

规划性能关注的是要求系统具有的性能，强调系统配置，使系统能够满足增长的用户数的需要等问题。规划性能使用的测试方法有负载测试、配置测试、压力测试等。

（3）性能调优

性能调优关注的重点是要求系统确定基准环境、基准负载和基准性能指标，调整系统运行环境和实现方法，记录测试结果、进行测试分析。

（4）压力加载

压力加载强调：

① 稳定压力加载。一次性将负载加到某个水平，持续一段时间；

② 逐渐加载或交替加载到某个负载水平；

③ 峰谷测试。确定从系统高峰时间的负载转为几乎空闲、再攀升到高负载这样峰值交替情况下的系统性能状态/指标。

（5）性能下降曲线分析

性能下降曲线分析关心的是性能随着用户数的增加而出现下降趋势的曲线分析、查看性能下降的环境点与上下文，确定性能阀值。性能曲线通过单用户区域、性能平坦区域、压力区域、性能拐点进行监控和分析。

8.5 子系统测试

子系统测试又称集成测试，它是在各个功能测试成功的基础上进行的。因为每个子系统是由若干个功能所组成的，子系统设计成功与否，不仅取决于每个功能测试成功与否，还取决于按信息传递先后次序串联起来的功能测试成功与否。因此，子系统测试是一种连接测试。

子系统测试由于范围大、信息多、联系广，故测试之前必须做好充分准备工作。下面将对这些工作进行详细说明。

1. 编好功能联系图

要充分了解子系统范围内所有功能之间的相互关系，通过接口文件把各功能相互联系起来，画出功能联系图，如图 8 – 5 所示。

2. 编好处理联系图

必须安排好子系统范围内所有功能的处理次序，以免处理时衔接不上。按要求的处理时间先后画出功能处理联系图，如图 8 – 6 所示。

3. 编好作业联系图

子系统范围内的所有功能可以分成若干个作业，每个作业由若干个程序所组成。这里设定的作业是上机执行单位，为了掌握作业执行的先后次序，要以作业为单位画出作业联系图，如图 8 – 7 所示。

完成了以上准备工作后，为了确保各功能各程序的逻辑性，还需要针对子系统制作一套新的测试数据，以便进一步考验程序。要针对测试中发现的问题及时修改程序，边测边改，直至测试成功。应在测试说明书中补充测试中发现的问题、修改原因和修改内容。

在子系统测试过程中必须合理组织人员，可以将系统设计人员和程序设计人员分成三部

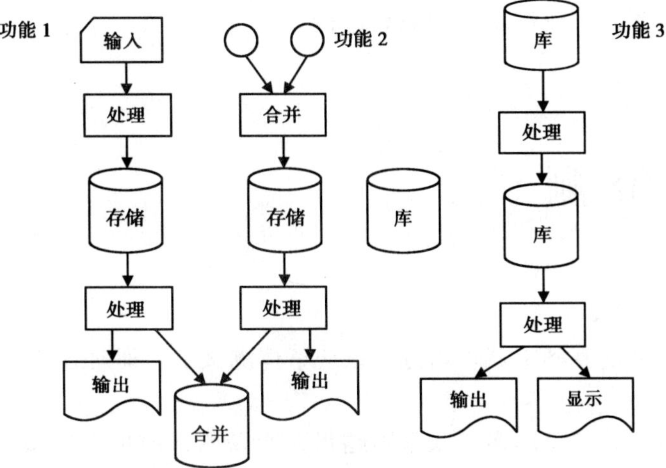

图 8－5 功能联系图

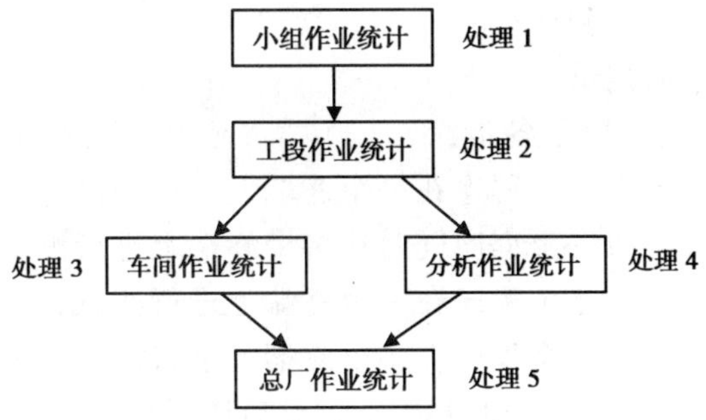

图 8－6 处理联系图

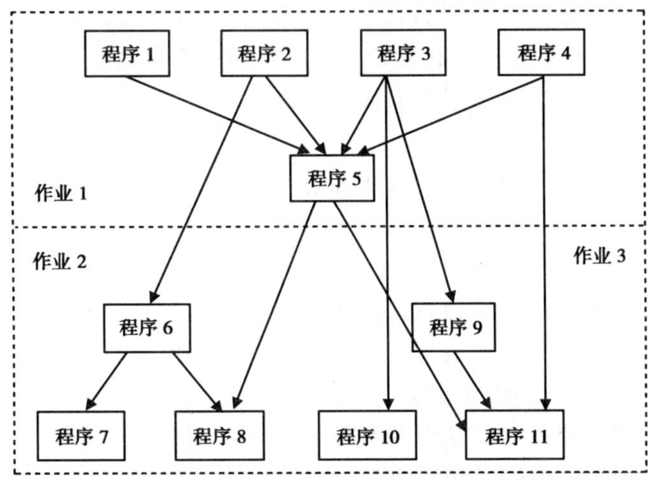

图 8－7 作业联系图

分，一部分上机测试，一部分下机检查核对，一部分修改程序。这三方面人员应该紧密配合，互相协调，保证子系统测试工作的顺利进行。

8.6 系统测试

在子系统测试成功的基础上就可以进行系统整体测试了，即对各子系统按信息传递次序进行调试。

系统测试规模越大，信息越多，联系则越强，所以测试前也必须做好充分的准备工作。应将各子系统的功能联系图、处理联系图和作业联系图结合起来，组成系统的功能联系图、处理联系图和作业联系图，基本准备工作与子系统测试类似。

系统测试可分为两个过程：

① 成批处理各子系统间的测试；

② 联机处理各任务间的测试。

联机处理的系统测试包含以下各步：

① 单任务单终端测试，指一个程序在一个终端上进行测试；

② 单任务多终端测试，指一个程序同时在多个终端上进行测试；

③ 多任务单终端测试，指多个程序在一个终端上进行测试；

④ 多任务多终端测试，指多个程序在多个终端上进行测试。

在成批处理与联机处理分别测试的基础上，最后还需要进行成批处理的联合测试。联合测试成功则整个系统测试工作宣告完成。

在经过一系列测试后，系统还需要有一个试用阶段。在这个阶段输入真实数据，采用手工作业和机器作业并行处理，进行并行测试，也就是前面所提到的“用新旧两个系统做平行处理检查”，以便对系统做进一步的考验。最后由新系统取代旧系统试运行。

并行测试的工作量很大，主要有两方面的工作：

(1) 原始数据装入系统

原始数据装入系统可以采用一次装入法和逐步装入法。

一次装入法是将现时现场使用的数据一次整体装入系统，这种装入法工作量相当大，需要组织大量人力，并且需要和现场业务部门的密切配合，但并行测试时间可以缩短。

逐步装入法是将现场使用的原始数据逐次地装入，尤其是各种业务的累计数字，可以通过一段时间逐步使系统数据完整。这种装入方法省人工，但并行测试的时间增加。

(2) 使用说明书和维护手册的编写

在系统正式交付用户使用时，还需要对使用方法加以说明，以便于现场业务人员使用。如输入记录单上有关项目的内容、填写方法以及注意事项，输入数据出错时出错代号、意义以及输入出错处理，输出报表英汉字对照说明，输出显示内容说明，各种代码意义说明等。还要为系统运行写出维护手册。在这一阶段写出的使用说明书和维护手册都是草案性的，在工作中使用一段时间后才能确定下来。

系统正式投入运行之前要制定运行管理方法及有关的规定。如运行中的故障处理方法、文件维护和程序维护方法等等。

在系统测试和并行测试中，若程序有修改，也要将修改内容等填入调试说明的有关项目中。

8.7 系统测试文档资料

系统测试阶段产生的文档资料就是系统测试报告书，其书写内容如下：

(1) 测试大纲

这部分包括测试目标和测试内容。

(2) 程序测试（对每个程序）

这部分包括程序测试的内容和程序测试的结果。

(3) 功能测试（对每个功能）

这部分包括功能测试的内容和功能测试的结果。

(4) 子系统功能测试（对每个子系统）

这部分包括子系统测试的内容和子系统测试的结果。

(5) 系统测试

这部分包括系统测试的内容和系统测试的结果。

(6) 测试结果的评价

这部分包括对程序的测试评价、对功能的测试评价、对子系统的测试评价和对系统的测试评价。

(7) 结论

(8) 测试人员名单

(9) 附录

这部分会包括系统使用说明书草案和系统维护手册草案。

思　考　题

1. 简述系统测试大纲的主要内容。
2. 系统的测试方法有哪两种？
3. 简述系统的一般测试步骤。
4. 测试数据应包含哪四个方面？

第9章 系统试运行与维护

当系统通过测试后，便可进入试运行阶段。在这一阶段，系统的试运行将以使用方为主，系统开发方只派少量技术人员参加。整个系统试运行期间主要应完成全面地、实际地考核系统的功能，系统的可靠性，并及时发现系统的局部性错误和软件隐藏的错误。

对于这个阶段的主要工作者——使用方，将会让自己的操作和维护人员上岗，实际运行系统。通过实际的运行，他们将完成处理试运行期间发生的故障、确定新旧系统转换工作机制、系统维护、补充和完善产生的文档资料等工作任务，以进一步完善系统和做好系统维护工作。

9.1 试运行期间发生故障的处理

新系统建成后，不能立即抛弃旧系统而直接进入新系统，因为新系统或多或少地会存在问题，即使没有问题，也有待经受实际工作考验。所以，在新系统运行期间，旧系统仍然需要运行，待新系统运行一段时间，确认不会发生使系统瘫痪等大的问题时，才可正式投入运行。在试运行期间，软件管理人员需要做的工作主要有以下三项：

① 建立台账制度；

② 处理发生的故障；

③ 新系统产品资料管理。

9.1.1 建立台账制度

台账原是指摆放在台上供人翻阅的账簿，故名台账。台账是明细记录表，为了加强某方面的管理、更加详细地了解某方面的信息而设置的一种辅助账簿，没有固定的格式，没有固定的账页，可根据实际需要自行设计，尽量详细，以便全面反映某方面的信息。

新系统在试运行期间，需要严肃认真地做好工作记录，一旦发生故障时，应将故障原因和故障现场资料记录下来，并向软件编制人员发送故障联络票，将这些问题记入台账。台账可提供大量决策管理信息，台账主要包括项目、故障联络票发行编号、故障发生日/联络票发行日、发行人、机种、要处理否、调查人、原因或经过、结果、解决日/对策结束日、接受日/解答日这 11 项内容。台账具体内容见表 9－1 所示。

表 9－1　　台　账　表

<table>
<tr><th rowspan="2">项目</th><th rowspan="2">故障联络票发行编号</th><th rowspan="2" colspan="2">故障发生日
联络票发行日</th><th rowspan="2">发行人</th><th rowspan="2">机种〈系〉</th><th rowspan="2">H 处理要否</th><th rowspan="2">故障内容</th><th rowspan="2">调查人</th><th rowspan="2">原因或经过</th><th rowspan="2">结果 FLAG</th><th>解决日</th><th>H 接受日</th></tr>
<tr><th>对策结束日</th><th>H 解答日</th></tr>
<tr><td rowspan="2"></td><td rowspan="2"></td><td>发生日</td><td></td><td rowspan="2"></td><td rowspan="2"></td><td rowspan="2"></td><td rowspan="2"></td><td rowspan="2"></td><td rowspan="2"></td><td rowspan="2"></td><td rowspan="2"></td><td rowspan="2"></td></tr>
<tr><td>发行日</td><td></td></tr>
<tr><td rowspan="2"></td><td rowspan="2"></td><td>发生日</td><td></td><td rowspan="2"></td><td rowspan="2"></td><td rowspan="2"></td><td rowspan="2"></td><td rowspan="2"></td><td rowspan="2"></td><td rowspan="2"></td><td rowspan="2"></td><td rowspan="2"></td></tr>
<tr><td>发行日</td><td></td></tr>
<tr><td rowspan="2"></td><td rowspan="2"></td><td>发生日</td><td></td><td rowspan="2"></td><td rowspan="2"></td><td rowspan="2"></td><td rowspan="2"></td><td rowspan="2"></td><td rowspan="2"></td><td rowspan="2"></td><td rowspan="2"></td><td rowspan="2"></td></tr>
<tr><td>发行日</td><td></td></tr>
<tr><td rowspan="2"></td><td rowspan="2"></td><td>发生日</td><td></td><td rowspan="2"></td><td rowspan="2"></td><td rowspan="2"></td><td rowspan="2"></td><td rowspan="2"></td><td rowspan="2"></td><td rowspan="2"></td><td rowspan="2"></td><td rowspan="2"></td></tr>
<tr><td>发行日</td><td></td></tr>
<tr><td rowspan="2"></td><td rowspan="2"></td><td>发生日</td><td></td><td rowspan="2"></td><td rowspan="2"></td><td rowspan="2"></td><td rowspan="2"></td><td rowspan="2"></td><td rowspan="2"></td><td rowspan="2"></td><td rowspan="2"></td><td rowspan="2"></td></tr>
<tr><td>发行日</td><td></td></tr>
<tr><td rowspan="2"></td><td rowspan="2"></td><td>发生日</td><td></td><td rowspan="2"></td><td rowspan="2"></td><td rowspan="2"></td><td rowspan="2"></td><td rowspan="2"></td><td rowspan="2"></td><td rowspan="2"></td><td rowspan="2"></td><td rowspan="2"></td></tr>
<tr><td>发行日</td><td></td></tr>
<tr><td rowspan="2"></td><td rowspan="2"></td><td>发生日</td><td></td><td rowspan="2"></td><td rowspan="2"></td><td rowspan="2"></td><td rowspan="2"></td><td rowspan="2"></td><td rowspan="2"></td><td rowspan="2"></td><td rowspan="2"></td><td rowspan="2"></td></tr>
<tr><td>发行日</td><td></td></tr>
</table>

结果 FLAG：☆—系统不良；●—程序不良；设备不良；△—原因不明；△—资料不足；×—操作错误；其他；D—输入数据错误。

9.1.2　处理发生的故障

当运行系统发生故障时，操作维护人员不要慌张，应将故障原因填入故障联络票，详细记录故障现场，以供软件人员分析使用。然后，再试着恢复系统继续运行。

一般情况下，产生故障原因可能是因为系统不良、程序不良、设备不良、操作错误、输入数据错误、提供的资料不足、其他（如业务功能更新系统程序，未更新造成错误等）。

经开发方维护人员确定为设备不良、操作错误、资料不足、输入数据错误的，操作人员可将系统重新启动继续试运行。

若开发方维护人员确定是系统不良、程序不良的，有关人员须申请程序变更书和故障表，详细填写故障记录，交软件编制人员进行程序修正。

如果是其他情况，则应通知程序管理组（简称 B 组），由程序管理组填发功能变更管理表，提交给软件编制人员对功能进行变更。

因出现故障后会填写一些表格，下面给出处理故障使用的一些表格（故障联络票，申请修正表，P票变更书，功能变更管理表），便于实际操作人员使用。

1. 故障联络票

故障联络票涉及三方面的信息，具体内容见表9－2所示。

① 基本信息：包括故障发生单位、发生时间、发行者组名、发行者姓名、管理号与分管理号。

② 操作人员记载事项：包括运行形式、故障状态、故障现象、暂定处置、资料。

③ 维护人员填写事项：包括处理时间、原因、如何处理、使用备件名、今后处理方案、其他、处理负责人。

表9－2 故 障 联 络 票

<table>
<tr><td rowspan="2">故障联络票</td><td rowspan="2">发生单位</td><td rowspan="2">发生时间</td><td>年　月　日</td><td>发行者组名</td><td></td><td>管理号</td><td></td></tr>
<tr><td>时　分</td><td>发行者姓名</td><td></td><td>分管理号</td><td></td></tr>
</table>

<table>
<tr><td colspan="3">操作员记载事项</td></tr>
<tr><td rowspan="2">运行形式</td><td colspan="2">1. 单机 2. 热备用 3. 批量处理 4. …</td></tr>
<tr><td colspan="2">1. 业务运行
2. 调试、试验（　　）
3. 其他（　　）</td></tr>
<tr><td rowspan="2">故障状态</td><td colspan="2">1. 系统停止（系统循环；系统等待；自动恢复）
2. 用户程序异常结束
3. 文件故障（破坏；情报丢失；其他），文件名称（　　）
4. 终端故障（　　）</td></tr>
<tr><td colspan="2">发生设备：机器名：
记忆标号：
设备号：</td></tr>
<tr><td>故障现象（尽量详细）</td><td colspan="2">控制台（盘）显示内容及故障概述</td></tr>
<tr><td rowspan="2">暂定处置</td><td colspan="2"></td></tr>
<tr><td>恢复时刻</td><td>时　分</td></tr>
<tr><td>资料（提供的现场资料）</td><td colspan="2"></td></tr>
</table>

<table>
<tr><td colspan="8">维护员填写事项</td></tr>
<tr><td rowspan="2">处理时间</td><td>处理开始时刻</td><td>处理结束时刻</td><td>D0</td><td>D1</td><td>D2</td><td>PD</td><td>（L）</td></tr>
<tr><td>日　时　分</td><td>日　时　分</td><td></td><td></td><td></td><td></td><td></td></tr>
<tr><td rowspan="2">原因</td><td colspan="7"></td></tr>
<tr><td colspan="7">判明原因日期：　　月　　日</td></tr>
<tr><td>处理</td><td colspan="7"></td></tr>
<tr><td>使用备件名</td><td colspan="7"></td></tr>
<tr><td>今后处理方案</td><td colspan="7"></td></tr>
<tr><td>其他</td><td colspan="7"></td></tr>
<tr><td>处理负责人</td><td colspan="2"></td><td colspan="5"></td></tr>
</table>

2. 申请修正表

申请修正表主要有申请组名、申请时间、修正对象、修正内容、提供实物、其他修正、有关资料、向管理组的提供物八项内容，具体内容见表 9－3 所示。

表 9－3 **申 请 修 正 表**

承担	
申请时间	月 日

<table>
<tr><th>修　正</th><th colspan="3">内　容</th></tr>
<tr><td>1. 修正对象
SokrceProgram
Maoro
Module
提供物
磁带 DSM：
DSN：
LABEL：
管理号码：
卡片</td><td colspan="3">修正 Program 名称：
理由：
JCL/Parameter：</td></tr>
<tr><td>2. DPATCH 对象
提供物
卡片</td><td colspan="3">修正名称：
理由：
JCL/Parameter：</td></tr>
<tr><td>3. 其他修正
a APF
b PFK
c 编写过程
d 其他</td><td colspan="3">修正名称：
理由：
JCL/Parameter：</td></tr>
<tr><td>有关资料</td><td colspan="3">（1） P 票编号
（2） 故障联络票编号</td></tr>
<tr><td>向管理组的提供物</td><td colspan="3">（○：要；△：根据条件；×：不要）</td></tr>
<tr><td>修 正 / 提 供 物 品</td><td>表 1</td><td>表 2</td><td>表 3</td></tr>
<tr><td>P 票</td><td>○</td><td>△</td><td>×</td></tr>
<tr><td></td><td>○</td><td>△</td><td>×</td></tr>
<tr><td></td><td>△</td><td>×</td><td>×</td></tr>
<tr><td></td><td>△</td><td>○</td><td>△</td></tr>
<tr><td></td><td>△</td><td>○</td><td>△</td></tr>
<tr><td></td><td>○</td><td>○</td><td>○</td></tr>
</table>

3. P票变更书（程序变更书）

P票变更书主要用于程序变更情况，由程序员填写，它主要包括对Program（程序）的影响、变更理由与动机、变更内容、备考、制图人、审查人等内容，具体内容见表9－4所示。

表9－4　　　　P 票 变 更 书

<table>
<tr><td colspan="2" rowspan="2"></td><td colspan="5" rowspan="2"></td><td>类别</td><td></td></tr>
<tr><td>号码</td><td></td></tr>
<tr><td>P</td><td>Program
变更书</td><td>Program名
Routine名</td><td></td><td></td><td>管理
号码</td><td colspan="3"></td></tr>
<tr><td>影　响
Program</td><td>无/有(Program)
(　　　)</td><td>Memory byte
增　减</td><td>+
-</td><td>修改
step数</td><td colspan="4">step</td></tr>
<tr><td colspan="9"></td></tr>
<tr><td>变
更
理
由</td><td colspan="5"></td><td>变
更
动
机</td><td colspan="2">1. 规格书变动
2. Program修改
3. Program不良
4. 其他</td></tr>
<tr><td>变
更
内
容

1. 内容
2. Coding</td><td colspan="8"></td></tr>
<tr><td>备
考</td><td colspan="8"></td></tr>
<tr><td colspan="5"></td><td>页号</td><td colspan="3"></td></tr>
<tr><td rowspan="2"></td><td>制图</td><td rowspan="2"></td><td rowspan="2"></td><td rowspan="2">系统软件</td><td colspan="4" rowspan="2"></td></tr>
<tr><td>审查</td></tr>
</table>

4. 功能变更管理表

功能变更管理表用在功能变更的情况下，由程序员来填写，其主要涉及内容包括编号、变更理由、变更内容、变更方案、发行日期、发行人、审查人、需要变更的模块表格文件、

维护作业组、备注等，具体内容见表 9 – 5 所示。

表 9 – 5　　　　　　　　　　　功能变更管理表

G	功能变更管理表	编号		发行日期	年　月　日	发行人		审查人	

变更内容	
变更理由	
变更方案	

需变更的模块表格文件	需修正的模块表格文件	需增加的模块表格文件

维护作业组				
	预定开始	年　月　日	实际开始	年　月　日
	预定完成	年　月　日	实际完成	年　月　日
	承担人		负责人	
	备注			

管理作业组				
	B 组接收	年　月　日	实际开始	年　月　日
	预定完成	年　月　日	实际完成	年　月　日
	承担人		负责人	
	备注			

备注				

9.1.3　新系统产品资料管理

新系统建成后，还需要妥善管理软件和软件生产过程中产生的大量文档资料。为此，本节将简述软件产品管理和软件资料管理。

1. 软件产品管理

软件产品从开始构思到产品形成是一个繁杂的过程，因此对软件产品的管理就显得很重要了。在系统开发中对软件产品的管理主要采用产品分类管理和对源程序进行管理两种方法。

(1) 对软件产品进行分类管理

对软件产品的分类管理可以使软件产品属性、数量清晰、明了，便于使用时查找。通常可将软件产品分为：① 图形处理程序；② 数据计算程序；③ 数据处理程序；④ 数据库程序；⑤ 网络处理程序；⑥ 系统实用程序；⑦ 决策辅助程序；⑧ 各种辅助程序。根据不同的管理需要，这些类还可以进一步细分，这里就不再详细介绍。

(2) 对提供的源程序进行管理

对源程序的管理可按以下两种方式进行：

① 保存好打印的源程序副本。

② 提供两份源程序磁盘副本，一份由管理人员保存，另一份为有关单位提供信息。软件产品管理情况应记录在案，见表 9-6 所示。

表 9-6　源程序保管表

项目	程序名	存放媒体	功能	交付使用日期	保管人	借出否		备注
						借出日	归还日	

保管单位：　　　　保管单位负责人：　　　　保管人：

2. 软件资料管理

软件资料可用表 9-7 的形式进行管理，便于用户和软件研制者查阅。

表 9-7　软件资料管理表

项目	类别	资料编号	资料名	资料来源	经手人	数量	备注

随着计算机软件技术的迅速发展，人们已认识到软件管理对软件成本所产生的影响，对软件管理技术也开展了相应的研究。Gerald M. Weinberg 格拉德韦恩伯格（美国）认为：“管理不当可能比任何其他因素使软件成本更快速地增长。”为使软件发挥较高的经济效益，如何进行管理是值得研究的课题。

9.2　确定新旧系统转换工作机制

建立的新系统经过一段时间的试运行后，旧系统的业务就可以向新系统转换。这时，管理部门需要召集有关人员开会研究，决定新旧系统转换工作的事宜。

新旧系统转换一般有三种方式：

（1）直接转换

直接转换是一种最省时、省力、省费用的方式，但有一定的风险，一般在较小的应用系统中采用。

（2）平行转换

新旧系统平行运行，经过一段时间考验，新系统才完全代替旧系统工作。这种方式耗费人力、物力和经费，一切业务处理均要设两套班子，但这种过渡方式可靠而平稳。

（3）分阶段转换

新旧系统同时运行，旧系统逐步减少工作内容，新系统逐步增加工作内容，经过一段时间后，新系统完全代替旧系统。

9.3　系统维护

任何一个计算机系统都不是完美无缺的，而且随着时间的推移，计算机系统会暴露出更多的问题，甚至威胁到系统的正常运行。所以对系统进行维护是十分必要的工作。

1. 系统维护的目的

① 保证新系统能正常工作；
② 优化新系统的功能，因为业务会随时间而变化，这会导致需要修改当前版本；
③ 消灭软件系统潜在的错误；
④ 增加新功能，以适应生产的发展。

2. 对维护人员的要求

要达成对系统维护的目的，系统维护人员必须对维护工作要有正确的认识，且应熟悉整个应用软件、文件结构和系统软件，要做到独当一面、一人多职，对日常维护还要做好日志，以便于新系统功能的逐步完善。

9.4 完善系统运行阶段的文档资料

系统试运行阶段的主要任务是维护系统的运行，通过系统运行对系统测试阶段写出的系统使用说明书和系统维护手册进行修改补充，使之完善。

9.4.1 系统使用说明书

系统使用说明书的主要内容有引言、软件实体、操作步骤、有关处理和参考资料，具体内容有：

① 引言。包括系统概述、功能、性能、用途（简要说明系统的使用目的）、运行环境（说明硬件、软件配置）和使用的术语。

② 软件实体。包括程序结构、文件结构和使用的软件工具等内容。

③ 操作步骤。包括模块修改、编译、连接方法、程序运行方法及其操作步骤、输入数据及其格式和输出数据及其格式等内容。

④ 有关处理。包括出错处理（叙述系统使用过程中常见的出错信息种类、编号以及处理方法），启动和关闭系统的操作方法等内容。

⑤ 参考资料。

9.4.2 系统维护手册

系统维护手册对维护来说具有一定的参考价值，手册中包含引言、系统概述、程序概况、运行方法和程序修改时要考虑的系统有关技术资料，具体内容如下：

① 引言。

② 系统概述。包括系统用途、运行环境、软件总体结构等内容。

③ 程序概况。包括程序名称、功能、算法简介、输入信息处理、输出信息处理、接口和使用的数据文件等内容。

④ 运行方法。主要描述运行操作步骤、出错信息的处理和程序修改操作（编辑、编译、连接）等内容。

⑤ 程序修改时要考虑的系统有关技术资料。

思 考 题

1. 简述系统试运行期间的主要目标。
2. 新旧系统转换一般有哪三种方式?
3. 简述系统维护的目的。

第10章 系统验收与鉴定

系统验收是系统开发机构向用户移交系统时履行的正式手续，也是用户对新系统的认可。尽管许多单位把验收和鉴定（也称系统评价）结合在一起进行，但验收和鉴定还是有区别的。

验收是用户对开发工作的认可，验收要检查新系统功能是否达到要求的设计水平，新系统能否正常运转等。只有通过验收，才能投入正常运行。

鉴定是对开发工作作出评价。由专家、教授组成鉴定小组，用户可以向鉴定小组客观反映使用情况，鉴定小组组织人员对新系统进行全面的（技术性能、经济效益、使用价值）考核，鉴定组要写出鉴定书，并提交上级主管部门备案。

10.1 验收工作

新系统投入试运行工作结束后，用户应组织人员对开发的新系统进行验收，完成开发单位向用户转交的手续。

10.1.1 验收的目标

验收工作的目标为以下几项：

① 新系统经过一段时间运行后，有没有达到原设计要求？完成的功能怎样？

② 新系统的可靠性和可维护性好不好？

③ 新系统对业务处理的能力。

④ 新系统对用户操作的容错能力。

⑤ 新系统对发生故障的恢复能力。

⑥ 开发单位向用户提交的有关技术资料是否齐全。

10.1.2 验收任务

验收小组的任务就是依据系统设计说明书、系统使用说明书和系统维护手册对新系统演示一遍，以确认：

① 整个系统是否运行正常，并达到预定目标；

② 各个子系统是否运行正常，并达到预定目标；

③ 各个功能模块是否运行正常，并达到预定目标；

④ 使用和维护是否能实现。

10.2 验收报告

验收报告，也称为用户使用报告或用户报告。验收环节对它的内容也做了一定的要求，具体如下：

(1) 引言

- 软件名称、用户单位、研制单位
- 运行环境
- 操作人员
- 使用起止日期

(2) 使用情况

- 精度
- 效率
- 功能
- 差错

(3) 系统评价

- 用户需求满足程度
- 经济效益或社会效益
- 使用方便程度
- 系统可靠性
- 用户对系统的评价

(4) 用户的希望和要求

10.3 鉴定工作程序和文档资料

鉴定是对系统开发工作的水平作出评价，鉴定的工作程序和文档资料是关键。鉴定工作包括：鉴定工作的组织；准备鉴定测试报告；准备测试结论报告；准备鉴定书草案；准备研究报告和技术报告；向鉴定考核小组提供的审查材料和鉴定材料；鉴定会会议程序。

10.3.1 鉴定组织工作

鉴定工作由开发单位和用户单位共同组织完成。其工作程序如下：

① 邀请有关专家、教授组成鉴定小组和考核小组，拟出鉴定小组成员名单（注明姓名、工作单位、专业、职称）；

② 要求开发单位写出研究报告，供鉴定会宣读；

③ 要求用户单位写出验收报告（或用户使用报告），供鉴定会宣读；

④ 要求开发单位写出技术报告，供鉴定会宣读；

⑤ 要求开发单位准备好鉴定要用到的技术文档资料；

⑥ 组织鉴定考核小组进入现场测试；

⑦ 要求鉴定考核小组写出鉴定测试报告，供鉴定会宣读；

⑧ 要求鉴定考核小组写出测试结论报告，供鉴定会宣读；

⑨ 要求考核小组拟出鉴定书草案；

⑩ 确定鉴定会地址、时间、参加人员，并发出邀请信。

10.3.2 鉴定测试报告主要内容

鉴定考核小组的工作是一项非常严肃认真的工作，它负责向鉴定会提供鉴定测试报告、测试结论报告和鉴定书草案。

鉴定测试报告的主要内容如下：

(1) 鉴定小组成员

姓名、职务、职称、专业、工作单位

(2) 考核小组的组成和职责

- 组成人员（由鉴定小组委托）
  姓名、职务、职称、专业、工作单位
- 考核职责和工作分工

(3) 系统总体测试大纲

- 系统设计的科学性与完善性

- 系统功能完整性与可扩充性
- 软件的实用性
- 软件技术的复杂性与先进性
- 系统安全性与可靠性
- 用户界面

(4) 系统技术资料规范化、完整性审查

10.3.3　测试结论报告主要内容

测试结论报告的主要内容包括：

- 测试依据（即系统总体测试大纲）
- 测试环境、设备、内容
- 测试结果
- 测试结论

10.3.4　鉴定书草案主要内容

鉴定书草案的主要内容包括：

- 技术先进性
- 经济效益和社会效益
- 系统内在质量
- 系统是否具有推广价值
- 建议
- 鉴定小组成员签字

10.3.5　研究报告和技术报告主要内容

1. 研究报告主要内容

(1) 研究概况

- 项目名称、用户单位、研制协作单位
- 研究背景，开发的作用和意义
- 技术要求
- 研究时间

(2) 研制过程

(3) 研制过程中的经验与教训

(4) 对未来的设想

2. 技术报告主要内容

(1) 系统概述

(2) 系统构成
- 硬件环境
- 软件环境

(3) 应用系统概论
- 总体结构
- 系统功能和性能
- 系统业务流程
- 工作方式

(4) 采用的技术
- 原有的技术
- 采用的新技术
- 新技术的优缺点

(5) 试运行分析
- 新系统达到的技术指标
- 存在的问题
- 自我评价

10.3.6 向鉴定考核小组提供的审查材料和鉴定材料

向鉴定考核小组提供的审查材料和鉴定材料包括：
- 立项申请报告
- 系统分析说明书
- 可行性分析报告
- 系统设计说明书
- 程序设计说明书
- 系统测试报告书
- 系统运行手册
- 系统维护手册
- 系统验收报告书
- 系统功能图
- 系统业务流程图
- 数据文件结构图
- 数据文件代码本
- 程序流程图
- IPO 图
- 计算机方案选择报告

10.3.7　鉴定会会议程序

鉴定会会议程序一般由各单位自己拟定，这里提供××鉴定会会议程序供读者参考。

- 主持人讲话，宣布开会
- 宣布技术鉴定委员会名单、领导小组名单、开发单位、用户单位、主要开发人员名单
- 宣读研究报告（开发单位）
- 宣读技术报告（开发单位）
- 宣读测试报告（鉴定考核小组）
- 宣读用户报告（用户验收报告）
- 演示
- 宣读鉴定报告

思考题

1. 简述系统验收的目标。

第11章 手机管理信息系统的建设

为了使读者更好地理解本书内容，本章将《手机管理信息系统》作为一个案例介绍给读者。

11.1 手机系统简述

手机是人们必备的一种双向传送信号的个人移动通信工具。随着移动多媒体时代的到来，手机的发展速度不断提升，越来越多的功能被植入到手机平台中（拍照功能、娱乐功能、商务功能、数据功能、网络功能、GPS导航功能等），手机业务也在不断创新，由原先的简单通话发展为移动上网、新闻、文化娱乐、体育比赛、多媒体视频服务，使手机的发展呈现出多样化。大体归纳一下，目前手机的发展表现在以下几个方面：

① 更新换代周期逐渐缩短。由于通信技术快速发展以及人们生活水平日益提高，手机市场更新换代周期逐渐缩短。

② 多功能化。存储和显示信息量的增大，使手机不仅能实现日常的个人移动通信业务，还能通过网络与新闻、文化娱乐、体育比赛、专用数据库连接。

③ 大容量，大规模联网。利用卫星可以把全球的手机用户连接起来，实现覆盖全球的国际通信联网，进行全球漫游通信。

④ 智能化。利用智能手机可以进行个人信息管理和多媒体应用。

⑤ 独立的手机操作系统多。目前应用在手机上的操作系统主要有Symbian 、Windows Mobile、Mac OS、Palm、Linux、BlackBerry和Android等。

⑥ 多款式微型化。手机向着体积小，品种多的方向发展。

手机的发展促进着手机管理信息系统的发展。手机管理信息系统是指由网络服务器、系统主机、号码资源、用户信息等数据库组成的一个大型管理信息系统，所有数据都存储在数据库中，各类资源通过网络相连，系统中的任何一部手机都可以通过网络共享功能使用服务器中的数据。这个概念是狭义的，不包括基站发射机、移动交换中心发射机和公网交换机，也不包括话务排队器。

11.2　手机通信系统的构成

手机通信路径的构成如图 11－1、图 11－2、图 11－3 所示。

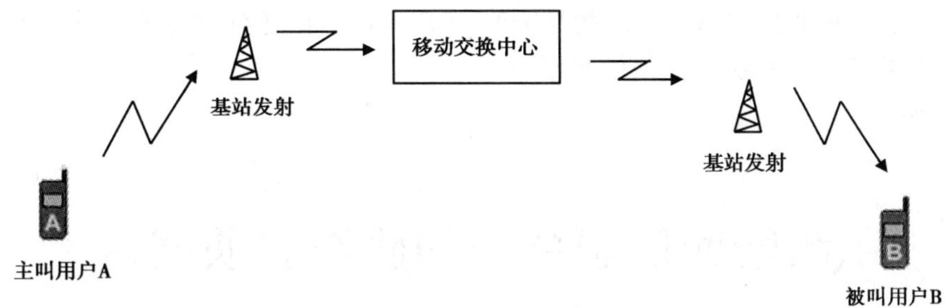

图 11－1　手机对手机通话的路径

手机对手机整个通话的路径是：主叫用户 A→基站发射→移动交换中心→基站发射→被叫用户 B。中间的核心环节是移动交换中心，由移动交换中心对被叫号码进行分析，对手机号码进行归属位置寄存器（归属位置寄存器，是用于移动用户管理的大型数据库，主要存放有关用户的参数和有关用户目前所处位置的信息，如号码、用户信息以及一些智能业务、电话费用等信息）查询，找到被叫手机目前所处的位置，并将呼叫送到被叫所处的移动交换中心，然后送到被叫基站发射，将信号发送到被叫手机上，完成交换功能。

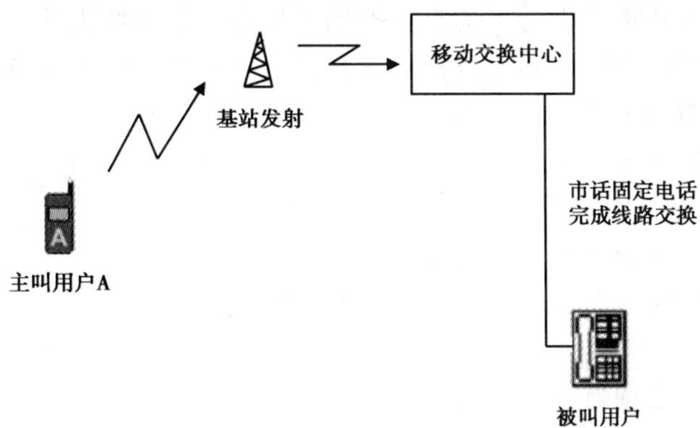

图 11－2　手机对固定电话通话的路径

手机对固定电话的整个通话路径是：主叫用户 A→基站发射→移动交换中心→市话线路交换→被叫用户。中间的核心环节是移动交换中心送到公网交换机，由公网交换机通过固定的用户线，找到被叫用户。

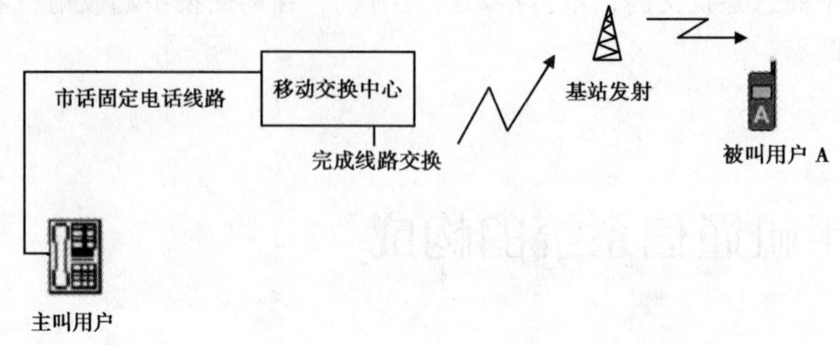

图 11－3 固定电话对手机通话的路径

固定电话对手机的整个通话路径是：通过市话固定电话线路→移动交换中心→市话线路交换→基站发射→被叫用户 A。中间的核心环节是固定电话送到移动交换中心公网交换机，由公网交换机通过基站发射，找到被叫用户。

11.3 手机管理信息系统的研发立项报告

手机管理信息系统的研究开发立项报告包括下列几项：

(1) 课题项目

研究开发手机管理信息系统。

(2) 课题领导机构和负责人

项目领导机构：××公司管理信息系统开发组。

项目总负责人：×××。

项目负责人：××负责手机管理信息系统的系统分析、系统设计、系统测试；××负责手机管理信息系统可行性分析、程序设计、系统试运行与维护；××负责组织协调。

(3) 办公地址、联络机构

办公地址与联络机构设在××公司总部×××号办公室。

(4) 课题负责单位和协作单位

负责单位：××公司管理信息系统开发组

协作单位：中科院××所××室软件应用开发组

(5) 课题来源

本部门横向自立应用项目。

(6) 开发的目的和意义

手机市场非常活跃，据市场调查资料分析，由于现在手机全国每年以 100 万以上的用户递增，对它进行有效的管理存在很大的难度，需建立有效的管理规则来保证手机市场健康有序的发展。

本公司原来建立的系统业务已处于超饱和状态，不能适应业务发展的需要，客户希望能开发新的计算机管理系统来替换旧系统。基于用户需求，系统开发组研究讨论后认为：

① 手机网络的服务已成为客户的关注重点；

② 为留住客户，并满足客户需求，有必要上马开发手机管理信息系统；

③ 市场发展快，需要加快系统版本的更新换代，巩固已有市场，发展新客户；

④ 新系统开发后经济效益显著。

对于目前大多数手机用户来说，手机管理信息系统除了可以为用户提供充值以外，还可以查看用户信息。该系统将给客户提供方便、快捷、准确的服务。

（7）课题开发研究的内容

① 手机。具体内容为手机号（卡）、手机类别、频段、中国移动通信提供的业务、手机功能、手机查询余额、用户充值、通话记录、图标格式、图标大小、手机色彩、手机显示屏、分辨率、手机铃声、国际识别码 IMEI、三包服务。

② 普通服务。具体内容为：充值、查询、单呼、连呼、复台、复查、复台复查、留言、列车时刻表、航班时刻表、位置登记。

③ 漫游服务。具体内容为漫游单呼、漫游复台、漫游复台复查、漫游复查、漫游位置登记。

④ 群呼服务。内容有：全呼叫、天气预报、股票行情、组号群呼、散呼。

⑤ 试机服务。内容有：按用户号试机、按发射设备号试机、强场测试。

⑥ 定时服务。内容有：定时输入、定时删除、定时查询、定时列表。

⑦ 系统管理。内容有：用户资料管理、操作员管理、漫游管理、系统记账管理、航班时刻表管理、列车时刻表管理、字典管理。

（8）课题完成时间

本课题计划用 12 个月时间完成，具体为：

① 系统分析 1 个月；

② 系统设计 2 个月；

③ 系统程序设计 6 个月；

④ 系统调试 2 个月；

⑤ 系统试运行 1 个月。

（9）课题经费概算

初步估算（不计人员成本费、奖金）约需人民币 60 万元，其中包括：上机、购买辅助材料、技术资料、调研、印刷出版技术资料、邀请预订用户、本公司现有客户现场观摩、研讨、推广等费用。

经费使用安排：系统开发期间需 48 万元人民币；邀请客户观摩、研讨、推广等费用需 12 万元人民币。

经费来源：向本公司借支 60 万元人民币。待系统应用推广后归还借支款。

11.4 手机管理信息系统分析说明书

本节主要讨论：手机管理信息系统分析说明书概述、现行系统分析、系统的目标和总体功能、手机管理信息系统设计说明。

11.4.1 概述

1. 引言

本文档是对××公司手机管理信息系统分析的总结，包括该公司已建立的计算机手机管理信息系统和尚未建立的新系统的分析，由系统分析确定手机管理信息系统（以下简称系统）的需求，以作为设计的依据。本说明书对工程的实施提出计划，连同附件一起供开发人员设计使用，本说明书也是开发者与用户对该系统理解的基础。

2. 业务需求

本项目是××公司管理信息系统开发组的横向自立项目。根据手机市场的发展状况和用户需求，建立手机管理信息功能更强、应用面更广的系统。

本项目完成后，主要提供给本公司原有用户和新发展的用户使用，同时也推广到各行各业的手机管理业务服务中去。

3. 参加设计人员

系统分析由××公司信息系统研发组的全体开发人员负责。人员名单如下：

- 开发人员：×××，×××，……
- 文档撰写者：黎连业。

11.4.2 现行系统分析

1. 组织概况

手机管理信息系统是一个城乡居民共同使用的手机管理业务系统，管理信息系统提供服务，用户支付服务费用。

2. 手机概况

（1）移动通信

移动通信是移动体之间的通信，或移动体与固定体之间的通信。移动通信在于它的移动性和漫游功能。无线的接入方式使其具有移动能力，而归属位置管理系统和访问位置管理系统使其具有漫游功能。

移动通信系统从 20 世纪 80 年代诞生以来，大体经过 3 代的发展历程，而且到 2010 年，将从第 3 代过渡到第 4 代（4G）。到 4G，除蜂窝电话系统外，宽带无线接入系统、毫米波 LAN、智能传输系统（ITS）和同温层平台（HAPS）系统将投入使用。未来移动通信系统最明显的趋势是要求高数据速率、高机动性和无缝隙漫游。移动通信系统由两部分组成：

① 空间系统；

② 地面系统。

地面系统主要有：

a. 卫星移动无线电台和天线；

b. 关口站、基站。

从用户角度看，可以使用的接入技术包括：蜂窝移动无线系统，如 3G；无绳系统，如 DECT；近距离通信系统，如蓝牙和 DECT 数据系统；无线局域网（WLAN）系统；固定无线接入或无线本地环系统；卫星系统；广播系统，如 DAB 和 DVB－T；ADSL 和 Cable Modem。

移动通信的种类繁多。按使用要求和工作场合不同可以分为集群移动通信、蜂窝移动通信和卫星移动通信三种方式。

集群移动通信，也称大区制移动通信。它的特点是只有一个基站，天线高度为几十米至百余米，覆盖半径为 30 公里，发射机功率可高达 200 瓦。可以是车载台，也可以是手持台。它们可以与基站通信，也可通过基站与其他移动台及市话用户通信，基站与市站有线网连接。

蜂窝移动通信，也称小区制移动通信。它的特点是把整个大范围的服务区划分成许多小区，每个小区设置一个基站，负责本小区各个移动台的联络与控制，各个基站通过移动交换中心相互联系，并与市话局连接。利用超短波电波传播距离有限的特点，离开一定距离的小区可以重复使用频率，使频率资源可以充分利用。每个小区的用户在 1000 以上，全部覆盖区最终的容量可达 100 万用户。

卫星移动通信。利用卫星转发信号也可实现移动通信。使用模拟识别信号的移动通信，称为模拟移动通信。为了解决容量增加，提高通信质量和增加服务功能，目前大都使用数字识别信号，即数字移动通信。

（2）通信制式

在通信制式上则有时分多址（TDMA）和码分多址（CDMA）两种。

时分多址（TDMA）在全世界有欧洲的 GSM 系统（全球移动通信系统）、北美的双模制式标准 IS－54 和日本的 JDC 标准。

对于码分多址，则有美国 Qualcomnn 公司研制的 IS－95 标准的系统。总的趋势是数字移动通信将取代模拟移动通信，而移动通信将向个人通信发展。

（3）我国手机占用频段

手机占用频段是硬性划分的，这主要是由于频率资源的有限导致的。我国手机常用的频段主要有 CDMA 手机占用的 CDMA 1X 800Mhz 频段；GSM 手机占用的 900/1800/190 Mhz 频段。

① CDMA 1X 800 Mhz 频段。CDMA 1X 采用扩频速率为 SR1，即指前向信道和反向信道均用码片速率 1.2288Mbit/s 的单载波直接系列扩频方式。因此它可以方便地与 IS－95（A/B）后向兼容，实现平滑过渡。由于 CDMA 1X 采用了反向相干解调、快速前向功控、发送分集、Turbo 编码等新技术，其容量比 IS－95 大为提高。在相同条件下，对普通话音业务而言，容量大致为 IS－95 系统的两倍。CDMA 1X 网络可以作为话音业务的承载平台，也可以作为无线接入 Internet 分组数据承载平台，既可以为用户提供传统的话音业务，也可以为用户提供端对端分组传输模式的数据业务。因此，联通就利用其在 800 Mhz 频段上的资源建立了 CDMA 网络。

② GSM 占用频段。我国 GSM 手机占用频段主要是 900Mhz、1800Mhz 和 1900Mhz。

为了能进一步扩大手机网络系统的运行容量，提高手机通信时的语音质量，市场上推出了"双频手机"、"三频手机"。

所谓的双频手机就是包含 2 个工作频段（900Mhz、DCS1800Mhz）的手机。使用 GSM900/GSM1800 双频手机，用户可以在 GSM900 Mhz 与 GSM1800 Mhz 之间自由切换，可以有效地避免以往掉话、通话难和音质差等问题，较以前只使用 GSM900 网的通话更加方便。

所谓的"三频手机"就是指可以同时接收 GSM900M、DCS1800Mhz 以及 PCS1900Mhz 这三个频率段信号的手机。手机工作时自动从三个频段中做出选择，那一频段的信号强，就选择那一基站的信号，如果一个频段接不通，可以自由转到另一个频段的信号上。它实际上就是扩大了手机的接通率。在一些手机用户比较集中的地区，尤其适合使用三频手机，因为三频手机能够灵活地在 GSM900、DCS1800 和 PCS1900 之间进行切换，以便始终保持通话不断及通话质量。

对于用户而言，三频手机的出现对其影响将是最为深远的，同时又将是最实际的，因为使用三频手机，通过三频网络的漫游，掉话现象将大大减少，手机的应用将更加自由。三频手机可以使用户自由地在五大洲 120 个国家进行通信。

（4）通信控制

通信系统要传输不同类型的信息，包括业务信息和各种控制信息。

控制信息分为三类：

① 广播信息（BCH）是一种"一点对多点"的单方向控制信道，用于基站向所有移动台广播公用信息。传输的内容是移动台入网和呼叫建立所需要的各种信息。其中又分为：

a. 频率校正信道（FCCH）：传输供移动台校正其工作频率的信息；

b. 同步信道（SCH）：传输供移动台进行同步和对基站进行识别的信息；

c. 广播控制信道（BCCH）：传输通用信息，用于移动台测量信号强度和识别小区标志等。

② 公共控制信道（CCCH）是一种"一点对多点"的双向控制信道，其用途是在呼叫接续阶段传输链路连接所需要的控制信令与信息。其中又分为：

a. 寻呼信道（PCH）：传输基站寻呼移动台的信息；

b. 随机接入信道（RACH）：移动台申请入网时，向基站发送入网请求信息；

c. 准许接入信道（AGCH）：基站在呼叫接续开始时，向移动台发送分配专用控制信道的信令。

③ 专用控制信道（DCCH）是一种“点对点”的双向控制信道，其用途是在呼叫接续阶段和在通信进行当中，在移动台和基站之间传输必需的控制信息。其中又分为：

a. 独立专用控制信道（SDCCH）：传输移动台和基站连接和信道分配的信令；

b. 慢速辅助控制信道（SACCH）：在移动台和基站之间，周期地传输一些特定的信息，如功率调整、帧调整和测量数据等信息；SACCH 是安排在业务信道和有关的控制信道中，以复接方式传输信息。安排在业务信道时，以 SACCH/T 表示，安排在控制信道时，以 SACCH/C 表示，SACCH/常与 SDCCH 联合使用。

快速辅助控制信道（FACCH）：传送与 SDCCH 相同的信息。使用时要中断业务信息（4 帧），把 FACCH 插入，不过，只有在没有分配 SDCCH 的情况下，才使用这种控制信道。这种控制信道的传输速率较快，每次占用 4 帧时间，约 18.5ms。

（5）中国移动通信提供的业务

① 全球通。全球通是中国移动通信经营的一个用户品牌，具备语音通话功能，可实现国内、国际漫游，可同时使用主叫号码显示、呼叫转移、移动传真等增值服务，还可使用 GPRS、彩信、IP 电话、短信息、移动秘书、WAP 上网、全球呼等业务，以及针对集团商业客户的企业通信应用方案。

② 神州行。“神州行”是“神州行预付费业务”的简称，是中国移动通信继“全球通”后在 GSM 网上推出的品牌。用户无需缴纳入网费和月基本费，单次通话较“全球通”高，支持全国漫游。但与“全球通”相比减少了部分业务项目。

③ 动感地带。动感地带（M－Zone）是中国移动通信为年轻时尚的人群量身定制的移动通信客户品牌，“时尚、好玩、探索”是其主要的品牌属性。使用专用的 STK 卡，在业务上注重于短信功能，资费方式较为灵活。

④ 移动梦网。移动梦网（Monternet）是中国移动通信集团公司推出的移动数据应用服务的全国统一品牌，包括各种具体的数据服务业务。

⑤ 百宝箱。百宝箱是中国移动开通的一种基于无线 JAVA 技术开发的移动数据业务增值服务，用户可以享受类似于互联网上的各种服务，如：通过手机下载各种游戏、动画、小小说等，也可以进行各种在线应用，如联网游戏、收发邮件、证券投资、炒股、信息查询等。百宝箱业务分为“游戏百宝箱”、“商务百宝箱”、“生活百宝箱”、“娱乐百宝箱”四大类栏目，客户使用支持 K－Java 功能的手机终端无需申请即可开通百宝箱服务，但需要开通 GPRS 数据功能，并对终端进行设置。

⑥ 移动 QQ。“移动 QQ”是一项专为移动终端设计的互动式聊天功能，目前多运用于手机和 PDA 中。移动 QQ 在手机中的运用改变了单一的手机对手机的短信交流方式，将短信功能扩展到互联网中，开通此项服务后可让用户的手机通过短信或 WAP 功能同互联网中的 QQ 用户进行短信方式的聊天，从而实现 PC 到手机、手机到 PC 的即时信息传递。

⑦ 互动视界。互动视界业务是中国联通公司为 CDMA 用户提供的一项无线上网服务，只要使用支持 WAP1.2 以上的浏览器功能的手机通过“一键上网”，无需任何设置就可以轻松访问互联网信息，享用图片下载、快速、多彩、随时、随地的“无线上网”服务。

⑧ 掌中宽带。掌中宽带是中国联通通过 CDMA 1X 网络所提供的总品牌为“联通无限”的 6 项移动高速数据业务之一。此业务是利用 CDMA 1X 网络开展的无线上网业务，是对现有有线互联网业务接入业务的延伸和扩展，通过此业务，可以使笔记本电脑等设备通过 CD-

MA 1X 无线网卡或是支持 CDMA 1X 网络的手机实现无线访问互联网的目的。当使用 CDMA1X 网卡时，必须将卡插到笔记本电脑或支持手机终端设备的 PCMCLA 接口上；如使用支持 CDMA 1X 网络手机实现这一业务时，则需要借助与之配套的数据线与终端设备相连接。

⑨ 联通在信。联通在信是中国联通开通的无线数据业务，目前主要提供基于短信息平台的订阅和点播业务。

⑩ 彩 e。彩 e 是中国联通针对 CDMA 1X 用户推出的"移动多媒体邮件业务"，彩 e 手机用户可以在手机与手机、手机与互联网邮箱之间进行邮件的互传。

⑪ 神奇宝典。神奇宝典业务是中国联通推出的基于 CDMA 1X 网络的增值业务。本业务以 BREW 为运行平台，用户使用支持 BREW 业务的手机，即可方便的实现程序的购买、下载、安装及使用。

⑫ 定位之星。定位之星业务是中国联通 CDMA 1X 网络向用户提供的高精度定位业务。此业务基于对移动终端的定位，结合 GIS（地理信息系统）地图数据信息，向用户提供丰富的位置信息服务。定位精度在室外环境下可达 5～50 米，无论在室外还是室内，只要有 CDMA 1X 网络覆盖的地方即可实现定位。

彩 e、互动视界、掌中宽带、神奇宝典、联通在信和定位之星，这 6 个项目是中国联通针对 CDMA 用户推出的数据业务品牌。

（6）GSM 全球移动通信系统（全球通）

GSM（Global System for Mobile Communication）全球移动通信系统。

GSM 分 GSM900、DCS1800 和 PCN1900 三个频段，一般的所谓的双频手机就是在 GSM900 和 DCS1800 频段切换的手机。PCN1900 则是其他一些国家使用的频段（如美国）。GSM900/1800 分别是工作在 890～960 Mhz /1710～1880 Mhz 频段的。

GSM900 的手机最大功率是 8W（实际中移动台没这么大的功率，一般的手机最大功率是 2W，车载台功能大），而 DCS1800 的手机的最大功率是 1W。

GSM900 是初始的 GSM 系统，功率输出 1W～8W，GSM900 的通道是 1 ～124，DCS1800 的通道是 512～885；DCS1800 是低功率的，最高是 1W；GSM900 小区半径 35km，上行 880～915Mhz，下行 925～960Mhz。890～925MHZ 和 935～960MHZ；通道号 1～124。

GSM1800 小区半径 2km（由于 1800 Mhz 手机的低功率），上行 710～1785 Mhz，下行 1805～1880 Mhz。通道号：512～885，为高密度的用户。

GSM1900：1850～1910Mhz，1930～1990Mhz。

上行和下行组成一频率对，上行就是手机发射、机站接收；下行就是基站到手机。GSM 空中接口的数据传输速率是 13Kbps，即收发语音数据速率是 13Kbit/s。手机和基站的最大距离是 34.9km。

（7）手机基本类别

国际上，通常将目前的手机分为三个基本类别：

① 顶级手机。顶级手机（High－end phones or smarter phones），或称为智能手机，拥有一个多家硬件生产商认可的"开放"的操作系统（Symbian，Palm OS，Microsoft 等）。

② 功能手机。功能手机（Feature phones），在核心功能（芯片）的基础上，加入附加功能（芯片）：FM，MP3，摄像头，数据存储卡，数码录音，可视电话，K－JAVA、小额账

户银行业务，网络游戏，定位等等各样的功能。

③ 低端手机。低端手机（value phone/vanilla voice）只具有基本的通话和数据功能（短信），没有 MMS，MP3，FM，和弦，Java，数码相机等功能。随着市场的发展，可以包含彩屏。

（8）手机功能。手机功能大体能分成下面几类：

① 基本功能。包含有彩屏、和弦铃音、中文输入（T9 输入、连笔手写输入）、中文短信和短信群发、通讯录、通话记录、闹钟、计算器、录音、语音识别、来电防火墙、IP 拨号、电子名片、电话簿快速查询、键盘按键音、免提接听、来电指示、语音拨号、内置 IP 等功能。

② 娱乐功能。包含有 FM 收音机、MP3 播放、数码照相、数码录像、数码录音（类似于录音笔）、内置小型手持游戏机功能、动画屏保、移动 QQ、来电指示、来电大头贴、幻彩墙纸、戒指耳机、可旋转摄像头、一键开功能、星座配对、幸运数字、会跳舞的手机、语音短信、卡拉 OK 点唱机、超长短信、来电的图片显示、和弦铃声下载和编辑、铃声下载和编辑、图片电话簿等功能。

③ 工作类功能。包含有无线局域网、数据线接口、数据交换（可以将 PC 和手机上的 email、日历和日程安排等个人信息相互传送；可以将 PC 和手机上的 MP3、图片和铃音等相互传送）、数据存储卡（如 SD 卡，它可以使你在手机、PC 机之间相互存储传输文件）、动态内存、一键上网、支持三频、手写输入等功能。

④ 生活功能。包含有 GPS（全球定位系统）、外屏时钟、自动开/关机、世界时钟、货币换算、阴阳历转换、STK 服务（证券服务系统）、区号查询、万年历、日程表、记事本、单位换算、周历、来电中文地名显示（固话）等功能。

⑤ 性别功能。包含有内置生理时钟、体脂肪、卡路里计算可供女性族群使用，待机的镜面设计、手机饰牌、镶钻设计等功能。

⑥ 学习功能。包含有电子词典（四级、六级、TOFEL、GRE 英语词典）、电子图书、阅读、编辑文档等功能。

（9）图标格式

手机图标支持图片格式有位图格式和矢量图格式两种，其中位图格式又分为透明、不透明两种。透明图片格式有 *.ico 、*.png 两种；不透明的图片格式有 *.bmp、*.jpg 、*.gif、*.jpeg 四种；矢量图格式有 *.svg。

（10）手机图标大小

手机图标大小一般有 10×10（单位）、14×14（单位）、16×16（单位）、32×32（单位）、64×64（单位）、128×128（单位）等几种。

（11）手机色彩

常见的手机色彩有 256 色、4096 色、65536 色、262144 色和 16777216 色几种。

（12）手机显示屏分辨率

常见手机显示屏分辨率有 96×65（单位）、96×96（单位）、128×96（单位）、128×128（单位）、160×128（单位）、160×160（单位）、176×144（单位）、220×176（单位）。

（13）手机屏幕

手机屏幕主要有四种属性：分辨率、屏幕颜色、屏幕材质、屏幕大小。

（14）手机铃声

目前手机铃声类型有：单音铃声、合成音铃声、和弦铃声、唱歌铃声（真人真唱和MP3铃声）四种。

（15）本地与外地手机号（卡）

中国移动和中国联通的本地与外地手机号（卡）以13开头：130，131，132，135，136，137，138，139，形式为13XXXXXXXXX。

（16）手机移动通信国际识别码IMEI

移动通信国际识别码IMEI（International Mobile Equipment Identity）（俗称手机串号），存储在手机的EEPROM（俗称码片）里，每一个移动设备都对应一个唯一的IMEI。其组成结构为TAC（6位数字）+FAC（2位数字）+SNR（6位数字）+SP（1位数字）。每组IMEI都有15个阿拉伯数字。每一个数字都具有身份辨正的功能，而且它是全球共享码。有了IMEI，可以通过电信单位追踪，所以用户一定要记清楚自己手机的IMEI。

IMEI的构成如图11-4所示。

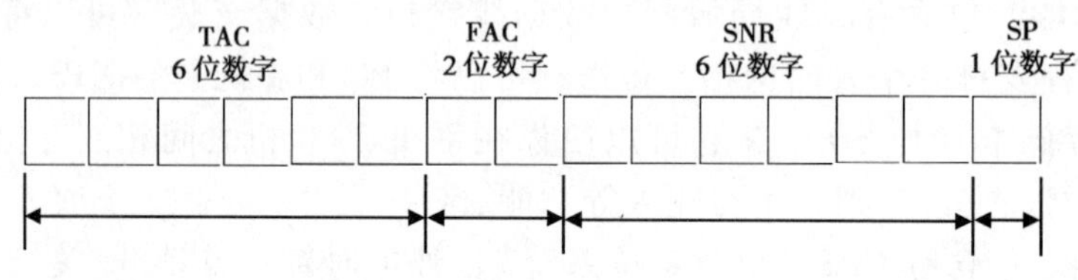

图11-4 IMEI的构成图

- TAC（Type Approval Code）：6位数字，设备型号核准号码。由欧洲型号认证中心分配。
- FAC（Final Assembly Code）：2位数字，是指手机最后完成装配时是在哪一家工厂。每一家工厂都有它特别的代号，也可以认为是手机产地的代号。
- SNR（Serial Number）：6位数字，流水号为出厂序号。
- SP（Spare Number）：1位数字，为备用号码。

实际上设备识别的作用就是确保系统中使用的移动台设备不是盗用的或非法的。设备的识别是在一个叫设备识别寄存器EIR中完成，IMEI就存储在EIR中。在EIR中存有三种名单：白名单——包括已分配给可参与运营的GSM各国的所有设备识别序列号码。黑名单——包括所有应被禁用的设备识别码。灰名单——包括有故障的及未经型号认证的移动台设备，由网络运营商决定。

将手机的入网证放在验钞机下，若发现入网证上呈显出红色的“CMII”的图案和一个不是很清晰的数字，则为正规入网证，否则可以肯定的判定为是水货产品。

一部诺基亚手机6150，按下“*#06#”后，屏幕出现“手机串号493002407599521”字样。“493002”代表该手机核准型号是6150；“40”代表最后装配地为北京；“759952”是该手机的出厂序号；1则是备用号码。

一部摩托罗拉cd938手机按下“*#06#”后，屏幕上出现“447769804451095”字样。“447769”代表该手机核准型号是cd938；“80”代表最后装配地是中国；“445109”为该手机的出厂序号；“5”则是备用号码。

熟悉并了解这个号码对我们今后识别手机会起到非常大的作用。

下面给出的实例是手机最后装配号码资料：

（1）摩托罗拉手机

06：德国（部分机型）　　07：德国
08：德国　　18：新加坡
40：英国　　41：英国
44：英国　　47：部分中国香港、东南亚改装机
48：中国改装机　　67：美国
68：美国　　80：中国
81：中国　　82：中国
83：中国　　92：中国杭州
93：中国杭州

（2）诺基亚手机：

10：芬兰　　20：德国
30：韩国　　40：中国北京
60：中国东莞

（3）原爱立信手机（爱立信手机和索尼手机已合并）：

19：英国　　51：瑞典
62：中国北京　　61：中国香港

（4）西门子手机：

37：中国上海　　51：德国

（5）松下手机：

62：中国北京　　98：菲律宾

（6）三星手机：

89、90、92：韩国

（7）飞利浦手机：

69：中国深圳　　50：法国

（8）索尼手机：

04：中国　　06：德国
08：日本

（9）原阿尔卡特手机：

70：苏州

3. 手机业务概况

目前手机提供的系统业务内容主要有：我的手机、普通服务、漫游服务、群呼服务、试机服务、定时服务、系统管理、帮助与维护。

4. 所需环境

(1) 设备配置

① 信息服务器。信息服务器配置信息数据如下:

- 操作系统 Microsoft Windows 2000 Server 以上版本
- CPU MS SQL Server - 1x Intel Pentium III
- RAM MS SQL Server - 512MB
- 硬盘剩余空间系统分区 0.5GB/数据分区 2GB
- CD - ROM 驱动器 24x 或更高
- 显示器 640×480, 256 色或更高配置
- 数据库 Microsoft SQL Server 2000 SP3
- 软件 Microsoft IE 6.0 SP1
- Microsoft Data Access Components (MDAC) 2.6/2.8 for Windows 2003 Server

② 发送服务器。发送服务器的配置信息如下:

- 操作系统 Microsoft Windows 2000 Server 以上版本
- CPU MS SQL Server - 1x Intel Pentium II
- RAM MS SQL Server - 512MB
- 硬盘剩余空间系统分区 0.5GB/数据分区 2GB
- CD - ROM 驱动器 24x 或更高
- 显示器 640×480, 256 色或更高配置
- 数据库 Microsoft SQL Server 2000 SP3
- 软件 Microsoft IE 6.0 SP1
- Microsoft Data Access Components (MDAC) 2.6/2.8 for Windows 2003 Server

③ 班长台(客户端)。客户端的所需硬、软件配置如下:

- 操作系统 Microsoft Windows 2000 Professional
- Microsoft Windows XP SP1
- 32 Bit CPU 1x Intel Pentium
- RAM 128MB
- 硬盘剩余空间 500MB
- CD - ROM 驱动器 24x 或更高
- 显示器 800×600, 24 位彩色或更高
- 软件 Microsoft IE 6.0 SP1
- Microsoft Data Access Components 2.6 (MDAC) 或更高版本

④ 定时呼工作站。定时呼工作站的配置信息如下:

- 操作系统 Microsoft Windows 2000 Professional
- Microsoft Windows XP SP1
- 32 Bit CPU 1x Intel Pentium
- RAM 128MB
- 硬盘剩余空间 500MB

- CD－ROM 驱动器 24x 或更高
- 显示器 800×600，24 位彩色或更高
- 软件 Microsoft IE 6.0 SP1
- Microsoft Data Access Components 2.6（MDAC）或更高版本

⑤ 话务员工作站。话务员工作站的配置信息如下：

- 操作系统 Microsoft Windows 2000 Professional
- Microsoft Windows XP SP1
- 32 Bit CPU 1x Intel Pentium
- RAM 128MB
- 硬盘剩余空间 500MB
- CD－ROM 驱动器 24x 或更高
- 显示器 800×600，24 位彩色或更高
- 软件 Microsoft IE 6.0 SP1
- Microsoft Data Access Components 2.6（MDAC）或更高版本

（2）系统软件

11.4.3　系统的目标和总体功能

1. 系统的设计目标

① 向用户提供丰富的信息服务功能；
② 提高系统的可靠性、安全性，降低系统维护人员的工作量；
③ 提高对人为干扰、硬件故障的适应能力；
④ 为相似规模的专业手机信息服务台提供一通用的系统设计模式；
⑤ 向用户提供多方位的服务功能；
⑥ 提高系统管理能力。

2. 系统设计原则

根据管理信息系统设计规范其设计原则为：

（1）模块化

其业务分成 10 大子系统，各个系统自上而下通层分解，直至完成所要求的功能。在设计中尽量减少模块间数据、控制参数的传递，以减少其相关性。

（2）数据的一致性

在多用户实时处理系统中常常遇到数据不一致问题，为此，要在设计中对系统内部数据进行分类编码，减少数据冗余。

（3）可靠性

利用密码来杜绝非操作人员进入系统。

（4）实用性

按用户要求完成所要求的功能：我的手机；普通服务；漫游服务；群呼服务；试机服

务；定时服务；系统管理；打印管理；帮助；系统维护。

(5) 可维护性

采用模块化设计给维护带来方便。利用每日自动运行的维护软件对系统数据进行维护。

(6) 通用性

提高系统的通用性，缩短开发周期。本设计将各种寻呼环境不同的数据置于程序模块之外，利用系统生成这些参数，从而减少因条件不同而造成的大量修改程序模块。

(7) 界面友好

尽量减少操作员按键次数，以提高操作员的工作效率。

3. 新系统的总体结构

在计算机软、硬件和数据通信基础环境下，本系统的总体构成如图 11－5 所示。

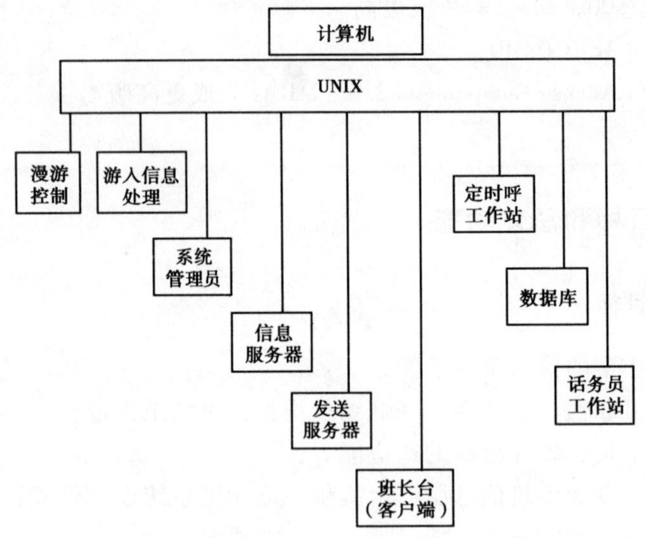

图 11－5　新系统总体构成

4. 新系统的功能

新系统的功能如图 11－6 至图 11－16 所示。

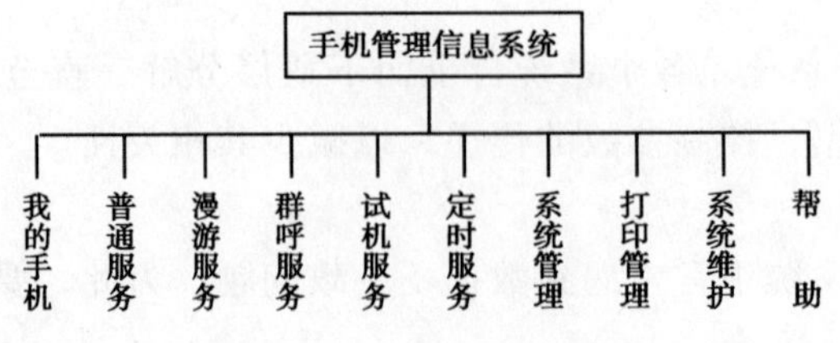

图 11－6　新系统的功能

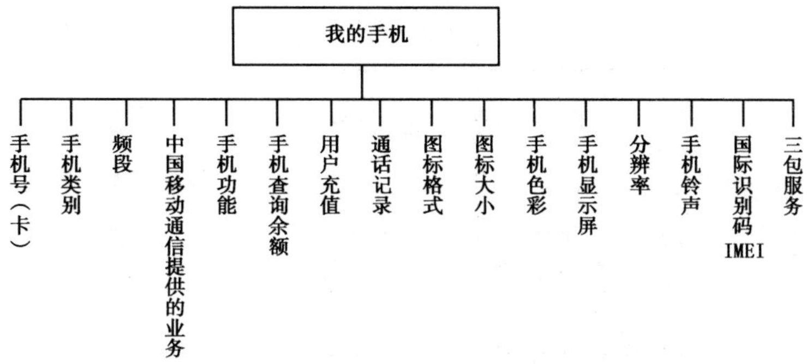

图 11－7　新系统的功能 1

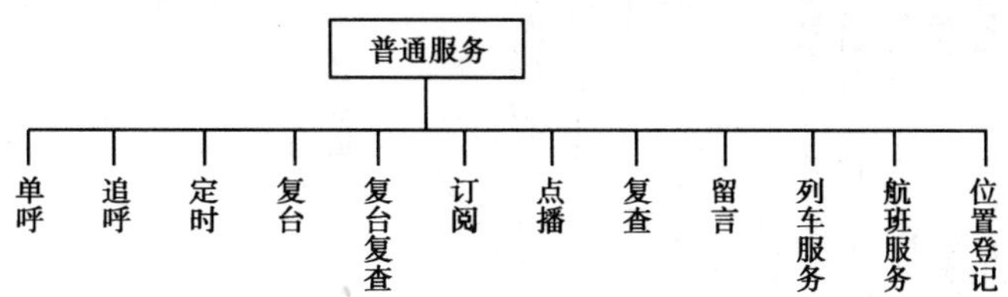

图 11－8　新系统的功能 2

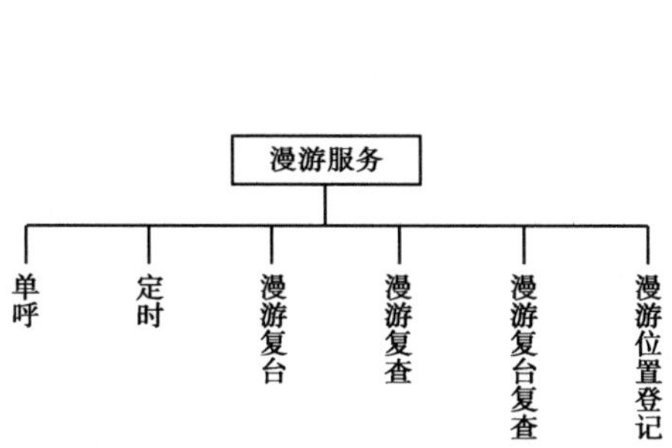

图 11－9　新系统的功能 3

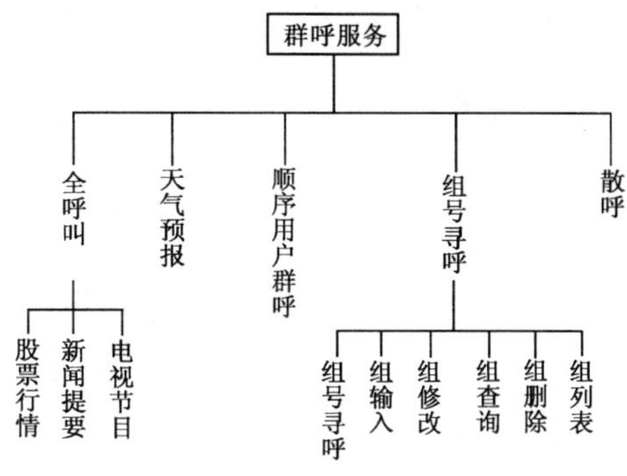

图 11－10　新系统的功能 4

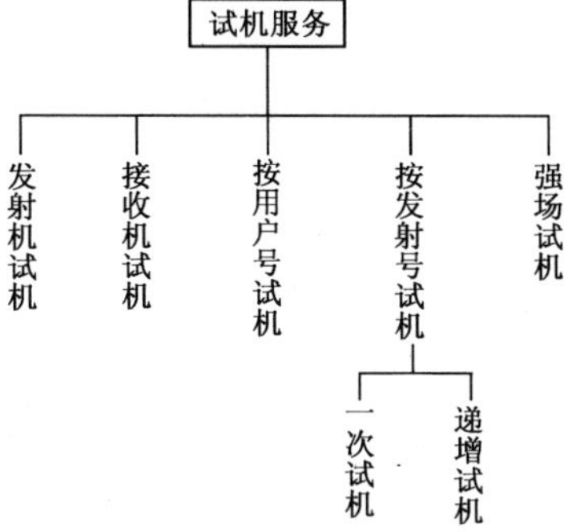

图 11－11　新系统的功能 5

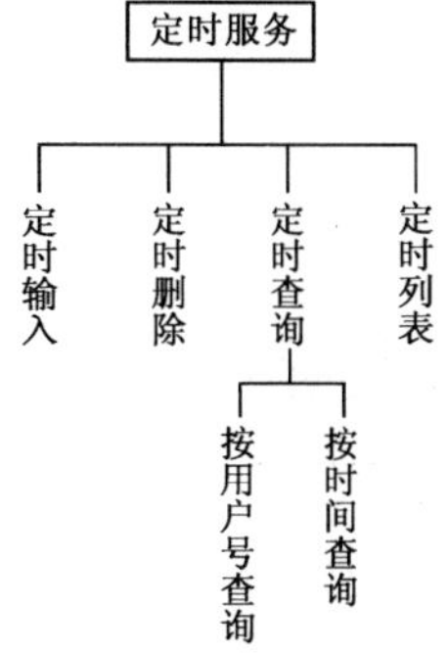

图 11－12　新系统的功能 6

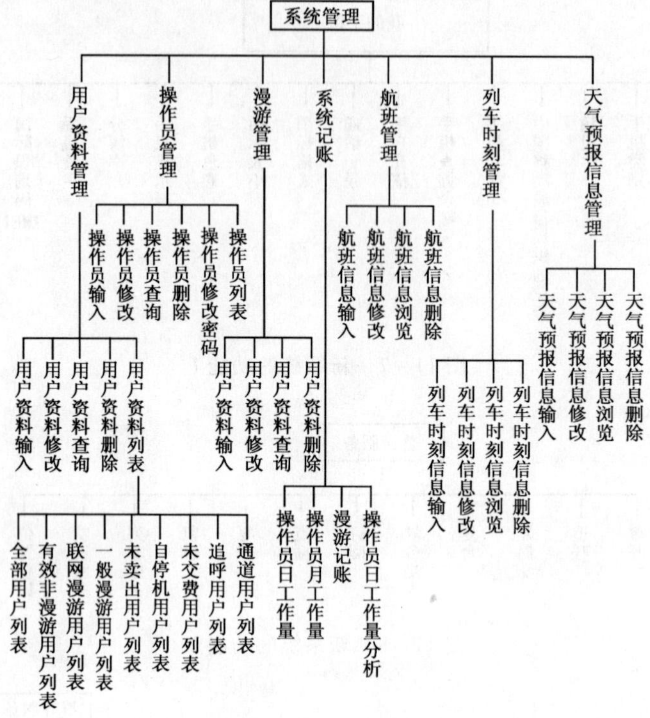

图 11－13　新系统的功能 7

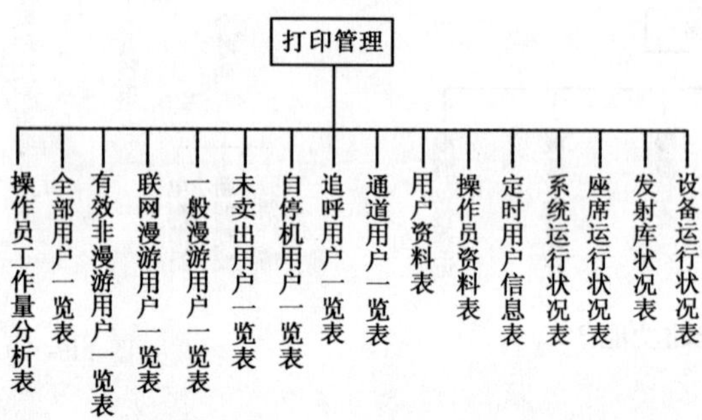

图 11－14　新系统的功能 8

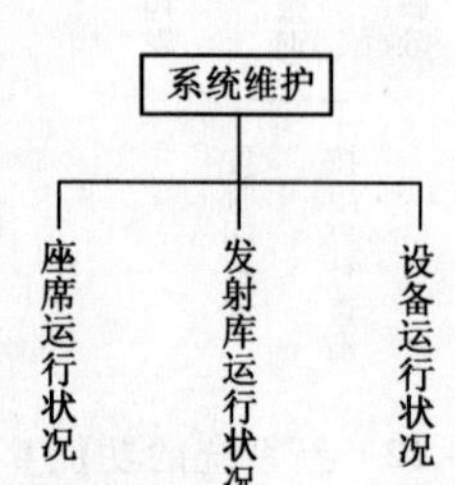

图 11－15　新系统的功能 9

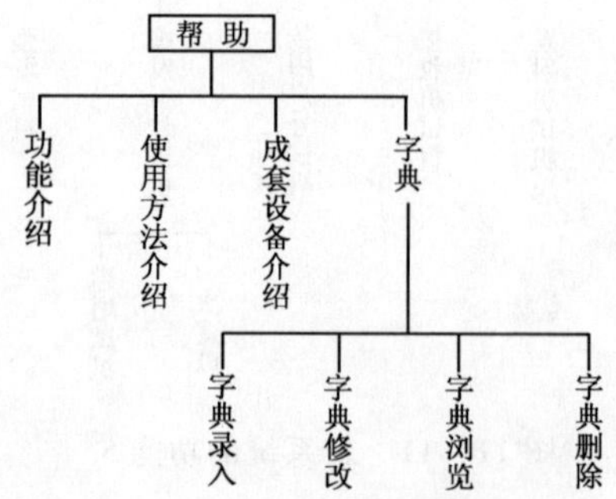

图 11－16　新寻呼系统的功能 10

11.4.4　手机管理信息系统设计说明

手机管理信息系统从整体上看，该管理信息系统由用户数据的流向、系统、应用子系统、数据库四大部分组成。

1. 用户数据的流向

手机信息数据的流向如图 11－17 所示。

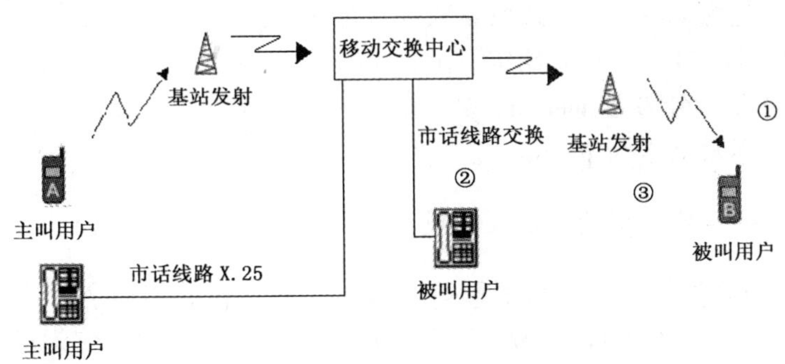

图 11－17　手机信息数据流向图

图 11－17 中手机信息数据的流向：① 手机到手机；② 手机到座机；③ 座机到手机。

2. 系统

系统由设备、应用子系统和数据库组成。

（1）子系统名称约定

各个子系统的名字由 8 位字符组成。

TICIXXXX：前 4 位为约定符，后 4 位为子系统汉语拼音，由程序编制者定义。

（2）一级子系统名称

各子系统内的一级子程序名字由 8 位字符组成。

TCXXXXXX：前 2 位为 TC，中间 4 位为子系统名的汉语拼音，最后 2 位为一级子程序汉语拼音。

（3）二级子系统名称

各子系统内的一级子程序下的二级子程序名字由 6 位字符 2 位数字组成。

Nm：前 6 位表示子系统一级程序名的汉语拼音，nm 表示 0，1，2，3，4，5，6，7，8，9 的组合。

（4）三级以及三级以下的子程序名称

三级以及三级以下的子程序名字由 7 位组成。

TXXXXXX：TX 的 X 是子系统在系统中的排列序列（1，2，3，4，5，…，9，A，B，…，Z）之一，后 5 位自定义。

3. 应用子系统

应用由操作员处理，主要负责单呼、漫游、群呼、试机、定时等功能。应用子系统由系统管理员处理，主要负责系统管理、运行、帮助等功能。操作员和系统管理员对子系统的使用级别是不一样的，系统管理员有权对整个系统的各种功能进行操作。而操作员只能对其负责的功能进行操作，不能越权处理其他内容。

（1）操作员、系统管理员级别约定

① 系统管理员级别定为1；领班员级别定为2；操作员级别定为3。

② 级别参数名定为 userlevel。其他参数各自定义。

（2）操作员代号、口令参数名约定

① 操作员代号参数名定为 username。

② 操作员口令参数名定为 password。

4. 数据库由数据库名、字段名定义组成。

数据库名、字段名原则上用8位字符数字表示、数据库名的前2位为 TD，后6位为库名拼音。字段名的前2位为 TD，接着2位为本库的缩写拼音，后4位为汉语拼音。

11.5 手机管理信息数据库设计

从系统总目标和各子系统的具体目标出发，依据需求（功能要求、信息需求）分析结果和各子系统的功能，确定数据库的概念模型、实体与实体之间的关系以及各个实体的属性。下面通过实体描述和需求的功能，简要说明数据库设计。

11.5.1 我的手机子系统数据库设计

我的手机。具体内容为手机号（卡）、手机类别、频段、中国移动通信提供的业务、手机功能、手机查询余额、用户充值、通话记录、图标格式、图标大小、手机色彩、手机显示屏、分辨率、手机铃声、国际识别码 IMEI、三包服务。

（1）手机号（卡）

手机号（卡）基本信息表：用户姓名、用户手机号（卡）、通信制式、服务商。

手机号（卡）主要内容：用户姓名、用户手机号（卡）、通信制式。

手机号（卡）数据库结构如表 11－1 所示。

表 11－1　**手机号（卡）数据结构表**

字　段	类　型	长　度
用户姓名	C	10
用户手机号（卡）	C	12
通信制式	C	12
服务商	C	10

通信制式：

① 时分多址（TDMA）；② 码分多址（CDMA）。

（2）手机类别

手机类别信息表：用户姓名、用户手机号（卡）、手机类别、手机操作系统。

手机类别数据库结构如表 11－2 所示。

表 11－2　**手机类别数据库结构**

字　段	类　型	长　度
用户姓名	C	10
用户手机号（卡）	C	12
手机类别	C	10
手机操作系统	C	10

手机类别大致分为：顶级手机、功能手机和低端手机。

手机操作系统有 Symbian，Palm OS，Microsoft 等。

（3）频段

频段信息表：用户姓名、用户手机号（卡）、单频手机、双频手机、三频手机。

频段数据库结构如表 11－3 所示。

表 11－3　**频段数据库结构表**

字　段	类　型	长　度
用户姓名	C	10
用户手机号（卡）	C	12
单频手机	C	10
双频手机	C	10
三频手机	C	10

（4）中国移动通信提供的业务

中国移动通信提供的业务基本信息表：用户姓名、用户手机号（卡）、移动通信提供的业务、服务商。

中国移动通信提供的业务主要内容：用户手机号（卡）、移动通信提供的业务。

中国移动通信提供的业务数据库结构如表 11－4 所示。

表 11－4　中国移动通信提供的业务数据库结构表

字　段	类　型	长　度
用户姓名	C	10
用户手机号（卡）	C	12
移动通信提供的业务	C	12
服务商	C	10

移动通信提供的业务在前面章节已经提到，具体有：① 全球通；② 神州行；③ 动感地带；④ 移动梦网；⑤ 百宝箱；⑥ 移动 QQ；⑦ 互动视界；⑧ 掌中宽带；⑨ 联通在信；⑩ 彩e；⑪ 神奇宝典；⑫ 定位之星。

（5）手机功能

手机功能基本信息表：用户姓名、用户手机号（卡）、基本功能、短信功能、菜单功能。

手机功能主要内容：基本功能、短信功能、菜单功能。

手机功能数据库结构如表 11－5 所示。

表 11－5　手机功能数据库结构表

字　段	类　型	长　度
用户姓名	C	10
用户手机号（卡）	C	12
基本功能	C	12
短信功能	C	10
菜单功能	C	12

① 基本功能（通话/短信功能）

操作显示：

- 日期、星期、时间显示
- 信号强度显示
- 电池电量显示
- 短消息显示
- 电池电量不足时显示低电量并且报警
- 使用数字键
- 使用自动重拨功能
- 重拨上一次使用的电话号码
- 拨打电话本中的电话
- 使用"快速拨号"键，拨打存储的号码

② 短信功能

短信功能主要实现短消息的读取、编辑、保存、删除等功能，手机以数据包的形式进行传输，在接收端按编号顺序进行读取。而且消息功能是网管中心实现功能的重要工具，网管中心通过短消息向用户发送指令，进行远程修改和处理具体问题。

③ 菜单功能

菜单功能主要实现类似于手机菜单的各项功能，并可根据用户需求作出相应的调整和完善。主要包括短消息服务、电话本、通话记录、呼叫转移、话机设置、IP 电话设置等。

- 通话时间
- 通话日期
- 通话电话号码
- 通话记录
- 短消息服务
- 发送短信

（6）手机查询余额

手机查询余额基本信息表：用户姓名、用户手机号（卡）、基本功能、短信功能、菜单功能。

手机功能主要内容：基本功能、短信功能、菜单功能。

手机功能数据库结构如表 11－6 所示。

表 11－6　　手机功能数据库结构表

字　　段	类　　型	长　　度
用户姓名	C	10
用户手机号（卡）	C	12
余额	N	6
通话时间	N	6
通话日期	D	8
通话电话号码	C	12
短消息服务费	N	6
发送短信费	N	6
服务商提供的服务业务费	N	6

（7）用户充值

用户充值基本信息表：用户姓名、用户手机号（卡）、充值、余额、充值时间、充值日期、充值到期。

用户充值主要内容：充值、余额、充值时间、充值日期、充值到期。

用户充值数据库结构如表 11－7 所示。

表 11－7　　用户充值数据库结构表

字　　段	类　　型	长　　度
用户姓名	C	10
用户手机号（卡）	C	12
充值	C	6
余额	N	6
充值时间	N	6
充值日期	D	8
充值到期	D	8

（8）通话记录

通话记录基本信息表：用户姓名、用户手机号（卡）、密码、通话记录。

通话记录主要内容：密码、通话记录 1、……、通话记录 n。

通话记录数据库结构如表 11－8 所示。

表 11－8　通话记录数据库结构表

字　段	类　型	长　度
用户姓名	C	10
用户手机号（卡）	C	12
密码	C	6
通话记录 1	N	40
通话记录 2	N	40
通话记录 n	N	40

（9）图标格式

图标格式基本信息表：用户姓名、用户手机号（卡）、透明格式、不透明格式、矢量图格式。

图标格式主要内容：透明格式、不透明格式、矢量图格式。

图标格式数据库结构如表 11－9 所示。

表 11－9　图标格式数据库结构表

字　段	类　型	长　度
用户姓名	C	10
用户手机号（卡）	C	12
透明格式	C	6
不透明格式	C	6
矢量图格式	C	6

图标格式：

① 手机图标支持位图格式分为不透明和透明两种：

a. 不透明：*.bmp、*.jpg、*.gif（动态和非动态）、*.jpeg

b. 透明：*.ico、*.png

② 手机图标支持矢量图格式：*.svg（Scalable Vector Graphics）

（10）图标大小

图标大小基本信息表：用户姓名、用户手机号（卡）、图标大小 10×10、14×14、16×16、32×32、64×64、128×128。

图标大小主要内容：图标大小 10×10、14×14、16×16、32×32、64×64、128×128。

图标大小数据库结构如表 11－10 所示。

表 11－10　　图标大小数据库结构表

字　段	类　型	长　度
用户姓名	C	10
用户手机号（卡）	C	12
图标大小 10×10	C	6
图标大小 14×14	C	6
图标大小 16×16	C	6
图标大小 32×32	C	6
图标大小 64×64	C	6
图标大小 128×128	C	6

（11）手机色彩

手机色彩基本信息表：用户姓名、用户手机号（卡）、色彩级别 256 色、4096 色、65536 色、262144 色、16777216 色。

手机色彩主要内容：色彩级别 256 色、4096 色、65536 色、262144 色、16777216 色。

手机色彩数据库结构如表 11－11 所示。

表 11－11　　手机色彩数据库结构表

字　段	类　型	长　度
用户姓名	C	10
用户手机号（卡）	C	12
色彩级别 256 色（即 8 位色）	C	2
色彩级别 4096 色（即 12 位色）	C	2
色彩级别 65536 色（即 16 位色）	C	2
色彩级别 262144 色（即 18 位色）	C	2
色彩级别 16777216 色（即 24 位色）	C	2

（12）手机显示屏

手机显示屏基本信息表：用户姓名、用户手机号（卡）、分辨率、屏幕颜色、屏幕材质、屏幕大小。

手机显示屏主要内容：分辨率、屏幕颜色、屏幕材质、屏幕大小。

手机显示屏数据库结构如表 11－12 所示。

表 11－12　　手机显示屏数据库结构表

字　段	类　型	长　度
用户姓名	C	10
用户手机号（卡）	C	12
分辨率	C	2
屏幕颜色	C	2
屏幕材质	C	2
屏幕大小	C	2

(13) 手机显示屏分辨率

手机显示屏分辨率基本信息表：用户姓名、用户手机号（卡）、手机显示屏分辨率 96×65、96×96、128×96、128×128、160×128、160×160、176×144、220×176。

手机显示屏分辨率主要内容：手机显示屏分辨率 96×65、96×96、128×96、128×128、160×128、160×160、176×144、220×176。

手机显示屏分辨率数据库结构如表 11－13 所示。

表 11－13 手机显示屏分辨率数据库结构表

字　段	类　型	长　度
用户姓名	C	10
用户手机号（卡）	C	12
手机显示屏分辨率 96×65	C	2
手机显示屏分辨率 96×96	C	2
手机显示屏分辨率 128×96	C	2
手机显示屏分辨率 128×128	C	2
手机显示屏分辨率 160×128	C	2
手机显示屏分辨率 160×160	C	2
手机显示屏分辨率 176×144	C	2
手机显示屏分辨率 220×176	C	2

(14) 手机铃声

手机铃声基本信息表：用户姓名、用户手机号（卡）、单音铃声、合成音铃声、和弦铃声、唱歌铃声。

手机铃声主要内容：单音铃声、合成音铃声、和弦铃声、唱歌铃声。

手机铃声数据库结构如表 11－14 所示。

表 11－14 手机铃声数据库结构表

字　段	类　型	长　度
用户姓名	C	10
用户手机号（卡）	C	12
单音铃声	C	2
合成音铃声	C	2
和弦铃声	C	2
唱歌铃声	C	2

(15) 国际识别码 IMEI

国际识别码 IMEI 基本信息表：用户姓名、用户手机号（卡）、密码、TAC、FAC、SNR、SP。

国际识别码 IMEI 主要内容：密码、TAC、FAC、SNR、SP。

国际识别码 IMEI 数据库结构如表 11－15 所示。

表 11－15　　国际识别码 IMEI 数据库结构表

字　段	类　型	长　度
用户姓名	C	10
用户手机号（卡）	C	12
密码	C	6
TAC	C	6
FAC	C	2
SNR	C	6
SP	C	2

（16）三包服务

三包服务基本信息表：用户姓名、用户手机号（卡）、三包服务规定、移动电话三包服务商品的目录、移动电话机商品三包凭证、移动电话机商品性能故障表。

三包服务主要内容：三包服务规定、移动电话三包服务商品的目录、移动电话机商品三包凭证、移动电话机商品性能故障表。

三包服务数据库结构如表 11－16 所示。

表 11－16　　三包服务数据库结构表

字　段	类　型	长　度
用户姓名	C	10
用户手机号（卡）	C	12
三包服务规定	C	2000
移动电话三包服务商品的目录	C	2000
移动电话机商品三包凭证	C	1000
移动电话机商品性能故障表	C	1000

① 三包服务规定：

a. 移动电话机商品实行谁经销谁负责三包的原则。销售者与生产者或供货者、销售者与修理者、生产者或供货者与修理者之间订立的合同，不得免除本规定的三包责任和义务。

b.《规定》是实行移动电话机商品三包的最基本要求。国家鼓励销售者、生产者作出更有利于维护消费者合法权益，严于《规定》的三包承诺。承诺作为明示担保，应当依法履行，否则应当依法承担责任。

c. 销售者在销售移动电话机商品时，应提供三包凭证、有效发货票、并准确填写、加盖印章。应开箱检验，正确调试，介绍产品的基本性能，使用维护和保养方法以及三包方式和修理者。

d. 修理者应认真记录修理故障情况、故障处理情况和修理后的质量状况，向消费者当面交验修理好的移动电话机商品，并如实完整地在三包凭证上填写维修记录，承担因自身修理过错造成的责任损失。

e. 生产者（进口者视同生产者）应具有信息产业部颁发的电信设备进网许可证书；移动电话机主机机身贴有进网许可标志，并随机携带该机型的产品使用说明书、合格证和三包凭证；保证移动电话机商品符合法定标识要求，符合产品说明书等明示的性能及功能。

f. 移动电话机主机三包有效期为 1 年。附件的三包有效期为：电池 6 个月，充电器 3 个月。三包有效期自开具发票之日起计算，扣除因修理占用、无零配件待修延误的时间。

g. 在三包有效期内，消费者依照本规定享受修理、更换、退货的权利。应当凭发货票和三包凭证办理。

消费者丢失发货票和三包凭证，且不能提供发货票底联或者发货票（底联）复印件等有效证据，但依照主机机身号（IMEI 串号）显示的出厂日期推算仍在三包有效期内的，应当以出厂日期后第 90 日为三包有效期的起始日期，销售者、修理者、生产者应当按照规定负责免费修理。

h. 在三包有效期内，移动电话机主机出现质量问题的，由修理者免费修理。修理者应当保证修理后的移动电话机商品能够正常使用 30 日以上。

i. 自售出之日起 7 日内，移动电话机主机出现说明书所列功能失效、屏幕无显示、错字、漏划、无法开机、不能正常登录或通信、无振铃、拨号错误、非正常关机、SIM 卡接触不良、按键控制失效、无声响、单向无声或音量不正常、因结构或材料因素造成的外壳裂损等性能故障的，消费者可以选择退货、换货或者修理。消费者要求换货时，销售者应当免费为消费者更换同型号同规格的移动电话机。消费者要求退货时，销售者应当负责免费为消费者退货，并按发货票价格一次退清货款。

退货、换货主机保证无非人为质量问题并附上厂商检测报告享受免费调换服务，手机盒子不要遗失！您需要更换的手机必须保证其外观（外壳、天线、显示屏、面镜）没有损坏，否则不予更换。所有手机均由厂方保修一年，配件保修三个月。（天线/外壳/液晶板不在保修之列）

j. 自售出之日起第 8 日至第 15 日内，移动电话机出现上列性能故障的，消费者可以选择换货或者修理。

消费者要求换货时，销售者应当免费为消费者更换同型号同规格的移动电话机主机。（随即赠送的礼品不属于更换和保修范围之内）

k. 在三包有效期内，移动电话机主机出现上列性能故障，经两次修理，仍不能正常使用的，凭三包凭证中修理者提供的修理记录，由销售者负责为消费者免费更换同型号同规格的移动电话机主。

l. 在三包有效期内，电池、充电器、移动终端卡、外接有线耳机、数据接口卡等移动电话机附件出现性能故障的，销售者应当为消费者免费更换同品牌同型号同规格的附件。更换两次仍不能正常使用的，销售者应当负责免费为消费者退货，单独销售的，按发货票价格一次退清货款；与主机一起销售的，按退货当时单独销售的价格一次退还货款。

m. 送修的移动电话机主机在 7 日内不能修好的，修理者应当免费给消费者提供备用机，待原机修好后收回备用机。

n. 符合换货条件，但销售者无同型号同规格商品，消费者不愿意调换其他型号规格的商品而要求退货的，销售者应当负责免费为消费者退货，并按发货票的价格一次退清货款。

o. 符合换货条件，并且销售者有同型号同规格移动电话机商品，消费者不愿意调换而要求退货的，销售者应当予以退货，但对于使用过的商品应当按价款每日 0.5% 的折旧率收取折旧费。

p. 换货时，应当提供新的商品。换货后，商品三包有效期自换货之日起重新计算。由销售者在发货票背面加盖印章，注明更换日期，并提供新的三包凭证。

q. 对于在经营活动中赠送消费者的移动电话机商品，应当按照该《规定》承担三包责任。

② 移动电话三包服务商品的目录如表 11 - 17 所示。

表 11 - 17　　移动电话三包服务商品目录表

	名　称	三包有效期（年）	折旧率（日）	备 注
主 机	手持移动电话机	1	0.5%	
	车载移动电话机	1	0.5%	
	固定台站电话机	1	0.5%	
附 件	电　池	6 个月		
	充电器（充电座）	1		
	外接有线耳机	3 个月		
	移动终端卡	1		
	数据接口卡	1		

③ 移动电话机商品三包凭证。三包凭证是移动电话机商品出现质量问题时，消费者享受三包权利的凭证。三包凭证应当包括下列内容：

- 移动电话机主机及附件型号；
- 移动电话机主机机身号（IMEI 串号）、附件出厂序号或批号、进网标志扰码号；
- 商品产地；
- 销售者名称、地址、邮政编码、联系电话；
- 销售者印章；
- 发货票号码；
- 销售日期；
- 消费者姓名、地址、邮政编码、联系电话；
- 修理者名称、地址、邮政编码、联系电话；
- 维修记录；
- 维修记录项目：送修日期、送修故障情况、故障原因、故障处理情况及退、换货证明、交验日期、维修人员签字。

④ 移动电话机商品性能故障表如表 11 - 18 所示。

表 11－18　　移动电话商品性能故障表

名　称	性　能　故　障
主　机	说明书所列功能失效
	屏幕无显示/错字/漏划
	无法开机、不能正常登录或通信
	无振铃
	拨号错误
	非正常关机
	SIM 卡接触不良
	按键控制失效
	无声响、单向无声或音量不正常
	因结构或材料因素造成的外壳裂损
充电器	不工作或工作不正常、使用指定充电器无法正常充电
电　池	充电后手机仍不能正常工作。判断依据为电池容量不小于 80%
移动终端卡	不能正常工作
外接有线耳机	不能正常送受话
数据接口卡	不能正常工作

11.5.2　手机普通服务子系统数据库设计说明

普通寻呼服务子系统具有单呼、追呼、定时、复台、订阅、点播、复查、复台复查、留言、列车服务、航班服务、位置登记等功能。

（1）单呼实体描述

单呼基本信息表用户手机号（卡）、服务状态、用户姓名、密码、呼叫人手机号（卡）、留言、现在位置、操作员。

单呼主要内容：用户手机号（卡）、呼叫人手机号（卡）、现在位置、留言。

单呼数据库结构如表 11－19 所示。

表 11－19　　单呼数据库结构表

字　段	类　型	长　度
用户手机号（卡）	C	12
服务状态	C	1
用户姓名	C	10
密码	C	6
现在位置	C	10
留言	C	40
呼叫人手机号（卡）	C	12
操作员	C	3

单呼服务状态分为 8 种情况，即① 未卖出；② 自停机；③ 未交费；④ 本地单呼；⑤ 漫游；⑥ 联网漫游；⑦ 同波漫游；⑧ 区域漫游。

（2）追呼

追呼基本信息表在单呼基础上增加一项追呼次数。

追呼主要内容：用户手机号（卡）、呼叫人手机号（卡）、现在位置、留言、追呼次数。

追呼数据库结构如表 11 – 20 所示。

表 11 – 20　　追呼数据库结构表

字　段	类　型	长　度
用户手机号（卡）	C	12
服务状态	C	1
用户姓名	C	10
密码	C	6
现在位置	C	10
留言	C	80
呼叫人手机号（卡）	C	12
追呼次数	N	1
操作员	C	3

（3）定时

定时基本信息表：用户姓名、用户手机号（卡）、定时时间、定时起始时间、定时终止时间、定时信息、具体要求、操作员。

具体要求：星期一至星期五定时呼叫，星期六和星期日取消定时呼叫。

定时主要内容：用户姓名、用户手机号（卡）、定时时间、定时起始时间、定时终止时间、定时信息、具体要求。

定时数据库的结构如表 11 – 21 所示。

表 11 – 21　　定时数据库的结构表

字　段	类　型	长　度
用户姓名	C	10
用户手机号（卡）	C	12
定时时间	D	8
定时起始时间	D	8
定时终止时间	D	8
定时信息	C	20
具体要求（星期一至星期五）	C	6
操作员	C	3

（4）复台

复台基本信息表：用户姓名、用户手机号（卡）、复台码、日期、操作员、信息。

复台主要内容：用户手机号（卡）、复台码、信息。

复台数据库结构如表 11－22 所示。

表 11－22 复台数据库的结构表

字段	类型	长度
用户姓名	C	10
用户手机号（卡）	C	12
复台码	C	8
日期	D	10
操作员	C	3
信息	C	80

（5）复台复查

复台复查基本信息表：用户姓名、用户手机号（卡）、复台码、日期、性别、确认、操作员、信息。

复台复查的主要内容：用户手机号（卡）、复台码、确认、信息。

复台复查数据库结构如表 11－23 所示。

表 11－23 复台复查数据库的结构表

字段	类型	长度
用户姓名	C	10
用户手机号（卡）	C	12
复台码	C	8
日期	D	8
性别	C	1
确认	C	6
操作员	C	3
信息	C	80

（6）订阅

订阅基本信息表：用户姓名、用户手机号（卡）、订阅信息、确认、操作员。

订阅的主要内容：用户手机号（卡）、订阅信息、确认。

订阅数据库结构如表 11－24 所示。

表 11－24 订阅数据库的结构表

字段	类型	长度
用户姓名	C	10
用户手机号（卡）	C	12
订阅信息	C	80
确认	C	6
操作员	C	3

(7) 点播

点播基本信息表：用户姓名、用户手机号（卡）、点播信息、点播起始时间、点播终止时间、确认、操作员。

订阅的主要内容：用户手机号（卡）、点播信息、点播起始时间、点播终止时间、确认。

点播数据库结构如表 11-25 所示。

表 11-25　点播数据库的结构表

字　段	类　型	长　度
用户姓名	C	10
用户手机号（卡）	C	12
点播信息	C	80
点播起始时间	D	8
点播终止时间	D	8
确认	C	6
操作员	C	3

(8) 复查

复查基本信息表：用户姓名、密码、时间、性别、操作员、信息。

复查的主要内容：密码、时间、信息。

复查数据库的结构如表 11-26 所示。

表 11-26　复查数据库的结构表

字　段	类　型	长　度
用户姓名	C	10
密码	C	6
时间	D	8
性别	C	1
操作员	C	3
信息	C	80

(9) 留言

留言基本信息表：用户姓名、用户手机号（卡）、留言、操作员。

留言主要内容：用户手机号（卡）、留言。

留言数据库结构如表 11-27 所示。

表 11-27　留言数据库的结构表

字　段	类　型	长　度
用户姓名	C	10
用户手机号（卡）	C	12
留言	C	80
操作员	C	3

(10) 列车服务

列车服务基本信息表：车次、始发站、中途站、终点站、开点、中点、到点、备注、操作员。

列车服务主要内容：车次、始发站、中途站、终点站、开点、中点、到点、备注、操作员。

列车服务数据库结构如表 11－28 所示。

表 11－28 列车服务数据库的结构表

字段	类型	长度
车次	C	6
始发站	C	8
中途站	C	8
终点站	C	8
开点	C	5
中点	C	5
到点	C	5
备注	M	8
操作员	C	3

(11) 航班服务

航班服务基本信息表：班次、航班公司、始发港、中途港、终点港、开点、中点、到点、备注、操作员。

航班服务主要内容；班次、始发港、中途港、终点港、开点、中点、到点。

航班服务数据库结构如表 11－29 所示。

表 11－29 航班服务数据库的结构表

字段	类型	长度
班次	C	8
航班公司	C	8
始发港	C	8
中途港	C	8
终点港	C	8
开点	C	5
中点	C	5
到点	C	5
备注	C	6
操作员	C	3

(12) 位置登记

位置登记基本信息表：用户姓名，用户手机号（卡）、密码、新地址、生效日期、操作员。

位置登记主要内容：密码、用户号、新地址、生效日期。

位置登记数据库结构如表 11－30 所示。

表 11－30　　位置登记数据库的结构表

字　段	类　型	长　度
用户姓名	C	10
用户手机号（卡）	C	12
密码	C	6
新地址	C	12
生效日期	D	8
操作员	C	3

11.5.3　手机漫游服务子系统数据库设计

漫游用户分为三类：普通漫游用户或游入，只能在注册地接收传呼信息，状态码为 8；联网漫游用户，可以在网络所覆盖的任意一地接收传呼信息，状态码为 9；通播漫游，除有联网漫游功能外，一条寻呼信息经过注册地后被送往多个目的地，同时发出呼叫信息，状态码为 a。

漫游用户号由 18 位组成，前 3 位表示注册地，第 4～6 位表示机型，后 12 位表示用户号手机号（卡）。

漫游寻呼服务子系统具有漫游单呼、漫游定时、漫游复台、漫游复台复查、漫游复查、漫游位置登记功能。

漫游单呼、漫游定时、漫游复台、漫游复台复查、漫游复查的数据库结构与单呼服务子系统中的数据库结构相同，这里就不再叙述。

下面简要介绍漫游位置登记。

漫游位置登记基本信息表：用户姓名、用户手机号（卡）、密码、原注册地址、新地址、生效时期、操作员。

漫游位置登记主要内容：密码、新地址、生效日期。

漫游位置数据库结构如表 11－31 所示。

表 11－31　　漫游位置数据库的结构表

字　段	类　型	长　度
用户姓名	C	10
用户手机号（卡）	C	12
密码	C	6
原注册地址	C	12
新地址	C	12
生效日期	D	8
操作员	C	3

11.5.4 手机群呼服务子系统数据库设计

群呼服务是为本台所有手机用户同时提供信息的服务，具有全呼叫、天气预报、顺序用户号群呼、组号群呼、散呼等功能。

（1）全呼叫

全呼叫功能完成股票行情、新闻提要、电视节目等信息的发送。

股票行情数据库结构如表11－32所示。

表11－32　股票行情数据库的结构表

字　段	类　型	长　度
开盘	C	8
收盘	C	8
涨跌	C	5
最高	C	8
最低	C	8
成交总数	C	10
成交总金额	C	12
用户手机号（卡）	C	12
操作员	C	3

*适用上海、深圳股市。

又如股票前十名数据库结构如表11－33所示。

表11－33　股票前十名数据库的结构表

字　段	类　型	长　度
证券名称	C	10
开盘	C	8
收盘	C	8
最高	C	8
最低	C	8
成交量	C	12
幅度	C	6
今日开盘	C	6
用户手机号（卡）	C	12
操作员	C	3

电视节目数据库结构如表11－34所示。

表 11－34　电视节目数据库的结构表

字　段	类　型	长　度
频道号	C	2
节目	C	20
日期	D	6
时间	C	4
用户手机号（卡）	C	12
操作员	C	3

新闻提要数据库结构如表 11－35 所示。

表 11－35　新闻提要数据库的结构表

字　段	类　型	长　度
报名	C	12
新闻提要	C	80
操作台	C	3
用户手机号（卡）	C	12

（2）天气预报

天气预报数据库结构如表 11－36 所示。

表 11－36　天气预报数据库的结构表

字　段	类　型	长　度
日期	D	8
预报时间	C	5
预报信息	C	80
操作员	C	3
用户手机号（卡）	C	12

（3）顺序用户呼叫

顺序用户呼叫数据库结构如表 11－37 所示。

表 11－37　顺序用户呼叫数据库的结构表

字　段	类　型	长　度
起始用户手机号（卡）	C	12
终止用户手机号（卡）	C	12
呼叫信息	C	80
操作员	C	3

（4）组号群呼

组号群呼数据库结构如表 11－38 所示。

表 11－38 组号群呼数据库的结构表

字　段	类　型	长　度
组号	C	2
呼叫信息	C	80
操作员	C	3

（5）散呼

散呼数据库结构如表 11－39 所示。

表 11－39 组号群呼数据库的结构表

字　段	类　型	长　度
用户手机号（卡）	C	12
呼叫信息	C	80
操作员	C	3

11.5.5 试机服务子系统数据库设计

试机服务子系统具有发射机试机、接收机试机、按用户号试机、按发射号试机和按场强试机功能。

（1）发射机试机

发射机试机基本信息：相位误差和频率误差、多径与干扰条件下的频率误差、发射机载频峰值功率与突发脉冲定时、输出射频频谱。

其数据库结构如表 11－40 所示。

表 11－40 发射机数据库的结构表

字　段	类　型	长　度
相位误差和频率误差	C	12
多径与干扰条件下的频率误差	C	12
发射机载频峰值功率与突发脉冲定时	C	12
输出射频频谱	C	12

（2）接收机试机

接收机试机基本信息：坏帧指示性能、参考灵敏度、接收机适用的输入电平范围、同信道抑制、邻信道抑制、互调抑制、阻塞与杂散响应抑制、杂散辐射、发送灵敏度/频率响应、发送响度评定值、接收灵敏度/频率响应、接收响度评定值、侧音掩蔽评定值、电话声耦合损耗、失真、带外信号抑制、空闲信道噪声。

其数据库结构如表 11－41 所示。

表 11－41　　接收机数据库的结构表

字　段	类　型	长　度
坏帧指示性能	C	12
参考灵敏度	C	12
接收机适用的输入电平范围	C	12
同信道抑制	C	12
邻信道抑制	C	12
互调抑制	C	12
阻塞与杂散响应抑制	C	12
杂散辐射	C	12
发送灵敏度/频率响应	C	12
发送响度评定值	C	12
接收灵敏度/频率响应	C	12
接收响度评定值	C	12
侧音掩蔽评定值	C	12
电话声耦合损耗	C	12
失真	C	12
带外信号抑制	C	12
空闲信道噪声	C	12

（3）按用户号试机

基本信息即用户手机号（卡）、密码、发射号、机型、音响、发送信息、操作员。

主要内容：用户手机号（卡）、密码、发射号机型、音响。

其数据库结构如表 11－42 所示。

表 11－42　　按用户号试机数据库的结构表

字　段	类　型	长　度
用户手机号（卡）	C	12
密码	C	6
发射号	C	5
机型	C	4
音响	C	1
发送信息	C	80
操作员	C	3

（4）按发射号试机

基本信息表：起始发射手机号（卡）、终止发射手机号（卡）、机型、音响、通道、发送信息、操作员。

主要内容：起始发射手机号（卡）、终止发射手机号（卡）、机型、音响、通道。

其数据库结构如表 11－43 所示。

表 11－43 按发射号试机数据库的结构表

字　段	类　型	长　度
起始发射手机号（卡）	C	12
终止发射手机号（卡）	C	12
机型	C	4
音响	C	1
通道	C	2
发送信息	C	80
操作员	C	3

（5）按场强试机

基本信息表：用户手机号（卡）、场强号、发射信息、操作员。

主要内容：用户手机号（卡）、场强号。

其数据库结构如表 11－44 所示。

表 11－44 按场强试机数据库的结构表

字　段	类　型	长　度
用户手机号（卡）	C	12
场强号	C	4
发射信息	C	80
操作员	C	3

11.5.6 手机系统管理子系统数据库设计

系统管理子系统具有用户资料管理、操作员管理、漫游管理、系统记账、航班表管理、列车表管理等功能。

（1）系统管理员、领班员、操作员管理

系统管理员、领班员、操作员管理数据库结构如表 11－45 所示。

表 11－45 系统管理员、领班员、操作员管理数据库的结构表

字　段	类　型	长　度
姓名	C	10
代号	C	3
性别	C	1
口令	C	7
职别	C	10
级别	C	1

(2) 用户资料管理

用户资料数据库结构如表 11－46 所示。

表 11－46　　用户资料数据库的结构表

字　段	类　型	长　度
用户手机号（卡）	C	12
机型	C	1
用户姓名	C	10
用户地址	C	30
开户日期	D	8
密码	C	6
发射号	C	7
用户电话	C	8
开户日期	D	8
到期日期	D	8
最后修改人	C	3
服务状态	C	1
服务费	N	4
通道	C	1
留言	C	80
是否追呼	C	1
电子信箱	C	20
漫游新地址	C	20
复台码	C	5
性别	C	1

是否追呼用 0，1 二种状态表示，0 表示不追呼，1 表示追呼。

(3) 漫游管理

漫游管理代码库结构如表 11－47 所示。

表 11－47　　漫游管理代码库结构表

字　段	类　型	长　度
站名代码	C	3
城市名	C	10

(4) 操作员工作量管理

操作员工作量管理数据库结构如表 11－48 所示。

表 11－48　　操作员工作量管理数据库的结构表

字　段	类　型	长　度
操作员代码	C	3
话务	N	1
日期	D	8
时间	D	8

注意：话务可以为单呼、群呼、追呼、复台、复查、复台复查、试机、定时、盲接。每进行一次作一次记载。

有关数据库的安全措施，数据库更新、备份与恢复方式，以及系统分析说明书的其他内容，由于篇幅所限，本书就不再详述了。

综合练习题

一、单项选择题

1. 管理信息系统是一门新型学科，它属于（ C ）。
A. 计算机学科
B. 经济学科
C. 综合性、边缘性学科
D. 工程学科
2. 信息的定义从不同角度有关多种含义，下列关于信息的定义中，错误的是（ C ）。
A. 信息是一种经过加工而形成的数据
B. 信息是数据所表达的客观事实，数据是信息的载体
C. 所有采集到的数据都可认为是信息
D. 信息是可以帮助人们进行决策的数据
3. 在管理系统中，管理系统可以利用信息的（ A ），不断对输出结果进行分析，以调整输入或输出，使系统逐步稳定。
A. 反馈
B. 处理
C. 传输
D. 存储
4. 关于管理信息系统（MIS），以下说法中错误的是（ D ）。
A. MIS 的主要目标是帮助管理者了解组织内日常的业务活动，以便能更有效地实施管理
B. MIS 能提供企业日常业务信息的汇总和非例行性报表
C. 商业企业使用的 MIS 的核心为销售点管理系统（POS）
D. MIS 一般都具备决策支持功能，能辅助企业进行事前决策
5. 在信息系统的开发小组组成人员中，起到最关键作用的是（ B ）。
A. 管理决策人员
B. 系统分析员

C. 最终用户

D. 程序设计人员

6. 信息系统的开发过程一般需要经过以下（ C ）的几个阶段。

A. 系统规划、模型设计、代码编写、系统实施和运行维护

B. 需求分析、系统设计、系统实施、系统运行维护

C. 系统规划、系统分析、系统设计、系统实施和运行维护

D. 需求分析、模型设计、代码编写、系统实施和运行维护

7. 目前的信息系统开发中，一般使用 CASE 工具进行系统开发，CASE 是指（ C ）。

A. 计算机辅助设计

B. 计算机辅助制造

C. 计算机辅助系统工程

D. 可视化软件开发

8. 目前在面向对象的开发中，使用最为广泛 CASE 工具语言是（ D ）。

A. Power Builder

B. Visual Basic

C. C#

D. UML（统一建模语言）

9. 关于原型法，以下说法中错误的是（ B ）。

A. 原型法属于结构化的开发方法

B. 原型法属于面向对象的开发方法

C. 原型法的开发过程阶段划分不明显，在反复过程中得到问题的解决

D. 原型法的进度管理控制困难、系统文档缺乏

10. 以下信息系统战略规划的内容中，错误的是（ C ）。

A. 方向与目标

B. 约束与政策

C. 数据与管理

D. 计划与指标

11. 总体规划的目标不包括（ B ）。

A. 保证信息的共享性

B. 确定系统的具体业务功能

C. 协调各子系统间的工作

D. 提出资源分布计划，有序、合理地安排开发工作

12. 在企业系统规划法中，U/C 矩阵主要用来（ D ）。

A. 确定子系统

B. 确定系统边界

C. 确定系统功能

D. 确定数据类

13. 实际上，系统分析的结果主要就是给出系统的（ C ）。

A. 总体设计

B. 物理设计

C. 逻辑设计

D. 业务模型

14. 在进行系统分析和系统设计时，一般使用（　C　）来进行数据结构的分析与设计，以建立数据表。

A. 数据流程图（DFD）

B. 业务流程图

C. 实体－关系图（E－R 图）

D. 组织机构图

15. 下列不属于系统分析的任务是（　D　）。

A. 对现行系统进行详细调查

B. 分析系统业务流程

C. 分析系统数据流程

D. 进行系统界面设计

16. 关于系统分析与系统设计的区别，在于（　C　）。

A. 系统分析研究系统的数据模型，系统设计侧重于系统的业务模型

B. 系统分析研究系统的实现技术，系统设计侧重于系统的功能需求

C. 系统分析研究系统功能需求与数据结构，系统设计侧重于系统的实现技术

D. 系统分析研究系统的功能需求，系统设计侧重于系统的数据结构设计

17. 在信息系统的开发过程中，系统的代码设计属于（　C　）阶段。

A. 系统规划

B. 系统分析

C. 系统设计

D. 系统实施

18. 在信息系统的开发过程中，系统的程序设计与调试属于（　D　）阶段。

A. 系统规划

B. 系统分析

C. 系统设计

D. 系统实施

19. C/S 是一种重要的网络计算机模式，其含义是：（　A　）。

A. 客户/服务器模式

B. 文件/服务器模式

C. 分时/共享模式

D. 浏览器/服务器模式

20. 总体规划阶段的最终结果是（　C　）。

A. 统分析报告

B. 系统设计说明书

C. 可行性报告

D. 用户操作手册

21. 对当前系统进行初步调查工作应重点在（ A ）阶段进行。
A. 总体规划阶段
B. 系统分析阶段
C. 系统设计阶段
D. 系统实施阶段
22. 下面（ D ）最准确地概括了结构化方法的核心思想。
A. 由分解到抽象
B. 自顶向下，由细到粗，逐步抽象
C. 自下而上，由抽象到具体
D. 自顶向下，由粗到细，逐步求精
23. 下列描述正确的是（ A ）。
A. 总体规划是系统开发中的首要任务
B. 总体规划位于系统分析之后
C. 总体规划是系统开发中相对容易的阶段
D. 总体规划阶段应当包含数据流程分析
24. 工业企业中的完工单、检验单等原始凭证是（ C ）。
A. 信息
B. 记录
C. 数据
D. 符号
25. 在对程序检测时，最难检测的错误是（ C ）。
A. 语法错误
B. 系统错误
C. 逻辑错误
D. 数据错误
26. MIS 的创始人是（ B ）。
A. 瓦尔特·肯尼万
B. 高登·戴维斯
C. 比尔·盖茨
D. 王选
27. 构成管理信息系统的基本要素是（ B ）。
A. 人、信息、系统
B. 人、计算机、系统
C. 计算机、信息、网络
D. 系统、计算机、信息
28. 一个最简单的管理信息系统基本上由以下（ A ）部分组成。
A. 信息源、信息处理器、信息管理者、信息使用者
B. 信息源、人、信息开发者
C. 信息处理器、信息管理者、信息使用者

D. 系统、计算机、信息传递者

29. 管理信息系统的分类有多种方式和方法，如果按管理信息系统发展的整个历程来进行分类，就有（ D ）类。

A. 人工的管理信息系统、网络管理信息系统

B. 人工信息系统、管理信息系统、网络管理信息系统

C. 单机的管理信息系统、网上的管理信息系统

D. 人工的管理信息系统、单机的管理信息系统、网上的管理信息系统

30. ERP 的中文意思是（ C ）。

A. 企业信息管理

B. 企业资源管理

C. 企业资源计划

D. 制造资源计划

31. DSS 的中文意思是（ B ）。

A. 企业资源计划

B. 决策支持系统

C. 制造资源计划

D. 管理信息系统

32. 根据系统功能整体目的性思想，无论是分析一个现存的系统或是构建一个新的系统，主要考虑的是其系统功能的（ B ）。

A. 部分发挥

B. 整体发挥

C. 优势发挥

D. 层次发挥

33. EDPS 的中文意思是（ A ）。

A. 电子数据处理系统

B. 管理信息系统

C. 制造资源计划

D. 企业资源计划

34. BPR 的中文意思是（ C ）。

A. 敏捷信息系统

B. 企业资源计划

C. 业务流程重组

D. 制造资源计划

35. AIS 的中文意思是（ A ）。

A. 敏捷信息系统

B. 企业资源计划

C. 电子数据处理系统

D. 制造资源计划

36. 计算机的软件系统一般分为（ C ）。

A. 程序和数据

B. 操作系统和应用软件

C. 系统软件和应用软件

D. 程序、数据和文档

37. 数据管理技术的发展阶段依次为（ A ）。

A. 人工管理阶段、文件系统阶段、数据库系统阶段

B. 文件系统阶段、人工管理阶段、数据库系统阶段

C. 单机系统阶段、文件系统阶段、数据库系统阶段

D. 文件系统阶段、单机系统阶段、数据库系统阶段

38. 网关（Gateway），它的作用是（ A ）。

A. 连接两个网络，并将一种协议的报文转换为另一种协议的报文。

B. 为用户之间的通信提供电路链接，同时还具备存储转发的功能。

C. 连接两个网络

D. 具有判断网络地址和选择路径的功能，它决定在网络之间传送信息的路径。

39. 企业或者个人要建一个面向大众的网站，在选择 Internet 服务提供商（ISP）的同时，还要选择网站的接入方式。目前，ISP 提供的网站接入方式主要有（ B ）。

A. 拨号上网和局域网上网

B. 虚拟主机、托管服务器和专线接入

C. 托管服务器和局域网上网

D. 拨号上网和专线接入

40. 面向对象数据库系统具有以下的基本特性（ A ）。

A. 必备特性、可选类、开放的可选特性

B. 封装性、多态性、继承性

C. 必备特性、多态性、继承性

D. 交互性、被动性、开放的可选特性

41. 同类型局域网之间互连应使用（ C ）。

A. HTML

B. GATEWAY

C. BRIDGE

D. HUB

42. 传输速率在 1MB/S—100MB/S 的是（ B ）。

A. 局域网

B. 城域网

C. 广域网

D. 区域网

43. 可行性研究的内容一般包括（ A ）。

A. 技术、经济和社会的可行性研究

B. 技术、管理和开发的可行性研究

C. 经济、管理和开发的可行性研究

D. 经济、社会和开发的可行性研究

44. 结构化系统开发方法，将生命周期分为五个阶段，分别依次为（ A ）。

A. 系统规划、分析、设计、实施、运行等阶段

B. 系统分析、设计、规划、实施、运行等阶段

C. 系统规划、设计、分析、实施、运行等阶段

D. 系统规划、分析、设计、运行、实施等阶段

45. 面向对象方法具有如下特征（ D ）。

A. 必备特性、可选类、开放的可选特性

B. 封装性、交互性、继承性

C. 必备特性、多态性、继承性

D. 抽象性、封装性、继承性、多态性

46. 不属于资源生命周期的是（ B ）。

A. 产生阶段

B. 运行阶段

C. 获得阶段

D. 服务阶段

47. U/C 矩阵表的 C 代表（ C ）。

A. 某过程使用某数据类

B. 某过程不使用某数据类

C. 某过程生成某数据类

D. 某过程不生成某数据类

48. U/C 矩阵表的主要作用就是（ B ）。

A. 确定系统边界

B. 确定子系统

C. 确定功能类

D. 确定数据类

49. 下列不属于系统分析的任务的是（ D ）。

A. 对现行系统进行详细调查

B. 分析业务流程

C. 分析数据与数据流程

D. 进行输出设计

50. 结构化系统开发方法的优点不包括（ D ）。

A. 强调系统开发过程的整体性和全局性

B. 强调以整体优化为前提

C. 按自顶向下的观点考虑具体的分析设计问题

D. 开发的周期短，方便随时进行调整

二、多项选择题

1. 关于信息与数据，从不同角度有着不同的说法，以下说法中，正确的是（ ABC ）。

A. 信息是反映客观情况的数据，表达了人们对事物的认识

B. 信息是经过对数据加工和处理产生的，是对数据的认识

C. 数据是未经加工的，反映某一客观事实的表现

D. 所有的数据都可以加工成为信息

2. 信息系统的任务包括（ ABCD ）。

A. 数据采集和输入　　B. 信息的加工和处理

C. 信息的反馈　　D. 信息的存储

3. 从企业管理和经营的角度来看，管理信息系统的三个维度是指（ ABD ）。

A. 管理　　B. 组织

C. 数据　　D. 技术

4. 关于管理信息系统（MIS），以下说法中正确的是（ BC ）。

A. 管理信息系统可以利用数学模型来分析数据，辅助决策

B. 管理信息系统是为企业提供管理信息的系统

C. 管理信息系统与业务处理系统相对比，处于更高层次

D. 以计算机为基础的管理信息系统意味着一切手工处理的自动化

5. 目前的管理信息系统的结构正逐渐由客户机/服务器（C/S）方式转向浏览器/服务器（B/S）方式，关于C/S和B/S方式，以下（ C ）的说法是错误的。

A. B/S结构和C/S结构系统的运行都依赖于一定的网络基础

B. C/S方式需要进行客户端的部署，因此在客户端存在运行和维护成本

C. C/S方式只需要在服务器端进行部署，因此在客户端不存在运行和维护成本

D. B/S系统的用户界面较为简便易用，对终端用户无需大量的培训成本

6. 信息系统的开发方式有多种，包括（ ABCD ）。

A. 自行开发

B. 外包、委托开发

C. 合作开发

D. 购买软件包

7. 传统的结构化系统开发方法的原则包括（ ABC ）。

A. 严格区分开发阶段

B. 从上到下地完成系统的开发工作

C. 开发文档的标准化和文献化

D. 充分预料系统可能的变化，可以不断对系统进行修改

8. 二十世纪九十年代中期以后，主流的信息系统开发方法为面向对象的开发方法，对象的三个基本要素是（ ABD ）。

A. 属性

B. 方法

C. 封装

D. 事件

9. 信息系统战略规划的要求包括（ ACD ）。

A. 规划目标要明确、正确，无二义性

B. 系统结构应具备 B/S 的结构特点，易于部署整个系统

C. 系统必须具有可分解性，明确各部门和人员的责任

D. 必须满足企业各管理层次的需求，具备可执行性

10. 在系统规划阶段，可行性研究的主要任务包括（ ABCD ）。

A. 经济可行性

B. 技术可行性

C. 管理上可行性

D. 开发环境可行性

11. 目前系统分析的方法主要有两种，它们是（ AC ）。

A. 结构化分析

B. 可视化分析

C. 面向对象分析

D. 优化分析

12. 数据流程图的基本表示符号包括（ ABD ）。

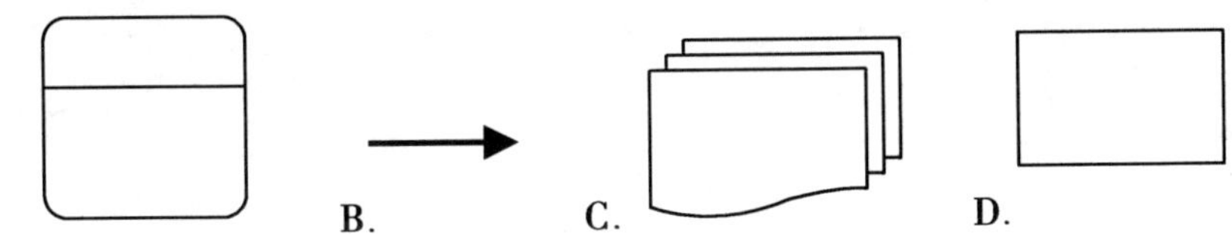

13. 在系统实施阶段，系统测试的主要工作有（ ABD ）。

A. 模块测试

B. 总体测试

C. 数据库测试

D. 子系统测试

14. 系统维护的主要内容包括（ ABCD ）。

A. 应用软件的维护

B. 系统数据的维护

C. 系统硬件及网络的维护

D. 系统代码的维护

15. 新系统取代系统的转换通常采用的方法是（ A ）。

A. 平行转换法

B. 逐级转换法

C. 分布转换法

D. 一次切换法

16. 管理信息系统设计的基本思想（ ABCD ）。

A. 实用性和先进性

B. 可拓展性
C. 开放性
D. 安全可靠性
E. 条理性

17. 管理信息系统的基本功能包括（ ABCDE ）。
A. 信息的采集
B. 信息处理和信息存储
C. 信息的管理
D. 信息的检索
E. 信息的传输

18. 基于网络的 MIS 的主要功能构成是（ ABCDE ）。
A. 安全系统
B. 网上查询检索系统
C. 接口技术
D. 数据库系统
E. 知识决策系统

19. 下列（ ABE ）设备属于计算机的外部设备。
A. 鼠标
B. 显示器
C. 内存
D. 中央处理器
E. 网卡

20. Internet 提供的基本服务包括：（ ABCDE ）。
A. 电子邮件（E-mail）
B. 信息查询
C. 远程登录（Telnet）
D. 文件传输（FTP）
E. 电子公告牌（BBS）

21. 企业网的建设分为（ ABCD ）等四个阶段。
A. 规划分析
B. 系统设计
C. 工程实施
D. 验收维护
E. 管理控制

三、填空题

1. 管理信息系统是个复杂的大系统，对它的分析和研究可采用系统理论中的（ 系统分解法 ）。

2. 管理信息系统的基本结构可以概括为四大部件，即信息源、（ 信息处理器、信息用户 ）和（ 信息管理者 ）。

3. 管理信息系统的三大支柱是：（ 计算机网络、数据库 ）和（ 现代化的管理 ）。

4. 人们通常用SA表示结构化分析，而用SD表示（ 结构化设计 ）。

5. OOA、OOD、OOP分别指（ 面向对象的系统分析、面向对象的系统设计 ）和（ 面向对象的程序设计 ）。

6. 按照结构化思想，系统开发的生命周期划分为总体规划、（ 系统分析、系统设计、系统实施 ）和（ 运行维护 ）等5个阶段。

7. 一般将系统产生、发展和灭亡的生命历程称为（ 系统的生命周期 ）。

8. 管理信息系统的结构中，基于管理任务的系统层次结构可分为（ 战略管理、管理控制和运行控制 ）三层次结构。

9. 工业企业按其劳动对象来分可分为（ 采掘业、冶炼业和制造业 ）三大类。

10. 根据我国管理信息系统应用的实际情况和管理信息系统服务对象的不同，可将管理信息系统的分为（ 国家经济信息系统、企业管理信息系统、事务型管理信息系统、行政机关办公型管理信息系统 ）和（ 专业型管理信息系统 ）五种。

11. MRPII是指（ 制造资源规划 ）；ERP指（ 企业资源规划 ）；JIT指（ 准时制生产 ）；OPT指（ 最优化生产技术 ）；AGILE指（ 敏捷制造 ）。

12. 准时制生产追求的目标是（ 零库存 ）。

13. 信息技术是（ 计算机硬件技术、软件技术及通信技术 ）的总称。

14. 操作系统是最基本的系统软件，它具备两大功能（ 系统资源的管理者和用户与计算机之间的接口 ）。

15. 数据通信系统主要由（ 中央处理装置、终端设备、通信线路 ）及相关设备组成。

16. 通信线路的通信方式有单工通信、（ 半双工通信和全双工通信 ）。

17. 数据结构可分为（ 逻辑结构和物理结构 ）。

18. 数据文件的组织方式有（ 顺序文件、索引文件、直接存取文件 ）。

19. 实体联系模型又称为（ E—R模型 ）。

20. 现实世界中联系有（ 一对一联系、一对多联系和多对多联系 ）三种。

21. 实际数据库系统中支持的数据模型有（ 层次模型、网状模型和关系模型 ）三种模型。

22. 数据库保护主要包括（ 数据的安全性、完整性、并发控制和数据库恢复 ）内容。

23. 按索引文件组织方式组织文件时，文件存贮在（ 索引区 ）和（ 数据区 ）。

24. 数据字典一般包括（ 数据项、数据结构、数据流、处理逻辑、数据存储和外部实体 ）六个部分。

四、判断正错（正确用T表示，错误用F表示）

1. 管理信息系统是一个人机集成的信息系统（ T ）。

2. 要构建一个管理信息系统至少要具备硬件、软件和管理人员（ T ）。

3. 管理信息系统的建设三分靠技术，七分靠管理（ T ）。

4. 为中层管理者服务的系统通常称为执行控制子系统（ F ）。

5. 战略计划子系统中，外部数据所占的比例较大（ T ）。

6. 进行系统的可行性研究是总体规划的主要工作内容之一（ T ）。

7. 一般认为 BPR 就是用利用计算机信息系统取代人决策的过程（ F ）。

8. 企业高层领导不一定参与管理信息系统的开发过程中去（ F ）。

9. 进行总体规划的主要目的是为了进行数据流分析（ F ）。

10. MIS 的经济可分性通常很难用定量的方法准确度量（ T ）。

五、简述题

1. 简述系统成立必须满足的三个条件。

- 目的；
- 功能；
- 机构。

这三个条件是互相作用、互相影响的。

2. 系统有哪五个基本要素组成？

任何一个系统都由五个基本要素组成：输入，输出，处理，反馈和控制。

3. 什么是信息？

信息是用数字、文字、符号、语言、图形、图像、声音等介质来向人们或机器提供关于现实世界各种知识，信息来源于数据。

4. 什么是数据？

数据是一种未经加工的原始资料，格式依赖计算机系统。数据是指能被计算机进行处理的一切对象，包括数字、文字、符号、图形、图像等。

5. 信息的处理过程大致分哪三步？

- 收集数据
- 加工处理
- 提供结果

6. 简述管理的基本职能。

管理的基本职能是：计划、组织、领导、控制、激励、协调、通信。

7. 什么是信息系统？

信息系统是由相互作用和相互依赖的若干组成部分结合而成，能完成特定功能的有机整体。

信息系统是能对数据和信息进行采集、存储、加工和再现，并能回答用户一系列问题的系统。具有采集、管理、分析和表达数据的能力。

信息系统要以计算机网络为基础，主要原因：

- 便于上下级间的信息交流；
- 便于管理；

- 便于横向部门间的信息交流；
- 节省投资；
- 有利于信息的安全存储。

8. 简述管理信息系统的结构。

管理信息系统的结构由四大部分组成，即信息源、信息处理器、信息用户和信息管理者。

9. 简述管理信息系统的开发原则。

- 实用性原则；
- 系统性原则；
- 简单性；
- 灵活性；
- 完整性；
- 可靠性；
- 经济性；
- 逐步完善、逐步发展的原则；
- 创新原则，体现先进性。

10. 管理信息系统有哪三种类型？

- 数据处理系统；
- 管理信息系统；
- 决策支持系统。

11. 简述调查分析阶段主要任务。

调查分析阶段是系统开发的首要工作，本阶段的主要任务是：

- 分析现存问题，对现状进行客观分析；
- 制定改进方案，明确新系统的基本设想；
- 分析人机新业务系统设计，并明确人机分工；
- 根据系统功能、要求及费用、可靠性、评价等综合考虑提出新系统方案。

12. 简述详细设计阶段主要任务。

详细设计阶段是进一步对系统各部分做具体设计，这个阶段直接与程序设计相连接。它包括主系统和子系统两部分。本阶段的主要任务是：

- 系统分层，即将主系统划分为适当大小的系统模块（子系统）；
- 设计出各模块的详细处理流程；
- 明确各模块之间的接口；
- 给出综合流程图和程序说明书。

详细设计阶段也是对整个系统进行检查，其结果可以作为系统维护的依据。

13. 简述实施阶段主要任务。

在详细设计阶段可以运行并且计算机处理系统和人工处理系统可以并行运行之后，才能真正进入实施阶段。本阶段的主要任务是：

- 程序设计管理（登记）；
- 操作管理（运行说明书）；

- 系统的设计管理；
- 系统的运行管理（输入数据的完成和校验、输出信息的校验、运行校验）。

14. 简述管理信息系统的开发方式。

管理信息系统的开发方式有自行开发、委托开发、联合开发、购买现成软件包进行二次开发等几种形式。

15. 简述立项阶段的四个目标。

- 向上级部门阐述采用计算机建立系统的原因以及优点，并得到上级领导的肯定；
- 使本单位的全体员工都能知道采用计算机建立新系统的情况，并能获得支持与理解；
- 估算出资源需求、预期的时间与进度，以及所需要的投资；
- 为建立新系统确定项目开发组织和人员配备。

16. 简述系统分析阶段的主要工作。

- 深入基层对现行系统进行调查研究，清楚地了解现行系统，明确用户需求，运用一系列的图表工具进行详细分析。建立一个可行的、优化的新系统的逻辑模型。常用的调查方法有访谈法、问卷调查法和观察法三种方法。
- 确定开发系统的方案模型；
- 明确系统的功能和设计新系统的目标；
- 调查现行系统的现状；
- 新系统开发的计划安排；
- 提出新系统所涉及的关键技术问题；
- 向上级部门提交系统分析说明书。

17. 简述系统分析阶段应遵循的原则。

- 外部条件与内部条件相结合；
- 短期目标与长期目标相结合；
- 部分目标与整体目标相结合。

18. 简述需求分析阶段的具体工作。

需求分析阶段的具体工作包括：

- 确定基本方针；
- 组织机构调查；
- 系统现状调查；
- 业务信息调查；
- 事务流程分析；
- 网络数据共享分析。

19. 简述需求分析的难点。

- 问题的复杂性；
- 交流障碍；
- 用户对问题的陈述不完备性和不一致性；
- 需求易变性。

20. 系统开发阶段的特定约束条件有哪些？

- 硬件约束—可利用的现有设备条件；

- 价格约束—研制、开发、运行、维护的价格和费用限制；
- 计划安排约束—完成日期和计划进度；
- 实施过程约束—对系统开发顺序的限制；
- 软件约束—使用的系统软件和应用软件的可利用情况；
- 其他约束—管理体制不合理，技术力量不足，信息管理人员不足，管理方法落后。

21. 简述确定系统范围的基本出发点。

- 抓住系统的主要功能；
- 系统具有扩充功能；
- 系统具有接口；
- 系统可靠。

22. 在系统分析阶段所要产生的主要图表有哪些？

- 组织机构图；
- 现行系统概貌图；
- 现行系统业务流程图；
- 现行系统组织功能关联图；
- 现行系统数据结构定义表；
- 现行系统的模块设计；
- 应用系统数据库视图模型；
- 网络拓扑结构图；
- 网络用户分布图；
- 网络数据配制图。

23. 简述可行性分析主要关注的四个领域。

（1）经济可行性。对开发的价值、价格与从所开发的系统得到的收入或利益的比较进行评价，考查系统开发的可行性。

（2）技术可行性。研究功能、性能和可能影响系统的能力的各种约束。根据现有的技术条件，考虑提出的要求能否达到？技术方面的可行性包括如下几个方面：

• 人员和技术力量的可行性。即有多少科技人员，其技术力量和开发能力如何，有没有系统开发的可行性。

• 基础管理的可行性。即现有的管理基础、管理技术、统计手段等能否满足新系统开发的要求。

• 组织系统开发方案的可行性。即合理地组织人、财、物和技术力量并进行实施的技术可行性。

• 计算机硬件的可行性。包括各种外围设备、通讯设备、计算机设备的性能是否能满足系统开发的要求，以及这些设备的使用、维护及其充分发挥效益的可行性。

• 计算机软件的可行性。包括各种软件的功能能否满足系统开发的要求，软件系统是否安全可靠，本单位对使用、掌握这些软件技术的可行性。

（3）系统生存环境可行性。确定系统开发的运行环境和它的生命周期。

（4）各种选用方案。对用于该系统开发的各种处理方法进行评价。

24. 可行性分析研究的问题包括哪些？

- 建立计算机管理信息系统的必要性；
- 建立计算机管理信息系统的实施计划；
- 建立计算机管理信息系统后可能提供的信息；
- 建立计算机管理信息系统的经济效果。

25. 可行性分析工作的重点包括哪七个方面？

- 可行性分析的目的和依据；
- 可行性分析的工作组织；
- 技术能力上的可行性；
- 系统开发与运行环境的可行性；
- 经济投资能力的可行性；
- 可行性分析报告的质量要求；
- 可行性分析报告的主要内容。

26. 可行性分析要回答哪些问题？

- 技术能力上是否可行？
- 系统开发运行环境是否可行？
- 经济投资能力如何？
- 系统需要多长时间才能建立起来？
- 需要多少人力、物力？
- 系统分析说明书是否符合现行系统实际情况？
- 系统分析说明书对新系统的效益分析是否有依据？

27. 简述详细调查的原则。

- 从系统的总目标出发，自顶向下全面展开；
- 系统存在的不一定是合理的，根据系统的具体情况和需求而设计；
- 搞清它们存在的理由、环境条件和业务流程等等，以便于优化系统；
- 坚持全面调查和重点调查相结合的方法，尤其是某时期内需要开发企业的某一个局部的信息系统，更应该在调查全面业务的同时，侧重该局部业务相关的分支；
- 如实的描述，不能带有个人的主观倾向和偏见；
- 调查报告应坚持用事实说话、切忌主观臆断、条理要清楚、文字要简明通俗、调查报告应在规定时间内写出，否则调查报告失去时效性。

28. 系统功能信息关联图通常要考虑到哪几个方面？

- 从手工的业务流程进化到计算机管理信息系统的流水过程；
- 明确人工管理和计算机管理的分工；
- 约定人机之间的界面；
- 定义子系统、功能模块、数据交接口方式。

29. 简述输出设计的内容。

- 输出信息的使用；
- 输出信息的内容；
- 输出信息的媒体；
- 输出信息的处理。

30. 简述系统屏幕设计应该掌握的原则。

- 可靠性；
- 简单性；
- 易学习与易使用性；
- 立即反馈性；
- 输入错误立即反馈性的种类。

31. 简述按文件保存性质分类。

- 永久文件。是指在媒介上确保一个文件空间，在一定期限内不删除而一直保存着的文件，例如信息处理系统中产生的文件、库存文件、客户文件等。
- 临时文件。是指在某项作业开始之前在媒介上确保一个文件空间，当作业处理结束时，文件也就同时消失，例如处理过程中的中间文件等。这些文件是一个作业的专用文件。

32. 简述数据文件（数据库）设计通常遵循的步骤。

- 数据收集；
- 数据分析整理；
- 数据优化组合；
- 数据实体描述；
- 数据文件结构图编制。

33. 简述程序设计阶段的目标。

- 设计、编码与测试每个功能程序；
- 测试系统，以确认它的功能是否达到系统设计的目标；
- 确定系统执行所需要的各种过程和使用手册；
- 为下一阶段提供软件服务程序；
- 确定程序编码工作进程。

34. 简述程序设计的特征。

- 控制权；
- 变动所涉及的范围很小；
- 模块化；
- 可扩展性；
- 避免重复；
- 可移植性；
- 符合语言习惯；
- 文档。

35. 简述程序设计的层次。

- 确定主要的子系统；
- 确定模块/组件；
- 确定模块；
- 确定类和数据类型；
- 确定函数。

36. 简述模块编码的考核指标。

- 源程序是否容易阅读；
- 是否有足够恰当的注释；
- 是否有过大或过小的程序段；
- 逻辑结构的处理是否合理；
- 是否遵循阅读规则；
- 供测试用的代码是否被注明；
- 是否遵守了标准与惯例；
- 可否进行程序测试。

37. 简述需求变更过程。

- 项目经理收到立项申请人提交的《需求变更请求单》；
- 变更列入新的《软件需求说明书》，并体现在新的《软件项目计划中》；
- 根据《需求变更请求单》，在充分协商的基础上，提交新的《软件需求说明书》，并提交《软件项目计划变更表》。

38. 简述需求变更的工作活动。

- 记录需求变更请求，记录项中应包括变更请求数、变更的简要描述、变更的影响、变更请求的状态和关键数据；
- 分析变更请求对工作的影响；
- 估计变更请求需要的工作量；
- 修改项目计划，重新估计交付时间；
- 对总的成本花费的影响进行估计；
- 将修改过的项目计划提交立项申请人，并获得确认；
- 提交《项目计划变更表》。

39. 简述系统测试大纲的主要内容。

- 检查每个模块在程序设计中是否已测试过；
- 测试的数据和输出的结果是否正确；
- 检查每个子系统和功能在程序设计中是否已测试过，测试的数据和输出结果是否正确；
- 检查上一阶段交来的工作文档是否齐全；
- 确定本阶段测试目标；
- 制定本阶段测试内容；
- 编写向下阶段工作提交的文档资料。

40. 测试数据应包含哪四个方面?

- 正常的数据；
- 不同的数据；
- 错误的数据；
- 大量的数据。

41. 简述系统试运行期间的主要目标。

- 全面地、实际地考核系统的功能和可靠性；
- 及时发现系统的局部性错误和软件隐藏的错误；

- 用户的操作维护人员上岗，进行实弹练兵。

这一阶段的任务主要有：

- 处理试运行期间发生的故障；
- 确定新旧系统转换工作机制；
- 系统维护；
- 补充、完善产生的文档资料。

42. 新旧系统转换一般有哪三种方式？

- 直接转换。直接转换是一种最省时、省力、省费用的方式，但有一定的风险，一般在较小的应用系统中采用。
- 平行转换。新旧系统平行运行，经过一段时间考验，新系统才完全代替旧系统工作。这种方式耗费人力、物力和经费，一切业务处理均要设两套班子，但这种过渡方式可靠而平稳。
- 分阶段转换。新旧系统同时运行，旧系统逐步减少工作内容，新系统逐步增加工作内容，经过一段时间后，新系统完全代替旧系统。

43. 简述系统维护的目的。

- 保证新系统能正常工作；
- 优化新系统的功能。因为业务会随时间而变化，这会涉及到要修改当前版本。

消灭软件系统潜在的错误。

- 增加新功能，以适应生产的发展。

44. 简述系统验收的目标。

- 新系统经过一段时间运行后，有没有达到原设计要求，完成的功能怎样；
- 新系统的可靠性和可维护性好不好；
- 新系统对业务处理的能力；
- 新系统对用户操作的容错能力；
- 新系统对发生故障的恢复能力；
- 开发单位向用户提交的有关技术资料是否齐全。

思考题答案

第1章 思考题

1. 怎样定义系统?

系统定义：

- “系统”是多元素的有机结合体，就某种目的而言，它具有高效率和某种特定功能。
- “系统”是由若干相互依赖、相互作用的事物组合而成的具有特定功能的整体。
- “系统”是由具有同一目标的若干相互联系相互影响的部分结合成的有机整体。

2. 简述系统成立必须满足的三个条件。

- 目的；
- 功能；
- 机构。

这三个条件是互相作用、互相影响的。

3. 系统由哪五个基本要素组成?

任何一个系统都由五个基本要素组成：输入，输出，处理，反馈和控制。

4. 简述系统的特性。

- 整体性。系统的特定功能是由各个组成部分的特性及它们之间的相互作用、相互影响而形成产生的。因此，即使系统的每个组成部分等不都很完善，但它们可以综合、统一，成为具有良好功能的整体。
- 相关性。系统中的各组成部分是按一定规律结合在一起的，它们之间具有某种相互依赖的特定关系，系统的各要素之间是相互作用而又相互联系的。由于这种相互依赖关系，才使系统具有特定功能。
- 目的性。每个系统都有明确的既定任务和目标，为了达到此目的，系统都具有特定的功能。

- 环境适应性。系统都是处于一定的环境之中的，它需要不断地与环境交互，环境对系统产生着影响和作用，当环境的影响和作用没有使系统的性质发生根本变化时，没有影响系统的总体功能时，系统处于相对稳定状态，此时它对环境是适应的。系统对环境的适应能力称为系统的“环境适应性”。
- 层次性。系统是由若干个组成部分结合而成，每个组成部分一般也是一个系统，称为原系统的子系统。这些子系统的组成部分又构成了这些子系统的下一层子系统。而原系统又可能从属于某一个更大规模的系统，成为它的组成部分。系统的这种有序结构称为系统的“层次性”。
- 集合性。指任何一个系统至少要由两个以上相互区别的要素组合而成。
- 整体性。任何一个系统若要达到目标，不能仅仅考虑各个子系统，而应该同时注意到各子系统间的相互联系，注意到整个系统与其所处的环境之间的相互关系，注意到整个系统的整体目标。

5. 简述信息的特征。

信息的主要特征表现在以下几个方面：

- 信息的可识别性；
- 信息的可变性；
- 信息的可流动性；
- 信息的可存储性；
- 信息的可处理性；
- 信息的可再生性；
- 信息的有效性和无效性；
- 信息的属性；
- 信息的可量度性；
- 信息的可转换性；
- 信息的可存储性；
- 信息的可传递性；
- 信息的可压缩性；
- 信息的可共享性；
- 信息的价值性；
- 信息的使用性。

6. 什么是信息？

信息是用数字、文字、符号、语言、图形、图像、声音等介质来向人们或机器提供关于现实世界各种知识，信息来源于数据。

7. 什么是数据？

数据是一种未经加工的原始资料，格式依赖计算机系统。数据是指能被计算机进行处理的一切对象，包括数字、文字、符号、图形、图像等。

8. 简述数据和信息的关系。

数据是客观对象的表示，是信息的表达、载体，信息是数据的内涵，是形与质的关系。只有数据对实体行为产生影响才成为信息，数据只有经过解释才有意义，成为信息。

信息与数据是不可分离的，信息来源于数据。即信息是数据的内涵，是数据的内容和解释。也就是说数据是信息的载体，只有理解了数据的含义，才能得到数据中所包含的信息。

信息可以离开信息系统而独立存在，也可以离开信息系统的各个组成和阶段而独立存在；而数据的格式往往与计算机系统有关，并随载荷它的物理设备的形式而改变。数据是原始事实，而信息是数据处理的结果。不同知识、经验的人，对于同一数据的理解，可得到不同信息。

9. 信息的处理过程大致分哪三步?

- 收集数据；
- 加工处理；
- 提供结果。

10. 简述信息资源的生命周期。

信息从收集、传输、加工、存储、维护到利用的过程构成了信息资源的生命周期如下图所示。

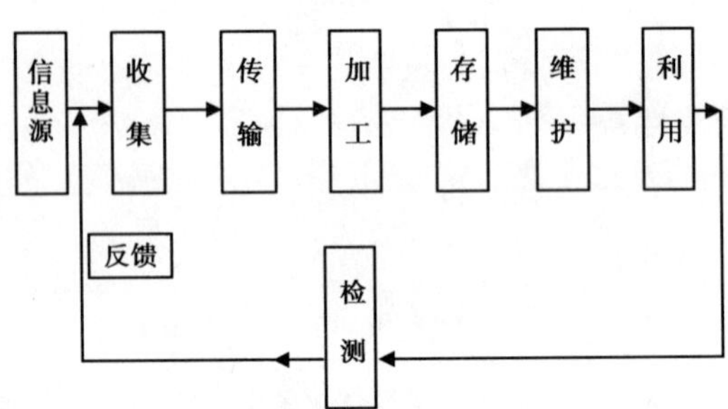

11. 什么是“管理”?

人们从不同的角度出发，可以有不同的理解。从字面上看，管理有“管辖”、“管人”、“管事”等意，即对一定范围的人员及事务进行安排和处理。

管理是指一定组织中的管理者，通过实施计划、组织、人员配备、指导与领导、控制等职能来协调他人的活动，使别人同自己一起实现既定目标的活动过程。

关于管理的定义，至今仍未得到公认和统一。长期以来，许多中外学者从不同的角度出发，对管理作出不同的解释，其中较有代表性的有：

管理学家赫伯特 A·西蒙（Herbert A. Simon）认为“管理就是决算”。美国、日本以及欧洲各国的一些管理学著作或管理教材中，也对管理有不同的定义，如：“管理就是由一个或者更多的人来协调他人的活动，以便收到个人单独活动所不能收到的效果而进行的活动。”“管理就是计划、组织、控制等活动的过程。”“管理是筹划、组织和控制一个组织或一组人的工作。”“管理就是通过其他人来完成工作。”

12. 简述管理的基本职能。

管理的基本职能是：计划、组织、领导、控制、激励、协调、通信。

13. 什么是信息系统？

信息系统是由相互作用和相互依赖的若干组成部分结合而成，能完成特定功能的有机整体。

信息系统是能对数据和信息进行采集、存储、加工和再现，并能回答用户一系列问题的系统。具有采集、管理、分析和表达数据的能力。

信息系统要以计算机网络为基础，主要原因：

- 便于上下级间的信息交流；
- 便于管理；
- 便于横向部门间的信息交流；
- 节省投资；
- 有利于信息的安全存储。

14. 什么是管理信息系统？

管理信息系统（MIS Management Information Systems）是“一个由人、计算机等组成的能进行信息的收集、传送、储存、加工、维护和使用的系统”。劳登（Laudon）教授在其所著《管理信息系统》中写道：“信息系统技术上可定义为支持组织中决策和控制的进行信息收集、处理、存储和分配的相互关联部件的一个集合。”

管理信息系统它是一门新兴的科学，其主要任务是最大限度的利用现代计算机及网络通讯技术加强企业的信息管理，通过对企业拥有的人力、物力、财力、设备、技术等资源的调查了解，建立正确的数据，加工处理并编制成各种信息资料及时提供给管理人员，利用过去的数据预测未来；从企业全局出发辅助企业进行决策；利用信息控制企业的行为；帮助企业实现其规划目标；以便进行正确的决策，不断提高企业的管理水平和经济效益。管理信息系统是目前已成为企业进行技术改造及提高企业管理水平的重要手段。

管理信息系统正在成为一门学科，它面向管理，利用系统的观点、数学的方法和计算机应用三大要素，形成自己独特的内涵，从而形成系统型、交叉型、边缘型的学科。

15. 简述管理信息系统功能。

管理信息系统的功能主要有：

- 数据处理。包括数据收集和输入，数据传输、数据存储、数据加工处理和输出。它准备和提供统一格式的信息，使各种统计工作简化，使信息成本最低。
- 预测功能。运用现代数学方法，统计方法或模拟方法，根据过去的数据预测未来的情况。
- 计划功能。根据企业提供的约束条件，合理地安排各职能部门的计划，按照不同的管理层，提供相应的计划报告。
- 控制功能。根据各职能部门提供的数据，对计划的执行情况进行监测、检查、比较执行与计划的差异，分析产生差异的原因，辅助管理人员及时以各种方法加以控制。

- 决策功能。采用各种数学模型和所存储在计算机中的大量数据，及时推导出有关问题的最优解或满意解，辅助各级管理人员进行决策，以期合理利用人、财、物和信息资源，取得较大的经济效益。

16. 简述管理信息系统的结构。

管理信息系统的结构由四大部分组成即信息源、信息处理器、信息用户和信息管理者。

17. 简述管理信息系统的开发原则。

- 实用性原则；
- 系统性原则；
- 简单性；
- 灵活性；
- 完整性；
- 可靠性；
- 经济性；
- 逐步完善、逐步发展的原则；
- 创新原则，体现先进性。

18. 管理信息系统有哪三种类型?

- 数据处理系统；
- 管理信息系统；
- 决策支持系统。

19. 简述系统开发的流程。

信息系统的开发工作其实分为开发前期的工作－中期工作－系统建设的后期工作。
前期的工作主要是立项、系统分析和可行性分析；
中期工作主要是系统设计、程序设计和测试；
后期工作主要是系统试运行与维护和系统验收与鉴定。

20. 简述管理信息系统的开发方式。

管理信息系统的开发方式有自行开发、委托开发、联合开发、购买现成软件包进行二次开发几种形式。

第 2 章　思考题

1. 信息系统的开发方法有哪八种?

目前，信息系统的开发方法有八种，它们是瀑布模型（生命周期法）、原型法模型（演化模型)、螺旋模型、喷泉模型、企业系统规划法、面向对象的开发方法、结构化方法、“世纪桥”开发方法。

2. 简述瀑布模型的特点。

瀑布模型具有以下特点：

- 采用结构化思想，其开发策略是“自顶向下”地完成管理信息系统的规划、分析与设计工作，然后“自底向上”地实现。
- 开发过程阶段清楚，任务明确，文档齐全，并要求有标准化的分析报告和文本等阶段性文档资料及书面审定记录，使得整个开发过程便于管理和控制。
- 通常假定系统的应用需求是预先描述清楚的，排除了不确定性。
- 瀑布模型适用于大型的信息系统以及应用软件的开发。

瀑布模型的优点是：在消除非结构化软件、降低软件的复杂性、促进软件开发工程化方面起了很大作用。

3. 简述瀑布模型存在的问题。

虽然瀑布模型的理论比较完善，但也存在一些缺陷，主要表现在以下几方面：

- 系统开发周期长、见效慢；
- 难沟通、效率低；
- 开发过程灵活性小、更改成本高。

瀑布模型的缺点是：缺乏灵活性，特别是无法解决软件需求不明确或不准确的问题。这些问题的存在对软件开发带来严重影响，最终可能导致开发出的软件并不是用户真正需要的软件。

瀑布模型是一种整体开发模型。在开发过程中，用户对软件的需求认识常常不够清晰，因而使得开发项目难于做到一次开发成功。只有开发完成后，整个软件全部展现在用户面前，这时发现有不满意的地方为时已晚。

4. 简述原型法模型存在的问题。

虽然原型法克服了生命周期法的一些缺点，但也存在一些缺陷，主要表现在以下几方面：

- 容易出现系统质量缺陷；
- 开发过程难以控制；
- 不适用于大型系统的开发。

5. 简述螺旋模型存在的问题。

螺旋模型的使用有以下两点不足：

- 螺旋模型的使用需要有相当丰富的风险评估经验和专门知识，这使该模型的应用受到一定限制；
- 螺旋模型对软件复用和生存期中多项开发活动的集成并未提供支持，因而难于支持面向对象的开发方法。

6. 简述面向对象开发方法的特点。

• 系统开发的基础统一于对象之上，各个阶段工作过渡平滑，避免了许多中间转换环节和多余劳动，加快了系统开发的进程，提高了系统开发的正确性和效率；

• OOA 方法的分析与结构化分析有较大的区别，前者强调的是在系统调查资料的基础上对所需素材进行归类分析和整理，而后者则是对管理业务现状和方法的分析；

• OOD 方法是根据对象来组织信息系统的逻辑结构，与 OOA 不同，OOD 阶段必须考虑系统实现，OOD 与系统是两个相互交织在一起的过程；

• 面向对象技术中的各种概念和特性，如继承、封装、多态性及消息传递机制等，使软件的一致性、模块的独立性以及程序的共享和可重用性大大提高。

第 3 章　思考题

1. 简述立项阶段的四个目标。

• 向上级部门阐述采用计算机建立系统的原因以及优点，并得到上级领导的肯定；
• 使本单位的全体员工都能知道采用计算机建立新系统的情况，并能获得支持与理解；
• 估算出资源需求、预期的时间与进度，以及所需要的投资；
• 为建立新系统确定项目开发组织和人员配备。

2. 简述立项阶段的任务。

立项工作是建立信息管理系统的首要工作，也是最基本的工作。立项阶段的主要任务：
• 摸清本单位目前现有人力、物力情况；
• 根据国际、国内发展趋势设想出本单位业务发展趋势；
• 设想新系统建立后的工作机构；
• 向上级部门提交申请报告；
• 如果需要委托外单位参与，则应写出任务委托书。

3. 简述立项阶段的原则。

要使立项工作科学化，必须遵循一定的原则，这些原则大体可归纳如下：
• 信息原则。要求信息准确、完整、及时，有充分的依据。

• 预测原则。立项是建立在预测基础上的，对过去的、现在的，以及未来的发展动向必须清楚。

• 系统原则。立项必须强调系统性，要考虑整个系统和相关系统，说明其作用。

• 可行原则。立项必须可行。立项必须符合科学技术发展规律和经济发展规律。同时还要注意：不能只强调需要而不考虑可能；不能只考虑成功的因素和有利的因素，而不考虑不利的因素和失败的风险。只有两者兼顾，才能使立项建立在可靠、可行的基础上。

• 实惠原则。所谓实惠，就是指花费的代价小，取得的效果大。取得的好处是实实在在的，而不是空头支票。实惠主要表现在经济效益、环境影响和社会效益三个方面。要求立项者对这三者以及它们之间的关系有一定的洞察能力。

4. 简述立项报告的一般格式。

- 课题项目；
- 课题组织领导和课题负责人；
- 办事机构；
- 课题负责单位和协作单位；
- 课题来源；
- 课题开发研究的目的和意义；
- 目前现状和发展趋势；
- 课题具体开发研究的内容；
- 课题完成时间；
- 课题经费概算。

第 4 章　思考题

1. 描述系统的开发流程。

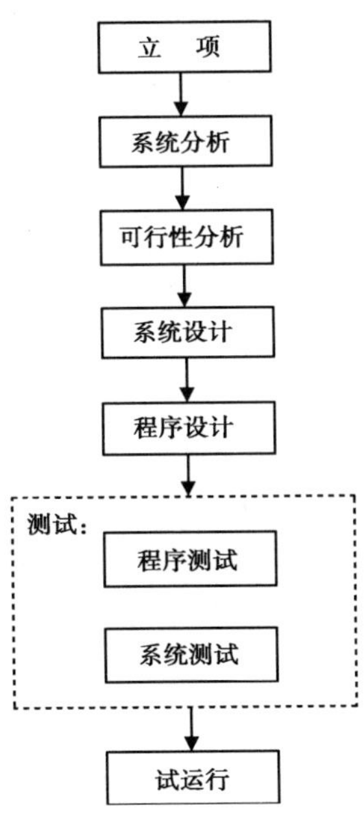

2. 简述系统分析阶段的主要工作。

- 深入基层对现行系统进行调查研究，清楚地了解现行系统，明确用户需求，运用一系列的图表工具进行详细分析。建立一个可行的、优化的新系统的逻辑模型。常用的调查方法有访谈法、问卷调查法和观察法三种方法。
- 确定开发系统的方案模型；

- 明确系统的功能和设计新系统的目标；
- 调查现行系统的现状；
- 新系统开发的计划安排；
- 提出新系统所涉及的关键技术问题；
- 向上级部门提交系统分析说明书。

3. 简述系统分析阶段应遵循的原则。

- 外部条件与内部条件相结合；
- 短期目标与长期目标相结合；
- 部分目标与整体目标相结合。

4. 简述系统分析可以划分的阶段。

- 确定系统目标；
- 需求分析；
- 业务流程分析；
- 功能分析；
- 数据分析；
- 限制分析；
- 系统方案分析。

5. 简述需求分析阶段的具体工作。

需求分析阶段的具体工作包括：
- 确定基本方针；
- 组织机构调查；
- 系统现状调查；
- 业务信息调查；
- 事务流程分析；
- 网络数据共享分析。

6. 简述需求分析的难点。

- 问题的复杂性；
- 交流障碍；
- 用户对问题的陈述不完备性和不一致性；
- 需求易变性。

7. 简述系统现状调查的重点。

- 业务流程现状；
- 代码体系；
- 功能与信息的关系；

- 需求分析图。

8. 简述业务流程现状调查的重点。

- 收集并整理各部门使用的传票、传条；
- 调查这些部门信息产生的过程和如何处理（处理方式、涉及人员）及归档；
- 调查各部门的要求意见；
- 将调查结果制成事务流程分析图；
- 将收集的信息整理成输入数据、输出数据和台账数据，为今后的数据文件产生提供条件；
- 掌握业务流程现状后，从全公司的观点出发，防止双重作业和进行集中作业的情况；
- 有没有可能对业务流程作某些变动，使业务流向更趋于合理。

9. 简述需求分析图要反映的四点要求。

- 明确系统现状调查阶段提出的要求和问题；
- 着眼于重要的问题；
- 明确系统的目标与实现此目标使用的具体手段的关系；
- 把以上结果汇总成需求分析图。

10. 简述业务流程分析包含的内容。

- 与业务有关的组织；
- 对业务有用的信息；
- 业务作业的内容；
- 业务所需的时间；
- 业务作业产生的实物、现金业务流程分析的优越性主要表现在：通过业务流程的分析，找出业务流程的不合理之处，改进工作，以便减少转记，删除不合理的流程环节，在经济承包责任制下提高管理系统的可靠性和效率。

11. 简述功能分析包括的内容。

- 功能与组织的关系；
- 功能体系的关系；
- 功能与信息的关系；
- 功能的划分方法。

12. 功能划分有哪三种方法?

- 归纳法；
- 演绎法；
- 创建法。

13. 系统开发阶段的特定约束条件有哪些?

- 硬件约束—可利用的现有设备条件;
- 价格约束—研制、开发、运行、维护的价格和费用限制;
- 计划安排约束—完成日期和计划进度;
- 实施过程约束—对系统开发顺序的限制;
- 软件约束—使用的系统软件和应用软件的可利用情况;
- 其他约束—管理体制不合理,技术力量不足,信息管理人员不足,管理方法落后。

14. 简述确定系统范围的基本出发点。

- 抓住系统的主要功能;
- 系统具有扩充功能;
- 系统具有接口;
- 系统可靠。

15. 在系统分析阶段所要产生的主要图表有哪些?

- 组织机构图;
- 现行系统概貌图;
- 现行系统业务流程图;
- 现行系统组织功能关联图;
- 现行系统数据结构定义表;
- 现行系统的模块设计;
- 应用系统数据库视图模型;
- 网络拓扑结构图;
- 网络用户分布图;
- 网络数据配制图。

16. 简述系统平台选型的基本依据。

- 根据企业规模、组织机构布局、应用系统实施规模和外部应用环境等情况确定系统平台模式;
- 根据单位组织机构与管理职能层次设置和应用系统的总体功能结构设计情况确定平台体系结构;
- 根据用户业务操作和数据处理的基本特征、事务处理和数据处理对系统性能的基本要求以及原有软件资源与保护要求,确定软件平台的选型策略;
- 根据事务与数据的处理和处理频度以及原有硬件资源情况,确定基本硬件平台的选型策略;
- 根据企业组织职能与系统功能关联情况,地理环境及外部通信要求,数据传输及性能要求,用户对网络站点分配及联网范围要求,以及原有通信设施(如 CBX 和 FAX)情况,确定网络通信平台与网络硬件平台的选型策略;

• 根据平台体系结构与平台选型策略，以及平台产品技术标准情况，确定系统平台的接口规范；

• 根据计算机软硬件发展水平和平台档次更新情况，国内产品市场供货情况与售后技术支持情况，以及可供借鉴的成功经验，进行具体的平台选型及性能价格比分析；

• 根据企业的投资能力，建立典型开发环境及平台多场地安装的代价，验证平台选型的经济可行性；

• 根据企业的长远发展目标和系统总体实现目标，系统的技术设计要求如异种机入网、异种网互联、异构数据源互操作、异构工具互用、分布处理能力和汉字处理能力等，综合权衡系统平台的可用性、可集成性和可伸缩性。

17. 简述系统平台选型应遵循的准则。

• 标准性与主流性；
• 成熟性与先进性；
• 实用性与经济性；
• 易用性与可扩性。

第 5 章　思考题

1. 简述可行性分析主要关注的四个领域。

（1）经济可行性。对开发的价值、价格与从所开发的系统得到的收入或利益的比较进行评价，考查系统开发的可行性。

（2）技术可行性。研究功能、性能和可能影响系统的能力的各种约束。根据现有的技术条件，考虑提出的要求能否达到？技术方面的可行性包括如下几个方面：

• 人员和技术力量的可行性。即有多少科技人员，其技术力量和开发能力如何，有没有系统开发的可行性。

• 基础管理的可行性。即现有的管理基础、管理技术、统计手段等能否满足新系统开发的要求。

• 组织系统开发方案的可行性。即合理地组织人、财、物和技术力量并进行实施的技术可行性。

• 计算机硬件的可行性。包括各种外围设备、通讯设备、计算机设备的性能是否能满足系统开发的要求，以及这些设备的使用、维护及其充分发挥效益的可行性。

• 计算机软件的可行性。包括各种软件的功能能否满足系统开发的要求，软件系统是否安全可靠，本单位对使用、掌握这些软件技术的可行性。

（3）系统生存环境可行性。确定系统开发的运行环境和它的生命周期。

（4）各种选用方案。对用于该系统开发的各种处理方法进行评价。

2. 可行性分析研究的问题包括哪些？

• 建立计算机管理信息系统的必要性；

- 建立计算机管理信息系统的实施计划；
- 建立计算机管理信息系统后可能提供的信息；
- 建立计算机管理信息系统的经济效果。

3. 可行性分析工作的重点包括哪七个方面?

- 可行性分析的目的和依据；
- 可行性分析的工作组织；
- 技术能力上的可行性；
- 系统开发与运行环境的可行性；
- 经济投资能力的可行性；
- 可行性分析报告的质量要求；
- 可行性分析报告的主要内容。

4. 可行性分析要回答哪些问题?

- 技术能力上是否可行；
- 系统开发运行环境是否可行；
- 经济投资能力如何；
- 系统需要多长时间才能建立起来；
- 需要多少人力、物力；
- 系统分析说明书是否符合现行系统实际情况；
- 系统分析说明书对新系统的效益分析是否有依据。

5. 在分析软件资源时主要考虑哪几点?

- 操作系统是否选择恰当（Windows，UNIX…）；
- 实用程序是否选择恰当；
- 数据库管理系统是否选择恰当；
- 高级编程语言是否选择恰当（Java，C，FORTRAN）；
- 汉字处理软件、应用软件包是否选择恰当。

6. 计算机信息管理系统可行性质量保证方面哪些注意事项?

• 《系统分析说明书》中所涉及的内容、范围、技术方法是否有夸大现象，所采用的估算模式、程序、参数是否与当代技术水平相适应。对新技术的采用要充分考虑它的可靠性。

• 可行性分析所采用的准则必须符合国家政策、法规和相应的技术规范。建立的信息管理系统是工程项目，决不可用学术观点作为分析的准则。

• 对《系统分析说明书》中的各项内容必须逐一进行分析，反复比较，确保各个环节都能全面周到地考虑到。

• 所提供分析资料中的数据应当准确无误，对准确度差的资料要给予详细说明，图表要清晰。

• 对每一分析内容应有明确的结论，不够明确的地方必须提出修改意见，不做“文字游戏”。

● 提供的资料应当齐全完整无缺，有关工作人员和编写报告的人应当在资料上签字。

● 在可行性分析报告提交前，应在本单位中层管理干部内进行传阅，使每一位中层管理干部都有机会发表自己的意见。新观点、新方案应及时分析并予以补充。做到统一思想，统一认识，统一行动。

7. 简述可行性分析报告的主要内容。

● 封面；
● 目录；
● 摘要；
● 正文；
● 相应的附件；
● 附图。

第 6 章　思考题

1. 简述系统设计工作一般遵循的设计原则。

● 经济性；
● 系统性；
● 可控制性；
● 参与性；
● 设计应表现出层次性；
● 设计应该是模块化的；
● 设计应该规划出功能独立；

● 系统设计必须考虑到一个计算机应用软件系统不是固定的、静止的，在其生命周期中，它总是处于动态变化过程之中。所以要求系统具有可修改性，即易读，易于进行查错和改错，可以根据环境的变化和用户的要求进行各种改变和改进；

● 设计应充分利用系统分析阶段和可行性分析阶段的信息，考虑到计算机发展的未来，实行高设计，低实现的指导思想。

2. 简述详细调查的原则。

● 从系统的总目标出发，自顶向下全面展开；
● 系统存在的不一定是合理的，根据系统的具体情况和需求而设计；
● 搞清它们存在的理由、环境条件和业务流程等等，以便于优化系统；

● 坚持全面调查和重点调查相结合的方法，尤其是某时期内需要开发企业的某一个局部的信息系统，更应该在调查全面业务的同时，侧重该局部业务相关的分支；

● 如实的描述，不能带有个人的主观倾向和偏见；

● 调查报告应坚持用事实说话、切忌主观臆断、条理要清楚、文字要简明通俗、调查报告应在规定时间内写出，否则调查报告失去时效性。

3. 系统功能信息关联图通常要考虑到哪几个方面?

- 从手工的业务流程进化到计算机管理信息系统的流水过程；
- 明确人工管理和计算机管理的分工；
- 约定人机之间的界面；
- 定义子系统、功能模块、数据交接口方式。

4. 计算机化处理流程中有哪八种处理方法?

- 变换（Conversion）；
- 分类（Sort）；
- 核对（Matching）；
- 合并（Merge/Collate）；
- 更新（Update）；
- 抽出（Extract）；
- 分配（Distribution）；
- 生成（Generate）。

5. IPO 图表的内容包括哪些?

- 子系统名、功能模块名；
- 处理模块名；
- 处理过程简述；
- 输入数据描述（处理所涉及的输入数据）；
- 处理过程描述（文字或公式描述）；
- 输出信息描述（输出的结果）。

6. 简述输出设计的内容。

- 输出信息的使用；
- 输出信息的内容；
- 输出信息的媒体；
- 输出信息的处理。

7. 简述设计报表输出的注意事项。

- 报表应注明名称、标题、年、月、日、页等内容；
- 适当安排打印间隔；
- 决定数据位数时，要考虑编辑结果的最大位数；
- 合计之类的项目应当醒目，也可以用符号表示合计；
- 对设计的报表进行试用与核对，以防统计项计算有误。

8. 简述输入设计的内容。

输入设计包括输入信息的产生、输入信息的内容、输入信息的媒体、输入信息的处理。

9. 简述系统屏幕设计应该掌握的原则。

- 可靠性；
- 简单性；
- 易学习与易使用性；
- 立即反馈性；
- 输入错误立即反馈性的种类。

10. 简述按文件保存性质分类。

- 永久文件。是指在媒介上确保一个文件空间，在一定期限内不删除而一直保存着的文件，例如信息处理系统中产生的文件、库存文件、客户文件等。
- 临时文件。是指在某项作业开始之前在媒介上确保一个文件空间，当作业处理结束时，文件也就同时消失，例如处理过程中的中间文件等。这些文件是一个作业的专用文件。

11. 简述文件信息的性质分类。

- 信息变动性。从文件的相对变动情况来看，有固定信息文件和可变信息文件。固定信息文件是一次生成的，如主文件、参照文件等。可变信息文件经常变化信息，一般做成事务文件。
- 信息流动性。从文件信息的流动情况来看，有信息单向流动的输入文件、输出文件，有信息双向流动的输入输出文件。
- 信息工作性。从文件工作性能来看，有累积文件和累计文件之分。

累积文件是将输入信息积累起来，这种文件去除了一些不必要的内容，因此占用空间较少。

- 信息共享性。从文件信息的共享性来分，可以分为专用文件和通用文件。

12. 简述对文件的基本要求。

- 功能性强；
- 使用可靠；
- 扩充容易；
- 维护方便；
- 操作简单；
- 费用经济。

13. 简述业务部门对文件的要求。

（1）文件数据量
（2）文件项目内容

(3) 文件处理方式
(4) 文件更新形态
(5) 数据活动率

文件记录有三种存取方式：

- 顺序存取，即按文件物理顺序存取记录；
- 直接存取，即按给定记录键值存取记录；
- 动态存取，即既可按物理顺序又可按记录键值方法存取记录。

(6) 数据移动性
(7) 处理时间和存取时间
(8) 键的选择
(9) 文件保密性

14. 简述数据文件（数据库）设计，通常遵循的步骤。

- 数据收集；
- 数据分析整理；
- 数据优化组合；
- 数据实体描述；
- 数据文件结构图编制。

第7章 思考题

1. 简述程序设计阶段的目标。

- 设计、编码与测试每个功能程序；
- 测试系统，以确认它的功能是否达到系统设计的目标；
- 确定系统执行所需要的各种过程和使用手册；
- 为下一阶段提供软件服务程序；
- 确定程序编码工作进程。

2. 简述程序设计的特征。

- 控制权；
- 变动所涉及的范围很小；
- 模块化；
- 可扩展性；
- 避免重复；
- 可移植性；
- 符合语言习惯；
- 文档。

3. 简述程序设计的层次。

- 确定主要的子系统；
- 确定模块/组件；
- 确定模块；
- 确定类和数据类型；
- 确定函数。

4. 简述程序设计阶段的开发任务。

- 设计、绘制功能模块图；
- 针对功能模块图进行编码；
- 对功能模块进行测试；
- 写出有关技术资料和说明；
- 检查和修改程序编码工作进程；
- 测试系统功能和性能；
- 确定系统执行过程中所需的技术资料。

本阶段还应向程序管理组提供以下文档资料：

- 形成的软件包；
- 程序设计说明资料；
- 操作说明草案。

程序编码阶段的任务可以具体分解为：

- 确定开发子系统阶段的目标；
- 确定程序编制的方法；
- 开发子系统阶段所生成的各种文档资料；
- 编写设计说明书；
- 修改、扩充数据结构图；
- 模块编码；
- 功能模块测试与数据制作。

5. 简述模块程序设计的考核指标。

- 每个文件是否都有数据结构图；
- 非数据结构项是否有过程表；
- 是否提供了详细的文件设计；
- 所有的输出能否从输入或特定过程得到；
- 是否详细地说明了编码员（程序员）的工作；
- 是否已确定了公共模块；
- 有无程序运行图和程序的简要说明；
- 是否提供了有关限制条款的清单；
- 程序设计是否满足了程序说明书的要求；

- 设计结果是否容易理解；
- 设计是否符合标准；
- 程序结构图是否包含了所有有关的内容；
- 辅助文件上是否确定了通信内容；
- 是否提供了所有可能的错误条件；
- 有无自我教学功能。

6. 简述模块编码的考核指标。

- 源程序是否容易阅读；
- 是否有足够恰当的注释；
- 是否有过大或过小的程序段；
- 逻辑结构的处理是否合理；
- 是否遵循阅读规则；
- 供测试用的代码是否被注明；
- 是否遵守了标准与惯例；
- 可否进行程序测试。

7. 简述程序设计一般的处理流程。

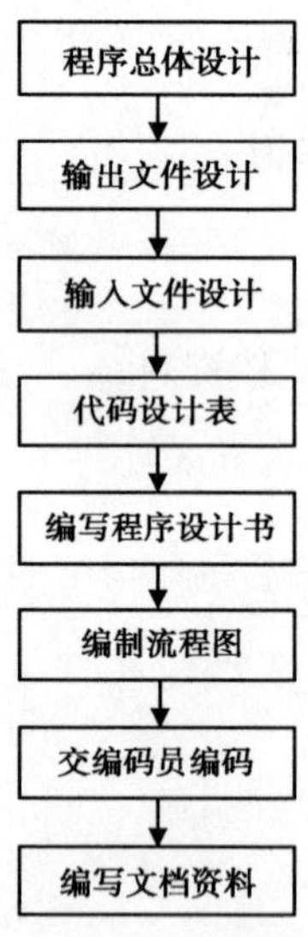

8. 简述需求变更过程。

- 项目经理收到立项申请人提交的《需求变更请求单》；
- 变更列入新的《软件需求说明书》，并体现在新的《软件项目计划中》；
- 根据《需求变更请求单》，在充分协商与的基础上，提交新的《软件需求说明书》，并提交《软件项目计划变更表》。

9. 简述需求变更的工作活动。

• 记录需求变更请求，记录项中应包括变更请求数、变更的简要描述、变更的影响、变更请求的状态和关键数据；

• 分析变更请求对工作的影响；

• 估计变更请求需要的工作量；

• 修改项目计划，重新估计交付时间；

• 对总的成本花费的影响进行估计；

• 将修改过的项目计划提交立项申请人，并获得确认；

• 提交《项目计划变更表》。

10. 简述配置管理的目标。

配置管理过程包括两个主要阶段：配置管理计划、实施配置管理。

（1）配置管理计划

•《软件需求规格说明书》已经确认；

• 完成项目配置管理计划；

• 修改完成《软件需求规格说明书》；

• 提交《配置管理计划》。

（2）配置管理的工作活动

• 识别配置项，配置项的典型例子包括需求规格、设计文档、源代码、测试计划、测试脚本、测试规程、测试数据、项目使用的编码、用户接口规范、验收报告等；

• 定义为配置项命名和编号的计划：如果使用 CM 工具，那么有时由工具处理版本编号，否则，在项目中必须明确地进行版本编号；

• 定义 CM 所需的目录结构；

• 定义访问控制；

• 定义变更控制规程；

• 确定 CM 工作人员的责任和权利；

• 定义跟踪配置项状态的方法；

• 定义备份制度；

• 定义发布制度；

• 确定将配置项转移到基线的原则。

（3）实施配置管理

•《软件配置管理计划》已批准，项目开始；

• 输入《软件配置管理计划》；

• 接受变更请求；

• Check out 需要变更、修改的配置项，并进行修改；

• Check in 变更、修改过的配置项。

第 8 章　思考题

1. 简述系统测试大纲的主要内容。

- 检查每个模块在程序设计中是否已测试过；
- 测试的数据和输出的结果是否正确；
- 检查每个子系统和功能在程序设计中是否已测试过，测试的数据和输出结果是否正确；
- 检查上一阶段交来的工作文档是否齐全；
- 确定本阶段测试目标；
- 制定本阶段测试内容；
- 编写向下阶段工作提交的文档资料。

2. 系统的测试方法有哪两种？

用试题检查和用新旧两个系统作平行处理检查。

3. 简述系统的一般测试步骤。

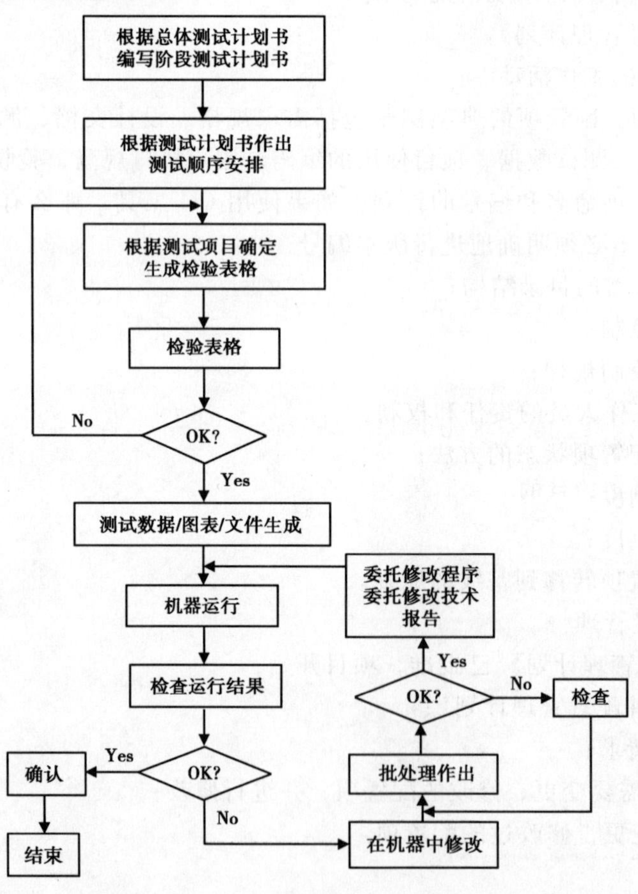

4. 测试数据应包含哪四个方面?

- 正常的数据;
- 不同的数据;
- 错误的数据;
- 大量的数据。

第9章 思考题

1. 简述系统试运行期间的主要目标。

- 全面地、实际地考核系统的功能和可靠性;
- 及时发现系统的局部性错误和软件隐藏的错误;
- 用户的操作维护人员上岗,进行实弹练兵。

这一阶段的任务主要有:

- 处理试运行期间发生的故障;
- 确定新旧系统转换工作机制;
- 系统维护;
- 补充、完善产生的文档资料。

2. 新旧系统转换一般有哪三种方式?

• 直接转换。直接转换是一种最省时、省力、省费用的方式,但有一定的风险,一般在较小的应用系统中采用。

• 平行转换。新旧系统平行运行,经过一段时间考验,新系统才完全代替旧系统工作。这种方式耗费人力、物力和经费,一切业务处理均要设两套班子,但这种过渡方式可靠而平稳。

• 分阶段转换。新旧系统同时运行,旧系统逐步减少工作内容,新系统逐步增加工作内容,经过一段时间后,新系统完全代替旧系统。

3. 简述系统维护的目的。

- 保证新系统能正常工作。
- 优化新系统的功能。因为业务会随时间而变化,这会涉及到要修改当前版本。

消灭软件系统潜在的错误。

- 增加新功能,以适应生产的发展。

第10章 思考题

1. 简述系统验收的目标。

- 新系统经过一段时间运行后,有没有达到原设计要求,完成的功能怎样;

- 新系统的可靠性和可维护性好不好；
- 新系统对业务处理的能力；
- 新系统对用户操作的容错能力；
- 新系统对发生故障的恢复能力；
- 开发单位向用户提交的有关技术资料是否齐全。

附录1

开发各阶段产生的图表和文档

序号	阶　段	所用图表	文　档	备　注
1	立项阶段		立项申请报告	报上级审批，批准后进入下一阶段，否则废弃
2	系统分析	组织机构图 现行系统概貌图 现行业务流程图 现行系统组织功能关系图 现行功能体系图 系统的模块设计 现行系统数据结构 系统数据文件（数据库）模型 输入信息调查表 输出信息调查表 保存信息调查表 代码信息调查表	系统分析说明书	供可行性分析用
3	可行性分析		可行性分析报告	可行性分析报告、系统分析说明书报上级审批，批准后进入下一阶段

续表

序号	阶　段	所用图表	文　档	备　注
4	系统设计	系统功能图 业务流程图 组织机构图 信息流向图 输入信息设计表 输出信息设计表 文件设计表 系统总体结构图 处理模块划分表 IPO 图描述表 模块逻辑图描述表 新系统文件记录结构定义表 数据文件结构图 业务调查表 约定： 约定各种文件名称、交接方式 约定文件的字段名，写出代码设计本 约定程序编制要求 约定工作语言 约定源程序书写要求 约定流程图画法要求 约定跨子系统的接口要求	系统设计说明书	
5	程序设计	程序整体结构图 数据结构图 程序流程图 模块关联图 测试项目表 代码信息设计表 程序验收单 管理组上机操作说明书 表格规格表 节段/单元规格表	程序设计说明书	
6	系统测试	调试说明表	系统测试报告书	
7	试运行、维护	软件故障台账 软件资料管理表 功能变更管理表 变更书 P 票 故障联络票	系统使用说明书 系统维护手册	

续表

序号	阶　　段	所用图表	文　　档	备　　注
8	鉴定与验收		验收报告 研究报告 技术报告 鉴定小组测试报告 测试结论报告 鉴定书	向鉴定委员会提供审查材料，鉴定结束后，将本阶段产生的文档交上级管理部门备案

附录 2

软件开发程序编制标准（画面部分）

标准如下：

一、画面项目的排列位置

画面上各个项目的排列位置，应该遵循以下原则来布置：

1. 项目按行、列位置，上下、左右对齐。
2. 每行之间的间隙，和一行之中项目之间的间隙应该相同。
3. 静态文本、编辑框、组合框、按钮、检查框、圆形按钮等各个类型的项目的高度原则上应该相同。当无法保证全部相同时，至少应该保证同一类型的项目的高度完全相同。
4. 画面总体效果清晰、明朗，画面重心合适。

二、画面项目的控制机能

画面项目的控制应该遵循以下原则：

1. TAB 键不停留在静态项目上，而是按从上到下、由左至右的次序在用户可操作的控制项目上移动。
2. 组合框的下拉宽度应该与被选择的项目的个数相适应，被选择的项目的个数为 10 个以内时，拉下组合框时应该不出现竖滚动条，而其最大时不应超过画面的高度。
3. 任何时候画面的控制焦点不应丢失，应该能通过键盘改变焦点。
4. 画面控制焦点的转移应该尽量做到“自动”和“智能”，比如编辑框输满时就自动将焦点移到下一个控制项目等。这是决定画面的易操作性、友好性的很重要的一点。

三、画面项目的 ID 命名规范

画面项目的 ID 命名，应该遵循以下原则：

1. 画面本身的 ID 应该以 IDD_Dialxxxx 的方式命名，Dialxxxx 8 个字符的前 4 位 Dial 固定不变，随后跟的字符串应该为该画面在开发项目中预定的编号，整个项目中的各个画面 ID 的长度原则上应该相同。

2. 画面中其他各个项目的 ID 命名由“前缀 + 画面编号 + 顺序号”组成。

具体规定如下：

画面 ID　：IDD_DialXXXX
静态项目：IDC_SXXXXYYY
列表框　：IDC_LXXXXYYY
编辑框　：IDC_EXXXXYYY
检查框　：IDC_KXXXXYYY
圆形按钮：IDC_RXXXXYYY
组合框　：IDC_CXXXXYYY
按钮　　：IDC_BXXXXYYY
滚动条　：IDC_VXXXXYYY

这里，XXXX：画面编号（3 列或 4 列）
　　　YYY　：同类型的项目顺序号（001—999）

对于其他画面编程环境中的画面内的项目，有些在这里没有列出，对它们 ** ID 命名规则，必须在整个开发项目中统一规定。例如 VBX 的各个画面项目可以以前缀 IDC_VBX，再加上功能分类字母（L、E、K、R、C、B、V 等）来命名。

四、画面编程规范（VC++）

原则上，一个画面应该与一个类相对应，但是当多个画面的式样、功能都非常类似，或有明显的内在联系时，无论从程序的开发效率，还是从维护的难易程度来看，都必须建立一个合理的、有继承关系、有功能分类的类群，或类树，所以在编程之前认真分析式样，理解式样，并进行合理的概念抽象是非常重要的。

在 VC++ 下进行画面编程时，有以下几个问题需要注意：类（CLASS）的命名规则、数据初始化、指针的使用、内存的使用等，下面对之作一论述。

1. 关于类的命名规则，分为两个部分：画面对应的类的命名及与画面无关的类的命名。它们的命名规则是不同的。

① 画面对应的类的命名。

画面对应的类及文件名与画面编号的关系为：

画面 ID　：IDD_DialXXXX
CLASS 名：CDialXXXX
头文件名：DialXXX. h
源文件名：DialXXXX. cpp

例如，对编号为 1101 的画面，其 CLASS 名、文件名对应为：

画面 ID　：IDD_Dial1101
CLASS 名：CDial1101

头文件名：Dial1101. h

源文件名：Dial1101. cpp

② 对于不与画面对应的派生类、共通类的命名，可以以助记名命名。但是类名和文件名同样应该满足上述的“一致性”要求。

2. 定义一个指针时，若不初始化其指向某一地址时，则应该将其初始化为空。

3. 定义一个内存句柄时，若不初始化其保存某一句柄时，则应该将其初始化为空。

4. 从系统分配一块内存后，必须检查是否分配成功。

5. 从系统分配一块内存后，应该将其全部初始化为零。

6. 释放一指针所指向的内存时，必须检查指针是否指向空。

7. 释放一内存句柄时，必须检查该句柄是否连接一有效内存。

8. WINDOWS 下动态内存分配方式有三种：

① 利用 GlobalAlloc，GlobalLock 和 GlobalUnlock，GlobalFree 函数组来管理内存。

② 利用通常 C 语言中的 malloc 和 free 函数组来管理内存。

③ 利用通常 C + + 语言中的 new 和 delete 函数组来管理内存。

这三种方式各适合在不同的场合下用来管理内存。方式①用于管理需要保存较长时间但不总被使用的内存块，如全局指针所指向的内存块。后两种方式用于管理临时使用的空间。在 WINDOWS 下设计程序时要尽量使用方式①。

9. 在系统开发时规定存储模式为 LARGE 模式。在 WINDOWS 3. 1 下使用大模式编程时，要注意 16 位编码的限制：大模式下能访问的每个内存块的大小不能超过 64K。若实际运用时需要访问的某内存块大小有可能会超过 64K 时，应该用 HUGE 指针来访问该内存块。

附录3

计算机软件产品开发文件编制与管理的一般要求

1　引　言

随着信息技术的高速发展，我们公司研制开发的软件产品的数量与日俱增，即使是以硬件为主体的产品也无不与软件有着密切联系。按软件工程的技术和方法规范软件开发过程，加强软件开发全过程的质量控制，是保证软件开发质量的关键。

软件技术文档是计算机软件的重要组成部分，单有编程而没有与之配套的技术文档，不能称为计算机软件。在开发的相应阶段及时形成软件文档并通过评审是非常重要的：软件文档是软件开发、设计、实现的依据和准则；是对软件开发过程及开发成果进行有效管理的手段；是对软件进行评审、验证和确认的依据；是使用、维护、修改的指南。软件文档应按有关标准和规范的要求进行编写，软件文档的完整性及质量应是衡量软件开发成果和其质量的重要标志之一。

软件开发应按软件生存周期的六个阶段进行：可行性与计划研究阶段（立项），需求分析阶段，设计阶段，实现阶段，测试阶段，运行与维护阶段。应及时按各阶段形成相应文档并进行阶段性评审，确认后再进行下一阶段的工作，使开发各阶段的质量和进度处于受控状态，及时发现、解决和纠正开发各阶段存在的问题和潜在的缺陷，使软件产品在生存周期内的质量得到保证。

2 范　围

本书要求为承担软件开发的组织提供编制、管理软件文档的一般方法，适用于计算机软件文档的编制与管理。

注：软件文档就是指软件文件，这里只是沿用了计算机行业的一种习惯叫法。

3 引用标准

GB/T 8567 计算机软件产品开发文件编制指南

GB 9385 计算机软件需求说明编制指南

GB 9386 计算机软件测试文件编制指南

GB 11457—1995 软件工程术语

GB/T 15532—1995 计算机软件单元测试

GB/T 1900.3（ISO9000 - 3）质量管理和质量保证标准，第三部分：GB/T19001（ISO9001）在软件开发，供应和维护中的使用指南

GJB437 军用软件开发规范（可参照）GJB 军用软件文档编制规范（可参照）

4 文档分类和组成

4.1 文档分类

一般分为两类：一类是开发过程中填写的标志软件开发进程的工作表格，如：开发计划，进度月报。另一类是开发各阶段应编制的体现软件技术内容及指导软件开发的技术性和管理性文件。

4.2　文档的组成

软件开发过程中一般编制 14 种文档，见表 1。

4.2.1　文档的剪裁和合并

一项软件在开发过程中，可根据项目的规模大小和复杂程度对 14 项文件进行剪裁和合并。

a）软件规模分级

软件的规模按源程序的行数可分为四级：

小规模软件：源程序行数小于 5000 的软件；

中规模软件：源程序行数为 10000 ~ 50000 的软件；

大规模软件：源程序行数为 100000 ~ 500000 的软件；

特大规模软件：源程序行数大于 500000 的软件。

b）软件生存周期各阶段中文件编制的人员

软件生存周期各阶段中文件编制的人员见表 2。

表 1　　按项目规模大小对 14 种文件的剪裁与合并

小规模	中规模	大规模	特大规模
软件需求说明与开发计划	项目开发计划 软件需求说明 测试计划	可行性研究报告 项目开发计划 软件需求说明 数据要求说明 测试计划	可根据 14 种文件按实际需要量进一步细分
软件设计说明	软件设计说明	概要设计说明 详细设计说明 数据库设计说明	
使用说明	使用说明	用户手册 操作手册	
测试分析报告	模块开发卷宗 测试分析报告	模块开发卷宗 测试分析报告	
项目开发总结	开发进度月报 项目开发总结	开发进度月报 项目开发总结	

表 2　　软件生存周期各阶段中文件编制的人员

使用者	文档名称　阶段	可行性研究与计划	需求分析	设计	实现	测试	使用与维护
管理 开发人员	可行性研究报告						
管理 开发人员	项目开发计划						
开发人员	软件需求说明书						
开发人员	数据要求说明书						
开发人员	测试计划 （大纲）						
开发 维护人员	概要设计说明书						
开发 维护人员	详细设计说明书						
开发 维护人员	数据设计说明书						
维护人员	模块开发卷宗						
用户	用户手册						
用户	操作手册						
维护人员	测试分析报告						
管理人员	开发进度月报						
管理人员	项目开发总结						

4.2.2　文件的详细程度

14 种文件在【计算机软件文档编制规范】（GB8567）中都有相应的编写提示供参考，各条款可根据实际情况进行增加、合并与删改。按同一份提示起草的文件的篇幅，允许有少到几页，长到几百页的差别，其详细程度取决于项目的规模，复杂性和项目负责人及项目管理部门对该软件的开发过程，运行环境，技术关键问题的诠释，维护和使用要求的判断。其前提是一定要把技术内容及关键问题交待清楚。

5 文档的编制要求和一般方法

5.1 可行性研究报告

说明该软件开发项目在技术、经济和社会条件等方面实现的可行性，评述可能选择的各种方案，说明并充分论证所选定的方案。

其编制方法见【计算机软件文档编制规范】（GB8567）附录A可靠研究报告的编写提示。

5.2 项目开发计划

把对开发过程中各方面工作的负责人，开发进度，所需开发经费的预算所需的硬件及软件资源等问题做出安排，用文件的形式记载下来，以便根据本计划开展和检查项目的开发工作。

其编写方法见【计算机软件文档编制规范】（GB8567）附录B项目开发计划的编写提示。

5.3 软件需求说明书（ISO9000－3中称为软件需求规格说明）

软件需求说明书是软件开发文档中最重要，最关键的文档，软件系统的全部功能，性能，用户接口，环境要求，安全性，可靠性，保密性应在软件需求说明中详细的得到体现，这些需求应该精确到足以成为产品测试，验收确认的依据，是软件设计实现的依据，整个开发工作的基础，也是与用户进行交流的指南。

其编写方法见【计算机软件文档编制规范】（GB8567）附录C软件需求说明书的编写提示和【计算机软件需求说明编制指南】（GB9385）。

5.4 数据要求说明书

应完整地说明在整个开发时期必须处理的所有数据元素，并向用户说明输入数据的采集要求。

其编写方法见【计算机软件文档编制规范】（GB8567）附录D数据要求说明书的编写提示。

5.5 概要设计说明书

应说明对程序系统的设计考虑，包括基本流程，组织结构，模块划分，功能分配，接口设计，运行环境，数据结构设计和出错处理设计等，为详细设计提供基础，需要时也可与详细设计说明合在一起。其编写方法见【计算机软件文档编制规范】（GB8567）附录 E 概要设计说明书的编写提示。

5.6 详细设计说明书

详细设计说明书可根据需要与概要设计说明书合在一起编写。应详细说明程序中各个成分（每个模块或子程序）的设计细节，以利于程序员编制程序。其编写方法见【计算机软件文档编制规范】（GB8567）附录 F 详细设计说明书的编写提示。

5.7 数据库设计说明书

详细规定待设计数据库的所有标识，逻辑结构和物理结构，此文件通常是为很多软件人员编写各种程序时用到的同一批数据而准备的。其编写方法见【计算机软件文档编制规范】（GB8567）附录 G 数据库设计说明书编写提示。

5.8 用户手册

应采用比较通俗的语言，清楚地说明该软件所具有的功能和使用方法，使用户能够了解软件的用途、使用环境、各种限制及输入输出要求。其编制方法见【计算机软件文档编制规范】（GB8567）附录 H 用户手册的编写提示。

5.9 操作手册

应向计算机操作人员或维护人员提供该软件各种可能情况的运行过程，包括操作方法的细节，着重帮助他们理解从输入数据到输出信息的数据处理过程，而不是程序的内部逻辑流程。其编写方法见【计算机软件文档编制规范】（GB8567）附录 I 操作手册编写提示。

5.10 模块开发卷宗

记录和汇总低层次开发的进度和结果，编写模块结构说明（附程序框图），便于对模块开发工作进行管理和复审，并为将来的维护提供有用信息。其编制方法见【计算机软件文档编制规范】（GB8567）附录 J 模块开发卷宗的编写提示。

5.11 测试计划（大纲）

主要指组装和确认测试计划，提供测试活动的内容和进度安排，测试设计考虑，测试过程，测试方法，测试用例等测试方案，以及整理测试结果的方法和评估准则，应按需求说明记录测试结果。其编制方法见【计算机软件文档编制规范】（GB8567）附录K测试计划的编写提示；【计算机软件测试文件编制指南】（GB9386）；【计算机软件测试规范】（GB/T15532）。

5.12 测试分析报告

把组装测试和确认测试的每一项结果，问题及其分析写成文档，说明被测试软件经过验证的性能和缺陷。其编写方法见【计算机软件文档编制规范】（GB8567）附录L测试分析报告的编写提示。

5.13 开发进度月报

及时向项目主管部门汇总进展情况，以便及时发现问题和处理问题。其编写方法见【计算机软件文档编制规范】（GB8567）附录M开发进度月报的编写提示。

5.14 项目开发总结报告

总结本项目开发经验，说明实际开发结果，全面评估整个开发工作。其编写方法见【计算机软件文档编制规范】（GB8567）项目开发总结报告的编写提示。

6 文档编制和管理的一般要求

受控文档一般都是受控的软件配置项，文档控制与配置管理目的基本一致，因此可以把这两项任务结合起来，由同一个机构或人员负责，按统一的计划进行，对文件的管理必须贯穿于整个开发过程，才能使所编制的文件真正发挥作用。

6.1 文档的形成

项目负责人制定计划，明确何时形成何文档，由谁负责，内容要求，审批手续，全组分工完成，及时组织内部的和正式的评审或审查，必须有编写者、评审者和批准者签署，并说明相应日期。

6.2 文档的分类与标识

应由技术部门对文档的分类与标识做出统一规定，划定文档的密级和具体的存放范围。相关人员应严格按规定对文档进行标识。

6.3 文档的控制

（1）开发部门设专职文档管理人员，集中保管两套主文本及源程序执行程序载体，源程序文件名清单（标出字节数和日期），并经文档管理人员确认是可执行程序，检查无病毒后填写软件文件履历表（其格式尚待讨论），方可归档。

（2）交给文档管理人员的每份文档必须签署齐全。

（3）两套主文本内容必须完全一致，其中一套绝对不出借，另一套可出借、但是要执行一定手续。

（4）开发组成员可拥有所需或所编制的文档作为个人应用文档，但必须是主文本的复制品，保持与主文本一致，若需修改，应先改主文本。

（5）开发组成员的个人文档组成子集，文档管理人员有各子集清单，并按清单把有关文档及时分发给有关人员。

（6）及时注销已被新文档替代的原文档（注销必须办理审批手续），随时整理主文档，及时反映其变化情况，并及时分发。

（7）在软件开发的每个阶段结束时，应将该阶段经过评审的技术文档及时交文档管理人员归档。

（8）开发工作结束时（或软件确认测试通过，作为正式产品发放），应将本软件有关的全部文档及开发成果（含完整的源程序，执行程序载体，全部文字性材料）交文档管理员归档。文档管理员认真检查其内容，发现与主文本不一致时，必须监督有关人员修正。文档归档应履行严格的交接手续，对归档材料的完整性，一致性，正确性应经过评审，验证，确认后交接双方签字。

6.4 文档的修改

由于软件在开发过程中修改频繁，且一处修改可能影响到其他多处也要作相应修改，所以【计算机软件文档编制规范】（GB8567）指出按如下步骤修改：

a）提议：向项目负责人提出建议，说明修改的文档部位，内容及理由。

b）评议：由项目负责人审查修改的必要性，确定影响范围，研究修改方法和具体步骤。

c）审核：由项目负责人负责。

d）批准：由主管部门负责人批准。

e）实施：由项目负责人组织实施修改，直到最后取代原文档，并写出修改更新说明，交文档管理员。

拟制：
审核：
批准：

附录4

软件产品开发质量手册

本手册规定了本部门的质量方针和质量体系，是实施质量管理、进行质量控制、质量保证的依据和准则，通过贯彻质量手册，建立和保持一个现行有效的质量体系。

1 适用范围

本手册适用于本部门内部质量管理，适用于本部门所有从事项目开发及与产品质量保证有关的管理、实施和验证工作的人员。

2 引用标准

SEI/CMM（Software Engineering Institute/Capability Maturity Model）

3 质量方针

信誉至上、质量第一；
对于一切签约和承诺，都不折不扣地去完成；
对技术精益求精，产品的品质高于一切。

4 组织结构

多媒体通信和网络工程研究中心设立主任研究员、部门主任、副主任各一名；质量管理员和文档管理员各一人；每一个项目有项目组长一人；以上这些人组成质量保证组。该组的职责是建立本部门的质量体系并使之有效运行，监督、审查、协调及调整部门的软、硬件开发的活动。

4.1 项目开发体制和人员组织

软件及产品的开发过程一般以项目组为中心进行。每一个项目要有一个项目负责人，负责项目开发的全过程。要负责对任务进行分解及分工，对于项目组成员要任务具体、责任明确。同时负责制定项目开发计划、工程进度计划、人员安排计划等，提出开发项目所需的各种资源和各种支持（开发支持、技术支持等）。质量保证组负责对项目的开发计划、工程进度计划、人员安排计划等进行评审并对项目开发的全过程进行质量监督和管理。

4.2 职责和职权

为确保质量体系有效运行，本部门规定了各类人员的职责：
1）部门负责人对整个质量体系的正常运行负责；
2）课题负责人对课题的质量管理和产品质量负责；
3）质量检查员负责对项目开发的全过程进行质量监督和检查；
4）文档管理员负责对所有研究课题的各种文档分类、归档及保管；
5）本部门全体人员对与自己有关的开发工作负有质量控制的责任。
质量保证体系按质量管理办法和管理细则对所有的研究、开发、生产进行日常监督管理和审核，以确保各项工作满足要求。为了保证质量体系持续有效的运行，对质量保证体系本身也要进行评审并保存评审记录，对质量保证体系评审一般一年进行一次。

5 质量管理方法

对本部门每个开发项目以及生产、销售的重要活动，均应依据质量体系的要求进行检查和审核，以保证开发项目有序并保质、保量的完成。检查审核定期进行，约每月一次。

5.1 审核依据

1）质量手册；
2）项目开发过程中各阶段的报告、文档；
3）本年度或前一阶段质量目标实施情况统计材料；
4）本部门开发、生产的质量水平的分析材料；
5）用户反馈产品质量信息的材料。

5.2 审核结果

每次审核完毕均应根据记录编制审核报告，报告要简明扼要地概述评审结果，审核报告应存档。评审报告主要包括下列内容：
1）审核计划；
2）审核时间、内容；
3）参加评审人员；
4）审核的依据；
5）评审简要过程和结论；
6）不合适项的具体说明；
7）不合适项的具体改进建议。

5.3 纠正措施

为了消除本部门研究、开发及生产过程中实际或潜在的不合格原因，防止重复性问题的发生，不断提高质量，要采取相应的纠正措施。
1）有效地处理用户的意见及产品不合格报告；
2）调查并分析科研、生产过程中产生不合格的原因，并记录调查结果；
3）根据具体情况制定消除不合格原因所需的纠正措施；

4）实施控制，以确保纠正措施的执行及其有效性；

5）将调查结果和纠正措施上报部门领导。

6 质量管理细则

6.1 项目管理

6.1.1 立项

本部门的研究、开发项目主要有国家重大科研项目；国际合作项目；横向的研究、工程项目及本部门的自选开发项目等。

1）各类项目的立项报告原则上均应经过评审；

2）对政府的研究项目其申请报告要经过部门领导及主要业务骨干审阅；

3）对合作项目及横向研究、工程开发项目特别是合同金额在五万元（人民币）以上的要通过立项评审；

4）对投入超过一万元（人民币）的自选项目要进行评审，项目周期超过3个月或工作量超过4个人月要通过立项评审。

评审要注意的问题

主要从以下几个方面进行评审：

1）系统描述。总体方案和技术路线，项目分解，关键技术，计划目标和阶段目标；

2）价格利益分析。经济可行性，包括经费概算和预期经济效益；

3）技术冒险评价。技术可行性，包括技术实力，设备条件和已有工作基础；

4）法律上的可行性。确定由于系统开发可能引起的侵权和法律责任；

5）其他与项目有关的问题。

此阶段完成时应提交项目申请书或立项报告及评审报告。

6.1.2 合同评审

了解使用方的要求，衡量保证能力，解决双方不一致的问题，确保满足使用方的要求

6.1.2.1 评审内容

1）用户需求是否合理、完善、明确；

2）合同所规定的各项要求是否合理、完善，各项规定是否有含糊不清之处；

3）供方是否具备满足合同要求的能力（如：合同中的技术条款、质量性能要求、交货期、价格及交付方式等）；

4）需方是否有能力履行合同职责（如：资信和能力、设备和资金的可靠性等）；

5）对合同的合法性、规范性进行评审，确保合同合法及本部门利益不受侵害；

6）对合同中项目经费的合理性、对方付款方式及与质量有关的索赔进行评审。

6.1.2.2 评审要注意的问题

1）参加评审的人员有本部门负责人、相关技术负责人及质量保证人员；

2）合同评审必须在合同成立之后，正式签订之前进行；

3）合同经过评审后，对需要调整或有异议的条款要指定专人负责与对方进行再次协商并根据协商的结论修改合同草案；

4）合同评审中应做好评审记录，并与合同文本同时归档；

5）合同经评审达成一致意见后需报部门领导批准；

6）未经部门领导批准（签字）的合同不能签订；

7）本部门合同的任何要求必须以书面形式确定。

6.1.3 需求分析

确定待开发的软件产品或工程项目的实施环境，功能和性能要求，对目标系统提出完整、准确、清晰、具体的要求。（科研项目、本部门自立项目需求分析应做的工作应写在立项报告中。）

6.1.3.1 需求分析阶段的具体任务

1. 确定目标系统的具体要求

1） 确定系统的运行环境要求；

2） 系统的性能要求；

3） 系统的功能要求；

4） 确定目标系统必须具备的所有功能。

2. 建立目标系统的逻辑模型

1） 分析系统的数据要求，利用图形工具描述数据结构；

2） 用数据流图、数据字典及处理算法描述目标系统的逻辑模型。

3. 制定初步的系统测试计划

6.1.3.2 需求分析阶段工作完成后，应产生下列文档

1）需求分析说明书；

2）数据要求说明及细化后的数据流图；

3）初步测试计划。

本阶段产生的各种文档需经过评审，各种文档及记录均应归档保存。

6.1.3.3 评审需注意的问题

1） 参加评审的人员有本部门负责人、相关技术负责人及质量保证人员；

2） 是否对目标系统提出了完整、准确、清晰、具体的要求；

3） 现有技术储备在技术上能否保证目标系统的实现；

4） 本阶段产生的各种文档是否齐全、规范；

5） 对评审过程及结论要有记录。

6.1.4 开发计划

开发计划要确保对需方的需求规格说明转换为软件产品的过程或方法进行有效的策划。

6.1.4.1　开发计划主要包括

1）项目开发计划；

2）工程进度计划；

3）人员安排计划；

4）资源计划；

5）采购计划；

6）检验、测试计划；

7）解决关键问题的方法；

8）保证质量的措施。

所有与本项目有关的各种计划、方法及措施均应经过评审连同评审记录一起归档保存。

6.1.4.2　评审需注意的问题

1）参加评审的人员有本部门负责人、相关技术负责人及质量保证人员；

2）各项计划是否周密、合理；

3）本部门现有条件是否能达到计划中所提出的要求；

4）对评审过程及结论要有记录并归档。

6.1.5　设计和实现

软件设计就是从软件需求规格说明出发，形成软件的具体设计方案的过程。软件设计分为概要设计和详细设计两个阶段。

6.1.5.1　概要设计

根据需求分析，建立目标系统的总体结构和模块间的关系，定义各功能模块的接口。

6.1.5.1.1　概要设计阶段的具体任务

1）建立目标系统的总体结构

• 对于大型系统，可按主要的软件需求划分成子系统，然后为每个子系统定义功能模块及各功能模块间的关系，并描述各子系统的接口。

• 对于一般系统，可按软件需求直接定义目标系统的功能模块及各功能模块之间的关系。

2）基本设计概念和处理流程

要尽可能做到模块独立，给出每个功能模块：

• 功能描述；

• 数据接口描述；

• 外部文件及全局数据定义。

3）系统数据结构设计

• 逻辑结构设计；

• 物理结构设计；

• 数据结构与程序的关系。

4）测试设计

根据概要设计中目标系统的总体结构与模块间的关系及对各功能模块的描述制定集成测试计划。测试计划主要描述测试活动的：

- 范围、方法、资源和进度；
- 对测试环境、工具和测试软件的要求；
- 应完成的测试任务、担任各项工作的人员职责等。

6.1.5.1.2　本阶段应交付的主要文件

a. 细化后的项目进度计划（以功能和成员两者作为单位）；

b. 概要设计说明书；

c. 集成测试计划书。

本阶段产生的各种文档需经过评审，各种文档及记录均应归档保存。

6.1.5.1.3　评审需注意的问题

1）参加评审的人员有本部门负责人、相关技术负责人及质量保证人员；

2）是否为最佳的设计方案；

3）是否所有已发现的缺陷的影响均被消除；

4）是否可以进行下一步的设计或实现工作；

5）对评审过程及结论要有记录并归档。

6.1.5.2　详细设计

详细设计是对概要设计中产生的功能模块进行过程描述，设计功能模块的内部细节，给出其模块内部的算法和数据结构，为编写源代码提供必要的说明。

6.1.5.2.1　详细设计阶段的具体任务

1）细化软件系统的各个功能模块，形成若干个程序模块（可编程模块）；

2）确定程序模块的功能、性能；

3）确定程序模块内的数据流或控制流，对每个程序模块必须确定所有输入、输出和处理功能；

4）确定模块内的算法及数据结构；

5）确定各程序模块之间的详细接口信息；

6）规定符号的使用，确定变量名的命名规则；

7）编制单元测试计划（小项目可省略）。

6.1.5.2.2　本阶段应交付的主要文件

1）详细设计说明书；

2）编码规约；

3）单元测试计划书（小项目可省略）。

6.1.5.2.3　评审需注意的问题

1）参加评审的人员有本部门负责人、相关技术负责人及质量保证人员；

2）设计方案是否合理、规范；

3）是否详细规定了各程序模块之间的接口；

4）是否确定了模块内的算法及数据结构等；

5）对评审过程及结论要有记录。

本阶段产生的各种文档需经过评审，各种文档及记录均应归档保存。

6.1.5.3　程序设计

将详细设计说明转化为所要求的程序设计语言或数据库语言写的源程序，编写的源程序要结构清晰、易于理解并易于验证。

6.1.5.3.1　程序设计阶段的具体任务

1）对每个程序模块用所选定的程序设计语言进行编码；

2）编写程序要严格按照本部门规定的编程规则、编程语言和注释规则进行；

3）函数、过程和变量的命名要严格按详细设计中的规定进行；

4）按照测试方案产生测试数据，按照测试方案中规定的方法进行程序单元测试；

5）不仅要考虑对合法的输入产生测试用例，而且要对非法的、非预期的输入产生测试用例。既要对正常的处理路径进行测试，而且要考虑对出错处理路径进行测试；

6）程序模块的测试用例、预期结果及测试结果应存档保留；

7）编写操作手册或（和）用户手册（小项目可省略）。

6.1.5.3.2　本阶段应交付的主要文件

1）程序模块源码；

2）单元测试报告（小项目可省略）；

3）操作手册或（和）用户手册。

6.1.5.3.3　评审需注意的问题

1）参加评审的人员有本部门负责人、相关技术负责人及质量保证人员；

2）程序是否严格按本部门规定的书写格式书写；

3）函数、过程和变量的命名是否严格按详细设计中的规定进行；

4）操作手册或（和）用户手册是否清楚、易懂；

5）对评审过程及结论要有记录。

本阶段产生的各种文档需经过评审，各种文档及记录均应归档保存。

6.1.6　测试和确认

为了保证测试的质量，本部门的测试除应做的自测及项目小组内部互测以外，要做到开发和测试小组分立。为了提高检测出错率，使测试能有条不紊地进行，就必须要编制测试计划、测试说明及测试结束后编制的测试分析报告等。

6.1.6.1　集成测试

根据概要设计中各功能模块的说明及制定的集成测试计划，将经过模块测试的模块逐步进行集成和测试。

6.1.6.1.1　集成测试阶段的具体任务

1）执行测试计划中所有要求做的集成测试；

2）对软件系统或子系统的输入/输出处理进行测试，使其达到设计要求；

3）测试软件系统或子系统正确处理能力和经受错误的能力；

4）分析测试结果，找出产生错误的原因；

5）提交集成测试分析报告，以便尽快修改错误。

6.1.6.1.2　本阶段应交付的主要文件

1）集成测试说明（测试设计、测试用例、测试规程等）；

2）测试记录；

3）集成测试分析报告；

4）可运行的软件系统源程序清单。

6.1.6.1.3 评审需注意的问题

1）参加评审的人员有本部门负责人、相关技术负责人及质量保证人员；

2）是否完成集成测试计划中的各项测试；

3）测试结果是否符合要求；

4）对评审过程及结论要有记录。

本阶段产生的各种文档需经过评审，各种文档及记录均应归档保存。

6.1.6.2 确认测试

根据软件需求说明书中定义的全部功能和性能要求及确认测试计划，测试整个软件系统是否达到了要求。

6.1.6.2.1 确认测试阶段的具体任务

1）在模拟的环境中进行强度测试，即在事先规定的一个时期内运行软件的所有功能，以证明该软件无严重错误；

2）执行测试计划中提出的所有确认测试；

3）使用用户手册和（或）操作手册，以进一步证实其实用性和有效性，并改正其中的错误；

4）分析测试结果，找出产生错误的原因；

5）编制确认测试分析报告；

6）确认测试结果后，编制整个项目的开发总结报告。

6.1.6.2.2 本阶段应交付的主要文件

1）测试记录；

2）确认分析测试报告；

3）最终的用户手册和（或）操作手册；

4）项目开发总结报告；

5）项目组工作总结报告。

6.1.6.2.3 评审需注意的问题

1）参加评审的人员有本部门负责人、相关技术负责人及质量保证人员；

2）是否完成确认测试计划中的各项测试；

3）测试结果是否符合要求；

4）提交的所有文档是否齐全，内容是否完整、规范。

本阶段产生的各种文档需经过评审，各种文档及记录均应归档保存。

6.1.7 验收

根据合同中的规定准则和方式判断产品是否已经可以验收，保证交付给需方的产品符合规定的技术和质量要求。

6.1.7.1 验收阶段的具体任务

1）在进行验收活动之前，项目组应协助需方制定验收计划，主要包括下列内容：

- 验收的时间、地点等；
- 验收所需要的软件及硬件环境和资源；

- 验收的文档资料以及验收过程；
- 验收的准则。

2）当准备好交付经确认的产品时，需方应根据合同中的规定准则和方式判断产品是否可以通过验收；

3）对验收过程中发现的问题的处理方法以及对它们的处置应该由需方和供方商定并纳入文档。

6.1.7.2　本阶段应交付的主要文件

1）验收计划；

2）验收记录。

6.2　复制、交付和安装

在产品的整个形成和最终完成交付的过程中，存在着复制、交付和安装等活动，为了保证产品质量必须对这些活动进行管理和控制。

6.2.1　产品复制控制程序

复制是指软件开发后的产品重复产生的过程。

6.2.1.1　复制阶段的具体任务

1）由供、需双方就产品的版本和许可证等问题进行协商，达成一致意见；

2）由供方提供拷贝的责任期限一般均按一年为准，在交付给需方时，经供、需双方确认，此拷贝无误时，进行交付使用；

3）由部门领导及项目负责人根据合同的有关条款确定每个该交付的软件项的拷贝数量；

4）依照合同条款的规定确定该交付的文档，如：技术说明书、用户手册（操作手册）等；

5）由部门领导指定专人对复制所需的磁盘、磁带、光盘等专门用于存储信息的各类介质进行管理；

6）对存储信息的磁盘、磁带、光盘等介质进行统一格式，标清系统名称、版本、序号；

7）对开发的系统存储介质应妥善保存，主拷贝的母、副拷贝应存放在不同的地方，其物理环境，应适合其存放要求。

6.2.1.2　本阶段应提交的文件

产品复制记录。

产品复制记录应归档保存。

6.2.2　产品交付控制程序

向用户提交软件开发最终产品的过程。

6.2.2.1　产品交付阶段的具体任务

1）交付产品的检查

指定专人按照产品验收文件对产品进行交付前的检查，包括产品交付的同时应有的符合规定要求的文件和记录，例如：

- 产品技术说明书；
- 用户手册（操作手册）；
- 产品质量证明文件；
- 产品外购配套的质量证明文件（如：产品中有外购配套件）；
- 其他合同中规定的文档条款。

2）产品交付

- 要有专人负责与需方联系交付产品的时间、地点及方式；
- 并按照合同要求进行交接；
- 交付时做好记录，包括名称、数量、经手人及版本信息等，双方在交付记录上签字。

6.2.2.2 本阶段应提交的文件

产品交付记录。

产品交付记录应归档保存。

本阶段产生的各种文档需经过评审，各种文档及记录均应归档保存。

6.3 维护

对投入运行的软、硬件产品进行修改，以改正在开发阶段产生、在测试阶段又未发现的错误，使软、硬件产品能适应外界环境的改变，并实现软、硬件产品的功能扩充和性能改善。

6.3.1 维护活动应遵守的原则

1）软件维护必须在严格控制下进行，避免错上加错的情况出现；

2）尽量避免出现修改的副作用，在修改前应权衡利弊，全面考虑；

3）修改后的软件需通过测试，形成文档；

4）对于合同中规定的维护项目且仍在维护期内的软、硬件产品要有专人或渠道了解用户的反映并接受用户的投诉，为采取纠正错误提供信息；

5）如有用户对产品质量提出反馈意见，必须认真处理；

6）部门领导可根据需要指定专人负责维护活动。

6.3.2 维护阶段的具体任务

1）维护人员根据出现的错误、产生的问题或情况的变化，编制“问题报告”；

2）维护人员分析维护需求，对解决该修改所需的时间与资源进行估计和计划并提交“维护报告”；

3）等同于软件产品开发时的规程对工程进行修改或扩充；

4）重新测试被修改的程序；

5）修改所有有关的文件，更新标识，并妥善保存原有文档；

6）通知用户修改已完成，并将修改后的版本提交用户。

6.3.3　评审需注意的问题

1）参加评审的人员有本部门负责人、相关技术负责人及质量保证人员；

2）对“维护报告”需进行评审；

3）对整个维护活动需进行评审；

4）对评审过程及结论要有记录。

本阶段产生的各种文档需经过评审，各种文档及记录均应归档保存。

6.4　配置管理

软件配置即指一个软件产品在软件生存周期各个阶段所产生的各种形式（机器可读或人工可读）和各种版本的文档、程序及其数据的集合。该集合中的每一个元素称为该软件产品软件配置中的一个配置项。为便于本部门的质量追溯，必须建立一个标识、控制和追踪每个软件项的正式版本的机制，即配置管理系统。

6.4.1　配置管理系统的功能

1）唯一地标识每一软件项的正式版本；

2）标识构成一个特定版本的完整产品的各软件项的版本；

3）标识在开发、交付及安装中的软件产品的状态；

4）控制由一个以上的程序员同时对同一软件项进行的更新；

5）对多个产品的一处或多处的更新进行协调；

6）确定和追踪由一个更改申请而引起的所有措施和更改，包括从开始到释放的全过程。

6.4.2　配置管理规范

6.4.2.1　配置管理的职责

1. 与软件配置管理有关的各类人员的职责；

2. 各类人员相互关系。

6.4.2.2　使用的工具、技术和方法

即为支持特定项目的软件配置管理所使用的软件工具、技术和方法。本部门针对不同的Project，采用不同的版本管理控制系统（如：VSS版本管理控制系统等），并根据本部门几个主要的研究、开发方向建立若干Database，每个数据库由一名负责人负责管理，主要包括用户管理，建立Project树规划，对Project的权限进行设置等。

6.4.2.3　报告配置状态

应对配置状态进行记录管理，报告软件项的状态、更改、申请和已批准更改的实现情况。

6.5　文档管理

文档可作为工程开发人员在一定阶段内的工作成果和结束标志。它向管理人员提供了系

统开发工程中的进展和情况，将开发工程中的一些实事转换成文字资料，可便于管理人员在各个阶段检查工程开发计划的实施进展，判断原定目标的实施情况及还将继续进行的工作量、资源的需求等。文档记录了工程开发过程中的技术信息，以便于协调以后的继续开发、使用和修改。提供了工程项目的有关运行、维护和培训的信息，便于管理人员、工程开发人员、操作人员和用户之间相互了解彼此的工作。

1）管理规范

本部门在研究、开发项目过程中产生的各种文档均需经过质量保证组及相关人员评审，未通过评审的文档应根据评审提出的修改意见进行修改。对于各开发阶段产生的文档，如果在该阶段工作结束时未完成，即视为本开发阶段的工作未完成，原则上不得开始下一阶段的开发工作。

2）文档类型及范围（有些文档可视项目大小有所增减）

（1）质量手册；

（2）作业指导书；

（3）工程项目开发文件；

a. 建议书（立项报告）；

b. 可行性研究报告；

c. 合同/任务书；

d. 需求分析说明书；

e. 系统工程开发计划；

f. 概要设计说明书；

g. 详细设计说明书；

h. 用户手册/操作手册；

i. 技术说明书；

j. 开发进度定期报表；

k. 阶段测试结果分析报告；

l. 系统集成测试结果分析报告；

m. 验收测试报告；

n. 工程项目验收报告；

o. 工程项目开发总结报告；

p. 上述各项修正备忘录；

q. 一切与该工程项目有关的文件。

3）文件的批准和发布

文件投入使用前，都必须经相应主管人员的审批，各种文件和资料的审批、发布、更改及处理的控制要求，在文件控制规范中已予以明确规定。

6.6 生产管理

本部门的生产主要包括客户订单和部门自行安排的生产。每项生产均应有详细的生产计划，对委托加工的部分要签定加工合同，对所需器件要签定采购合同，对生产过程要严格控制，认真记录。

6.6.1 生产过程控制

1）进货检验和试验

- 所有本部门自行采购的器件，均应经过他人（即非购买者）验货，并应有验货记录，未经验货的器件不能使用。
- 本部门所有外加工的产品，加工完成后，均应立即进行严格的检验并应有检验记录。以便对本部门的生产在质量和时间上给予充分保证。
- 客户提供的零部件均应经过本部门的检验并应有检验记录，如有问题不得投入生产。同时应尽快与客户协商具体的解决办法，以免延误交货时间。

2）过程检验和试验

- 生产过程要严格按已通过评审的生产计划有序地进行。
- 本部门生产的产品，如需客户提供零部件，应要求客户在大批量生产前提供少量样品。
- 本部门负责生产的人员，应对客户提供的样品进行检验，组装成成品并对其进行试验及测试。有问题及早发现，以免造成大量的人力、物力的浪费，未进行小批量试验的产品不得开始大量生产。

3）最终检验和试验

本部门生产的所有产品，在交付用户前均应经过严格的检验和测试并应做详细的记录，记录要清楚地表明产品是否按所规定的验收标准通过了检验或试验。不合格的产品不得交付用户。

每项生产完成后，应及时编写生产总结报告，并归档保存。

6.6.2 生产计划

生产计划应包括：

a. 产品名称、数量及计划完成日期；

b. 对产品质量的具体要求及如何控制；

c. 产品估算成本及对降低成本的考虑；

d. 对计划生产的产品要有相应的检验标准和技术规范；

e. 成批生产的产品要有批号、批量等标识；

f. 如出现不合格品，要有一套控制办法（如标识、记录、评审及处置），并严禁转入下一道工序，以免造成不必要的损失；

g. 选择器件供应商本着“货比三家”的原则对所供器件的质量，供货商的能力和服务作出评估；

h. 选择合格的生产厂家：

要本着“货比三家”的原则，对生产厂家的能力及质量体系作出评价；

对产品样品的评价及与类似产品的对比。

生产计划一般要经过评审，参加评审的人员有本部门负责人、相关技术负责人及质量保证人员。

6.6.3 生产合同

生产合同应包括：

a. 产品名称、数量及交货日期；

b. 对产品质量的具体要求及保证质量的具体措施；

c. 合理的加工费用（应本着尽可能降低成本的原则与生产厂商谈判）；

d. 与生产厂商就产品质量的具体的检验标准及检验程序达成协议，以使我方的利益得到尽可能的保护；

e. 乙方应提供产品的检验及合格的报告；

f. 对有可能发生的争端制定一些具体措施，以使损失降到最低。

6.6.4 采购合同应包括：

a. 采购产品的类别、形式和等级或其他准确的标识方法。

b. 规范、图样、过程要求、检验规格及其他技术资料的名称或其他明确标识和适用版本。

c. 适用的质量体系标准的名称、编号和版本。

d. 质量保证协议：

随货物提交规定的检验/试验数据以及过程控制记录；

由供货方进行100%的检验/试验，或由供货方进行批次接收抽样检验/试验。

e. 验证方法协议：

应与供货方就验证方法达成明确协议，以验证是否符合要求，所签订的协议应能使对质量要求和检验、试验与抽样方法解释的困难减至最少。

f. 进货检验策划和控制：

应规定适当的措施以确保严格控制收到的产品，对不合格产品应做上标记，以防止误用。

g. 解决争端的规定：

对有可能发生的争端，制定一些具体措施，以使损失降到最低。

评审需注意的问题：

1）有关评审的具体办法见“6.1.2 合同评审”；

2）如要更改合同，需向领导作出书面汇报，讲明理由，可根据需要决定是否需要再次进行评审。

6.7 硬件及工具管理

建议采用有专人保管的出入库管理办法

1）对所有的硬件及工具登记入账，对采购的硬件必须经过验收，检验合格后方可入库。

2）仓库应经常（或定期）清点在库品，进出库要严格管理，保证账、物相符。

3）仓库保管员要熟悉在库品的名称及分类，物品应存放整齐，易于查找。

6.8 会议过程要求

每周一次组长联席会议，每月一次全体会议，作为例会用于交流各部分工作情况，其他会议视实际需要而召开。

1）会议时间不超过 2 小时，小会议不超过 1 小时，事先要预计会议时间。

2）会议应设会议主席，通常是会议发起者，主要责任是控制会议议程、进展，记录有关发言和结论。

3）会议应有通知，其内容有参加人员、起止时间、地点和议题，除紧急会议外应提前发出通知，以便参加人员就会议议题有所准备。会议主席对有关议题的介绍应不超过十分钟，其相关资料会议之前应交由参加人员审议。

4）参加会议人员既要围绕本次会议议题展开充分讨论，又要避免走题，当出现走题时会议主席有权终止其发言。

5）部门内部会议应有记录（设有专用记录本），记录的内容包括：会议议题、起止时间、参加人员，发言摘要及结论等。

6.9 评价标准和奖励

我们做的是应用研究，评价的标准要看实际的应用，要特别注重市场推广、后期维护以及用户的反映，凡是给本部门争取到重大项目、完成重大项目、在生产和销售中创造重大经济效益、或在管理和生产上节约重大开支的都应受到表彰和奖励。

6.10 请假制度

在工作时间内离开工作岗位，需请假并留有记录。

6.11 培训、学习制度

新来的员工和学生要进行教育培训，使其尽快融入集体的文化中来。为技术骨干和长期在这个集体中工作的同志争取再学习的机会。

附录5

可行性研究报告（ISO标准）

1 引　言

1.1 编写目的

［编写本可行性研究报告的目的，指出预期的读者。］

1.2 背景

a. ［所建议开发的软件系统的名称；］
b. ［本项目的任务提出者、开发者、用户及实现该软件的计算站或计算机网络；］
c. ［该软件系统同其他系统或其他机构的基本的相互来往关系。］

1.3 定义

［列出本文件中用到的专门术语的定义和外文首字母组词的原词组。］

1.4 参考资料

［列出用得着的参考资料。］

2　可行性研究的前提

[说明对所建议开发的软件的项目进行可行性研究的前提。]

2.1　要求

[说明对所建议开发的软件的基本要求。]

2.2　目标

[说明所建议系统的主要开发目标。]

2.3　条件、假定和限制

[说明对这项开发中给出的条件、假定和所受到期的限制。]

2.4　进行可行性研究的方法

[说明这项可行性研究将是如何进行的，所建议的系统将是如何评价的，摘要说明所使用的基本方法和策略。]

2.5　评价尺度

[说明对系统进行评价时所使用的主要尺度。]

3　对现有系统的分析

[这里的现有系统是指当前实际使用的系统，这个系统可能是计算机系统，也可能是一个机械系统甚至是一个人工系统。]

[分析现有系统的目的是为了进一步阐明建议中的开发新系统或修改现有系统的必

要性。]

3.1 处理流程和数据流程

[说明现有系统的基本的处理流程和数据流程。此流程可用图表即流程图的形式表示，并加以叙述。]

3.2 工作负荷

[列出现有系统所承担的工作及工作量。]

3.3 费用开支

[列出由于运行现有系统所引起的费用开支。]

3.4 人员

[列出为了现有系统的运行和维护所需要的人员的专业技术类别和数量。]

3.5 设备

[列出现有系统所使用的各种设备。]

3.6 局限性

[列出本系统的主要局限性。]

4 所建议的系统

4.1 对所建议系统的说明

[概括地说明所建议系统，并说明在第2条中列出的那些要求将如何得到满足，说明所使用的基本方法及理论根据。]

4.2 处理流程和数据流程。

［给出所建议系统的处理流程式和数据流程。］

4.3 改进之处

［按2.2条中列出的目标，逐项说明所建议系统相对于现存系统具有的改进。］

4.4 影响

［说明新提出的设备要求及对现存系统中尚可使用的设备须作出的修改。］

4.4.1 对设备的影响

［说明新提出的设备要求及对现存系统中尚可使用的设备须作出的修改。］

4.4.2 对软件的影响

［说明为了使现存的应用软件和支持软件能够同所建议系统相适应，而需要对这些软件所进行的修改和补充。］

4.4.3 对用户单位机构的影响

［说明为了建立和运行所建议系统，对用户单位机构、人员的数量和技术水平等方面的全部要求。］

4.4.4 对系统运行过程的影响

［说明所建议系统对运行过程的影响。］

4.4.5 对开发的影响

［说明对开发的影响。］

4.4.6 对地点和设施的影响

［说明对建筑物改造的要求及对环境设施的要求。］

4.4.7 对经费开支的影响

［扼要说明为了所建议系统的开发，统计和维持运行而需要的各项经费开支。］

4.5 技术条件方面的可能性

［本节应说明技术条件方面的可能性。］

5 可选择的其他系统方案

[扼要说明曾考虑过的每一种可选择的系统方案，包括需开发的和可从国内国外直接购买的，如果没有供选择的系统方案可考虑，则说明这一点。]

5.1 可选择的系统方案 1

[说明可选择的系统方案 1，并说明它未被选中的理由。]

5.2 可选择的系统方案 2

[按类似 5.1 条的方式说明第 2 个乃至第 n 个可选择的系统方案。]
[……]

6 投资及效益分析

6.1 支出

[对于所选择的方案，说明所需的费用，如果已有一个现存系统，则包括该系统继续运行期间所需的费用。]

6.1.1 基本建设投资

[包括采购、开发和安装所需的费用。]

6.1.2 其他一次性支出

6.1.3 非一次性支出

[列出在该系统生命期内按月或按季或按年支出的用于运行和维护的费用。]

6.2　收益

［对于所选择的方案，说明能够带来的收益，这里所说的收益，表现为开支费用的减少或避免、差错的减少、灵活性的增加、动作速度的提高和管理计划方面的改进等，包括：

6.2.1　一次性收益

［说明能够用人民币数目表示的一次性收益，可按数据处理、用户、管理和支持等项分类叙述。］

6.2.2　非一次性收益

［说明在整个系统生命期内由于运行所建议系统而导致的按月的、按年的能用人民币数目表示的收益，包括开支的减少和避免。］

6.2.3　不可定量的收益

［逐项列出无法直用人民币表示的收益。］

6.3　收益/投资比

［求出整个系统生命期的收益/投资比值。］

6.4　投资回收周期

［求出收益的累计数开始超过支出的累计数的时间。］

6.5　敏感性分析

［是指一些关键性因素与这些不同类型之间的合理搭配、处理速度要求、设备和软件的配置等变化时，对开支和收益的影响最灵敏的范围的估计。］

7　社会因素方面的可能性

7.1　［法律方面的可行性］

7.2　［使用方面的可行性］

8 结论

[在进行可行性研究报告的编制时，必须有一个研究的结论。]

参考文献

1. 黎连业，李淑春．管理信息系统设计与实施．清华大学出版社，1998.10

2. 梅蕾，邵淑华．管理信息系统．中国铁道出版社，2006.8

3. 刘迪．管理信息系统．中国电力出版社，2008.7

4. 黎连业．软件维护与维护对策．全国首届计算机软件维护学术会议，1983.8

5. 黎连业．软件管理方法初探．中国管理软件第一届学术会议，1984.6

6. 黎连业．软件生成的验收．中国管理软件第二届学术会议，1985.12

7. 黎连业．软件研制的设计过程．中国管理软件第三届学术会议，1986.11

8. 黎连业．文档管理程序设计．中国管理软件第三届学术会议，1986.

9. 黎连业．试述软件生产的一种方法．北京气象中心技术报告，第 8411 号

10. 黎连业．综合统计管理系统程序设计．北京气象中心技术报告，第 8520 号

11. 黎连业．文档管理程序设计与使用说明书．北京气象中心技术报告，第 8515 号

12. 黎连业．浅谈办公室自动化及文档、工资管理系统．北京气象中心技术报告，第 8516 号

13. 黎连业．北京科技合作中心管理信息系统说明书（内部工作文档）.1991.4

14. 单银根 .BMDP 操作篇（计算中心情报室）手册代号 80807－7－062，1985

15. 黎连业，单银根，陈建华，李淑春．计算机管理信息系统设计与实现．学苑出版社，1993

16. 刘鲁．信息系统设计原理与应用．北京航空航天大学出版社，1995

17. 陈志坚．一种新的 MIS 开发方法论．计算机世界，1995.7.26

18. 赖剑煌．完善 MIS 开发理论体系．计算机世界，1995.

19. 陈增荣．软件设计风格的形成与发展．计算机世界，1996.5.6

20. 万瑞麟，丁秋林．大型 MIS 平台选型的总体分析．计算机世界，1995.7.26